Gespräche

Gespräche

Freedom is Everything & Love is All the Rest

⌘

Dr. Richard Bandler
&
Owen Fitzpatrick

Bookmark NLP Uwe Böhm
Welver 2008

Titel der Originalausgabe:
CONVERSATIONS:
Freedom is Everything and Love is All the Rest
ORIGINAL ENGLISH LANGUAGE EDITION
COPYRIGHT 2005, BY MYSTERIOUS PUBLICA TIONS
P.O. BOX 10308, DUBLIN 12, IRELAND
(ISBN 0 9551353 0 3)

Übersetzung aus dem Englischen von Uwe Böhm unter Mitarbeit und Beratung von Petra Lehner.

Umschlaggestaltung: Petra Lehner, MetaMind[R]
Satz und Layout: MedienService Ruth Frerker, Soest
Druck: DIVA-Werbung, Kassel

Bibliographische Information Der Deutschen Bibliothek
Die Deutsche Bibliothek verzeichnet diese Publikation in der Deutschen Nationalbibliographie; detaillierte bibliographische Daten sind im Internet über http://dnb.ddb.de abrufbar.

ISBN 978-3-935672-05-4

Inhalt

Teil 5: Die Kunst, Freiheit zu lieben

Teil 6: Die Kunst spiritueller Freiheit

Warnung an die Leser

Warnung an ‚Ex-Berten'

Dieses Buch ist nur für diejenigen da, die daran interessiert sind, ihre Lebensqualität zu verbessern, glücklicher und erfreuter am Leben zu werden. Lies dieses Buch nicht und eigne dir die Ideen darin nicht an, wenn du nicht bereit bist, dich zu öffnen und zu genießen, wie einfache Ideen wirklich präsent sein können, ganz einfach. Diejenigen, die in den Ketten der Freien verbleiben wollen - dieses Buch kann dich erinnern, zu vergessen, was nicht wichtig ist, was bedeutet, dass du erkennst, dass das Lesen dieses Buches deine wirklichen Augen öffnen könnte, welches dir helfen kann, durch die wahren Lügen von Einschränkungen, Traurigkeit und Furcht zu blicken, und dir zeigt, dass die Welt voll von seltenen und nie da gewesenen Möglichkeiten ist, und du ein unerklärliches Gefühl von Wohlbefinden findest.

Warnung an alle anderen

Dieses Buch ist voll von Ideen, Anregungen und Techniken, die dein Leben besser machen können. Auch wenn NLP eine Technik ist, die auf dem gesamten Erdball immer bekannter wird, bedeutet dies nicht, dass jemand, der als NLP-Practitioner praktiziert, auch hinreichend kompetent ist. Wir empfehlen sehr, wenn du daran interessiert bist, NLP nutzen zu lernen, dass du einen Kurs bei einem Trainer oder einer Trainerin belegst, der direkt von Dr. Richard Bandler lizenziert ist.

Danksagungen

Von beiden Autoren

Dies sind die Menschen, die unsere Leben besser gemacht haben. Wir zählen sie sowohl zu unseren Arbeitskollegen wie auch Freunden. Dank an John und Kathleen LaValle, Paul McKenna, Kate Benson und an Gabe sowie Barbara Guerrero.

⌘

Von Richard

An Jay, Elizabeth, Jayson und, natürlich, Polly
An meine Mutter, Ruby und meine Schwester Pam
An Dr. John O'Dea und Debra
An Sean und Maura Flannagan
An M. Gerald Schwartzbach
Und all die liebenswerten Klienten, ohne deren Schwierigkeiten ich nichts zum Lernen gehabt hätte.

Von Owen

Ich möchte den Folgenden danken, die einen tief greifenden Einfluss auf mein Leben und meinen Gewinn an Freiheit und Liebe hatten.

Meiner Familie
Meinen Eltern, Marjorie und Brian, für alles. Ihr seid die besten Eltern, die man sich wünschen kann und ich liebe euch mehr, als ihr

wissen könnt - Emer dafür, eine großartige Schwester zu sein - meiner Großmutter für ihre Liebe sowie meinem heroischen Onkel Shea - Großmutter Packie, Tantchen Joe, Granda, Großtante Peggy und Onkel Tony für ihre Liebe, als sie gelebt haben.
Meiner Großfamilie einschließlich Brendan, Michael K., Aisling, Sinead, Orla, Donal, Oisin, Lucy, Michael G., Pat, Bob, Mat, Kelly, Maureen und Bill sowie all den anderen - ich bin sehr stolz, mit euch allen verwandt zu sein.
Meinem Trainingspartner Brian dafür, solch ein fantastischer Partner und lieber Freund zu sein, und seiner Familie, die ich wie meine empfinde, Theresa, Cian und Dillon.

Denjenigen, die direkt an diesem Buch mitgeholfen haben.
Meinen faszinierenden Freunden wie der hinreißenden Gillian McNamara-Fowley, Michael Connolly, Aoife Ni Bhreachain Curran und Barry Holden für all die brillante Hilfe bei dem Buch. Richie Collins, meinem Freund, für seine Transskript-Arbeit und dafür, mich zum Lachen zu bringen. Claire Rourke, die ungemein geholfen hat, dieses Buch zu lektorieren.

Mentoren und Lehrer
Eric Robbie für all sein Wissen, Verständnis und seine Kreativität.
Frank Farrelly dafür, mich laut herauslachen zu lassen.
David Northrop für seine großartige Freundschaft und seinen Rat. Joe Keaney, den Dalai Lama, Michael Breen und Liz Dunne sowie die anderen Lehrer, die ich hatte und von denen ich viel gelernt habe.

Freunde
Meinen „Homies" Eddie, Davee und Shane dafür, dass sie mich zum Lächeln, Lachen und Mich-geliebt-fühlen bringen. Meinen anderen guten Freunden Joe Higgins, Lauren, Kevin, Niall, Mark D., Brian F. Gemma, Ruth, Lizzy, Audrey, Joe, Annette, Ciaran, Eileen, Baggo, Nevvy, Stevee, Susan, Mark, Martin, Car, Rob, Cliona, Colm und Suzanne McKay. Meinen Kollege-Freunden Ruarai, Maire, Caoilte, Karl, Paul, Aleisha, Darragh, Tommy, Mick K., Gary, Martin, John,

Sean, Alan C., Niamh, Fiona, Siobhan D., Helen, Rob, J.P., Martina, Olga, Anne Marie, Murissa, Mick H., Carolyn, Catherine, Martin und Gerrie.
Meinen Freunden vom Sportslink FC, insbesondere Dave, Jay und Roseanne für ihre Einblicke in Leben und Stil.
Roisin, dem Engel, Ben dafür, mich stolz zu machen und Nummer 6 dafür, mich zum Grinsen zu bringen. Rab und Michelle für ihre großartige Freigiebigkeit, Freundschaft und Inspiration.
Siobhan Mac für eine Erfahrung, die zu haben wertvoll ist.
Meine Liebe und meinen aufrichtigen Dank an euch alle.

Arbeitskollegen und Freunde
Alessio, Hugh, Thomas, Anton, Zana, Morag, Niamh, Allison, Anna, John, Rachel, Steve, Gabrielle, Ed Percival, Deirdra, Rachel, Cora, Judymay, Cathy, Gail, DP, Maurice, Fergal, Lynda, Kay, Bryan, Phillipe, Gerry, Rob, Laura, Harry, the John B's, Colin, Mahboob, Mark, Ron, Edie, Phil, Jackie, Lenny, Peta Heskall, Pete Cohen, Clay, Jag, Kier, Maria O'M, Michelle, John S LV, Yvonne, Jamie, Derek, James, Mark, Dave, Holly, Reeney, Omar, Liopi, Javier, Eduardo, Gaby, Sergio, Olga, Edgar & Reed und all den anderen für ihren Rat und ihre Hilfe.
Jan, Van, Dan, Sajani, Ashlesh, Hemant und all den anderen meiner wirklich besonderen Freunde in Indien. Dank euch allen für eure wundervolle Gastfreundschaft und Freundschaft.

Andere Danksagungen
Meinen Trainern, Klienten und Schülern, die mir so viel beigebracht haben wie ich ihnen. Meiner wahren Liebe, Glasgow Celtic FC, dafür, mich glücklich zu machen.
Martin O'Neill, Henrik Larson, U2, Morrissey, Eminem, Ricky Gervais, Billy Connolly, Eddie Izzard. Bill Hicks, Cecilia Ahern, Tommy Tiernan und Karl Spain dafür, dass sie mich mit ihrer Brillanz inspirierten.
Gott (jede vorstellbare Version) dafür, gut zu mir zu sein.

Hinweis für die Leser

⌘

Dieses Buch gibt ausführliche Gespräche zwischen mir, Owen Fitzpatrick, und Dr. Richard Bandler wieder, dem Mitbegründer eines Persönlichkeitsentwicklungsfeldes, bekannt als Neurolinguistisches Programmieren (NLP). Richard ist mein Lehrer, mein Mentor und mein Freund und er wird von vielen auf der ganzen Welt als lebendes Genie angesehen. Dieses Buch entstand als Ergebnis von Gesprächen, die von 2002 bis 2005 in verschiedenen Teilen der Welt stattfanden. Während des Jahres 2003 reiste ich einige Monate rund um die Welt. Erfahrungen sowohl von dieser Reise als auch solche mit Klienten tragen ebenfalls zu diesem Buch bei.

Richard ist der kreative Künstler hinter den Ideen, die die moderne Psychologie, die Wirtschaft sowie die Bereiche des Coachings, der Selbsthilfe und der persönlichen Weiterentwicklung revolutioniert haben. Seine Einblicke in das menschliche Bewusstsein haben eine riesige Wirkung auf die Welt gehabt. Jeder Buchladen um die Ecke hat Bücher über NLP.

Ich hoffe zutiefst, dass Richard eines Tages die gebührende Ehre für all das zuteilwird, was er erreicht hat. Bis dahin biete ich dieses Buch als meine Anerkennung für sein Lebenswerk. Ich hoffe, es kann die gleiche Freude auf die Leser ausstrahlen, die so viele Seelen über die Jahre hinweg berührt hat, seit er vor über 30 Jahren anfing, Menschen beizubringen, wie sie glücklich und frei werden. Die Gespräche, die wir hatten, waren oft einseitig durch meine Bemühungen, die Zeit mit Richard auf die bestmögliche Art und

Weise zu nutzen. Mit Blick auf meine eigenen weitreichenden Erfahrungen mit Klienten und all den interessanten Erlebnissen und Einfällen, die ich bis jetzt habe, regte Richard an, dass es eine gute Idee sei, den Gesprächen viele meiner eigenen Geschichten, Sichtweisen und Beispiele hinzuzufügen. Und so wurde aus all dem ein Buch geboren. Bei den Fallgeschichten und persönlichen Anekdoten, die wir zu Hilfe nehmen, die von uns vorgestellten Ideen zu erklären, wurden die Namen geändert oder verschleiert, um die Identität der betroffenen Personen zu schützen. Einige Menschen haben ihre Erlaubnis gegeben, ihre realen Namen zu benutzen.

Wir haben die meisten Kraftausdrücke aus den Gesprächen, auf die wir uns hier beziehen, ausgespart. In bestimmten Fällen jedoch haben wir sie im Text belassen, wenn sie eine wichtige Funktion erfüllen.

Von Zeit zu Zeit mag es so erscheinen, dass einige Sätze grammatikalisch nicht korrekt seien. Diese sind aber absichtlich so geschrieben, da NLP und konventionelle Grammatik nicht notwendigerweise die gleiche Struktur aufweisen. Viele Menschen, die das Vergnügen hatten, an einem von Dr. Bandlers Seminaren teilzunehmen, werden nachvollziehen, dass sie sich nach Verlassen des Seminars plötzlich irgendwie selbst dabei überraschten, wie sie neue Verhaltensweisen mit neuen Fertigkeiten und einer anderen Einstellung an den Tag legten. Wenn du dieses Buch zu Ende gelesen hast, wirst du eine vergleichbare Erfahrung machen. Es gibt einen ganz besonderen Grund dafür.

In diesem Buch werden die Begriffe „Bewusstsein“ und „Unbewusstsein“ benutzt, um Aspekte des menschlichen Geistes zu vermitteln. Mit „Bewusstsein“ meinen wir den Teil deines Geistes, der kritisch, rational und logisch denkt. Mit „Unbewusstsein“ meinen wir den Teil deines Geistes, der für deine Gefühle, deine Kreativität verantwortlich ist und der all deine Erinnerungen, Weisheit und Erkenntnisse beinhaltet.

Das Unbewusstsein ist der Teil deines Geistes, der deine Verhaltens- und Denkgewohnheiten kontrolliert. Der Schlüssel, um dein Leben zu verändern, liegt darin, dein Unbewusstes auf effektivere

Art und Weise arbeiten zu lassen. Viele Bücher, die versuchen NLP zu vermitteln, sind kompliziert geschrieben.

Dieses Buch ist anders. Wir haben hier ein wohldurchdachtes System benutzt, Informationen, Ideen und Anregungen in verschiedenen Ebenen von Geschichten und Beispielen einzubetten, um dem Leser beim unbewussten Entwickeln neuer Wege des Denkens und des Fühlens zu helfen.

Wir hoffen, dass diejenigen von euch, die in NLP geübt sind, Spaß daran haben werden, den Text mehr im Detail zu studieren und mehr über die Art von Mustern zu lernen, die wir benutzen, um das Buch sowohl für das Bewusstsein als auch das Unbewusstsein maßzuschneidern. Es gibt viele, viele Beispiele an Sprachmustern, eingebetteten Geschichten und Metaphern mit mehrstufigen Ebenen, die dieses Buch viel effektiver in seiner Wirkung auf den Leser machen.

Trotz der Komplexität, die in die auf mehreren Ebenen stattfindende Kommunikation in diesem Buch eingeflossen ist, hoffen wir für diejenigen von euch mit wenig oder gar keiner Erfahrung mit NLP, dass ihr die darin enthaltenen Ideen so einfach finden werdet, wie sie wirklich sind. Persönliche Freiheit ist einfach zu verstehen, zu lernen und zu entwickeln, sobald du weißt, wie. Bitte sei nicht zu überrascht, wie schnell du dich dabei wiederfindest, dich glücklicher zu fühlen und neue, befreiendere Einstellungen und Ansichten zu entwickeln, während du dieses Buch liest. Denk daran: Das Meiste davon wird durch simple Psychologie bewerkstelligt - die Kunst der unbewussten Suggestion.

Dieses Buch ist unterteilt in eine Anzahl von Abschnitten:

- Das *erste* Kapitel erklärt, wie dieses Buch zustande kam und das Konzept, das als NLP bekannt ist.
- Die Gespräche mit Richard beginnen im *zweiten* Kapitel, wo wir die Idee von persönlicher Freiheit diskutieren.
- Im *dritten* Kapitel erkunden wir den Prozess, wie langanhaltende, dauerhafte Veränderung entsteht, und was die Schlüssel für jegliche Veränderung in deinem Leben sind.

- Im *vierten* Kapitel untersuchen wir, wie man sich erfolgreich mit den Problemen befasst, die Menschen mit sich selbst und ihrem Leben haben.
- Im *fünften* Kapitel untersuchen wir, wie du deine Beziehungen zu anderen verbessern kannst.
- Und im *sechsten* Kapitel schließlich besprechen wir, wie du dich spirituell am besten entwickeln und dich nützlicher mit deinem Universum verbinden kannst.

Außerdem haben wir je einen Text „zufällige Exkurse“ zwischen alle Kapitel eingefügt. Diese Exkurse sind schlicht unzusammenhängende Gedankengänge, die wir im Buch haben wollten, für die wir aber keine spezielle Stelle fanden. Außerdem haben sie ihre eigene Funktion.

Am Ende einiger Kapitel gibt es eine Anzahl von Übungen und Aufgaben, die dir helfen werden, die neuen Einstellungen, Verständnisse und Fertigkeiten, die du gelernt hast, zu meistern. MACH SIE. Es ist so wichtig, dass du die Erfahrungen sammelst, die sie bereithalten, sodass du vollkommen verstehen kannst, wie die Dinge zusammenpassen. Die Aufgaben sind dazu gedacht, dass du Gewohnheiten entwickelst, dich mit bestimmten Disziplinen zu beschäftigen. Die Befolgung der Anleitungen wird eine außergewöhnliche Wirkung auf dein Leben haben.

Wie bei jedem Buch wird auch dieses seine Kritiker haben und wir akzeptieren, dass man es nie jedem Recht machen kann. Du kannst niemals jemanden frei „machen“. Du kannst Menschen nur beibringen, wie man die Tür aufmacht - aber sie müssen dann selbst hindurchgehen. Alles, was wir hoffen und dich ermutigen zu entdecken, ist, dass dein Gefängnis nicht so stark ist wie dein Verlangen nach der unbekannten, jedoch wunderschönen Welt der Befreiung, des inneren Friedens und Glücklichseins. Menschen, die sich verändern wollen, widersetzen sich dem manchmal mit Ausreden, Skepsis, Zögern oder Faulheit. Wir fordern dich auf, dein Bemühen darauf zu verpflichten, dieses Buch zu lesen und es dazu zu benutzen, dein Leben zu verbessern. Aus diesem Grunde wurde es geschrieben.

Vorworte

⌘

Während der letzten 30 Jahre habe ich Vorworte nicht nur für meine eigenen Bücher geschrieben, sondern auch für viele Bücher, die von meinen Schülern geschrieben wurden. Hier ist es jedoch mein Vorwort zu einem Buch, an dessen Schaffung ich beteiligt war. Es basiert auf Gesprächen, die ich mit Owen über die Art der Dinge im ‚NLP jetzt' führte und über meine Ansichten von NLP, welches tatsächlich viel größer ist als die NLP-Techniken selbst.

Dieses Buch beinhaltet auch Ideen aus den Gebieten des „Neuro-Hypnotischen Repatternings" und von „Design Human Engineering", aber es unterscheidet sich sehr von anderen Büchern zu diesen Themen, da die meisten Bücher, die ich im Laufe der Jahre veröffentlichte, Fallstudien beinhalten und Wege, wie man etwas angeht - wie zum Beispiel über eine Phobie hinwegzukommen. Sie stellen ein methodisches Set von Regeln zur Verfügung, mit denen man die Wahrscheinlichkeit, über eine Phobie hinwegzukommen, verbessern kann, indem man bestimmte Dinge tut. Aus diesen Büchern kannst du Sprachmuster lernen und deine Fertigkeiten erweitern, Fragen zu stellen oder Sätze zu kreieren.

Dieses Buch dagegen ist dazu bestimmt, etwas vollkommen anderes zu erreichen. Es ist dafür gedacht, deine Ansicht darüber zu verändern, was Freiheit ist. Für mich ist Freiheit die aller wichtigste Erfahrung, dieMenschen überhaupt haben können. Sie ist der Schaffungsakt an sich. Nicht nur großartige Dinge zu erschaffen, wie Kunst und Musik, sondern die Augenblicke in deinem Leben zu erschaffen.

Die meisten Menschen haben irgendwann Schwierigkeiten in ihrem Leben und sie schränken die Freude, die sie in ihrem Leben haben könnten, selbst ein, weil sie weder die sich ihnen bietenden Gelegenheiten ergreifen noch ihre Ressourcen maximieren. Genau die Art, wie sie über Dinge denken, und genau die Glaubenssätze, die sie haben, halten sie davon ab, das Beste zu erreichen, was das Leben zu bieten hat. Das Nebenprodukt dieser Einschränkungen ist, dass sie große Schwierigkeiten generieren, die sich auf viele Arten manifestieren - von Schizophrenie bis Depression und hin bis zu allen Arten von lächerlichen, sinnlosen Verhaltensweisen.

Für mich ist jeder, der in sich geht und sein Leben schlimmer macht, als es zu sein braucht, ein Beispiel für jemanden, der sich selbst an den Glauben kettet, dass Leben Leiden ist. Sie vergessen, dass es nicht der Sinn des Lebens ist, sich an das Unschöne ihrer Vergangenheit zu erinnern und es wieder zu durchleben, sondern dass es darum geht, vorwärtszugehen, um das Leben als das Abenteuer zu betrachten, das es sein kann. Sie sollen sich selbst herausforderndere Fragen stellen wie: „Wie kann ich mich selbst vergnügen?“ - „Wie kann ich dies einfacher machen?“ - „Wie kann mir das Spaß machen?“

Heute können wir jedoch einen Schritt weitergehen. Wir haben Techniken, die dir helfen, dich grundlos wirklich gut zu fühlen, sodass du dich noch besser fühlen wirst, wenn du tatsächlich einen Grund dazu hast. Dies ist die Grundlage meiner Arbeit während der letzten fünf Jahre geworden: die Kunst, Menschen zu befähigen, ihren Bewusstseinszustand zu verändern, genau den körperchemischen Zustand, in welchem sie existieren. Für mich geht es beim Nutzen von Worten - ob es vier, fünf oder sechs Worte sind, es spielt keine Rolle, wie viele Worte du benutzt - darum, Menschen zu helfen, die Zukunft schneller, einfacher, besser und effektiver zu erreichen.

Wenn du also etwas lernst, kannst du es schneller, einfacher und besser lernen als zuvor. Wenn du einfach nur versuchst, deine Schwierigkeiten abzustreifen, wirst du zwar all diese freie Zeit haben, aber möglicherweise schließlich neue Schwierigkeiten finden, um die Lücke zu füllen, die die abgestreiften hinterlassen haben. Die Frage ist: „Wie viel Spaß kannst du aushalten?“ „Wie viel Freude kannst du haben?“

Der Prozess, dieses Buch zu schreiben, war eine Freude, da ich Owen Fitzpatricks Gesellschaft genieße. Wir beschlossen, dieses Buch auf Mitschnitten unserer Gespräche aufzubauen. Ich sagte ihm, dass er die Chance haben würde, mich zu fragen, was immer er wolle, worüber auch immer er wolle. Dann brauchte er meine Antworten nur zu sortieren und sie mit seinen eigenen Erfahrungen auszustatten.

Im Laufe der Jahre habe ich viele Klienten an Owen verwiesen und nicht ein einziges Mal kam einer wieder und hat mir gesagt, dass er noch in derselben alten Gasse stecke. Er hat immer einen Weg gefunden, Menschen durch ihre Schwierigkeiten hindurchzubekommen, da er in gewissem Sinne aus der ersten echten Generation „Neurolinguistischer Programmierer“ kommt. Das waren keine Leute, die versucht haben, aus dem Therapiegeschäft heraus- oder über Ideen hinwegzukommen, die zum Gedankengut der Psychologie dazugehörten, also wie „kaputt“ Dinge waren.

Owen hat mit mir angefangen und er hat weiter gemacht, die Techniken zu lernen, die ich zu diesem Zeitpunkt benutzt habe. So wie ich mich verändert habe, hat er sich mit mir verändert - und er hat angefangen, einige eigene Techniken zu entwickeln. Die Geschichten über seine eigenen Klienten, die benutzten Techniken und seine eigenen Ansichten über das, was er mich fragte, genauso wie diejenigen Fragen, die er selbst beantwortete, wurden ein wichtiger Teil des Entstehungsprozesses dieses Buches.

Ich habe über die Jahre hinweg Bücher zusammen mit einer Menge von Leuten geschrieben. Ich habe Bücher mit John Grinder geschrieben. Ich habe Bücher mit John LaValle geschrieben. Momentan schreibe ich Bücher zusammen mit drei verschiedenen Leuten und jedes Mal, wenn du zusammen mit jemandem schreibst, ist es ein anderer Prozess.

Dieser spezielle Prozess hat mehr Leben in sich, da wir nicht versucht haben, ein vorher definiertes Grundmuster zu füllen. Was wir versucht haben zu tun war, die Regeln so zu öffnen, dass Leser ihre Überzeugungen öffnen können und weitere Wahlmöglichkeiten haben - sodass du auf die ungeheure Größe des Universums mit Begeisterung blicken kannst, anstatt es als eine Last zu sehen. Dies ist deine Chance, einigen Spaß zu haben und einige neue Ideen zu bekommen. Noch wichtiger - dies ist deine Chance, einige neue Richtungen und einige neue Perspektiven zu erlangen. Nimm die Chance wahr.

DR. RICHARD BANDLER
AUGUST 2005

Für Paula Bandler

Die wunderschönste Seele, die je gelebt hat.

Das liebenswerteste Wesen, das es gibt.

Der lieblichste Geist, der immer sein wird.

In Liebe

&

Für Robert Anton Wilson

- den schlauesten Mann, den ich kenne.

Alles beginnt mit der Idee

- und manche haben mag(net)ische Wirkung, wie diejenige, die Struktur der Magie der Kommunikation zu erforschen. Hieraus entstand Bandlers und Grinders erstes Buch „The Structure of Magic, Band I“ (1975) über die Tiefenstruktur der Sprache.
„Wörter waren einst Zauber“ sagte schon Sigmund Freud und ich höre Richard seinen Namen betonen. Die Wörter, aus denen dieses Buch besteht, sind Ideen. Ideen von 2 Menschen, die es unzähligen Menschen weltweit erleichterten, ihr Leben frei und in Liebe zu leben.

Ideen bestimmen, was wir wahr-nehmen

Noch im letzten Jahrtausend schenkte mir mein Mann zu Weihnachten ein Puzzle. Ich erinnere mich in allen Details daran, als ich dieses EINE ganz spezielle Puzzleteil wahr-nahm und das Bild sich veränderte - es war alles da! Wie viele Puzzleteile vom NLP haben Sie schon gesammelt?
Zu Beginn des neuen Jahrtausends war ich schon NLP-Trainerin und kannte die Quelle nicht. Ich wusste - dieses Präsent ist ein Seminar bei Richard Bandler! Diesen speziellen Menschen durfte ich nun endlich kennenlernen! Ich wusste noch nicht, dass mein bisheriges NLP-Training vorgefertigte Verse lernen bedeutete. Ich glaubte noch, dass es gut sei, NLP-Formate für Veränderung auswendig zu kennen. Ich wusste noch nicht, wie viel eleganter, effizienter und einfacher NLP sein kann, wenn man das NLP-ABC integriert hat, und ich wusste ganz klar: Die Begegnung mit dem Menschen, der alle Phasen einer außergewöhnlichen Idee durchlaufen hat, verändert mein Leben!

Eine außergewöhnlich gute Idee durchläuft 3 Phasen: Zuerst wird sie als lächerlich abgetan. Wenn man sich der Wirksamkeit nicht entziehen kann, kommt sie in die nächste Phase: Sie wird bekämpft. Bei nachhaltiger Wirksamkeit kommt die Phase: Das haben wir schon immer gewusst, und der Kampf um Pfründe beginnt.

Richard Bandler war vor 30 Jahren seiner Zeit weit voraus und Menschen wie er müssen oft in unbequemen Behausungen warten, bis die anderen nachkommen. Die Ideen dieser „Hippies“ aus Kalifornien taten viele als lächerlich ab, doch „nichts ist so machtvoll wie die Kraft einer Idee, deren Zeit gekommen ist“, Viktor Hugo.
Nein, Richard Bandler ist nicht perfekt. Als die Idee wuchs und zu groß war, als dass man sie als lächerlich abtun konnte, wurde sie angefeindet und teilweise bekämpft. NLP ist nicht wissenschaftlich fundiert - sagten viele, und jeder Selbstdenker weiß: Wissenschaft ist de facto immer der letzte Stand des Irrtums. Richard Bandler hat, wie jeder von uns, Zeiten durchlebt, die nur unter dem Motto „shit happens“ zu sehen sind und eben dieser ist ja bekanntlich ein guter Dünger - den hat Richard immer gnadenlos genutzt.
Nein, er ist auch nicht immer nett, dabei jedoch immer wertschätzend. Er handelt so, wie das Gegenüber es braucht, damit es selbstgesteckte Ziele erreicht. Unerschöpflich ist dabei seine Zuversicht, dass jeder Mensch Veränderung schaffen kann - wenn er das will!
„The meaning of your communication is the response or result you get“, ist eine der Grundannahmen des NLP und Resultate kann Richard Bandler unzählige vorweisen.

2002 hörte ich von den tollen Resultaten, die ein junger Ire erzielt, und so lud ich ihn ein, bei einem Seminar von uns in Österreich als Gasttrainer dabei zu sein. Owen Fitzpatrick wurde gerade zum jüngsten NLP-Mastertrainer der Welt ernannt und als ich ihn kennenlernte, wusste ich warum! Er lebt Freiheit - nutzt seine Potenziale und mit seiner humorvollen und liebevollen Art ist er mir ein lieber Freund und Kollege geworden.
Die Gespräche von Owen Fitzpatrick und Richard Bandler machen denkend. Sie beziehen sich nicht nur auf das WAS des NLP, sondern auch auf das WIE dazu - sie sind wert-voll! NLP besteht aus Skills (Fähigkeiten) und den Applikationen (Formaten) daraus. NLP ist

eine Einstellung und vor allem eine Meta-Disziplin, die von jedem Gehirnbenutzer anwend- und noch besser lebbar ist. NLP is an attitude! Dieses Buch enthält Ideen, unsere Wahr-nehmung zu wählen! FREI zu sein! Und wertschätzend mit sich selbst und anderen zu kommunizieren.
Richard Bandler ist nicht perfekt! Ebenso wenig wie Sie oder Owen Fitzpatrick oder ich ...

denn Perfekt ist eine Zeitform und sonst nichts!

Richard ist Präsent! - Ich wünsche mir, dass noch viel mehr Menschen dieses Präsent, das er uns mit NLP gemacht hat, wahr-nehmen und dankbar sind dafür.

Langsam holt auch die Wissenschaft auf, zumindest was NLP anbelangt. Heute kann das Warum und das Wie NLP wirkt in weiten Teilen wissenschaftlich erklärt werden und Richard entwickelt weiter. Die Neuerungen sind DHE (Design Human Engineering) und NHR (Neuro Hypnotic Repatterning). Das grundlegende ABC ist das gleiche, doch das WIE hat sich in den letzten Jahren massiv verändert.
In diesem Buch erleben Sie nicht nur einen Teil des WAS, sondern vor allem das WIE, die Einstellung, die eine elegante und effiziente Anwendung des NLP ermöglicht.

Heute gibt es kaum mehr ein Kommunikationstraining ohne NLP-Zutaten und der Kampf um Pfründe ist im Gange. Viele meinen, Regeln über NLP aufstellen zu können, und vergessen dabei, dass sie geistiges Eigentum von anderen reglementieren. Wo wären sie heute ohne die Entwicklungen von Richard Bandler? Glücklicherweise wird die Zahl derer, die den Begründern für ihre Wahr-nehmungen dankbar sind, größer. „NLP goes mainstream", lachte Richard in einem Seminar, als er erzählte, dass er von Brockhaus angerufen wurde und um eine Definition des NLP gebeten wurde.
Die Wirksamkeit der Ideen, die uns Richard Bandler geschenkt hat, ist mittlerweile unbestritten und es zeigt sich deutlich, wie wesentlich eine wertschätzende Einstellung im Umgang mit NLP ist!

Dieses Geschenk meines Mannes hatte es in sich. Die einzelnen Puzzleteile, die ich bis zur NLP-Trainerin gelernt hatte, fügten sich zusammen und ich lernte WAHR-nehmen und noch mehr wirklich selbst DENKEN und mit dem NLP-ABC elegant, einfach und effektiv zu kreieren.
Die Begegnung mit Richard Bandler und seinen Ideen hat mein Leben verändert. Ihm verdanke ich es, dass ich den mag(net)ischen Kreislauf von Ideen wahr-nehmen und so meine eigenen Konzepte entwickeln konnte. Ich durfte wahr-nehmen, worum es im NLP geht: Die Freiheit, zu wählen, was man wahr-nimmt, die Zuversicht, alles zu erreichen, was einem wert-voll ist und zu einem passt, und den Dünger zu nutzen!

Unsere Ideen bestimmen unsere Begegnungen. Die Worte der Gespräche von Richard und Owen sind Ideen. Du liest diese Wörter und tauchst ein in dieses mag(net)ische Feld, tiefer und tiefer, mit jedem Wort mehr - neue Ideen sammeln, kreieren und erfolgreich, und vor allem erfüllt, in die Tat umsetzen - und vielleicht nimmst auch du das EINE ganz spezielle Puzzleteil wahr, fühlst den Zauber dieser Worte und weißt:

Es ist alles da - vollkommen präsent!

Yvonne van Dyck
November 2008

Einführung

⌘

Einst stand das Wort „Freogan" für
die beiden Verben
„befreien" und „lieben".

Freiheit und Liebe waren einmal das Gleiche.
Irgendwo entlang des Weges
wurden sie getrennt.
Dies ist die Geschichte davon,
wie sie wieder zusammenkamen.

Abenteuer in persönlicher Freiheit

⌘

Immer einmal wieder kann ein Moment dich einfach packen. Es kann aus dem Nichts kommen. Du kannst einfach mit deinen Sachen beschäftigt sein, dir ununterbrochen Sorgen um etwas machen und dann plötzlich trifft es dich. Du könntest über deine Vergangenheit den Kopf hängen lassen, keine Lust mehr zu leben haben und dann, ohne Vorwarnung, stellt es dein Leben auf den Kopf. Du könntest von deinen alltäglichen Problemen voll in Anspruch genommen sein und dann, aus heiterem Himmel, packt es dich beim Schopf und zeigt dir etwas, was du noch nie zuvor gesehen hast.

Wir leben in einer wirklich eigenartigen Welt. Denk einmal darüber nach. Du wachst auf, du gehst irgendeiner Arbeit nach, du isst, du verbringst hoffentlich einige Zeit mit deinen Liebsten und dann gehst du schlafen. Du wartest auf das nächste gute Gefühl. Vielleicht wird es in Form eines Schokoriegels kommen oder in einer Sendung im Fernsehen. Vielleicht wird es eine Fete am Wochenende sein, ein Abendessen in ein paar Wochen oder der jährliche Urlaub. Vielleicht wird es ein neues Haus sein, ein neues Auto, ein neuer Computer, eine Stereo-Anlage, digitales Fernsehen, eine DVD, ein iPod oder ein neuer Hund. Was auch immer es ist, du wartest in der Hoffnung, dass es passieren wird. Dann, wenn du es bekommst, wartest du auf die nächste Sache, die dir ein gutes Gefühl gibt.

Vielleicht hast du nicht so viel Glück gehabt. Vielleicht hast du das Leben eher wie einen Kampf empfunden. Vielleicht hast du dich einsam oder frustriert gefühlt, gestresst oder deprimiert. Vielleicht ist es dein größter Wunsch, herauszufinden, wer du wirklich bist, und mit dir selbst glücklich zu werden.

Egal wer du bist, wäre es nicht schön, nicht darauf warten zu müssen, sich gut zu fühlen? Wäre es nicht schön, sich jetzt grundlos großartig zu fühlen? Wäre es nicht schön, mit dir selbst zufrieden zu sein, mit deinen Erwartungen, mit deinen Beziehungen und deinem Grund, in dieser Welt zu „sein"?

Ja. Natürlich wäre es das. Unglücklicherweise sind so viele Menschen eingesperrt durch das, was Dr. Richard Bandler die „Ketten der Freien" nennt. Viele Menschen füllen ihr Leben mit Momenten der Furcht, Traurigkeit, Apathie, Ekel, Verzweiflung, Angst, Sorge, Stress, Wut und Dummheit. Ich habe mich selbst viele Jahre mit vielen dieser Ketten eingesperrt - aber tue es nicht länger. Ich fühle mich wirklich frei.

Wenn ich das Wort „frei" gebrauche, meine ich nicht, dass ich keine Probleme habe oder keine Fehler mache. Mit „frei" meine ich die Idee, dass ich Kontrolle über mein Leben habe, über mein eigenes Schicksal. Ich brauche nicht genau zu wissen, was meine Zukunft bereithält, denn ich fühle mich dazu imstande, mit allem umzugehen und jeden Moment meines Lebens wunderschön zu machen.

Als ich jünger war, träumte ich davon, ein berühmter Fußballer zu werden. Ich träumte davon, böse Kerle zu verprügeln und ein Held zu werden. Ich verbrachte viel Zeit meiner Kindheit damit, in Pool-Hallen rumzuhängen und zu planen, wie ich die Weltmeisterschaften im Snooker gewinnen würde. Dieses waren die Träume, für die ich als Kind meine Phantasie verwendet habe. Nun, ich bin nie genau das geworden, was ich damals geplant hatte, aber ich habe mir einen Traum erfüllt. Als ich noch ein kleiner Junge war, habe ich auch geträumt, ich wäre so stark, dass kein Monster und nichts Böses mich je kriegen konnte. Jetzt, in diesem Augenblick, habe ich gemerkt, dass ich stark genug war, jedes Monster zu packen und jegliches Böse zu überwinden. Die bösen Monster, die in dieser Welt existieren, erscheinen in Form von Traurigkeit, Furcht, Wut, Hass und Verzweiflung. Wenn du ihnen allen entgegentreten kannst und weißt, dass du erfolgreich sein wirst, bist du frei.

Mit jeder Seite, die du in diesem Buch umblätterst, möchte ich dich in meine Welt und meine Abenteuer in persönlicher Freiheit mit Dr. Richard Bandler einführen. Ich möchte dir die Geschichte meiner Gespräche mit einem Genie erzählen, in welchen ich gelernt habe, worum es bei echter persönlicher Freiheit geht und wie es für jeden möglich ist, frei zu werden. Ich möchte dich auf eine Reise durch einige meiner eigenen Geschichten und Erfahrungen aus dem realen Leben mitnehmen. Ich möchte dir helfen, nützlichere Perspektiven und Wege zu finden, die Welt zu sehen.

Mit Richard von Angesicht zu Angesicht zu reden ist völlig anders, als zu einem Workshop zu gehen, wo man ihn vortragen sieht und ihn mit einem Klienten beobachtet, oder seine Bücher zu lesen - aber gleichermaßen unterhaltsam und erleuchtend. Von Zeit zu Zeit beantwortete Richard Fragen, die ich mir in meinem eigenen Leben stellte, wenn ich ihn eigentlich nach etwas anderem gefragt hatte. Manchmal schien er auf magische Weise meine Gedanken zu lesen und in jedem Gespräch, egal wie viele Monate inzwischen vergangen waren, schaffte Richard es, da weiter zu machen, wo er zuletzt aufgehört hatte.

Ich habe dieses Buch aus einer persönlichen Perspektive geschrieben. Mach daraus, was du möchtest. Ich hoffe, dass du, während du dir die Zeit nimmst, meine Sicht zu verstehen, ein anderes Verständnis von einigen Dinge bekommst, die dir Probleme gemacht haben. Ich habe immer die Erfahrungen anderer Menschen als sehr hilfreich empfunden. Ich hoffe, dass du ebenfalls eine Verbindung zu meinen persönlichen Berichten finden kannst. In diesem Buch stelle ich dir vor, was ich gelernt habe und wie ich mich verändert habe, während ich es schrieb. Du wirst lernen, wie ich NLP gebrauche, um mit dem Leben auf die effektivste Art und Weise umzugehen.

Einer der Momente, die mich wirklich ergriffen, passierte, als ich über das Buch, was du gerade liest, reflektierte. In meinem Apartment überflog ich einige der Kapitelentwürfe und hörte mir noch einmal die Bänder meiner Gespräche mit Richard an. Ich dachte über meine phantastische Reise während der letzten paar Jahre nach. Ich erinnerte mich an unsere verschiedenen Gespräche - am Küchentisch in seinem Haus genauso wie an die Reisen nach Edinburgh, London und Mexiko. So viel war passiert. Ich stand auf und machte eine Pause. Während dieser Pause spürte ich ein unglaubliches Gefühl der Befreiung. Ich wusste von diesem Moment an, dass ich nie wieder zurückschauen würde.

Teil 1

Flucht aus einem erbärmlichen Gefängnis

⌘

Ein Augenblick der Klarheit

⌘

Der Regen goss in Strömen, als ich aus dem Fenster meiner Wohnung schaute. Es war etwa zwei Uhr nachmittags an einem Montag in einem südwestlichen Randbezirk von Dublin. Ich machte eine Pause beim Durchlesen einiger Kapitelentwürfe dieses Buches. Während der Donner am Himmel rumorte, sang ich bei einem Lied mit, das ich gerade aufgelegt hatte. Die Musik dröhnte aus meinem Apartment, aber es wird draußen keiner gehört haben wegen des Sturms über uns. Ich war völlig von diesem Moment aufgesogen, als ich auf die Farben der Welt blickte. Ich bemerkte die Rot-, Blau- und Grüntöne der Gebäude und Parks in der Ferne. Ich lauschte den Klängen der Welt und ich hörte, hinter der Melodie der Musik, das andauernde Geräusch starken Regens. Die Wolken waren grau und dunkel. Ich sah das Zucken eines Blitzes, als der Himmel aufleuchtete. Ich drückte mein Gesicht sanft gegen das Fenster.

Ich war einfach dankbar für den Augenblick. Als ich so da stand, schien die Zeit so langsam vorbeizugehen. Ich dachte über mein Leben nach. Ich erinnerte mich an meine Fehler, an meine schweren Zeiten und meinen Herzenskummer. Ich erinnerte mich an die Zeiten, als ich bereit war alles aufzugeben, wegen der quälenden Schmerzen, die ich durchmachte. Ich erinnerte mich an meine größten Errungenschaften, die größten Erfolge, die Momente der Inspiration, die mich beeinflussten. Ich erinnerte mich an die Gefühle von Begeisterung.

Genau dann und dort stellte ich fest, dass ich so viele Probleme hatte wie eh und je, und trotzdem plagte mich keins davon wirklich.

Ich hatte vor, mich um sie zu kümmern und das war's. Ich würde einfach die schlechten Gefühle nicht tolerieren, wie ich es sonst tat. Es war so befreiend. Endlich: ich fühlte mich frei.

Wir sind dadurch gefangen, wie wir die Welt erleben. Du erlebst deine Welt durch die Beschränktheit deiner Gedanken. Viele Menschen lernen, über die Welt in Schwarz/Weiß-Schemata zu denken. Sie erkennen nicht, dass es viele Wege gibt, um das gleiche Ereignis zu erleben.

Eine sehr gute Gelegenheit, dies zu entdecken, ist, wenn du schläfst. Wenn du schläfst, kannst du die Höhen von Glück und Freiheit erreichen. Deine Träume können dir ein wunderbares Gefühl von Glückseligkeit geben. Sie zeigen dir die Welt auf eine andere Art. Du kannst sie von vielen verschiedenen Perspektiven aus sehen. Zeit und Raum sind nicht begrenzt. Deine Logik ist nicht beschränkt. Eine Gestalt kann mehr sein als eine Person zu einer Zeit. Du kannst mehr als eine Sache auf einmal tun. Das Leben kann gelebt werden, ohne die Regeln, die du gelernt hast.

In diesem Moment verstand ich es schließlich: Wenn du frei werden willst oder wenn du mehr Freude in dein Leben bringen willst, musst du die Wahl treffen, dich auf eine bestimmte Art zu verändern. Du musst dich dafür entscheiden, zu lernen, was Freiheit ist. Du musst dich entscheiden, zu lernen, was Veränderung ist. Du musst dich dafür entscheiden, zu verändern, wie du deine Probleme erlebst. Du musst dich entscheiden, wie du deine Beziehungen erlebst. Du musst dich entscheiden, wie du das Universum verstehst. Du musst wählen, wie du dich verhältst, wie du denkst und wie du lebst.

Du musst dies tun, während du im Hinterkopf behältst, dass es immer mehr als einen Weg gibt, eine Situation zu betrachten, und dass es immer eine andere Art und Weise gibt, über sie zu denken. Wenn du anders denkst, wirst du dich anders fühlen. Wenn du dich anders fühlst, wird sich die Bio-Chemie deines Gehirns buchstäblich verändern. Dein Gehirn besteht aus vielen chemischen Cocktails und elektrischen Verbindungen. Wenn du auf nützliche, positive und produktive Art denkst und dich gut fühlst, wird dein Gehirn beginnen, gut für dich zu arbeiten. Du wirst merken, dass es die optimalste

Umgebung produziert für die besten Gedanken und Gefühle. Sobald du dich dafür entschieden hast, was nützlich ist, erlangst du Freiheit. Ich hatte meine Wahl getroffen. Ich fühlte mich frei.

Mein Körper kribbelte und ein Schauer lief mir das Rückgrat rauf und runter. Ich öffnete das Fenster und ließ den Sprühregen des Sturmes hereinwehen. Ich hielt meinen Kopf in den nassen Wind hinaus und holte tief Luft, während ich die Augen schloss. Als ich sie wieder öffnete, war die Welt so wunderschön. Ich fragte mich, wieso ich so lange gebraucht hatte, es wirklich zu sehen.

Wie kannst du also diese Freiheit wählen?

Als ich 24 war, entschloss ich mich ein Buch zu schreiben. Ich wollte ein Buch schreiben, das Menschen helfen würde, ihr Leben zu verändern und glücklicher zu werden. Ich wollte ein Buch schreiben, das diejenigen, denen es bereits gut ging, dazu inspirierte, noch besser zu werden. Ich wollte ein Buch schreiben, das aus der Welt buchstäblich einen besseren Ort zum Leben machen würde. Genau zu dieser Zeit bekam ich eine dieser Gelegenheiten.

Die Gelegenheit kommt nie wieder

⌘

Manchmal hat man einfach Glück. Da war ich nun, einfach ein junger Kerl aus Dublin, und plötzlich bekomme ich die Gelegenheit meines Lebens: Ich bekomme die Möglichkeit, einem der schlauesten Männer auf dem Planeten jegliche Fragen zu stellen und sie in einem Buch niederzuschreiben, um sie mit der Welt zu teilen. Als ich das Neurolinguistische Programmieren lernte, begann ich auch, Dr. Richard Bandler näher kennenzulernen. Richard begründete zusammen mit John Grinder Mitte der 70er Jahre das NLP. An einem Dezemberabend 2002 schlug Richard vor, dass wir zusammen ein Buch schreiben. Das Buch, das du liest, ist das Ergebnis dieses Vorschlags.

Richard hat Millionen von Menschen auf der ganzen Welt beigebracht, glücklicher zu werden, frei von Furcht, Zweifeln, Stress und Depression. Er hat das getan, was so viele Philosophen und Psychologen über die Jahrhunderte zu erreichen versuchten: Er hat Geheimnisse zum Glücklichsein, zur Freiheit und Liebe entdeckt. Ich kann dies bezeugen, weil ich diese Antworten und Geheimnisse sowohl in meinen Unterhaltungen mit Richard wie auch in meinen Erfahrungen in meinem eigenen Leben gefunden habe. Bücher werden dazu geschrieben, um anzuregen, zu unterrichten und zu unterhalten.

Sie werden in der Hoffnung geschrieben, dass der Leser Inspiration, Wissen und Freude aus ihnen ziehen wird. Sie sind geschrieben, um als zeitlose Elemente von Weisheit zu stehen, um ihre Worte für die Ewigkeit mitzuteilen.

Worte befähigen uns dazu, Ideen an andere Menschen weiterzuvermitteln. Ideen können inspirieren, in andere Richtungen zu denken, mit anderen Einstellungen und anderen Verhaltensweisen. Und sie haben eine Macht in sich, die freigesetzt wird, wenn man nach ihnen handelt.

Die Macht der Ideen in diesem Buch wird dir helfen, deine ganze Welt zu verändern. Lies. Reagiere. Schon der reine Akt, dieses Buch zu lesen, wird automatisch dazu führen, dass du anfängst, anders über Dinge zu denken. Wenn du erst einmal mit den Ideen von Freiheit und Liebe in Berührung gekommen bist, wird das Leben für dich eine neue Bedeutung bekommen.

Ich erinnere mich daran, als ich mit meinem allerersten Klienten gearbeitet habe. Ich erinnere mich, dass ich einen Plan hatte und bald feststellte, dass Pläne nie genau funktionieren. Im Laufe der Jahre

Richard gibt „den Blick"

habe ich selbstmordgefährdeten Menschen geholfen und solchen, die glaubten, sie wären Superhelden, Soziopathen oder denen, die dachten, sie seien verrückt geworden. Ich habe Menschen behandelt, die alles von ernsthafter Depression über Stress und Panik bis hin zu Süchten und Beziehungsproblemen hatten. Die Bandbreite der Klienten reichte von Topmanagern und Berühmtheiten bis hin zu Athleten und Kindern. Meine Rolle war, Menschen zu helfen, mehr in ihrem Leben zu erreichen, und bei dieser Arbeit habe ich NLP als unglaublich nützlich empfunden.

Meine Herangehensweise ist nicht immer konventionell. Angefangen damit, Klienten in Einkaufszentren und Kneipen mitzunehmen bis hin dazu, ihr Box-Partner im Ring zu sein, wobei ich währenddessen meine Arbeit überprüfte; ich habe eine Menge experimentiert. Meistens jedoch helfe ich Menschen, die Art, wie sie denken und fühlen, zu verändern. Ich bringe Menschen bei, sich in Bezug auf ihre Probleme besser zu fühlen und über sie zu lachen.

Richard Bandler ist ein ganz einzigartiger Mensch. Er ist provokativ, urkomisch und extrem erfinderisch. Für all diejenigen, die ihn Workshops präsentieren sehen, ist er nicht nur ein Kopf voller Wissen, sondern auch ein fesselnder Geschichtenerzähler.

Um einem Leben eine neue Richtung zu geben, braucht ein Mensch manchmal nur ein paar Ideen, nach denen er handelt. Auch du kannst wahre persönliche Freiheit erfahren. Wenn du nicht handelst, könntest du dich in den Ketten der Freien wiederfinden und die schlimmste Tragödie erleben, die dieser Planet je gekannt hat. Diese Tragödie ist das, was ich die „Quelle menschlichen Elends“ nenne.

Die Quelle menschlichen Elends

⌘

Es war eine der größten Tragödien aller Zeiten. Sie saßen im Gefängnis für eine Tat, die sie nicht begangen hatten. Ihre Wärter sagten ihnen nicht, was sie angeblich verbrochen hatten, hielten sie aber trotzdem in Gefangenschaft. Ihre Grundbedürfnisse wurden befriedigt, aber ihr Leben war die Hölle. Die meiste Zeit des Tages wurden sie gequält und schrecklich behandelt. Sie wurden andauernd beschimpft und ihnen wurde gesagt, dass sie nichts wert seien.

Sie waren voller Ängste und Sorgen über alles und jedes. Sie wurden zu Opfern gemacht und bekamen so viele sich widersprechende Botschaften, dass sie unsicher wurden und anfingen daran zu zweifeln, wer sie waren und was sie tun konnten. Einige waren von anderen isoliert, während andere in unangenehmer Gesellschaft mit welchen gehalten wurden, die andauernd ihre Knöpfe drückten. Einige wollten sterben. Andere kämpften sich weiter durchs Leben. Jeder wurde bis zu einem gewissen Grade gefangen gehalten. Einige mehr als andere.

Sie wurden andauernd für das kritisiert, was sie taten. Man brachte sie dazu, sich jedes Mal schrecklich zu fühlen, wenn sie einen Fehler machten. Sie wurden von allem abgehalten, was sie je gewollt hatten. Sie wurden jeden Tag enttäuschter und hoffnungsloser. Sie bedauerten sich selbst und ließen ihre Frustration aneinander aus. Gleichzeitig verschlimmerten ihre Wärter die Dinge und die Gefangenen fragten sich, ob das jemals ein Ende haben würde. Sie wurden überwältigt von all dem, was sie zu tun gezwungen wurden. Sie litten und waren hilflos.

Ihnen wurden Momente der Freiheit gegeben, aber es war nicht wirklich Freiheit. Tief drinnen wussten sie, sie müssten bald wieder diese Pein von ihren Wärtern erleiden und der kurze Aufschub bedeutete nichts. Sie litten die meiste Zeit. Ihre Gesundheit schwand durch die schlechte Behandlung. Viele von ihnen konnten nicht einschlafen. Ihr Leben wurde bar jeder Bedeutung, die jemals existiert hatte. Sie wanderten herum, durch alles deprimiert, ängstlich, furchtvoll, gestresst und frustriert. Sie sehnten sich nach Freiheit.

Wer also waren sie? Wer waren ihre Wärter?

„Sie" waren die Menschheit und ihre Wärter waren ihre eigenen Köpfe.

Seit deiner Geburt hast du dir Gewohnheiten angeeignet, wie du denkst, fühlst und dich verhältst. Viele dieser Gewohnheiten halten dich in Unglücklichsein, Einsamkeit, Selbstzweifel, Selbstmitleid, Furcht und Hass gefangen. Diese wiederum beeinflussen deine Gesundheit, deine Beziehungen und dein Leben.

Wir alle wollen doch glücklich sein, nicht wahr? Wir alle wollen ein sinnerfülltes Leben. Wir alle wollen uns mit jemandem, mit etwas verbunden fühlen. Wir alle wollen unser Leben mit jenen teilen, die wir lieben. Wir wollen unser Leben in der Freiheit leben, das zu tun, was wir wollen.

Irgendwann in der Vergangenheit wurdest du auf diese Erde gesetzt. Du wurdest geboren. Irgendwann in der Zukunft wirst du von dieser Erde geholt. Du wirst sterben. Vielleicht kommst du in den Himmel, vielleicht wirst du in einem neuen Leben wiedergeboren oder vielleicht kommt nichts nach diesem Leben.

Egal wie, die Uhr tickt. Keinen Moment, der vorbeigeht, kannst du zurückholen. Du hast eine bestimmte Menge Zeit in dem Leben, das du jetzt lebst. Dieses Leben wird viele Augenblicke des Triumphes und der Freude, der Traurigkeit und Verzweiflung haben. Es wird dich in dunkle Zeiten führen und hinaus in hellere Tage. Du wirst auf Gelegenheiten und Probleme stoßen. Dies ist dein Leben.

Du wirst entlang des Weges bestimmte Persönlichkeiten treffen. Diese Persönlichkeiten werden dich zu verschiedenen Zeiten begleiten. Du wirst solche kennenlernen, die dich lieben, solche, die dich mögen, solche, die dich nicht mögen und solche, die sich nicht für dich interessieren. Manchmal werden sie dich gut behandeln und manchmal schlecht. Manchmal werden sie in dein Leben treten und manchmal verschwinden. Manchmal werden sie das Objekt deiner unkontrollierbaren, unsterblichen Liebe sein und manchmal die Ursache für dein verheerend grausames Herzensleid. Dies ist dein Leben.

Du wirst viele Erlebnisse während deiner Zeit hier haben. Manche werden gut und manche schlecht sein. Alle werden dich etwas lehren. Du wirst viele Dinge lernen. Manche werden nützlich für dich sein und andere nicht. Du wirst viele Dinge vergessen. Manche werden wichtig sein, andere nicht. Manchmal wirst du scheitern. Manchmal wirst du erfolgreich sein. Manche Menschen werden als Glückskinder geboren, andere nicht. Du wirst Momente voller Hoffnung und Glückseligkeit haben und Momente voll Enttäuschung und Zerstörung. Dies ist dein Leben.

Dies sind die unvermeidlichen Wahrheiten des Lebens. Während du auf diesem Planeten lebst, hast du eine große Wahl. Diese Wahl lässt sich auf folgenden einfachen Punkt bringen: Wie willst du leben?

Manche leben frei, andere nicht. Für mich bedeutet frei leben glücklich zu leben, erfolgreich zu sein, sich wundervoll mit anderen in der Welt zu verbinden und etwas wirklich in der Welt zu bewegen. Für mich bedeutet glücklich sein, regelmäßig in uns selbst gute Gefühle zu generieren, sodass wir das, was wir tun, mehr genießen können und in positivere und nützlichere Richtungen denken. Für mich bedeutet erfolgreich sein, das zu erreichen, was immer die Ziele sind, die wir uns selbst gesetzt haben, ob sie materiell oder spirituell sind oder einfach darauf gerichtet sind, ein besseres Leben zu leben. Für mich bedeutet das wundervolle Verbinden mit anderen, Beziehungen und Freundschaften mit denen um uns herum zu manifestieren und ihnen zu helfen, sich glücklich zu fühlen und ebenfalls erfolgreich zu sein. Für mich bedeutet, etwas wirklich in der Welt zu bewegen, etwas zu erschaffen, zu entwickeln, zu verbessern oder zu verfeinern, das die Welt auf eine positive Art beeinflussen wird.

Die Wahrheiten des Lebens werden sich für jeden immer wieder auf die gleiche Art offenbaren. Die wirkliche Frage ist, noch einmal:

Wie willst du leben? Bis zu eben diesem Moment, in dem du diesen Satz liest, wie hast du gelebt? Hast du dich die meiste Zeit glücklich und fröhlich gefühlt? Hast du das getan, was du wolltest, auf eine Art, die du genießt? Hast du bedeutsame Beziehungen und Verbindungen mit Menschen geschlossen? Warst du wirklich ein Unterschied in der Welt um dich herum?

Menschen haben Wunder erreicht. Denk an all die Erfindungen im Laufe der Jahrhunderte. Wir haben schlicht mit natürlichen Ressourcen angefangen und jetzt haben wir eine virtuelle Welt erschaffen. Wir haben gewaltige Werke mit den einfachsten Mitteln geschaffen. Du musst wirklich innehalten und dir all der Dinge bewusst werden, die wir jetzt tun können, die wir vor 150 Jahren nicht tun konnten. All diese faszinierenden Erfindungen haben in den Köpfen von Menschen angefangen. Die eine Maschine jedoch, die wir haben und bei der wir bisher versagt haben, sie zu steuern, ist unser eigenes Bewusstsein. All der Fortschritt der Menschheit zielt darauf ab, unsere Bedürfnisse zu erfüllen und konzentriert sich darauf, uns glücklicher und erfolgreicher zu machen. Die Art von Fortschritt, die wir hier anbieten, ist der Fortschritt, der dem Lernen inne liegt, um unseren Geist zu meistern.

Wir alle wollen Freiheit von unseren Problemen. Wir alle wollen Liebe empfinden und erfahren, die bedingungslos und für immer währt. Wir alle wollen das Leben so gut wie möglich leben und so glücklich sein, wie wir können.

Du hast die gleiche Anzahl von Problemen in deinem Leben, ob du nun glücklich und zufrieden bist oder traurig und unglücklich. Der Unterschied ist, wie frei du davon bist, von diesen Problemen negativ beeinflusst zu werden. Die Sorten von Menschen, die du triffst, sind die gleichen, egal, ob du Beziehungen erfolgreich aufbaust oder Beziehungen zerstörst. Wenn du spirituell erleuchtet und frei bist, gibt es immer noch genauso viele gute und schlechte Dinge, die in der Welt passieren. Es ist deine Wahl, frei zu sein in dieser Welt, unabhängig von den Umständen, oder überwältigt von den Problemen dich selbst in die qualvollen Folterkammern deines eigenen Kopfes einzusperren.

Die Quelle menschlichen Elends ist die Art, die wir gelernt haben, uns selbst durch unsere Gedanken zu beschränken. Es ist die Art, die wir gelernt haben, wie wir über uns selbst denken und uns und andere Menschen behandeln. Um frei zu werden von diesem Elend, gehört dazu, die Verantwortung für unser Bewusstsein wieder zu übernehmen und Freude zu wählen statt Qual, Freiheit statt der Ketten, die uns einschränken, und Liebe statt Hass und Furcht, die uns ersticken. Dann ist der Punkt da, an dem wir die wahre Quelle menschlicher Freude entdecken werden.

Freiheit ist nicht einfach ein Ideal, nach dem wir alle streben - es ist alles, was wir sein können. Es ist nicht Furcht, Traurigkeit, Einsamkeit, Verzweiflung, Reue, Enttäuschung, Wut oder Schmerz. Freiheit ist Hoffnung. Freiheit ist Weisheit. Freiheit ist Fröhlichkeit. Freiheit ist Erleuchtung. Freiheit ist Freundschaft. Freiheit ist Humor. Und vor allem: Freiheit ist Liebe.

Es gibt eine Menge Menschen, die fortwährend danach streben, ihr Leben besser zu machen. Ob du deprimiert oder gestresst bist, dich fürchtest oder in einer Sackgasse steckst, unsicher bist über deinen Lebensweg oder einfach im Auge hast, in einem Bereich deines Lebens vorwärtszukommen, im Wesentlichen sind wir alle auf der gleichen Reise. Wir alle wollen es noch besser machen, noch besser werden, uns noch glücklicher fühlen.

Betrachte dieses Buch als einen Leitfaden. Du kannst es zum Erkunden des Abenteuers Leben benutzen und dazu, wie du dieses Abenteuer erfolgreicher angehen kannst. Du wirst über Wandlung und Veränderung lernen. Du wirst verstehen, wie du dein Gehirn auf die effektivste Art steuern kannst. Dieses Buch wird den Sinn des Lebens diskutieren, das Erlangen von Glück und Erfolg. Es wird dich zu den Schritten bringen, um deine Beziehungen zu verbessern, mehr Freundschaften zu schließen und wirkungsvoller in deinem Leben zu kommunizieren. Es wird dich befähigen, Herr über deine Zeit zu sein, dich zu entspannen, wo du bisher gestresst warst, und dich selbst zu motivieren. Es stellt die Schlüssel zur Verfügung, um über die meisten Probleme hinwegzukommen, mit denen du es im Leben zu tun hast. Es bietet dir ein weitreichendes Verstehen sowie eine Perspektive in Bezug auf Spiritualität und deine Verbindung mit dem Universum.

Wäre es nicht schön zu lernen, wie du mehr Gesichter öfter zum Lächeln bringen, mehr Herzen mit mehr Glück erfüllen kannst, wie du etwas beiträgst, das die Lebensqualität einiger anderer Menschen in der Welt hebt?

Erlaube uns, dir zu helfen, einige Dinge zu verstehen, die du vorher nie erkannt hast. Lass uns deine ganze Perspektive aufs Leben nehmen und sie so verändern, dass du anfängst, Herr über dein Gehirn zu werden, deinen Körper zu gebrauchen und dein Leben zu leben auf eine Art, die dich befähigt, mehr Liebe zu erleben, mehr Freiheit, mehr Glück.

Viele der Ideen, die diesen Seiten innewohnen, kommen aus der Humantechnologie, bekannt als Neurolinguistisches Programmieren (NLP). Im nächsten Kapitel werden wir ein wenig mehr über dieses Veränderungs- und Persönlichkeitsentwicklungswerkzeug erklären.

NLP:
Eine Geschichte der Technologie des Erfolgs

⌘

Da sich ein großer Teil dieses Buches auf Entwicklungen bezieht, die aus dem NLP hervorgegangen sind, halte ich es für notwendig, dieses Arbeitsgebiet ein wenig zu erklären.

Es gibt viele verschiedene Geschichten über die genauen Ereignisse, die das NLP hervorgebracht haben. Was wir mit Sicherheit wissen, ist, dass Richard Bandler in den frühen 70er Jahren des letzten Jahrhunderts anfing, die erfolgreichsten Therapeuten, die er finden konnte, zu studieren. Er tat sich bald mit John Grinder zusammen und sie gründeten die Technologie des Neurolinguistischen Programmierens (NLP). Zu Beginn studierten sie Virginia Satir (eine Pionierin der Familientherapie), Fritz Pearls (ein Gestalttherapeut) sowie Milton Erickson (ein klinischer Hypnotherapeut) und wurden von einem bekannten Anthropologen, Gregory Bateson, beraten.

NLP wurde bald eine der populärsten, respektiertesten und mächtigsten Technologien in der Selbstentwicklungsbewegung. Heute setzen es Millionen auf der ganzen Welt ein, auch wenn es unter vielen verschiedenen Namen bekannt ist. Es bietet einige der effektivsten und effizientesten Veränderungstechniken und -konzepte.

NLP untersucht, wie wir unsere Erfahrung durch unsere Neurologie (Neuro) repräsentieren, wie wir mit uns selbst und anderen kommunizieren (linguistisch) und wie wir unsere gewohnten Denk-, Kommunikations- und Verhaltensmuster verändern können (Programmieren). NLP ist der Prozess, zu lernen, wie wir denken, kommunizieren und handeln, sodass wir anfangen können, nützlicher und flüssiger zu denken, zu kommunizieren und zu handeln.

NLP wird als eine „Einstellung", „Methodik" und „Technologie" bezeichnet. Es ist eine Einstellung, die dich befähigt, dein Leben auf eine glückliche, produktive und erfolgreiche Art zu leben. Es ist eine Methodik, die dich befähigt, erfolgreiche Menschen in verschiedenen Bereichen, wie zum Beispiel Bildung, Medizin und Wirtschaft, auf nützliche Weise zu modellieren. Es basiert auf dem Prinzip, dass, egal was es ist, das jemand anderer kann, du lernen kannst, wie du die gleiche Sache auf gleichartige Weise tun kannst, sobald du verstanden hast, was die Person sowohl in ihrem Kopf als auch in ihren Handlungs- und Verhaltensweisen getan hat. Es ist eine Technologie, die Systeme und Fertigkeiten beinhaltet, die es dir ermöglichen, die Qualität deines Lebens zu verbessern.

Indem ich von beiden Begründern des NLP sowie von vielen anderen bekannten Trainern auf diesem Gebiet ausgebildet wurde, merkte ich, dass es große Unterschiede in den Fertigkeiten der verschiedenen Präsentatoren gab. Wie überall anders auch, wurde es von vielen brillant und von manchen schlecht unterrichtet. Es wurde von einigen missbraucht und von anderen wundervoll benutzt. NLP war ursprünglich eine Reaktion auf die Psychologie, die darin versagte, effektive Ideen zu präsentieren, um Menschen zu helfen, sich zu verändern.

NLP repräsentiert einen anderen Ansatz als das medizinische Modell des Abstempelns und Kategorisierens von Menschen. Es funktioniert auf einem grundsätzlichen Verständnis, dass Menschen nicht ihre Verhaltensweisen und Gedanken sind und daher ihr Leben verändern, wenn sie lernen die Art zu verändern, wie sie denken und sich verhalten.

Leider scheinen einige Leute NLP nicht auf die Art zu gebrauchen, wie die Begründer es ursprünglich beabsichtigt hatten. Anstatt Ideen mit anderen zu teilen, um die Lebensqualität auf diesem Planeten zu verbessern, benutzen einige es als ein Mittel zu dem Versuch, jemand Verehrenswertes zu sein oder sich selbst zum Guru aufzubauen. Sie nehmen die einfachen Ideen und machen sie kompliziert. Einige haben versucht, für sich zu beanspruchen, dass ihre Techniken kreative Modelle sind oder neue Bereiche, aber das sind sie nicht - sie sind einfach Techniken, die aus den Fertigkeiten gemacht wurden, die bereits durch Richard und seinen damaligen Partner John Grinder entdeckt worden waren.

Es gibt viele Menschen, deren Interesse an NLP geweckt wurde und die angefangen haben, die Fähigkeiten, die es bietet, zu nehmen und daranzugehen, die Lebensqualität auf diesem Planeten zu verbessern. Heute, im Jahre 2005, ist es Zeit, dass wir uns darauf konzentrieren, wie wir all die Entwicklungen der letzten 30 Jahre mit Integrität nutzen können, um wundervolle Veränderungen in der Welt zu bewirken.

Für mich wird diese wundervolle Veränderung nicht herbeigeführt, indem NLP in einer gewundenen, Prestige suchenden und akademischen Sprache erklärt wird. Sie wird nicht herbeigeführt, indem ein Bestandteil von NLP genommen und versucht wird, aus ihm ein neues Gebiet zu machen, mit der Absicht, Status zu erlangen oder ein Guru zu werden. Sie wird nicht herbeigeführt, indem man NLP schrittweise zu erklären versucht, als wenn es ein Schulfach wäre.

Der beste Weg, wie wir solch eine Veränderung herbeiführen können, ist, uns darauf zu konzentrieren, NLP so einfach und verfügbar zu machen wie möglich, für so viele Menschen wie möglich, auf Verdienste zu verweisen, wo es sich gebührt und NLP zu benutzen, um NLP zu unterrichten. Damit helfen wir Menschen, sich in eine NLP-Welt zu vertiefen, wo sie Herr über die Haltung werden können, die in ihnen existiert.

Richard hat seitdem zwei weiterführende Technologien entwickelt, deren Innovationen jenseits von NLP sind. Design Human Engineering (DHE) und Neuro Hypnotic Repatterning (NHR) setzen den Fokus darauf, persönliche Veränderungen, Evolution und Fortschritte schneller, einfacher und besser zu machen. DHE beschäftigt sich damit, zu lernen, wie man ein mächtigeres Bewusstsein kreiert, indem du dir vorstellst, Maschinen in deinem Kopf zu bauen, die dir helfen können, dich weiterzuentwickeln. NHR beschäftigt sich mit dem Verändern der Muster deiner gewohnten Wege zu denken, zu fühlen und dich zu verhalten, indem deine Neurochemie hypnotisch verändert wird. (Natürlich sind dies nur meine Kurzdefinitionen. Sie beschreiben diese Bereiche nicht vollkommen und adäquat.)

Der gemeinsame Nenner, auf den sich diese drei Technologien bringen lassen, ist, Menschen zu helfen, die Art zu verändern, wie sie über die Welt denken und sich in ihren Körpern fühlen, sodass sie ihr Verhalten verändern können und dadurch ihre Lebensqualität verbessern.

Was ich damit meine, als ich am Fenster diesen Moment der Klarheit hatte, ist, dass ich anfing, die verschiedenen Ideen zu einer Hauptphilosophie über eine nützlichere Lebensweise zusammenzubauen. Jetzt ist die Zeit gekommen, dich mit auf die Reise zu nehmen, die während eines Treffens von Dr. Richard Bandler, dem „Einstein des Bewusstseins" und mir an einem Nachmittag vor ein paar Jahren begann.

Zufällige Exkurse 1:

Der geheime Code von Freiheit

⌘

Jedes Exkurs-Kapitel in diesem Buch ist so angelegt, dass es dir sowohl bestimmte Dinge beibringt, die dir helfen werden, als auch mit dir auf einer unbewussten Ebene kommuniziert, um dich darin zu unterstützen, eine neue Art zu entwickeln, über deine Probleme zu denken.

Obwohl diese zufälligen Exkurse nicht in direkter Verbindung zum übrigen Text zu stehen scheinen, haben sie ihre eigenen, speziellen Funktionen am Ende jedes Hauptkapitels. Darin stehen sowohl eine Menge Informationen, codiert für dein Unbewusstes, als auch eine Aufgabe für diejenigen von euch, die sich dafür interessieren, Codes zu knacken.

Während der neun Jahre, die ich bei Richard gelernt habe, habe ich ihn die sechs Hauptprobleme erwähnen hören, die die meisten Menschen haben. Die Sache ist nur, dass ich ihn niemals mehr als ein oder zwei von diesen in irgendeinem Workshop erwähnen hörte. In diesem Buch werden diese Probleme für diejenigen von euch gelüftet, die bereit sind, sich ein wenig tiefer in den Text einzulesen.

Innerhalb dieser Exkurse haben wir diese sechs Probleme versteckt. Zum ersten Mal hörte ich sie Richard auf einem CD-Set seiner Arbeit der 90er Jahre beschreiben. In jedem der zufälligen Exkurse werden wir ein anderes dieser Probleme enthüllen. Sobald du alle sechs Probleme gefunden hast, gilt es den Schlüssel zu finden, wie du die Ideen, die du aus diesem Buch gelernt hast, benutzen kannst, um sie zur Lösung dieser Probleme zu anzuwenden.

Irgendwo in diesem Buch wird ein Datum vollständig genannt. Dieses Datum hat vier Ziffern größer als null in sich. Jede der vier Ziffern repräsentiert einen Absatz in einem anderen der zufälligen Exkurs-Kapitel. Wenn das Datum zum Beispiel der 1. Januar 2001 wäre, würden die korrespondierenden Absätze Absatz 1, Absatz 1, Absatz 2 und Absatz 1 sein. Das erste Problem wird in diesem Kapitel genannt und von da ab wird der Code dem im Buch erwähnten Datum folgen. Das sechste Problem wird in keinem der zufälligen Exkurs-Kapitel erwähnt, sondern stattdessen anderswo im Buch enthüllt.

Also: Das erste der sechs Hauptprobleme, die Menschen Richards Aussage nach haben, ist das Problem des Zögerns. Leider zögern Menschen und gehen nicht das an, was es ihnen möglich machen würde, ihre Ziele zu erreichen. Viele Menschen halten sich selbst zurück für den Fall, dass das, was sie machen wollen, nicht das „Richtige“ ist. Unglücklicherweise dreht sich die Welt ohne sie weiter, während sie dasitzen und nichts tun. Eine Sache allerdings, bei der Menschen selten zögerlich sind, ist Angst. Angst ist etwas, das du tust: der Akt des Angsthabens.

Angst kommt nicht aus dem Nichts.
Du musst etwas tun, um Angst zu haben.

Richard Bandler

Es ist wie die Idee der Freiheit. So, wie die Regierungen dieser Welt mit dem Begriff „Freiheit“ leichtfertig um sich werfen, ist es schwer, dem Begriff die wunderbaren Gefühle zurückzugeben, die einmal bei der reinen Erwähnung des Wortes freigesetzt wurden. Die Art von Freiheit, über die wir hier reden, ist jedoch anders. Noch einmal, es ist etwas, was du tun kannst. Du kannst dich selbst befreien.

In den 70er Jahren des letzten Jahrhunderts glaubte Richard, dass alles möglich sei. Er glaubte, er könne jedem helfen, sich zu verändern. Das großartigste Beispiel für seinen Glauben an Menschen war seine fortwährende Arbeit in psychiatrischen Krankenhäusern, wo er mit Patienten arbeitete, die von traditionellen Psychologen und Psychiatern als „chronisch“ oder „dauerhaft geisteskrank“ abgetan wurden. Richard ging rein und, indem er verrückte und „außerhalb des Normalen“ liegende, aber unglaublich effektive Methoden benutzte, befähigte diese Patienten, frei zu werden sowohl von den Krankenhäusern als auch von dem Elend, das sie einst einschränkte. Er wurde bekannt dafür, dass er sich zu Schizophrenen in ihre Realität gesellte und diese dann veränderte. Richards Erfahrungen mit diesen Patienten boten großartige Beispiele für die wahre Einstellung, die NLP antreibt.

Heute arbeitet er immer noch als ein „Freiheitskämpfer“ im Namen all derer, die von ihrem eigenen Kopf gefangen gehalten werden und er hat Millionen Menschen beigebracht, ihren Geist zu befreien. Ich glaube jedoch nicht, dass es ein „Freiheitskämpfen“ ist. Ich glaube, dass es ein „Freiheit entwerfen“ ist. Für jeden auf der Welt, der sich gefangen fühlt wie ein Sklave seiner Umgebung, in den Ketten einer negativen Welt - es gibt immer Hoffnung und es gibt immer Freiheit und, sobald du sie ergreifst, kannst du die Welt verändern. Es ist, wie Richard sagt: „Handle, als ob du das kontrollierende Element in deinem Leben wärest.“

Wenn du das tust, wirst du es sein.

Teil 2

Die Kunst persönlicher Freiheit

⌘

Das Abenteuer beginnt

⌘

Mein Abenteuer, dieses Buch zu schreiben, begann an einem regnerischen Winterabend, als ich Richard Bandler und seine liebenswerte Frau Paula besuchte. Es war erst 16 Uhr, aber es fing bereits an, dunkel zu werden. Es fror und der Himmel war in einem tiefen Blaugrau gezeichnet und, als die Sonne unterging, in einem starken Rot. Die Wolken über mir teilten sich, als ich zu dem Haus hinauffuhr und außerhalb des Grundstücks parkte. Ich schaute mich um und betrachtete den fantastischen Hügel auf der einen Seite, die wunderschönen, grasbewachsenen Felder, die das Haus umgaben, und den traumhaft funkelnden Ozean, der fast nur einen Steinwurf weit weg war. Die Sonne wurde vom Wasser aufgesogen, während die Vögel majestätisch durch den Himmel schwebten, auf ihrem Weg irgendwohin, das sie Zuhause nannten.

Trotz des Regens und der einbrechenden Dunkelheit war es zauberhaft schön. Es war eine Flucht aus der andauernden Hast der heutigen modernen Gesellschaft. Ich schaltete mein Handy aus, bevor ich aus dem Auto stieg. Ich konnte das entfernte Anschlagen schäumender Wellen an der Meeresküste hören. Und da war das sanfte Plitsch-Platsch der Regentropfen, die zufällig auf mein Auto fielen und der Klang jeden Schrittes, die meine Aufmerksamkeit einnahmen, als ich den Steinweg entlang ging, der zum Haus führte. Ich vernahm nur diese und die übrigen Geräusche der Natur, die alles andere erstickten. Kein Verkehr, keine Menschenmassen, nur das komische Gemuhe einer Kuh in einem Hunderte Meter entfernten Feld. Abgesehen von den meditativen Naturgeräuschen war es still, einfach völlig still. Ich warf einen flüchtigen Blick auf das Haus. Ich war kurz davor, einen Zauberer zu treffen.

Es war diese Nacht, als Richard und ich zum ersten Mal darüber redeten, zusammen ein Buch zu schreiben. Wir saßen am Küchentisch in einem unserer üblichen Gespräche. Die Themen, von denen es unbegrenzt viele gibt, deckten jegliches und alles ab. Die Bandlers zu besuchen ist immer diese Art von erfrischender Pause, die sich einfach klasse anfühlt. Es ist dort so friedlich, wo sie leben. An diesem Abend, als ich anfing mit Richard zu reden, stellte ich ihm Fragen. Was für eine Art von Buch wollen die Leute lesen? Was für eine Art von Buch kann die Ideen wirklich transportieren, die wir darüber zu vermitteln haben, wie man ein glücklicheres und erfüllteres Leben lebt? Welche Sorte von Büchern kann ein Wendepunkt fürs Leben sein?

Ich wollte so viele Ideen in dem Buch unterbringen und Richard hat so viel mehr, woran er den Leser teilhaben lassen kann, weil er seine letzten Bücher in den 90er Jahren geschrieben hatte. Wir entschieden, dass es ein breitangelegtes Buch sein sollte, welches einfach und leicht die Prinzipien und Ideen vermittelte, die Richard mir beigebracht hat und die ich in der ganzen Welt unterrichte. Es sollte Beispiele aus unserer Arbeit mit Klienten, von Seminaren und von unseren Reisen liefern und es sollte seine klassische Arbeit, seine neueste Arbeit sowie meine Ideen und Anwendungen von NLP beinhalten.

Mit dem kleinen Kassettenrekorder also, den Richard mir lieh, Batterien und einer leeren, gerade bei den nahegelegenen Läden gekauften Kassette machte ich mich daran, das Wissen eines Genies zu erkunden. Wir würden uns über die Schlüssel zu Freiheit und die Schlüssel zu Liebe unterhalten. Und wir würden diese Schlüssel der Welt bieten, durch unsere Worte. Ich machte die Verpackungsfolie von der Kassette ab und schob sie vorsichtig in den Rekorder. Ich drückte auf Aufnahme.

Definition persönlicher Freiheit

⌘

‚Aua.'

In mir stieg der Gedanke empor, dass ich einen Fehler gemacht hatte, indem ich meine neuen Treckingstiefel zum ersten Mal ausprobierte, als ich den Weg den Berg hinauf anging. Sie passten recht gut und sie schienen während der ersten paar Tage okay zu sein, aber jetzt fingen sie an wehzutun. Ich schaute mich um, und während ich den faszinierendsten Anblick hatte, den ich jemals miterlebt habe, vergaß ich die Schmerzen. Ich stand auf 4.000 Metern Höhe und überblickte die Täler und Gipfel des Mount Everest.

Mein Führer nannte sich Chabbi und er war Nepalese. Wie viele Menschen, die ich dort kennenlernte, aß er exakt das gleiche Mahl jeden einzelnen Tag seines Lebens: Dal Bhat. Es enthielt alle Nahrungsbestandteile, die er brauchte, und es schmeckte okay, aber ich konnte nie begreifen, wie er es schaffte, es jeden Tag zu sich zu nehmen.

Während wir aufstiegen, ernährte ich mich selbst von Pfannkuchen und Müsli aus den zahlreichen kleinen Hütten, in denen wir die Nächte verbrachten.

Es war interessant. Egal, wie weit oben wir waren, meine Gedanken beschäftigten sich immer noch mit Dingen von daheim. Ich konnte es nicht erwarten, meine Erlebnisse mit meinen Freunden zu teilen. Ich dachte auch über alles andere in meinem Leben nach. Ich dachte immer, dass eine Reise um die Welt dazu führen würde, dass ich mich frei fühlte.

Was ich jedoch entdeckte, war, dass die Erfahrung des Reisens von Ort zu Ort, weit weg von den Problemen zuhause, keine Freiheit wa. Ich erkannte, dass die Dinge in deinem Leben mit dir in deinem Kopf mitkommen und dass du ihnen niemals entkommen kannst. Während ich diese paar Monate um die Welt reiste, waren meine Gedanken oft zuhause. Egal, was ich tat, meine Gedanken waren weiter bei meiner Familie, Freundin und Freunden, die ich schmerzhaft vermisste, und bei meinem Geschäft, um welches sich Brian, mein Geschäftspartner und Freund, kümmerte. Du kannst dich mit Sicherheit ablenken, aber ich fragte mich, ob irgendwer je wirklich „frei" sein könne.

Ein Schuh, ein Läufer - mein Everest Trip

Je mehr ich reiste, desto mehr verstand ich, dass persönliche Freiheit sich viel mehr von dem unterschied, was ich dachte, das es sei. Einige Menschen schienen freier zu sein als andere. Ich hatte dieses Gefühl über die Jahre sogar bei meinen Klienten bekommen. Was ist der Unterschied zwischen jemandem, der ein Gefangener seines eigenen Kopfes ist und jemandem, der glücklich und frei lebt? Auf meinen Reisen erlebte ich Augenblicke der Freiheit, jedoch, wie Richard mir erklärte, konnte ich das, wonach ich suchte, nur durch mich und von mir selbst erhalten.

Vor der faszinierenden Erfahrung im Himalaja, an diesem allerersten Abend, an dem ich anfing, mit Richard am Küchentisch über das Buch zu reden, begannen wir mit diesem Thema der persönlichen Freiheit. Ich hörte ihn oft das Konzept erwähnen. Ich fragte mich, was genau er damit meinte. So fingen wir an.

OF: *Richard, kannst du anfangen, indem du erklärst, wie du persönliche Freiheit definierst?*

RB: *Sicher. Persönliche Freiheit ist die Fähigkeit, zu fühlen, was du willst, sodass die „Ketten der Freien" - die von Furcht, Traurigkeit und Hass - gesprengt sind. Echte persönliche Freiheit hat damit zu tun, fähig zu sein, so viele dieser Ketten wie du nur irgend kannst zu durchschreiten und zu sprengen. Diese Ketten bestehen aus negativen Gefühlen, einschränkenden Glaubenssätzen und destruktiven Verhaltensweisen. Es geht darum, fähig zu sein, die Arten von inneren Zuständen aufzubauen, die Menschen zu guten Plätzen bringen, durch Neugier.*

Statt ein Opfer dieser Ketten zu sein, kannst du neugierig auf neue Dinge werden, oder sogar desinteressiert werden, das ist deine Wahl. Wenn Menschen neugieriger wären auf andere Kulturen, gäbe es nicht so viel Hass auf diesem Planeten. Für einige Menschen ist Furcht oder Wut die einzige Reaktion, die sie haben können, wenn sie einer anderen Kultur gegenüberstehen. Soweit es mich beschäftigt, sind diese Gefühle nur weitverbreitete Formen von Dummheit.

Ich meine, Angst zu haben vor einer giftigen Schlange oder einem Tiger, der dich töten kann, ist eine gute Wahl. Aber Furcht vor Menschen zu haben, nur weil sie eine andere Hautfarbe oder Religion haben, oder weil du ihre Kultur nicht verstehst, ist lächerlich. Menschen, die Tiger besitzen, lernen, wie man sich bei ihnen aufhalten kann, ohne verletzt zu werden.

Ich habe früher Papageien gezüchtet, die dich töten können: ungeheuer große, riesige Makaus. Die Leute fragten immer: „Beißen sie?", und ich antwortete: „Ja, aber sie beißen Menschen nur unter bestimmten Umständen." Wenn du ihnen zu nahe kommst, wenn du deinen Finger hinstreckst, wenn sie dich nicht kennen oder wenn sie brüten (wenn niemand nah an sie heran darf). Du musst klug umgehen mit den Dingen. Persönliche Freiheit geht jedoch einen Schritt weiter, als einfach gute Entscheidungen zu treffen. Es geht darum, zu lernen, wie du dein Gehirn so steuerst, dass du diese Entscheidungen treffen kannst.

Magersüchtige und Bulimiker zum Beispiel haben keine Freiheit in Bezug auf Essen, sie müssen daran denken und es vermeiden oder darüber nachdenken und es auskotzen. Sie müssen entweder fressen oder hungern, aber sie haben nicht die Freiheit, es zu tun oder sein zu lassen.

Persönliche Freiheit bedeutet, fähig zu sein, das eine oder andere zu wählen und dies zu tun, um gesund zu bleiben.

***OF:** Es gibt also Momente, in denen man Angst haben sollte und Zeiten, sich okay zu fühlen. Es hat damit zu tun, fähig zu sein, zu wählen, in der jeweiligen Situation klug zu reagieren. Ist es das, worum es bei persönlicher Freiheit geht?*

***RB:** Nun, ja. Es geht auch darum, die guten inneren Zustände und die Dinge, auf die du neugierig bist, nehmen und sie in deinem Leben manifestieren zu können. Das wird für jemanden schwerer sein, der in einem armen Land geboren wurde, aber es ist nicht unmöglich. Menschen haben Wege gefunden, aus schrecklichen*

Situationen herauszukommen, und Situationen geschaffen, aus denen sie sehr reich geworden sind.

Unbeachtet dessen glaube ich nicht, dass es für Menschen einer riesigen Menge an Geld bedarf, um reich genug zu sein, die Dinge zu tun, die sie in dieser Welt tun wollen. Freiheit befähigt dich dazu, Dinge zu finden wie Liebe, Erfolg, Musik und Kunst. Du brauchst keine Million, um sie zu finden.

OF: *Persönliche Freiheit beginnt dann also nicht mit deinen äußeren Umständen? Es fängt in dir drinnen an?*

RB: *Ja. Einige Menschen glauben, dass, wenn sie ein großes Auto, Haus oder Boot haben, alle ihre Probleme verschwinden. Das ist nicht notwendigerweise wahr. Menschen sollten gründlich darüber nachdenken, was sie glücklich macht. Die meiste Zeit erfordert es nicht all diesen Aufputz. Und wenn sie das erst mal herausfinden - es ist lustig, weil all dieser Putz sowieso um dich herum runterfällt.*

Ich habe mich über die Jahre viel mit Armut gequält und mit aller Kraft dagegen gekämpft und habe nie etwas erreicht. Wenn ich aber etwas anfing, das mich faszinierte, wo ich nicht übers Geld nachgedacht habe, fing es plötzlich an vom Himmel zu regnen.

Persönliche Freiheit gibt dir die Fähigkeit, dass, wenn du entscheidest, etwas zu tun - wenn sich deine Neurologie ausrichtet, um es zu tun - du es mit Herz und Seele tust. Egal, ob es ein Schluck Eistee ist oder malen oder schreiben oder küssen, das ist das, was du gerade tust und du tust es zu 100 Prozent.

OF: *Okay, erzähl mir mehr über die „Ketten der Freien“.*

RB: *Die Ketten der Freien sind all die Zurückhaltung und all die Ängste und all die Zweifel, die Menschen haben. Eine Menge davon kommt vom schlechten Training aus der Kindheit, von Schulen, von Erwachsenen und religiösen Führern - und es beruht auch auf der Tatsache, dass Menschen ihre moralischen Werte nicht sortiert haben.*

Um frei zu sein, musst du Moral haben, denn dann wirst du kein Dilemma damit haben, was gut und was schlecht ist. Wenn du die richtige Sache aus dem richtigen Grund machst, wird sich jeder Teil von dir darauf ausrichten und es perfekt tun. Wenn du aber deine Frau betrügst, dann wirst du sie, oder diejenige, mit der du sie betrügst, nie voll und ganz küssen.

Freiheit von diesen Ketten kommt wirklich durch Intelligenz. Echte Freiheit basiert nicht auf einer persönlichen Bestandsaufnahme. Sie basiert darauf, deine Neurologie in anderer Körperchemie zu baden. Freiheit hat nichts mit dem Befolgen starrer Ideen zu tun. Es geht darum, in einen Zustand zu gehen, wo du deine eigene persönliche Bestimmung findest. Es hat mit Flexibilität in deinem Verhalten zu tun, nicht mit Starrheit. Es ist deine Fähigkeit, deinen eigenen inneren Zustand zu verändern.

Die Idee des Freiseins von den Zwängen deines Kopfes, frei von der Negativität, die so viele Leben infiziert, frei von den Beschränkungen, die durch Kulturen gesetzt werden, dies waren alles Dinge, die mich faszinierten. Wenn Freiheit dadurch erreicht wurde, dass du deine eigenen inneren Zustände intelligent kontrolliertest, sodass du Verhaltensflexibilität erlangtest und fähig warst, deine eigene Zielsetzung zu entdecken und sie zu leben - jeden Moment vollkommen ganz und moralisch - dann war es die Kunst persönlicher Freiheit, diese Art von Intelligenz zu entwickeln.

Das Konzept emotionaler Intelligenz ist recht bekannt im Bereich der Psychologie. Es dreht sich um eine Form von Intelligenz, die sich auf das Kontrollieren und Gebrauchen von Emotionen bezieht: emotional bewusst und geübt zu sein und mit den Lebensthemen erfolgreich umzugehen. Das Konzept der Intelligenz, über das wir hier reden, ist nicht einfach emotionale Intelligenz, sondern es ist spirituelle Intelligenz, es ist soziale Intelligenz, es ist persönliche Intelligenz. Wir können es die Intelligenz der persönlichen Freiheit nennen.

Die Intelligenz persönlicher Freiheit bedeutet, dass du dir bewusst wirst, wie du denkst und die Welt erlebst. Es geht darum, pragmatisch auf die Welt zu reagieren, sodass du es zulässt, dass Dinge dich inspirieren und du dich selbst kraftvoll motivierst. Es hat damit zu tun, die Probleme loszulassen und mehr über Lösungen nachzudenken. Es hat damit zu tun, sich die meiste Zeit gut zu fühlen. Es bedeutet, mit den schweren Zeiten, die du hast, und den schwierigen Menschen, die du triffst, mit Anmut und Können umzugehen. Es bedeutet zu verstehen, wie du spirituell in das Universum passt.

Großartige Künstler lernen die Fertigkeiten, um gut zu malen. Der Rest liegt in ihrer kreativen Leistung - was wollen sie malen und zeichnen? Was wird sie inspirieren? Alles, was übrig bleibt zu entscheiden, um Schönheit zu kreieren, ist der Inhalt ihres Meisterstückes, dann sie müssen sich selbst in den richtigen Geisteszustand gehen lassen und tun, was sie gelernt haben gut zu tun.

Betrachte dich als dein eigener persönlicher Lebenskünstler. Du liest über die Prozesse und Fertigkeiten, die dich befähigen, dein Leben wundervoll zu zeichnen und es mit großartigen Gefühlen anzufüllen. Dein Leben ist die Leinwand und dein Gehirn die Farbe. Es kommt darauf an, dass du dich selbst entscheiden lässt, wohin du gehen willst, was du malen willst. Dies ist die Kunst persönlicher Freiheit.

Als Menschen liegt unsere größte Stärke in unserer größten Schwäche: unsere Fähigkeit, zu wählen. Es ist das große Paradoxon der Existenz. Wir haben diese Freiheit und trotzdem benutzen wir es, um uns gefangen zu halten. Wir können wählen, großartig zu sein. Wir können wählen, nicht großartig zu sein. Wir haben diese Wahl. Die Bäume haben diese Wahl nicht. Sie wachsen so hoch, wie sie können.

Als Menschen jedoch können wir so gut sein wie wir können oder wir können nichts tun. Wir haben diese Wahl. Als eine Stärke gibt sie uns die Macht, glücklich zu sein. Als eine Schwäche gibt sie uns die Gelegenheit, traurig zu sein. Als eine Stärke gibt sie uns die Kraft, wunderbar zu leben. Als eine Schwäche gibt sie uns die Möglichkeit, faul zu sein. Die Kunst, wundervoll zu leben, kommt für mich auf den Punkt, Wahlmöglichkeiten zu meistern und gut zu wählen.

Nimm das Wort „Freiheit“. Es wird gewöhnlich damit assoziiert, von irgendwoher zu kommen oder irgendwohin zu gehen. Wir brauchen Freiheit von etwas und Freiheit, etwas tun zu können. Freiheit existiert nicht einfach. Es ist ein Prozess. Um frei zu sein, müssen wir uns selbst befreien. Du kannst nicht einfach Freiheit haben, du kannst es nur tun. Die Techniken und Aufgaben, die du in diesem Buch üben kannst, repräsentieren das, was du tun kannst, um dich zu „befreien".

Was wichtig ist im Kopf zu behalten, ist, was es ist, wofür du dich befreist, um es zu tun. Es ist eine Sache, sich selbst zu befreien, aber es ist auch wichtig, dass du dies tust, um dein Leben glücklicher und erfolgreicher zu machen und die Welt zu verbessern, auf welche Art auch immer.

Damals beim Aufstieg auf den Everest lernte ich viel über Chabbi und seine Familie. Ab 4.000 Meter fing ich an, den Mangel an Sauerstoff zu merken, als wir unser Ziel Namche Bazaar erreichten. Auf der Route nach oben trafen wir ein amerikanisches Mädchen, einen Italiener und zwei Träger, die sie begleiteten. Wir alle sprachen über unsere Erfahrungen und unsere Pläne für die Zukunft. Wir spielten Karten und ich lernte sehr viel über nepalesische Kultur. Ich erklomm mit Chabbi einen Hügel, um zu sehen, ob wir einen weiteren flüchtigen Blick auf die Spitze des Everest ergattern könnten. Ich stand da und schaute den Nebel mitten am Morgen, höher auf diesem Planeten, als ich jemals gewesen war - wir konnten tatsächlich auf die Wolken hinabsehen - und ich spürte die spezielle Ruhe dieses Ortes. Er schien soweit weg von der Welt zu sein, die ich kannte. Innen jedoch waren meine Gedanken immer noch bei der Welt zuhause. Ich fand hier nicht wirklich Freiheit.

Chabbi lebte mit seiner Frau, einem jungen Sohn und einer Tochter in einem einräumigen Haus außerhalb von Kathmandu. Ich konnte mir nicht vorstellen, wie das ist. Als wir die höchsten Berge der Welt hinauf- und hinabstiegen, redete ich mit ihm über das Leben, Liebe, Glück und Freiheit. Ich fing an zu verstehen, dass Freiheit nichts mit Reichtum oder Wissen zu tun hat. Es hatte nichts damit zu tun, wo man war oder was man tat. Es hat damit zu tun, die richtige Einstellung und Perspektive zu haben.

In diesem ersten Gespräch hatte Richard mir eine ausführliche Definition von persönlicher Freiheit gegeben. Ich entschied mich, für die restliche Zeit damit zu arbeiten. Dies würde es sein, wovon das Buch handelte. Ich hatte über eine Menge nachzudenken und meine Gedanken wanderten zu dem Zeitpunkt, als ich Richard zum ersten Mal traf.

Echte Freiheit entwickeln

⌘

Ich traf Richard vor mehreren Jahren, als ich noch ein Student war. Als ich zu meinem ersten NLP-Seminar mit Dr. Richard Bandler kam, war ich von Ehrfurcht ergriffen. Am Ende des Tages ging ich auf Richard zu. Ich war nervös. Er gab Autogramme nur Augenblicke, nachdem er das Seminar beendet hatte. Ich war nervös wegen ihm, da er so viel persönliche Macht zu besitzen schien. Von da unten in der Masse, wo ich saß, erschien er so einschüchternd.

Während Richard Autogramme gab, spielte im Hintergrund Musik. Es gab immer noch einen Haufen Leute, die um seine Aufmerksamkeit wetteiferten. Er schien nicht darauf bedacht zu sein, zu jedem „außerordentlich nett" zu sein, er war einfach er selbst. Bei einigen Kommentaren lächelte er und gab eine schlagfertige Antwort. Bei anderen zeigte er überhaupt keine Reaktion.

Endlich erreichte ich die Spitze der Schlange. Ich reichte ihm meine alte, zerfledderte Ausgabe von „Using your Brain for a Change" und versuchte etwas Nettes zu sagen. „Hey, das war Klasse." Meine Stimme zitterte, während ich sprach. Er schaute nicht auf, kritzelte einfach seinen Namen in mein Buch und wendete den Blick zur nächsten Person. Als ich von der Bühne stieg, fühlte ich mich leicht niedergeschlagen. Ich hatte mehr erwartet oder, genauer gesagt, auf mehr gehofft. Vielleicht ein Lächeln, vielleicht ein Wort der Ermutigung. Ich bekam nichts außer seinem Autogramm. Ich fühlte mich enttäuscht.

Es ist lustig, aber wenn ich an diese Erfahrung zurückdenke, hilft es mir wirklich den Unterschied zwischen beeindruckt sein und verändert sein zu verstehen. Sieh, ich war beeindruckt von dem Genie und den faszinierenden Geschichten aus seinen Erlebnissen bei der Entdeckung des NLP. Auf ihn zuzugehen, nervös vor ihm zu sein, nette Worte von ihm zu erwarten, Anerkennung zu brauchen und enttäuscht zu sein: Alles spiegelte meine Unsicherheit, Angst und Bedürftigkeit wider.

Genauer: Es spiegelte die Art wider, wie ich Gefühle von Unsicherheit, Angst und Bedürftigkeit erzeugte durch die Art, wie ich dachte. Sieh, indem ich mich darauf konzentrierte, wie ich bei ihm ankam, verlor ich aus dem Auge, was wirklich wichtig war: mich gut zu fühlen. Ich stellte mir bildlich vor, wie ich wollte, dass er auf mich reagiert und als er noch nicht einmal Augenkontakt zu mir herstellte, war ich bitter enttäuscht. Ich hatte meine eigene Enttäuschung geplant.

Da war er, brachte uns bei, die Art und Weise zu verändern, wie wir über die Dinge denken und fühlen, die uns beeinflussen. Wic Enttäuschung entsprechender Planung bedarf und wie wir mächtige Zustände in uns selbst erzeugen, sodass niemand es schaffen kann, uns uns schlecht fühlen zu lassen. Und hier war ich und fühlte gerade all diese schlechten Dinge, die auf meinen eigenen Erwartungen und seinem Versagen basierten, meinen Idealen zu entsprechen, wo ich doch eine Art von Zustimmung von ihm erhalten wollte.

Von da an bemerkte ich jedes Mal etwas, wenn ich Kontakt mit Richard hatte. Wenn ich nervös in seiner Gegenwart war, schien er nie besonders nett zu sein. Wenn ich in seiner Gegenwart locker war, schien er wirklich nett und freundlich zu sein. So erschienen mir die Dinge. im Prinzip war ich einen ganzen Tag da gewesen, hatte Richard Bandler erlebt, aber ich scheiterte daran, wirklich zuzuhören. Viele seiner Ideen sickerten durch und beeinflussten die Art, wie ich die Welt sah, aber ich hatte immer noch einige Grenzen, weil der zentrale Punkt von allem an mir vorbeiging. Der Punkt ist, dass du Dinge wirklich verinnerlichen musst. So, wie wir Ideen in diesem Buch präsentieren, die dein Leben verändern können, so liegt der Schlüssel für den Leser darin, zu vermeiden, sich von der Suche nach jemandem vereinnahmen zu lassen, den du nachahmen willst, oder von der Suche nach dem Guru, der dein Leben verändert. Es geht um dein Leben.

Die Tatsache, dass ich mich enttäuscht und betrübt fühlte, weil ich nicht die Reaktion bekommen hatte, die ich wollte, bedeutete, dass ich mich auf die lächerlichste aller Arten selbst eingesperrt hatte. Leider tun wir uns das immer selbst an. Stattdessen müssen wir die notwendigen Schritte ergreifen, um zu lernen, wie wir mehr persönliche Freiheit in unserem Leben manifestieren können.

Ich hörte alle möglichen Sachen über Richard, als ich anfing, mich für NLP zu interessieren. Viele Leute, die ihn noch nicht einmal gesehen hatten, warnten davor, dass er „ein Rad ab“ habe, „gefährlich“ und „unethisch“ sei. Was ich merkte, ist, dass diejenigen, die ihn niemals gesehen hatten, ihre Meinung auf das stützten, was sie von denjenigen gehört hatten, die sich von ihm eingeschüchtert fühlten. Einige der größten Namen des NLP, denen Richard Angst gemacht oder die er provoziert hatte, machten solche Bemerkungen über ihn.

Ich begann die Frage zu stellen: Wie können Menschen NLP so gut lernen und immer noch nicht erkennen, was ich verstanden habe - dass NLP zu allererst benutzt werden sollte, um sicherzustellen, dass niemand deinen emotionalen Zustand auf eine negative Art beeinflussen kann? Wir haben gelernt, wie wir die Art kontrollieren, in der wir unsere Erfahrungen nützlicher interpretieren und auf die Welt effektiver reagieren.

Ich lernte bald, dass Richard „ein Rad ab“ hatte - und das war einer der Gründe, dass er so großartige Ergebnisse erzielte, wo andere Leute nichts bewirkten. Ich merkte auch, warum er „gefährlich“ war - für diejenigen, die an ihren Problemen festhalten wollten, da er dazu neigte, Menschen von eben diesen zu befreien. Er ist der ethischste Veränderungsarbeiter, den ich jemals erlebt habe, da er tatsächlich darauf fokussiert ist, Veränderung zu generieren, und nicht darauf, wie viele Sitzungen er mit seinen Klienten arrangieren kann oder wie sehr er den Klienten dazu bringen kann, ihn zu mögen oder von ihm beeindruckt zu sein.

Wenn du in deinem Kopf frei wirst und wahre persönliche Freiheit entwickelst, kann niemand anderes deinen Zustand beeinflussen, weder absichtlich, noch unabsichtlich. Niemand und nichts kann deinen Tag ruinieren oder dich einschüchtern. Kein Problem kann dein Leben beherrschen. Du bekommst die Kontrolle darüber, wie du fühlst und die Zustände, in die du gehst. Du fängst an, gute Entscheidungen zu treffen und mit Herausforderungen auf intelligentere Weise umzugehen. Du fängst an, zu lächeln, egal warum, und du bekommst den Seelenfrieden, der davon kommt, nicht auf andere angewiesen zu sein, um sich gut fühlen zu können.

Die Herausforderung, die ich schließlich erfolgreich meisterte, war, die Fähigkeit zu besitzen, meinen eigenen Zustand zu halten, egal, wer in meiner Umgebung war. Wenn du dich selbst von irgendjemandem einschüchtern lässt, eingeschlossen dem Lehrer, der dich unterrichtet, und ihn deinen Zustand steuern lässt, setzt du nicht in die Praxis um, was du gelernt hast. Das Leben ist nicht wie das Innere eines Seminarraumes oder wie das Innere eines Buches. Was du lernst, muss angewandt werden, aber es muss zuerst von dir angewandt werden, an dir. Es muss benutzt werden, um deine Realität auf eine andere Art zu sehen. Oft ist das, was wir für real halten, weit davon entfernt, wahr zu sein. Und wenn uns dies einschränkt, dann müssen wir eine andere Perspektive einnehmen, um uns selbst mehr Wahlmöglichkeiten zu geben. Mehr Wahlmöglichkeiten helfen uns, die Ketten der Freien zu sprengen.

Die Ketten der Freien sprengen

⌘

Bernard war etwa 22 Jahre alt, ein hochgewachsener, dünner Kerl in rotem Sweatshirt und blauer Jeans. Er saß vor mir und ich fing mit dem Üblichen an.

OF: *Womit kann ich dir helfen?*

Er antwortete in einem erschöpften Ton.

Bernard: *Nun, ich sollte nicht hier sein. Ich werde immer wieder zu Leuten wie Ihnen geschickt, weil alle glauben, dass ich verrückt bin. Die verstehen es einfach nicht. Sehen Sie, ich habe diese besonderen Kräfte und ich bin geboren worden, um diese Kräfte zu nutzen. Aber die Leute glauben, ich sei einfach irre.*

Manchmal ist es wirklich schwer, in Therapiesitzungen nicht zu lachen. Ich presste meine Lippen fest zusammen, um mich selbst davon abzuhalten, schaute ihn an, lächelte und hielt für eine Sekunde inne.

OF: *Bernard. Du bist verrückt.*

Als ich antwortete, blickte er mich mit einem empörten Gesichtsausdruck und Wut in seinen Augen an.

Bernard: *Sie sind ja genauso wie alle ...*

Ich unterbrach ihn.

OF: *Du Vollidiot. Was für Sachen hast du versucht?*

Er antwortete verteidigend.

Bernard: *Ich habe geübt, vom Boden abzuheben und durch Blei hindurchzusehen.*

OF: *Dann hat dir niemand von dem Buch erzählt, he?*

Bernhard: *Was meinen Sie, Buch?*

Ich hatte seine Neugier.

OF: *Das Buch. Das Buch. Das Leitbuch für diejenigen mit besonderen menschlichen Kräften. Niemand hat dir davon erzählt, oder?*

Bernard: *Äh, nein. Was ist das? Wo bekommt man es? Worum geht es darin?*

OF: *Nun, ich weiß nicht, wo du es bekommst, aber ich kenne jemand, der einmal zu mir kam und es gelesen hatte. Und er erzählte mir ein bisschen was darüber. Du pfuschst dir wirklich selbst ins Gehege, Kamerad.*

Ich lächelte ihn an. Er erwiderte:

Bernard: *Wie meinen Sie das? Wovon reden Sie?*

OF: *Nun, diejenigen, die mit dieser Art von Kräften geboren werden, sollten zunächst die einfachen Sachen üben und sich dann nach einigen Jahren zu den anderen Sachen hinaufarbeiten. Ich kann nicht glauben, dass niemand dir das je gesagt hat.*

Bernhard: *Was? Sie glauben mir also?*

OF: *Natürlich. Warum sollte ich nicht? Lügst du etwa?*

Bernard: *Nein. Es ist nur, Sie sind die erste Person, die mir glaubt. Also, was sind die einfachen Sachen überhaupt?*

Ich fing an, ihm verschiedene Gedächtnistricks beizubringen, bei denen er seinen Kopf benutzen konnte, um sich leichter an Dinge zu erinnern. Ich brachte ihm bei, wie er in kraft- und ressourcenvolle Zustände gehen konnte, wie zum Beispiel selbstbewusst sein oder fröhlich oder entspannt, indem er sich vorstellte, selbst in einem Moment zu sein, als er auf diese Art fühlte, und sich einen Trigger für diese Zustände baute. Er liebte das Ganze und konnte es nicht erwarten, alles zu üben.

OF: *Jetzt, in der Zukunft, in ein paar Jahren, wenn du all dies und mehr meisterhaft beherrschst, kannst du die anderen Sachen üben. Immer in sicheren Umgebungen. Keine Sprünge von Gebäuden, okay?*

Er lächelte.

Bernard: *Was glauben Sie, was ich bin? Irre?*

OF: *Eine weitere Sache am Rande. Warum hat Superman Clark Kent? Warum hat Batman Bruce Wayne? Warum hat Spider-Man Peter Parker?*

Bernard: *Oh. Sie sind geheime Identitäten für den Fall, dass die Leute glauben, dass sie ausgeflippt sind oder verrückt geworden oder so was.*

Ich blickte ihn einfach an und hob meine Augenbrauen. Schließlich fiel der Groschen bei ihm. Er setzte sich zurück, seufzte tief und grinste.

OF: *Also: Benutz deinen Namen, erwähne nie wieder die Kräfte, übe die Kräfte, die du bei mir gelernt hast, zu gebrauchen und viel weniger Leute werden dir auf die Nerven gehen, oder nicht?*

Er nickte und stimmte mit einem Lächeln zu. Ich hielt Kontakt zu ihm und er macht sich weiterhin gut, jetzt, mehr als zwei Jahre später.

Richard hatte eine Theorie bezüglich Schizophrenie. Er meinte, dass, wenn Schizophrene nicht in Kontakt mit der Realität sind, dann sollte man die Realität verändern, um sich zu ihnen in ihre Realität zu gesellen. Also, verhalte dich so, wie wenn du ihnen glaubst und du wirst in einer Position sein, ihnen zu helfen.

Es wurde für mich ziemlich zur Gewohnheit, das zu tun. Dabei entdeckte ich, dass all meine Klienten - von den bescheuertsten bis zu den normalsten - andere Realitäten erlebten als ich. Tatsächlich war der einzige Unterschied, dass die „normaleren" Menschen, die ich kannte, übereinstimmendere und „normalere" Glaubensannahmen hatten als die, die als verrückt bezeichnet wurden.

Für mich hat das Verstehen der Ketten der Freien mit dem Verstehen der Gemeinsamkeiten zwischen all den Problemen zu tun, die im Kopf existieren. Jedes Problem rührt aus den Glaubenssätzen her, die du hast, den Einstellungen, die du aufrecht erhältst, den Gedanken, die du denkst, den Gefühlen, die du erlebst und den Verhaltensweisen, die du ergreifst. Wenn du dies erkennen kannst, kannst du anfangen, die Frage zu stellen: Wie kann ich die Kontrolle darüber übernehmen, was ich glaube, was ich denke, was ich fühle, was ich tue und über meine Einstellungen?

Die Ketten der Freien müssen gesprengt und losgelassen werden. Die Ketten beinhalten Traurigkeit, Angst, Hass, Zweifel, Stress, Armut, Einsamkeit, Schmerz, schlechte Beziehungen, schwierige Menschen und die schweren Zeiten.

Es gibt Wege, jede Kette zu sprengen, und wenn sie erst einmal alle gesprengt sind, wirst du eine tief greifende Empfindung persönlicher Freiheit erleben. Du wirst dich automatisch grundlos richtig gut fühlen. Du wirst entdecken, wie wunderbar es sich anfühlt, fähig zu sein, Dinge in deinem Leben mit Leichtigkeit zu verändern. Du wirst dich entspannt und zuversichtlich in Bezug auf dich selbst und das fühlen, was du tust. Du wirst mehr verdienen, deine Zeit effektiver organisieren, mit mehr Menschen bessere Kontakte aufbauen. Du wirst mit schwierigen Menschen auf die klügste Art umgehen und schwere Zeiten mit einem stärkeren Charakter durchstehen.

Die Ketten können jedoch jederzeit wieder auftauchen; deswegen ist es entscheidend, dass du die Freiheit weiter beibehältst, die dein Geburtsrecht ist. Das Entscheidende ist, zu erkennen, dass, indem du die Ideen dieses Buches anwendest und sie in deinem Leben nutzt, die Schlösser geöffnet und die Ketten entfernt werden.

Warum werden Menschen traurig? Oder verängstigt? Warum zweifeln Menschen an sich selbst? Warum hassen Menschen einander? Warum werden Menschen gestresst? Warum fühlen Menschen sich überfordert? Warum fühlen Menschen sich einsam? Oder verletzt? Warum sind einige Menschen arm? Warum haben manche Menschen so schlechte Beziehungen zu anderen? Warum ist der Umgang mit einigen Menschen so schwierig? Warum müssen Menschen schwere Zeiten durchmachen?

Die Antwort auf diese Fragen lautet: Weil wir geboren wurden, groß geworden sind und gelernt haben, auf bestimmte Arten zu denken und uns zu verhalten. Wir bilden Neigungen und manchmal Abhängigkeiten, zu/von Menschen, Ideen und Objekten. Wir lernen, zusammenhanglose Erlebnisse zu verknüpfen. Wir treffen Entscheidungen auf der Basis, wie wir uns fühlen, und manchmal sind diese Entscheidungen nicht nützlich. Unser Verhalten, sowohl in unserem Kopf als auch draußen in der realen Welt, bestimmt, wie wir dieses Leben wahrnehmen. Wenn wir die Welt unser Verhalten kontrollieren lassen, sind wir der Gnade des Glücks, Unglücks und der Umstände ausgeliefert. Wenn wir unser Verhalten bestimmen, haben wir die Kontrolle über unser Gehirn, gebrauchen unsere Intelligenz und machen das Beste aus unseren Umständen.

Bevor wir aus den Ketten der Freien ausbrechen können, müssen wir lernen, wie wir sie geschaffen haben. Wir müssen verstehen, wie wir diesen Ketten erlaubt haben, uns einzuschränken und einzusperren. Oft schieben wir die Verantwortung auf andere und die Welt. Wir glauben, dass wir die Opfer von Chance oder Schicksal sind, dass dies unser Anteil ist, und es alles ist, was wir tun können, um das Leben durchzustehen, das uns gegeben ist. Menschen werden depressiv, weil die Welt ein schrecklicher Ort für sie ist. Menschen werden verängstigt, weil in bestimmten Situationen ein Gefühl in ihnen hochkommt. Menschen werden verletzt, weil andere sie so fühlen lassen, indem sie sie schlecht behandeln.

Es gibt einen anderen Weg, all dies zu sehen. Menschen werden depressiv, weil sie sich selbst diese Art von Gefühlen schaffen. Menschen werden ängstlich, weil sie sich selbst ängstigen. Menschen werden verletzt, weil sie sich erlauben, verletzt zu werden.

Ich höre die Stimmen und Schreie all der Opfer rufen: „Quatsch, wir wählen nicht, auf diese Art zu empfinden." Ich habe jedoch nie gesagt, dass Menschen „wählen", auf diese Art zu empfinden. Ich sagte, dass sie die eigentliche Quelle davon sind. Die Quelle für ein Gefühl zu sein und die Schuld daran zu haben, sind zwei verschiedene Dinge.

Schuld kann auf viele verschiedene Schultern verteilt werden. Um wirklich korrekt etwas oder jemandem die Schuld zu geben, müsstest du jedes einzelne Erlebnis und jeden Einfluss auf dein Leben bis zu diesem Moment aufzählen und sie alle als Ursachen nennen. Meine Frage ist jedoch: Was ist der Punkt dabei? Schuld hilft niemandem, einschließlich dir. Lass uns stattdessen zur Idee der Verantwortung übergehen. Wenn du dich entschließt, die Verantwortung zu übernehmen, dann erlangst du die Macht, Kontrolle über Dinge zu haben. Wenn du verantwortlich bist, bist du fähig zu antworten, zu reagieren. Du kannst auf die Welt reagieren, wie du entscheidest.

Sieh, wir machen uns selbst Probleme, aber oft bemerken wir nicht, wie wir es tun. Das liegt daran, dass wir uns unserer natürlichen Gewohnheitsmuster zu denken und zu handeln nicht bewusst sind. Wir gehen automatisch in Denkprozesse und Verhaltensweisen, die uns in negative Zustände führen, und erzeugen Probleme für uns. Sobald wir identifizieren können, wie wir in diese Gedankenprozesse einsteigen und diese Verhaltensweisen zeigen, können wir die Fähigkeit erlangen, sie zu verändern.

Die Ketten, in welchen wir uns selbst gefangen halten, entwickeln sich aus unseren gewohnten Arten zu denken, zu fühlen und zu handeln. Der Schlüssel liegt nicht darin, unseren Weg aus diesen Gewohnheiten bewusst herauszufinden. Stattdessen ist es entscheidend, neue unbewusste Gewohnheiten zu entwickeln. Eine Möglichkeit dies zu tun, ist die Kontrolle über die Beeinflussung des unbewussten Teils unseres Verstandes zu übernehmen. Ein anderer Weg besteht darin, sich bewusst zu werden, wie wir tun, was wir tun und sich dann mit Disziplinen zu beschäftigen, die sicherstellen, dass wir Dinge anders tun.

Einer der Gründe, warum die Psychologie versagt hat, uns zu helfen diese Ketten zu sprengen, liegt darin, dass sie sich hauptsächlich darauf konzentriert, zu versuchen zu verstehen, warum Menschen tun, was sie tun. Unglücklicherweise machen die riesigen Komplexitäten, die dabei zutage treten, wenn man versucht, die Wechselbeziehungen des Gehirns mit Millionen von Gehirnzellen, den Einfluss der Gene und der Umwelt und die unendlich große Menge an potenziellen Einflüssen auf uns zu erklären, dies schlichtweg unmöglich.

NLP konzentriert sich stattdessen darauf, Menschen zu helfen zu verstehen, dass es keine Rolle spielt, warum sie etwas tun, es geht nur darum, wie. Sigmund Freud hat bei einigen Sachen sehr, sehr falsch gelegen. Es geht nicht darum, was dir passiert, es geht darum, wie du damit umgehst. Die Ursache ist nicht das Ereignis, welches geschehen ist. Es ist die Art, wie du darüber denkst. Zwei Individuen wurden missbraucht. Eines ist psychologisch okay, eines nicht. Was ist der Grund für diesen Unterschied? Der Grund liegt darin, wie sie mit der Erfahrung umgegangen sind.

Eine Freundin von mir, Helen, gab mir einmal ein Beispiel für den Unterschied zwischen warum und wie. Wenn ich in einen Fluss fiele und nicht schwimmen könnte: Würdest du mir am besten helfen, indem du herausfändest, warum ich hineingefallen bin? Oder würdest du mir besser helfen, indem du hineinspringst, mich rettetest und mir beibrächtest zu schwimmen? Für mich ist das eine hervorragende Art, um zu erklären, wie Menschen lernen können, sich zu verändern. NLP bringt uns so viel darüber bei, wie Menschen denken und Gefühle erzeugen. Durch den Einsatz dieses Modells können wir entdecken, wie unbewusste Muster funktionieren.

Wenn wir lernen, wie unbewusste Muster funktionieren, können wir sie uns bewusst machen. Wenn wir sie uns bewusst machen, können wir sie verändern. Wenn wir sie verändern, können wir unsere neuen Muster unbewusst machen. Auf diese Weise können wir die Art verändern, wie unser Gehirn programmiert und verdrahtet ist, und nützlichere Gewohnheiten zu denken und uns zu verhalten entwickeln. Nur dann werden die Ketten der Freien gesprengt sein! Ich weiß dies aus persönlicher Erfahrung. Es war einmal, da war ich gefangen in meinem eigenen persönlichen Gefängnis, einer Hölle von depressiven Gefühlen, ängstlich und gestresst.

Meine eigene persönliche Hölle

⌘

***Martin:** Ich muss mit Owen Fitzpatrick sprechen.*

***OF:** Ja, das bin ich.*

Mir kam die Stimme nicht bekannt vor, aber er hörte sich aufgewühlt an, sehr aufgewühlt.

***Martin:** Ich brauche Ihre Hilfe. Mir wurde gesagt, Sie wären der Einzige, der mir helfen kann. Ich kann nicht, ich kann einfach nicht mehr weiter. Ich hasse es. Ich nehme mir jetzt das Leben. Ich halte es nicht mehr aus. Ich werde jetzt diese Pillen nehmen, die ich hier habe. Die wissen nicht, dass ich sie habe. Die können nicht helfen. Alles, was sie tun können, ist mir Pillen zu geben. Ich habe gehört, Sie können mir helfen. Ich brauche Hilfe.*

Die Stimme am anderen Ende der Leitung schweifte umher. Es war ein weiterer Selbstmordanruf. Es war etwa 15:30 Uhr an einem Dienstag Nachmittag. Er hatte mit jemandem gesprochen, der mich empfahl. Also redete ich mit ihm. Ich wusste, was zu sagen war. Es war instinktiv geworden.

Als ich ein Teenager war, las ich zum ersten Mal ein Buch über Hypnose, das mich in den Bereich des NLP einführte. NLP wurde bald mein Hobby, meine Leidenschaft und meine Karriere. Ein Freund von mir fragte mich einmal: „Wenn du nie angefangen hättest, dich mit NLP zu beschäftigen, was denkst du, wie dein Leben jetzt aussähe?“ Ich wollte immer jemand sein, der Menschen rettet und ihr Leben positiv beeinflusst: ein Polizist, ein Feuerwehrmann, ein Arzt. Ich wollte immer der Held sein und den Tag retten. Ich war ein Idealist.

NLP und die anderen Ideen und Technologien, die ich bei mir selbst, meinen Klienten und meinen Teilnehmern benutze, haben alle mit der Freiheit zu tun, zu denken und zu fühlen was du willst: Sie befähigen dich, Liebe wundervoller zu erleben und dich im Leben viel glücklicher zu fühlen. Ich weiß, wie kostbar und wunderbar diese Freiheit ist, weil ich weiß, wie es ist, in meiner eigenen, persönlichen Hölle eingesperrt zu sein.

In jungen Jahren, bevor ich etwas von NLP wusste, beging ich beinahe Selbstmord. Ich war extrem deprimiert, aber ich erzählte es niemandem. Meine Familie war wundervoll, aber meine „Freunde“ behandelten mich schrecklich. Ich war das Leben leid und fühlte mich hoffnungslos. Jeden Tag, wenn ich nach Hause kam, suchte ich mir einen Platz für mich und heulte mir die Augen aus. Ich wollte lieber sterben, als weiter dieses qualvolle Gefühl zu haben, abgelehnt zu werden, verloren und nicht gemocht zu sein: ein Spinner. Niemand wusste es. Niemand hatte eine Ahnung. Demzufolge half niemand.

Jetzt liebe ich jede Minute meines Lebens. Ich verbringe es damit, das zu tun, was ich liebe - Menschen beizubringen, wie sie besser kommunizieren, glücklicher, erfolgreicher und freier werden. Ich reise durch die Welt von Mexiko bis Indien, teile mein Wissen und meine Fertigkeiten mit Menschen vieler verschiedener Kulturen und Herkünfte. Ich habe die besten Freunde in der Welt, komme wunderbar mit meiner fantastischen Familie klar und ich lebe in Dublin sehr glücklich, erfüllt und erfreut am Leben.

Als ich in der Schule war, gab es viele, die mich schikanierten. Nicht physisch, sondern meistens psychisch. Ich wurde von den meisten Leuten, Mädchen und Jungen, die ich kannte, beschimpft. Die Mädchen waren die Schlimmsten, sie setzten mich einem zusätzlichen Gefühl der Erniedrigung aus. Während der ganzen Schulzeit hatte ich es ziemlich schwer. Es gab einen Jungen, der einen Schnürsenkel um meinen Hals legte und anfing, mich zu würgen. Ein anderes Mal setzte er mir ein Messer an die Kehle und versprach, er würde meine Lunge herausschneiden.

Jetzt ist alles anders. Vor ein paar Jahren traf ich diesen brutalen Kerl wieder. Eigentlich habe ich seitdem die meisten dieser Leute wiedergesehen und ich fühle mich so viel besser. Es ist lustig, jetzt scheinen sie von mir sowie von dem Vertrauen und der Sicherheit, die ich in mir selbst habe, eingeschüchtert zu sein. Ich bin nie losgegangen, um es ihnen heimzuzahlen. Ich habe einfach akzeptiert, dass sie damals schlecht zu mir waren und vielleicht sind sie heute keine schlechten Menschen. Vielleicht sind sie nette Leute geworden.

Damals hatte ich vor allem Angst. Ich stotterte und stammelte herum, wenn ich in der Öffentlichkeit sprechen musste. Ich vermied jede halbwegs gefährliche Handlung, was meiner fehlenden Popularität nicht weiterhalf. Furcht umschloss mein Leben. Sorgen und panische Angst verfolgten mich überall hin. Ich hasste das Unbekannte und das Leben machte mir Angst.

Inzwischen bin ich zum Mount Everest hochgewandert und im Great Barrier Riff getaucht, Ski gefahren in Neuseeland, Fallschirm gesprungen in Kalifornien, mit dem Rucksack durch Indien getrampt und habe Tausende von Menschen in Seminaren in verschiedenen Teilen der Welt unterrichtet. Ich bin quer über den ganzen Planeten gereist und ich liebe Abenteuer. Zufälle und Chaos sind immer gegenwärtig und so mag ich es.

Was hat die Veränderung verursacht? Was ist der Unterschied zwischen mir damals und mir heute? Wie konnte ich von deprimiert zu glücklich gelangen? Wie bin ich davon, meine Existenz zu hassen, dazu übergegangen, mein Leben zu lieben? Wie habe ich die Art verändert, auf die andere Menschen mir Gefühle geben? Wie bin ich vom Zustand intensivster Furcht hin dazu gekommen, ein Abenteuerer zu werden? Wie habe ich die Ketten der Freien gesprengt? Während ich diese Fragen beantworte, wirst du lernen, wie du große Verbesserungen in deinem eigenen Leben erreichen kannst.

Die Leute sind manchmal überrascht, wenn ich über meine eigenen Probleme rede. Sie sind überrascht, dass ich mich nicht dafür schäme. Die Wahrheit ist, dass ich mich nicht schäme, weil es eine wunderbare Erfahrung ist, seine eigenen menschlichen Schwächen zu akzeptieren. Meine Unzulänglichkeiten sind für mich okay. Meine Vergangenheit, Dummheiten, die ich gemacht habe, und die Erniedrigungen sind für mich okay. Ich bin einfach ein Mensch, der Fehler gemacht hat. Wenn du die Verantwortung für deine Entscheidungen und Erfahrungen im Leben übernimmst, kann die Welt deine Vergangenheit nicht gegen dich verwenden. Stattdessen bekommst du Freiheit von den Zwängen, die die meisten Menschen zurückhalten, nämlich den Zwängen der Vergangenheit.

Ich habe die schweren Zeiten mit purer Entschlossenheit überlebt. An diesem wichtigen Punkt in meinen Leben hatte ich die Wahl: Leben oder Tod. Ich habe Leben gewählt. Ich habe mir selbst versprochen, dass ich nie aufgeben werde. Ich habe es nie getan. Mit Dank ernte ich die Belohnungen. Meine Entschlossenheit und Offenheit haben mich loslegen lassen. Damals entdeckte ich die Ideen, die mich befähigten, mein Leben zu verändern. Es war damals, als ich anfing, meine Freiheit zu beanspruchen.

Meine Reise zur Freiheit war nicht immer ein einfaches Segeln. Ich habe meine Augenblicke der Enttäuschung gespürt, Momente der Traurigkeit, Momente der Einsamkeit, Momente des Kummers und Momente der Angst. Aber das ist alles, was sie waren - Augenblicke. Ich habe auch furchtbar traurige Momente der Trauer und des Herzeleids erlebt. In all diesen Erfahrungen hatte ich jedoch die Kontrolle, wie sie mich beeinflussten. Ich habe meine eigene Schönheit entdeckt. Ich habe die Stärken meines Charakters entdeckt. Ich habe das Brillante daran entdeckt, locker mit dem Leben umzugehen.

Was ich festgestellt habe, ist, dass mein Leben oft in so vielerlei Hinsicht wirklich chaotisch war. Ich bin der Kerl, dem all sein Gepäck geklaut wurde, der einen guten Teil seiner Flüge verpasst hat, seinen Pass verlor, sein Portemonnaie, mehrere Handys und über 2.000 Dollar in bar. Ich wurde festgenommen, weil ich meine Füße auf einem Sitz hatte, bin wegen Höhenangst zusammengebrochen, habe mir den Fuß gebrochen und Verbrennungen dritten Grades zugezogen - alles auf verschiedenen Reisen. Mein guter Freund Mark hat mich einmal auf exzellente Weise in einem Satz beschrieben: „Nichts funktioniert bei dir geradeaus, Fitzpatrick.“ Trotz allem ist mein Leben jedoch die einzige Art, wie ich es haben wollte, und wenn du mit deinem eigenen Leben, chaotisch oder nicht, in deinem Tempo umgehen kannst, wirst du dich dabei wiederfinden, zu verstehen, wie du jede persönliche Hölle auf brillante Weise umdrehen kannst.

Die Befreiung deines Geistes

⌘

Ich habe einmal mit einem Mann gearbeitet, der extreme Angst davor hatte, in Staus zu geraten. Er bekam Panikattacken, wenn er hinter eine Kolonne von Autos geriet, weswegen er die Hauptstraßen vermied und auf Seitenstraßen blieb. Seine Angst schränkte ihn drastisch ein. Ich fragte ihn, wie er darüber dachte. Er erklärte, wie er sich selbst vorstelle, im Stau zu stecken und nicht heraus zu können. Er stellte sich vor, im Auto zu stecken und in wilde Panik zu geraten, und wie das Innere des Autos kleiner und kleiner würde. Er sagte sich selbst nervös, wie schlimm es wäre, wenn es einen Stau gäbe, und er hatte Angst vor den Panikattacken.

Er spürte das Gefühl der Panik zuerst in seinem Bauch. Dann bewegte es sich zu seiner Brust hinauf und wieder zurück zu seinem Bauch. Ich bat ihn, es sich weiterbewegen zu lassen, wenn er über das Bild nachdachte, in dem er sich selbst feststeckend sah. Was sah er als Nächstes passieren? Er sah das Bild weiter, bis er schließlich, nachdem ich diese Frage mehrere Male wiederholt hatte, sah, dass der Verkehr wieder in Fahrt kam und alles wieder okay wurde. Ich erklärte, dass sein Problem nicht Panik, sondern Ungeduld sei. Oft müssen Menschen, die Panik verspüren, sich einfach der Bilder bewusst werden, die sie sich in ihrem Kopf machen, und sie verändern und sie bekommen bemerkenswerte Ergebnisse.

Die hauptsächliche selbst gebaute Falle, in der wir hängen bleiben, ist die, wie wir unser Gehirn steuern. So, wie wir Informationen aus der Welt erhalten, machen wir Bilder, reden mit uns selbst, spüren Gefühle und haben innerliche Geschmäcker und Gerüche, durch die wir der Welt Sinn geben. Also, genau wie wir fünf Sinne benutzen, um Informationen hereinzuholen, benutzen wir fünf interne Wege, diese Information zu repräsentieren. Es ist die Art, auf die wir die Welt intern repräsentieren, die bestimmt, wie wir fühlen und was wir tun. Dies reflektiert deine automatischen, gewohnten, unbewussten Denkprozesse.

Die Art, wie wir denken und die Welt interpretieren, beeinflusst unseren mentalen Zustand und wie wir in jedem Augenblick empfinden. Um effektiver zu denken und zu agieren und uns ressourcenvoller zu fühlen, müssen wir lernen, unsere natürlichen gewohnten Denkprogramme zu ändern. Auf diese Art werden wir die Welt am intelligentesten interpretieren, am schlauesten denken und den weisesten mentalen Zustand erreichen - alles das, was uns befähigt, auf die klügste Weise zu handeln.

Während verschiedener Zeiten deines Lebens lebst du an verschiedenen Orten. Du arbeitest in verschiedenen Jobs. Das Innere deines Kopfes ist es, wo du dein ganzes Leben lang lebst. Es gibt kein Ausruhen oder Auszeit davon - es ist dein permanentes Zuhause. Du kannst es also zu einem Himmel auf Erden machen, um darin zu leben, oder zu einer Hölle, die du ertragen musst. Es ist deine Wahl. Wahre persönliche Freiheit bedeutet, zu lernen, wie du aus dem Innern deines Kopfes einen wunderschönen Ort zum Leben machst.

Demzufolge müssen wir uns dessen bewusst werden, dass die Art, wie wir denken, aus den fünf Arten besteht, auf die wir für uns die Welt repräsentieren. Wann immer wir denken, tun wir dies, indem wir bestimmte Bilder, Klänge, Gefühle, Gerüche und Geschmäcker in unserem Kopf erstellen. Gerade jetzt, wenn du darüber nachdenkst, was du gestern gemacht hast, wirst du höchstwahrscheinlich dich selbst in einem Bild dort sehen, wo immer du warst, und du wirst mit dir selbst darüber reden. Die Kunst für dich ist, herauszufinden, wie du gerade denkst und dies so zu ändern, dass du deinen Kopf zu einem Ort machst, an dem es sich zu sein lohnt.

Alle unsere Gedanken sind aus Bildern, Klängen und Gefühlen zusammengesetzt. Sind wir uns einmal dessen bewusst geworden, wie wir unsere Gedanken formulieren, erhalten wir die Möglichkeit, sie zu ändern. Da unsere Gefühle und Verhaltensweisen sehr stark dadurch bestimmt sind, wie wir denken, können wir effektivere Ergebnisse erzielen, wenn wir einmal entdeckt haben, anders zu denken.

Leute haben zum Beispiel gewöhnlich Probleme, wenn sie an Dinge denken, die sie traurig oder wütend oder ängstlich oder einsam oder überwältigt machen, weil sie von diesen negativen Gedanken große Filme in ihrem Kopf ablaufen lassen und große innere Bilder von ihnen sehen. Sie reden gewöhnlich unaufhörlich und in herabsetzendem Ton mit sich selbst. Sie werden oft das Gefühl empfinden, wie es sich in verschiedenen Stellen ihres Körpers einprägt. Andere Menschen werden nicht besonders von ihren Problemen tangiert, da sie sich keine großen Bilder machen oder mit sich selbst sehr negativ reden. Daher kreieren sie keine dieser Arten von schlechten Gefühlen.

Der Trick liegt darin, anzufangen, dir bewusst zu werden, wie du Bilder erstellst, wenn du dich schlecht fühlst, und zu verändern, wie du die Bilder repräsentierst. Fang an dir bewusst zu werden, wie du mit dir selbst redest, und verändere es. Fang an dir bewusst zu werden, wie du Gefühle erlebst, und verändere die Art, auf welche du diese Gefühle erlebst.

Wir produzieren Bilder und platzieren sie an bestimmten Stellen vor uns - es ist so, als ob wir sie vor unseren Augen sehen könnten. Oft, wenn du tief in Gedanken bist, siehst du nicht, was in der Außenwelt ist, weil du damit beschäftigt bist, zu sehen, was in deinen Gedanken ist. Die Bilder, die du schaffst, befinden sich irgendwo vor dir. Sie sind entweder farbig oder schwarz-weiß, hell oder dunkel, fokussiert oder defokussiert, lebensgroß oder größer oder kleiner, näher bei dir oder weiter weg, entweder als Film oder stillstehendes Bild.

Die Klänge, die du innerlich hörst und die Stimme, die du benutzt, um mit dir selbst zu reden, haben ihre eigenen Qualitäten, was eine bestimmte Lautheit oder Weichheit, Resonanz, einen bestimmten Ton und Rhythmus einschließt. Die Gefühle, die du hast, sind in bestimmten Teilen deines Körpers und bewegen sich in einer bestimmten Form. Es liegt in diesen Qualitäten deiner internen Bilder, Klänge und Gefühle, dass du fähig sein wirst, die Weise, wie dein Kopf funktioniert, zu verändern und die schlechten Gefühle zu eliminieren, die du in der Vergangenheit verspürt hast.

Die spezifischen Qualitäten jedes sensorischen Systems bzw. jeder Modalität sind bekannt als Submodalitäten. Wie ein Fernseher Helligkeit-, Farb- und Lautstärkeregler besitzt, so haben auch unsere Gehirne ihre eigenen Regler. Diese Regler bestimmen, was wir empfinden und wie intensiv wir es empfinden.

Submodalitäten sind die Bausteine unserer internen Welt, die „Währung" des Bewusstseins. Wir alle kreieren Bilder, reden mit uns selbst, wir alle können innerlich Geräusche hören, innerlich Gefühle, Geschmäcker und Gerüche empfinden. NLP erkundet, wie unsere Gedanken in diesen sensorischen Modalitäten konstruiert sind.

Überlege, wie es wäre, wenn du wüsstest, wie du dein Gehirn steuerst. Was wäre möglich, wenn du entdecken würdest, wie du die Art, auf die du die Welt erlebst, kontrollieren könntest? Wie versetzt uns das in die Lage, kraftvollere Zustände in uns selbst und anderen zu erzeugen? Indem du einfach die Submodalitäten eines Gedankens oder einer Gedankensequenz veränderst, kannst du massiv erhöhen oder schmälern, wie kraftvoll sich dieser Gedanke anfühlt.

Stell dir zum Beispiel vor, du siehst dich selbst zu einem Zeitpunkt, an dem du dich wirklich gut gefüllt hast. Sieh ein kleines, stillstehendes Schwarz-Weiß-Bild, wie eine Photographie. Bemerke das Gefühl, das du hast. Stell dir jetzt vor, wie das Bild größer wird, so groß wie eine Kinoleinwand. Mach es wirklich hell und farbig und lass es wie einen Film laufen. Tritt in dieses Bild hinein und stell dir vor, du siehst durch deine Augen, hörst mit deinen Ohren und empfindest dieses Gefühl, während du es dieses Mal lebendiger erlebst. Achte darauf, wie stark sich das Gefühl anfühlt.

Was du herausfinden wirst, ist, dass die letztere Erfahrung sich viel intensiver anfühlt als die vorherige. Das liegt daran, dass du dein Gehirn anweist, anders über diese Situationen zu denken. Du bringst ihm bei, dir einen Schub der gleichartigen Gefühle zu geben, die du damals empfunden hast.

Viele Tiere gehen nach Assoziationen vor. Sie lernen durch die Gefühle, die sie mit bestimmten Dingen in Verbindung bringen.

Hunde lernen zum Beispiel, die Aufmerksamkeit ihres Herrchens oder Frauchens auf sich zu ziehen, da sie gewöhnlich Futter oder Wasser oder Zuwendung erhalten, wenn sie dies tun. Sie assoziieren diese positiven Gefühle mit den Verhaltensmustern, auf die sie sich verlegen, und daher werden sie bevorzugt solche Verhaltensmuster zeigen.

Auf der anderen Seite haben wir als Menschen die Fähigkeit, auf komplexere Arten zu denken und können positive Zugewinne in der unmittelbaren Zukunft für ein langfristiges Ziel opfern. Wir können abstrakt denken, wir haben eine „gedankliche Theorie" und können uns vorstellen, wie es ist, die andere Person zu sein. Daher können wir die möglichen Gedanken und Verhaltensweisen anderer voraussagen und unsere Handlungen unter Berücksichtigung dessen planen. Die Befreiung deines Geistes ist ein sehr einfacher Schritt. Der Grund, weswegen viele ihn nicht machen, liegt darin, dass er immer und immer wieder gemacht werden muss, um zur Gewohnheit zu werden. Es ist einfach zu erklären und einfach zu tun, aber es muss immer wieder wiederholt werden.

Unsere Gehirnchemie wird dadurch beeinflusst, wie wir Erlebnisse interpretieren und wie wir denken. Unser mentaler Zustand beschreibt, wie unsere Gehirnchemie sich zu jedem Zeitpunkt verhält. Die Befreiung deines Bewusstseins entspringt dem folgenden Prinzip: Realität hängt immer davon ab, wie du sie wahrnimmst. Lerne, wie du sie nützlicher wahrnimmst, und deine Welt wird sich verändern.

Dieses Prinzip ist etwas, woran ich mich immer noch selbst erinnern muss. Aber wenn ich es tue, führt es mich dahin zurück, mehr über die Natur der Realität zu verstehen.

Dieses Prinzip spiegelt wieder, was Top-Wissenschaftler seit Jahrzehnten predigen, was Mystiker seit Jahrhunderten behaupten und was Philosophen seit Jahrtausenden argumentieren. In all dieser Zeit haben äußerst wenige es tatsächlich genutzt, um die Welt zu erfahren.

Benutze dieses Prinzip und deine Welt wird sich verändern. Es ist das, was den Unterschied in deinem Leben ausmachen wird. Es ist die Grundlage von allem Weiteren in diesem Buch. Wenn alleine dieses schlichte Prinzip am Ende alles war, was du übernommen hast, wird sich dein Leben bedeutsam verbessert haben.

Was wir in unseren Leben erleben, wird durch das gefiltert, was wir für wahr halten. Unsere Überzeugungen bestimmen, wie wir das Universum erleben. Daher erleben wir die Welt nie, wie „sie ist". Wir erleben die Welt nur, wie „wir sind". Dieses Prinzip konzentriert sich in dem Verständnis, dass die Welt sich jeden Tag verändert und unsere Art, über die Welt zu denken, sich jeden Tag ändert. Unsere Gehirnchemie beeinflusst, wie wir Dinge aufnehmen, wie wir Schlüsse ziehen aus dem, was tatsächlich passiert, und wie wir angesichts dieser Erlebnisse entscheiden zu handeln.

Oft haben wir die gleiche Anzahl an Problemen, wenn wir in einem guten, ressourcenvollen und produktiven Zustand sind, wie in einem schlechten, nichtressourcenvollen und unproduktiven Zustand. Der Unterschied ist, dass wir im erstgenannten Zustand effektiver handeln und mit Dingen effektiver umgehen. Der Schlüssel liegt darin, anzufangen es so anzugehen, dass wir drei Hauptdinge tun.

1. Wir müssen verstehen, dass unsere Erfahrung nur repräsentiert, wie die Dinge uns „erscheinen", und nicht, wie die Dinge in Wirklichkeit sind.

2. Wir müssen die notwendigen Schritte tun, in uns selbst effektive Wege produktiv zu denken und positive chemische Zustände in unserem Gehirn als eine Gewohnheit zu generieren.

3. Wir müssen die Welt auf die nützlichsten Arten untersuchen, und zwar durch kluge Glaubenssysteme und eine außergewöhnliche Einstellung.

Der Klient, dem ich mit seiner Panik vor Verkehrsstaus half, erlebte Dinge anders als die meisten von uns in dieser Situation. Einige von uns werden entnervt, für andere ist es einfach ein Teil und Stückchen des Lebens. Der Unterschied zwischen der Art, wie er das chemische

Gefühl der Panik herstellte gegenüber dem, wie wir das chemische Gefühl von „Okay-heit“ produzieren, liegt darin, wie wir über das Erlebnis denken. Die Überzeugungen und Einstellungen, die wir über uns selbst haben, resultieren aus unserer Fähigkeit, anders zu denken und zu fühlen als er. Als er lernte, wie er das tat, was er unbewusst tat, und dann lernte, dies anderes zu tun, war er fähig die Panik umzudrehen.

Zana, eine liebe Freundin von mir aus London und eine fantastische NLP-Trainerin, brachte mir bei, dass es immer mehr als eine Seite zu einer Geschichte gibt. Während einiger Seminare, an denen ich teilnahm, hörte ich die Teilnehmer und Assistenten über die Präsentatoren reden, als ob sie Götter wären, und sie huldigten ihnen. Zana stellte immer die Unzulänglichkeiten von allem heraus, während sie auch deren gute Aspekte mit einschloss, um einen Rahmen zu öffnen, wie wir sie erlebten. Wenn sie dies tat, fühlten sich die anderen oft sehr unwohl. Keiner wurde als makellos ausgelassen. Ich nannte sie den „Killer der heiligen Kühe“. Es ist so wichtig, zu merken, dass Dinge nicht immer das sind, wonach sie aussehen, wie sie sich anhören oder sich anfühlen. Wenn du die Verantwortung für dich selbst übernimmst, können die Dinge so viel besser werden, als sie es würden, wenn du deine Zeit damit verbringst, die offensichtlichen Ursachen verantwortlich zu machen.

An diesem Abend damals in Richards Küche nahmen wir noch etwas Weiteres auf. Wir diskutierten viele dieser verschiedenen Themen und entschieden, dass ich meine Fragen entwickeln und sie das nächste Mal präsentieren sollte, wenn wir uns wiedersähen. Wir hatten ein solides Fundament gelegt, auf das wir unsere Reise setzen konnten, um anderen bei der Suche nach Freiheit zu helfen. Ich war dabei, viele Geheimnisse von Richard über das Leben zu entlüften. In meinem nächsten Gespräch mit ihm würde ich ihn danach fragen, wie man es anfängt, Kontrolle über sein eigenes Leben zu erlangen und wie man damit beginnt, wundervolle Veränderungen darin zu manifestieren.

Übungen zu mentaler Freiheit

1. Wenn du ein Problem hast, beantworte die folgenden Fragen:

Was für Bilder erscheinen dir im Kopf?
Wo sind sie platziert?
Wie groß sind sie?
Sind sie farbig oder schwarz-weiß?
Sind sie hell oder dunkel?
Sind sie stillstehende Bilder oder Filme?
Sind sie scharf oder unscharf?
Bist du in ihnen drin oder siehst du dich selbst in ihnen?
Was für Geräusche gibt es da?
Was sagst du zu dir selbst in deinem Kopf?
Was für eine Tonalität benutzt du?
Was für eine Art von Gefühl bekommst du?
Wo spürst du das Gefühl in deinem Körper?
In welche Richtung bewegt sich das Gefühl in deinem Körper?

2. Spiel mit den Qualitäten dieser Bilder, Geräusche und Gefühle herum.

Zum Beispiel:
Mach die Bilder kleiner, dunkler, schwarz-weiß, unscharf und weit weg.
Verändere den Ton deiner inneren Stimme.
Dreh die Richtung um, in der sich die negativen Gefühle in deinem Körper bewegen. Um dies zu tun, werde dir einfach bewusst, wo das negative Gefühl in deinem Körper zuerst ist. Wo bemerkst du es dann? Achte auf die Richtung, in die es sich bewegt, wie es sich anfühlt, und stell dir dann vor, das Gefühl läuft rückwärts in die entgegengesetzte Richtung.

3. Schreib auf, was du als „die Ketten“ bezeichnest, die dich bis jetzt zurückgehalten haben. Beschreibe, was dich davon abgehalten hat, deine Ziele zu erreichen, und was passieren würde, wenn du dein Leben so wundervoll, wie es nur sein kann, gestalten könntest.

4. Schreibe einen kurzen Text über einige Überzeugungen, die du von irgendetwas hast. Gehe dann die Überzeugungen durch und ersetze überall, wo es vorkommt, das Wort „ist“ oder das Verb „sein“ durch „es scheint mir wie“.

Zum Beispiel:
Wenn du in dem Text „Amerika ist das Land der Freien“ geschrieben hast, solltest du schreiben: „Amerika scheint mir wie das Land der Freien.“

5. Übe positive, nützliche Gedanken zu denken, in allem, was du willst, das in deinem Leben passieren soll, und mach die Bilder lebendig und spürbar, farbenfroh und hell, nah und real. Rede mit dir selbst auf ermutigendere und motivierendere Art und Weise. Stell dir vor, du zirkulierst die schönsten Gefühle durch deinen Körper immer und immer wieder.

Zufällige Exkurse 2:
Spiele mit dem Bewusstsein spielen

⌘

Es war Anfang Juli und ich war 20 Jahre alt. Mein Freund und ich gingen in eine irische Kneipe, irgendwo auf der 14-ten Straße in New York, wo wir den Sommer verbrachten. Es gab einen Billard-Raum in der oberen Etage mit Sofas und Sitzen darum herum, die alle auf den einzigen Tisch in der Mitte ausgerichtet waren. Wir holten uns Drinks und ich ging rein und legte mein Geld für ein Spiel auf den Tisch. Zu dieser Zeit schien ein arroganter Ami namens Rex auf einer Siegeswelle zu reiten. Er hatte wohl vier oder fünf irische Jungs nacheinander geschlagen und ließ es jeden wissen. Mädchen und Kerle um den Tisch herum setzten auf jeden, mit dem er es aufnahm, aber er prahlte herum - ständig eine Person nach der nächsten schlagend.

Bald war ich an der Reihe. Ich ging still zum Tisch und steckte mein Geld in den Schlitz. Als die Kugeln zur Rückseite kullerten, fragte mich Rex: „Kennst du die Regeln, irischer Junge?“ Ich erwiderte, dass ich mir nicht sicher wäre und er erklärte mir die Lücken, während er beschrieb, wie schnell er mich zu schlagen gedachte. Ich bat ihn, mich bitte nicht zu schnell zu schlagen und ich lächelte. Rex vergeigte. Er versenkte keine Kugel. Ich trat an den Tisch. Ich versenkte alle meine Kugeln und ließ die schwarze übrig, grade über der Tasche. Alle begannen zu jubeln. Rex versenkte eine Kugel und verfehlte mit der nächsten. Ich versenkte die schwarze und bekam den

Applaus des Abends. Ich ging zu Rex und lächelte, während ich beiläufig sagte: „Tut mir leid, Kumpel. Ich bin mir sicher, dass du mich in Verlegenheit bringen wirst, wenn du dazu tatsächlich einmal die Chance bekommst." Der arme alte Rex kam immer wieder zum Tisch zurück und legte Geld hin, um gegen mich zu spielen. Er fing an, Wetten abzuschließen und seine Wetten zu erhöhen, und er verlor weiter. Es war eine wunderbare Nacht.

Dies war eines der wenigen Male, dass ich in New York Billard spielen ging. Billard lehrte mich wirklich viele Dinge darüber, wie Menschen denken. Es sind so viele psychologische Spielchen involviert darin, gegen Menschen wie Rex zu spielen. Der Schlüssel liegt immer darin, sicher zu stellen, dass du die Kontrolle hast. Gewöhnlich gewinnt die Person, die die Kontrolle hat. In drei Monaten verdiente ich wahrscheinlich mehr Geld mit Billardspielen als mit den kleinen Teilzeitjobs, die ich dort annahm. Durch das Billardspielen lernte ich wahrscheinlich auch mehr über Menschen als durch irgendetwas anderes, was ich tat.

Unter Hochdruck stehen - die Kunst des Billard

Ich war immer fasziniert von unserer Fähigkeit, die Menschen um uns herum zu beeinflussen. Ich bin auch ein großer Fan von Zauberei. Manchmal benutze ich meine NLP-Fertigkeiten, um zu erkennen, was eine Person gerade denkt. Obwohl dies die Leute verblüfft, ist es weder eine paranormale Erfahrung noch ein Zauber-„Trick", sondern wird einfach dadurch erreicht, dass man Ideen des NLP benutzt, wie beispielsweise sensorisches Kalibrieren, Submodalitäten-Augenzugangshinweise (welche ich von Eric Robbie gelernt habe) und bestimmte Sprachmuster.

Der Grund, weswegen ich dies tue, liegt nicht darin, jemanden auf die Probe zu stellen und zu protzen oder einfach für Unterhaltung zu sorgen. Die meiste Zeit demonstriere ich, was du tun kannst, wenn du außerhalb deines Kopfes bleibst und damit aufhörst, zu viel zu denken. Der Grund, weswegen wir vom Gebrauch des Mantras reden, die Gedanken in deinem Kopf schweigen zu lassen, liegt darin, dich zu befähigen tatsächlich zu sehen und zu hören, was es in der realen Welt gibt. Das größte Problem, das die meisten Menschen haben, ist, dass sie zu viel Zeit zum Denken haben. Der Schlüssel ist, sicherzustellen, dass du lernst, in die Welt herauszukommen und die Dinge zu sehen und zu hören, denen du vorher nie Beachtung geschenkt hast.

Leute fragen mich:
„Haben Sie je mit Blinden und Tauben gearbeitet?"
Meine Antwort ist: „Jeden Tag - jeden Tag."

Richard Bandler

Die meisten Menschen werden dir alles erzählen, was du über sie zu wissen brauchst, ohne dass du fragen musst - wenn du einfach besonders darauf achtgibst, wie sie ihren Körper, ihre Stimme und ihre wortwörtliche Sprache benutzen. Ein großartiges Beispiel für Menschen, die stark darin sind, andere zu durchschauen, sind gute Pokerspieler. Sie benutzen die gleichen Fertigkeiten wie diejenigen, die NLP praktizieren. Sie bemerken subtile Gesten, die ihre Gegner zeigen, die darauf hinweisen, ob sie ein gutes Blatt haben oder nicht. Sie werden auch als „Sager“ bezeichnet. Es gibt solche, die dir Hinweise darauf geben, was im Kopf einer Person vor sich geht.

Oft ist das, was im Kopf einer Person vor sich geht, extrem dumm. Wenn du über die Menschen und die Art von Leistungen nachdenkst, die wir während der Jahrtausende vollbracht haben, seit wir diesen Planeten besiedeln, ist es aberwitzig, dass wir manchmal auf solch absurde Art und Weise denken können.

Offensichtlich gab es zu irgendeinem Zeitpunkt diesen Knall und dann gab es Wasser und Bäume und dann große Bären und riesige Monster und dann kamen wir. Menschen. Wir sind eigentlich die intelligentesten aller Tiere. Wir kamen an und schließlich schufen wir ‚Zivilisation'. Wir verstehen die Welt, im Gegensatz zu den restlichen Tieren. Wir arbeiten, während unsere Hunde zuhause liegen und herumfaulenzen. Die Vögel leben ohne Depression und Fledermäuse verbringen die meiste Zeit des Jahres mit Schlafen.

Hier sind wir also: die intelligenteste Spezies. Brillant, absolut brillant! Wir unterscheiden uns von den schlauesten Tieren wegen unseres „Gehirn“-Vorteils. Wir haben Gehirne, die uns befähigen zu denken und abstrakt zu planen. Wir haben die Fähigkeit, über das Denken nachzudenken.

Hast du je von einer Ameise gehört, die depressiv wurde? Hast du je von einem Hund mit Stressproblemen gehört? Hast du je von einer Katze mit geringem Selbstwertgefühl gehört? Mal ehrlich, hast du? Okay, abgesehen von *Jerry Springer*, gehe ich davon aus, dass die Antwort nein ist. Nun, meiner Annahme folgend, lass uns die Frage stellen, warum. Ich glaube, ich weiß es. Es gibt drei Hauptgründe, weshalb Tiere nicht an psychologischen Problemen leiden, wie wir es tun.

1. Die meisten Tiere machen nie psychologische Tests und wissen nichts über psychologische Probleme.

2. Die meisten Tiere denken nicht andauernd über sich selbst oder über Probleme nach. Sie machen einfach mit ihrem Leben weiter.

3. Die meisten Tiere lernen irgendwann einmal aus ihren Fehlern - und tun etwas anderes.

Hey, es ist einfach eine Theorie, aber ich habe das Gefühl, dass darin einige Wahrheit steckt. Ich weiß, jetzt lege ich mich mit den leidenschaftlichen Anhängern der Existenz von Hundepsychologie an. Erinnere dich jedoch daran, dass Probleme keine Probleme sind, bis wir sie als Probleme bezeichnen. Sobald sie unser Leben beeinträchtigen, nennen wir sie Probleme. Wenn wir davon sprechen, unserem Bauchgefühl zu folgen, reden wir über eine Intelligenz in uns, die wir mit den Tieren teilen. Der Unterschied liegt darin, dass wir wegen unserer menschlichen Fähigkeit, uns eine zweite Meinung zu bilden, dieses Bauchgefühl oft ignorieren, welches uns anderenfalls helfen würde, erfolgreicher zu sein.

Einige meiner schönsten Augenblicke mit Richard und Paula waren, wenn wir uns gemeinsam Reality-TV anguckten und einer von uns wiederholte, was auch immer die verschiedenen Charaktere in den Shows gesagt hatten. Wie bei so vielen meiner Klienten, ist oft das, was Leute tatsächlich sagen, so lustig wie das, was sie tun. Ich denke oft, dass, wenn Außerirdische auf diesem Planeten landen sollten, sie sich entweder über die Dummheit der Menschen zu Tode lachen würden oder erschreckt wären von unserer Unfähigkeit, wegen der lächerlichsten Dinge miteinander zurechtzukommen.

Wir Menschen sind so schnell dabei, uns selbst Grenzen zu setzen und unsere Möglichkeiten einzuschränken.

Wenn du begreifst, dass all das von Menschen erreicht worden ist, kannst du anfangen zu verstehen, dass so viel mehr möglich ist. Wir sind sehr schnell darin, unsere Erfahrung zu beschränken oder unsere Skepsis zu benutzen, um unsere Wahrnehmung dessen einzuschränken, was für uns in unserem Leben erreichbar ist. Einige Menschen werden sich immer hinter ihrem Zynismus verstecken, weil sie sich dann klüger fühlen. Einige Menschen werden sich selbst zu ernst nehmen und sich von anderen kleinkriegen lassen, so wie Rex es tat. Es hat alles mit dem Versuch zu tun, sich besser als andere zu fühlen. Ich glaube, dass es etwas viel Schöneres gibt, als sich besser als eine andere Person zu fühlen - nämlich dazu beizutragen, dass sich andere gut fühlen.

Menschen sagen, dass sie wenig Selbstvertrauen haben.
Ich frage: „Verdienst du es?
Wie vielen Menschen hast du heute
ein gutes Gefühl gegeben?“
Du musst nicht die Welt verändern.
Sag einfach etwas Nettes.

Richard Bandler

Bevor ich die Bar mit meinem Gewinn verließ, gab ich Rex einen Drink aus und unterhielt mich eine Weile mit ihm. Auch wenn er nicht die Art von Person war, als deren enger Freund ich mich sehen könnte, war er nicht so schlecht, wie er zuerst schien. Die meisten Leute sind es nicht!

Wo immer ich hingehe, erinnere ich mich an zwei feste Überzeugungen, die ich habe. Es gibt jede Menge Menschen, die wirklich liebenswert sind. Es gibt viele Leute, die sich wie Arschlöcher aufführen können. Was ich tue, ist, dass ich mein Bestes tue, um diejenigen, die sich wie Arschlöcher aufführen, dazu zu bekommen, sich gut zu fühlen, sodass sie anfangen, sich netter zu benehmen. Ich werde mich immer bemühen, ein Lächeln aus jedem herauszubekommen, den ich treffe. Das ist eines der wichtigsten Ziele, die ich jeden Tag habe. Es ist komisch, aber je mehr Menschen ich zum Lächeln bringe, desto mehr lächele ich selbst.

Teil 3

Die Schlüssel zur Veränderung deines Lebens

⌘

Training zur Veränderung

⌘

Es war brechend voll, absolut alles bis auf den letzten Platz besetzt. Die U-Bahn ist gewöhnlich am belebtesten am Morgen, und um diese Zeit, 5 Uhr nachmittags. Ich war in London. Ich stand an die Wand gedrückt, da ich meinen Sitz für eine der lieben Älteren aufgegeben hatte, die ein paar Haltestellen zuvor zugestiegen war. Seitdem wurde es im Zug immer voller, als wir durch die zentralen Stationen fuhren. Es war unbequem, aber das kümmerte mich wenig, da meine Gedanken woanders waren. Ich war richtig aufgeregt wegen des nächsten Gesprächs mit Richard.

Ich plante, mit ihm über die Natur und die Schlüssel zur Veränderung zu reden. Ich war seit langem extrem erfolgreich darin, Menschen dazu zu bringen, anhaltende, dauerhafte Veränderungen in ihrem Leben zu manifestieren. Sehr wenige Menschen erkennen tatsächlich die Wichtigkeit von Einstellungen und Überzeugungen für jede Art von Veränderung. Sie glauben, die Technik sei das, was wichtig ist. Jeder kann lernen, was sein Leben voranbringt, aber wenige schaffen tatsächlich diese Veränderungen und vor allem dauerhaft.

Ich hörte Richard über Wendepunkte, Momente der Erleuchtung und wohlgeformte Ausrichtungen reden. Ich wollte ihn über diese Ideen befragen. Ich suchte nach den Lösungen zu allen Problemen. Ich suchte nach dem ‚Wie' du dein Leben veränderst. Ich sah mich unter den versteinerten Gesichtern und Anzügen im Zug um, die meisten ihre Gefühle versteckend, andere über ihre Gefühle reflektierend. Ich konnte in einigen von ihnen sehen, dass sie durch moderne Kultur institutionalisiert waren. Sie akzeptierten es und hatten sich mit der Tretmühle, gegen die besten Instinkte ihrer Kindheit, der Sehnsucht nach Befreiung, abgefunden. Sie arbeiteten von 9 Uhr morgens bis 5 Uhr nachmittags und fuhren nach Hause - sie existierten.

Ich begann, mich zu wundern. Wie viele Menschen in diesem Zug waren deprimiert? Wie viele waren gestresst? Wie viele waren verängstigt und voll von Furcht und Sorgen? Wie viele waren einsam? Wie viele hassten sich selbst? Wie viele waren todunglücklich? Wie viele hatten Gewohnheiten, die sie sich sehnten, zu verändern? Wie viele waren vom Leben überfordert?

Ich würde sagen, dass die Mehrheit von ihnen wenigstens in einer dieser einschränkenden Erfahrungen gefangen war: gefesselt in den Ketten der Freien. Um diesen Ketten und Gefängnissen zu entkommen, musst du den Schlüssel haben. Die Schlüssel zur Veränderung müssen verstanden werden, damit du in der Lage bist, sie anzuwenden. Ich würde die fundamentalen Bestandteile der Veränderung mit dem Mann erforschen, der mehr darüber wusste als irgendjemand anders, den ich je getroffen oder von dem ich je gehört habe. Die Bahn kam an meiner Haltestelle an. Ich stieg aus und ging durch die Gefangenen in Richtung seiner Wohnung. Während mich die Rolltreppe hinauf zum Ausgang brachte, fing ich an, mich an einen Klienten von mir, Eamon, zu erinnern und einen der denkwürdigsten Telefonanrufe, die ich je bekam.

Veränderung verstehen

⌘

Ich ging die Washington Street in Cork hinunter, als der Telefonanruf kam. Ich hatte ihn etwa zu diesem Zeitpunkt erwartet. Es war ungefähr 7 Uhr 30 abends, was circa 2 Uhr 30 nachmittags in New York entspricht. Eamon, ein Klient, hatte eingewilligt, mich zu kontaktieren. Es war ein Mittwoch und ich dachte zurück an die Gespräche, die ich mit ihm hatte.

Eamon war depressiv und litt an schweren Panikattacken, wenn er ins Ausland reiste. Er war schon stationär behandelt worden und an der Grenze zum Selbstmord. Er war von vielen Leuten untersucht worden, aber keiner von ihnen schien ihm helfen zu können. Er hatte seine Freundin in Amerika kennengelernt und nun konnte er sie nicht sehen, weil er nicht dorthin zurückreisen konnte. Er hatte Panikattacken, wann immer er versuchte, ein Flugzeug zu besteigen. Das machte ihn fertig. Ich erinnerte mich, wie es war, für einige Zeit weit weg von der Liebe deines Lebens zu sein, und mein Herz fühlte mit ihm. Als er nach einigen Wochen aus dem Krankenhaus entlassen wurde, schien es ihm ziemlich schlecht zu gehen. Er hatte von mir gehört und aus irgendeinem Grunde glaubte er, ich könne ihm helfen, wo niemand anders es konnte. Ich glaubte auch, dass ich ihm helfen könnte, und ich sah ihn danach einige Male.

Während wir in den verschiedenen Sitzungen miteinander redeten, erklärte er mir, wie schrecklich er sich selbst empfand, sein Leben, und wie sein Herz zerbrach, da er seine Freundin nicht treffen konnte, die er so sehr liebte. Er glaubte, dass es keinen Ausweg aus seiner Situation gab, und trotzdem saß er da vor mir, was bedeutete, dass er hoffnungsvoll war. Ich erklärte ihm, dass Veränderung nicht so kompliziert oder langwierig sei, wie er dachte. Es brauchte nicht ewig und er musste nicht durch viele Qualen gehen. Er brauchte einen Charakterzug: Durchhaltevermögen.

Im Laufe der Sitzungen fing ich an, unbewusste Veränderungen bei ihm zu installieren. Oft steht das Bewusstsein den Leuten im Wege. Ich habe von Richard gelernt, dass unbewusste Arbeit immer in der einen oder anderen Form gemacht werden muss - dass es gewöhnlich notwendig ist, einer Person zu helfen, Veränderungen herbeizuführen, die sie vielleicht nicht bewusst wahrnehmen. Wenn Leute zu viel über etwas nachdenken, sabotieren sie es manchmal.

Oft fühlt es sich bei Problemen wie Panik für die Person so an, als ob die Attacke einfach über sie kommt. Sie funktionieren unbewusst, also beschäftige ich mit ihnen unbewusst. Eamon buchte einen Flug, aber selbst ein paar Tage, bevor es für ihn losging, war er immer noch besorgt wegen des Fluges. Ich gab ihm Instruktionen: Es war okay, eine Panikattacke zu bekommen, aber ich wollte, dass er sie nur bekam, wenn er sein Ziel erreichte. Er sollte mich dann anrufen. Ich erklärte ihm, dass er eine Überraschung erleben würde, wenn er den Flug antrat. Ich lächelte wissend und schaute ihn an, wohlwissend, dass er okay sein würde.

Ich habe es oft erlebt, dass das Arbeiten mit Klienten wie ein Kampf der Gewissheiten ist. Wenn ich mir sicherer bin, als sie es sind, dann gewinne ich und sie können sich verändern; wenn sie sicherer sind als ich, ist es viel schwerer. Aus meiner Erfahrung bin ich jedoch immer der, der sicherer ist. Ich glaube an Hoffnung, immer und überall und für jeden, den ich je treffe.

Wie ist es möglich, dein Leben zu verändern? Wie ist es möglich, die automatischen Gewohnheitsmuster - zu denken, zu fühlen, sich zu verhalten und zu kommunizieren - zu verändern, die sich seit deiner Geburt entwickelt haben? Wie ist es möglich, fortwährend nützlichere Gewohnheiten in unserem Leben zu entwickeln? Die Antworten liegen in den Schlüsseln zur Veränderung.

Die Schlüssel, um jedes Beliebige in deinem Leben zu verändern, liegen darin, zu lernen, wie du deine Ansichten über Veränderung veränderst, wie du deine Überzeugungen und Sichtweisen auf ein Problem veränderst sowie die Gefühle, die mit bestimmten Verhaltensweisen verknüpft sind, und wie du zu neuen Handlungen oder Verhaltensweisen übergehst. Um dein Leben zu verändern, musst du anfangen, dich selbst zu verändern, indem du die Kontrolle über deine Gewohnheiten und gewohnten Denkwege übernimmst, und bewusst auf die Handlungen eingehst, welche die Art, wie du die Dinge tust, verändern werden.

Von Eamon wanderten meine Gedanken zurück zu meinem Treffen mit Richard und ich starrte auf die große, grüne Tür vor mir. Ich war an seinem Haus angekommen. Drinnen setzten wir uns zum Gespräch in sein Wohnzimmer im Herzen der Stadt. Ich hatte ihn vorher an diesem Tag ein Seminar geben sehen und er war in Form. Aus dem Erlebten in der Bahn war ich begierig, das neue Thema des „Prozesses der Veränderung“ zu erkunden. Was würden seine Gedanken über die Schlüssel zur Veränderung sein? Ich holte mein Aufnahmegerät heraus und begann das Interview.

OF: *Also, Richard, was sind die Hauptdinge, die du tun kannst, um Menschen zu helfen, sich zu verändern?*

RB: *Ich glaube, die Hauptsache ist, dass du etwas tust, was ihre Ansichten darüber verändert, ob eine Veränderung eintreten wird oder nicht. Manchmal braucht es eine Art Schock. Manchmal ist es einfach der Blick in meinen Augen, der sie ergreift. Sie werden mir die gleiche Geschichte erzählen, die sie fünf anderen Therapeuten erzählt haben, und ich werde sie einfach anstarren und manchmal werden sie einfach mittendrin aufhören, weil sie wissen, dass ich ihnen ihren Mist nicht abkaufe.*

Wenn sie anfangen, Müll zu erzählen, müssen sie lernen, sich selbst zu sagen, den Mund zu halten und aufzuhören, so zu reden. Deswegen sollten Menschen in psychiatrischen Anstalten nicht in Räumen alleine gelassen werden, wo sie fernsehen und jahrelang Pillen schlucken. Ich glaube nicht, dass wir sie aufgeben sollten. Wenn du nicht herausfindest, was mit ihnen anzustellen ist, sollten sie zu einigen meiner Schüler geschickt werden, um sie probieren zu lassen, etwas auszutüfteln.

Ich wusste, dass Richard davon sprach, einen Schockmechanismus zu benutzen, um eine Person aus dem ständigen Durchlaufen der gleichen Verhaltensweisen herauszuholen, wie sie es seit Jahren taten. Oft behandeln Menschen sich schrecklich und manchmal ist es notwendig, sie aus dieser Phase herauszuschocken, um das Muster zu durchbrechen. Oft ist dies ein Schlüssel zur Veränderung.

RB: *Wir sollten bei niemandem aufgeben. Es sollte nicht gegen das Gesetz sein, verrückt zu sein. Die nehmen Menschen, die sich verrückt benehmen, und stecken sie dafür ins Gefängnis. Es ist eine andere Sache, wenn jemand verrückt ist und verletzt jemanden. Es gab einen Kerl in Irland, der seine Verwandten mit einer Axt umbrachte. Sie brachten ihn nicht vor Gericht. Sie brachten ihn geradewegs in eine Nervenklinik.*

Der Kerl war offensichtlich verrückt. Er hackte seine Verwandten in kleine Stücke. Ich denke nicht, dass wir ihn zu einem Psychiater schicken brauchten. In den USA hätten sie ihn zu einem Psychiater geschickt, um zu sehen, ob er mental in seinem Kopf richtig wäre. Sie hätten wissen wollen, ob er den Unterschied zwischen Richtig und Falsch kennt. Er kannte den Unterschied zwischen Gut und Böse nicht. Er wird es auch nie. Ich denke nicht, dass ihm das irgendjemand in Zukunft wird beibringen können.

OF: *Gibt es irgendetwas, das wir tun können, um Leute davon abzuhalten, so zu werden?*

RB: *Nun, wir müssen uns die Art und Weise anschauen, wie wir unsere kleinen Kinder unterrichten. Ich denke, wir brauchen ein paar neue Fernsehprogramme. Es gibt bei Weitem zu viel Gewalt im Fernsehen. Ich glaube nicht, dass wir es zensieren sollten. Ich denke,* *wir sollten es mit etwas Besserem schlagen. Einige dieser Programmmacher müssen anfangen, Dinge zu zeigen, die mehr Spaß bringen, als wenn man zusieht, wie Menschen erschossen werden. Fernsehproduzenten haben Formeln gefunden, die funktionieren, also machen sie die gleichen Sachen, bis Leute bessere Sachen präsentieren, die Menschen beibringen, wie sie intelligenter werden.*

Als z. B. das Ende der Rassendiskriminierung kam, mit all den Versammlungen, den Kämpfen und Anstrengungen - ich glaube immer noch, dass die Comedy-Sendung „All in the Family" mehr dazu beitrug, den Rassismus zu beenden, als irgendetwas anderes. Sie ließ es altmodisch aussehen, ein Rassist zu sein, und ich denke, dies zu machen war eine schlaue Sache. Es veränderte die USA mehr, als irgendetwas anderes. Nicht, dass es keinen Rassismus mehr gibt, noch wird es je ein Ende des Rassismus geben, aber wenigstens gibt es mehr Freiheit dahingehend, was Menschen tun können.

Du kannst Menschen nicht dazu zwingen, hinten im Bus zu sitzen. Sie nahmen all die Schwierigkeiten in Kauf, schwarze Leute hinten in den Bus zu setzen, anstatt nach vorne. Die einzige Sache, die die Grundlage dafür sein konnte, war Furcht. Sie ließen es sich wie Hass anhören, aber es war Furcht. Es ist dumm, die Idee, Menschen nach ihrer Hautfarbe zu trennen.

Ich erinnere mich, dass es ein Schild vor einem Ramschladen auf dem Lande, wo ich in den Staaten wohnte, gab, auf dem stand „Keine Hunde, Keine Nigger, Keine Iren" - und dem Kerl war es ernst. Es gab einen großen juristischen Krieg und er kämpfte für sein Recht, den Leuten den Zutritt zu erlauben, die er in seinem Laden wollte. Er wollte keine Hunde, keine schwarzen Leute und keine Iren. Er war schätzungsweise 90 Jahre alt und ich glaube, er starb, bevor die Sache vors Gericht kam. Es war eine Aussage über seine Ignoranz. Ich glaube, dass jeder irische Mensch, jeder schwarze Mensch und jeder, der einen Hund hatte, zu ihm hätte rüber gehen sollen und ein paar Wochen mit ihm verbringen, um ihm zu zeigen, dass es nichts gab, wovor er Angst zu haben hatte. Die Gerichte sind nicht der Ort, um so etwas wie dies zu lösen. Gerichte lösen Dinge nicht. Menschliche Kommunikation tut es.

Ich fing an nachzudenken. Veränderung zu verstehen bedeutet, zu begreifen, dass es die Überzeugungen der Menschen sind, die sie befähigen, sich zu verändern und die sie davon abhalten, sich zu verändern. Unsere Überzeugungen und unsere Unwissenheit sind zwei Fallen und Ketten, die uns gefangen halten. Um frei zum Verändern zu werden, musst du neue, nützlichere und ressourcenvollere Überzeugungen entwickeln. Du musst auch mehr über die Welt lernen, sodass du eine andere Perspektive von Dingen erlangen kannst. Manchmal müssen Menschen eine Motivation außerhalb von sich selbst haben, damit man sie dazu bekommt, sich zu verändern.

Ich erinnere mich an eine Klientin, die sich selbst verletzte. Sie zeigte mir die Schnitte auf ihren Armen. Ich schwor ihr, dass, wenn sie es vor der nächsten Sitzung wieder tat, ich es mir selbst ebenfalls antun würde. In der nächsten Sitzung kam sie rein und sie gab zu, dass sie es wieder getan hatte. Angesichts dessen nahm ich einen Zirkel vom Tisch und ritzte meinen Arm. Es tat weh und ich zeigte ihr, dass es wehtat. Sie schaute mich angewidert an, als das Blut von meinem Arm tropfte. Aber nach der Sitzung hörte sie damit auf. Gott sei Dank.

Sieh, Menschen halten sich selbst für nicht so wichtig wie andere. Sie filtern ihre Welt durch die Blindheit für ihr Selbst. Sie versagen darin, zu verstehen, dass sie von sich selbst genauso viel Respekt verdienen wie andere. Leute sind oft mehr motiviert, etwas für andere zu tun, als für sich selbst.

Während des Zweiten Weltkriegs, als Kriegsgefangene im Sterben lagen, hielten ihre Mitgefangenen sie gewöhnlich am Leben, indem sie ihnen von all den anderen Menschen in ihrem Leben erzählten, die darauf zählten, dass sie überlebten. Die Kraft der Liebe ist ganz offensichtlich, wenn wir sehen, wie Leute von dem Gedanken, anderen zu helfen, so stark motiviert werden.

Wenn sich Menschen bewusst werden, wie schrecklich sie sich selbst behandeln, kann das recht schockierend sein. Es ist eine fundamentale Wahrheit, dass du dein ganzes Leben mit nur einer einzigen Person verbringen wirst. Ob du es magst oder nicht, sie wird 24 Stunden am Tag, 7 Tage die Woche bei dir sein, jeden Moment, den du existierst. Sie wird entscheiden, wie erfolgreich oder wirkungsvoll du sein wirst. Die Beziehung, die du mit ihr aufbaust, ist extrem wichtig. Diese Person bist du selbst.

Denk darüber nach, wie es sein würde, einen andauernden Begleiter zu haben, der nichts anderes täte, als dich zu beleidigen, dich dich schlecht fühlen zu lassen für die gemachten Fehler, dich mit Sorgen über die Zukunft zu erfüllen und mit Reue wegen der Vergangenheit. Das Problem ist, dass viele Menschen solch einen Begleiter haben. Dieser Begleiter kann Menschen veranlassen, sich schlecht zu fühlen oder er kann sie motivieren, ihr Leben zu verbessern. Ob du dich selbst nun durch Freude oder Schmerz motivierst, übernimm die Verantwortung, dich selbst zu motivieren und bring dich dazu, zu handeln. Wenn du es tust, wirst du dich selbst dabei wiederfinden, wie du Dinge viel leichter umdrehst, als du dir vorstellen konntest.

Das wichtigste Verständnis für Veränderung kommt vom Begriff des ‚Ankerns'. Ankern ist ein Prozess des NLP, bei dem du bestimmte Gefühle assoziierst, um Auslöser zu kreieren, und indem du diesen Auslöser benutzt, kannst du das damit verbundene Gefühl wieder erzeugen. Auf diese Art kannst du Menschen beibringen, wie sie die besten Gefühle, die sie haben, nehmen können und fähig sind, sie unmittelbar wieder abzurufen.

Ankern befähigt dich, ein Ventil für deine guten Gefühlen zu kreieren und danach in der Lage zu sein, dieses Ventil bewusst zu öffnen. Du wirst fähig sein, Dinge, die sich schlecht anfühlen, einfach zu löschen, indem du sofort das positive Gefühl an seiner Stelle zünden kannst.

Stell dir zum Beispiel vor dir ein Quadrat vor und dich selbst, wie du gerade darin stehst. Stell dir eine Version von dir selbst vor, wo du am selbstsichersten bist. Schau dich an, wie du aussiehst, bemerke, wie du atmest. Schließ jetzt deine Augen und stell dir dich vor, wie du in das Quadrat hineinsteigst. Steig körperlich hinein. Wenn du in dem Quadrat bist, stell dir eine Zeit vor, in der du dich mächtig selbstsicher und stark fühltest, und sieh, was du gesehen hast, hör, was du gehört hast, und fühle, wie gut du dich gefühlt hast. Wenn du dies tust, wirst du ein energievolles positives Gefühl in dir schaffen.

Wenn du dieses Gefühl stark genug empfindest, fühle, wie das Gefühl aus dem Quadrat unter dir hochsteigt. Tritt als Nächstes aus dem Quadrat heraus und schüttle dich. Übe dies wieder. Von jetzt an wirst du es wirklich leicht finden, die positiven Gefühle, die du geschaffen hast, wieder zu erleben, wenn du in dieses imaginäre Quadrat hineinsteigst.

Wann immer du an einen Zeitpunkt in der Zukunft denkst, wo du spürst, dass du nicht so selbstsicher sein magst, wie du gerne willst, stell dir das Quadrat vor und tritt hinein und stell dir dich innerhalb des Quadrates vor. Du durchläufst das zukünftige Szenario. Du wirst dich selbstsicher und stark in dem Ereignis in der Zukunft erleben. Dies ist eine Technik, die wir benutzen, mit der Bezeichnung „Brillanz im Quadrat".

Du kannst diese Anker auch bei anderen benutzen. Wenn Menschen einen positiven Zustand erleben, kannst du sie auf der Schulter auf eine bestimmte Art berühren und du wirst den positiven Zustand mit dieser bestimmten Berührung verknüpfen. Menschen verbinden Gefühle mit dem, was sie sehen, hören, durch ihre Haut spüren, riechen und schmecken. Wenn du bestimmte innere Gefühle mit speziellen Auslösern in irgendeinem dieser Sinne verbinden kannst, kannst du diesen Auslöser benutzen, um sie wieder diesen Zustand empfinden zu lassen.

Verstehe Ankern und du wirst verstehen, wie du Kontrolle über deine eigenen ‚Knöpfe' erlangst und die Knöpfe, die du bei anderen Menschen drückst. Und du wirst lernen, wie du mehr Leute pro Tag sich glücklicher fühlen lässt. Du kannst Anker generieren und benutzen, um dich selbst wunderbar zu fühlen. Du kannst negative Anker oder Assoziationen, die bereits existieren, ‚zusammenbrechen' lassen, wie z. B. Furcht durch Selbstsicherheit, Traurigkeit durch Fröhlichkeit, Stress durch Lockerheit ersetzen. Wenn du zum Beispiel wütend auf eine Person bist, kannst du ein Gefühl des Lachens generieren und es auslösen, wenn du an diese Person denkst, und du wirst erleben, dass du dich nicht länger wütend fühlst.

Als Richard über Veränderung sprach und wie es zu Rassismus gekommen ist, fing ich an, Veränderung auf eine andere Art zu verstehen. Du kannst Leuten nicht einfach sagen, dass sie sich verändern sollen. Sie müssen lernen, ihre Einstellungen gegenüber Dingen zu ändern. Oft glauben Leute, dass der einzige Weg, um Menschen zu ändern, der ist, Dinge zu zensieren, ihnen zu sagen, dass sie sich verändern sollen, oder ihnen Drogen zu geben. Richard sprach von einem anderen Ansatz. Es war ein Ansatz, den ich gelernt hatte, mit großem Erfolg zu benutzen, aber erst jetzt genau verstand, wie er funktioniert.

Meine Gedanken drifteten kurz zu meinem Klienten Eamon zurück. Der Flug, den er antrat, sollte der erste von vielen sein. Er rief mich an und heulte ins Telefon. Es waren Tränen der Freude. Er konnte es nicht glauben. „Es ist, als ob man in die Buslinie 15B in Dublin einsteigt", sagte er. Es war so einfach. Er machte große Fortschritte und fing an zu entdecken, dass die Dinge bei Weitem nicht so schlimm sind, wie sie schienen und besser wurden, als er es sich je hätte vorstellen können. Eamon rief mich vor ein paar Wochen an. Er ist glücklich verheiratet und wohnhaft in Amerika, hat einen neuen Job, ist glücklicher als je in seinem Leben.

Dies ist es, worum es bei Veränderung geht - zu glauben, dass es möglich ist, ein neues Gefühl und eine neue Perspektive von etwas zu entwickeln und zu verstehen, wie du dich selbst wirkungsvoller motivierst.

Die „Macht zur Veränderung"-Übungen

Diese Übungen können so oft wie notwendig gemacht werden, um dir zu helfen, ressourcenvollere Ansichten über Veränderung und deine Fähigkeit zu entwickeln, auf jeglichen Zustand zugreifen und ihn sofort auslösen zu können.

1. Was sind deine Ansichten darüber, wie Veränderung geschieht und wie Veränderung für dich gelingen kann?

2. Was sind nützlichere Ansichten, die du über Veränderung haben kannst und wie sie für dich geschehen kann?

3. „Brillanz im Quadrat"-Übung

a) Denk an eine Situation, in der du dich brillant fühlen und verhalten möchtest.

b) Wähle drei verschiedene Zustände (z. B. selbstsicher, locker, spielerisch), die du in der Situation gerne fühlen möchtest.

c) Stell dir dich vor, wie du in einem Quadrat vor dir stehst, das mit deiner Lieblingsfarbe im Zustand der Selbstsicherheit gefüllt ist.

d) Schließ die Augen und tritt in dein imaginäres Selbst in dem Quadrat.

e) Sieh, was du sehen würdest, höre, was du hören würdest, und fühl, was du fühlen würdest. Intensiviere den Zustand.

f) Spüre, wie das Gefühl von Selbstsicherheit wächst und sich mit sich selbst multipliziert, während die Farbe des Quadrats stärker wird.

g) Tritt aus dem Quadrat heraus und denk an etwas anderes.

h) Wiederhole die Schritte c bis g mit den Zuständen für Lockerheit und spielerisch sein.

i) Stellen dir dich selbst vor in der Situation von Schritt 1. Stell dir dich vor, wie du durch diese früher einmal herausfordernde Erfahrung gehst, und tritt in dein Quadrat.

j) Nimm war, wie viel besser du dich fühlst und durchlaufe das gleiche Erlebnis mit deinen neuen Gefühlen von Brillanz.

In bessere Richtungen gehen: Wohl-geformte Ziele

⌘

Die beste Sache an der Vergangenheit ist,
dass sie vergangen ist.
Die beste Sache an der Gegenwart ist,
dass sie ein Geschenk ist.
Die beste Sache an der Zukunft ist,
dass sie noch kommt.

Richard Bandler

Er grinste. Ich wollte unbedingt gewinnen. Er verspottete mich und erklärte mir, wie er in zwei Sätzen siegreich sein werde. Es war ein harter Kampf. Wir hatten beide einen Satz gewonnen und es stand im letzten Satz 14:13 für ihn. Es war sein Aufschlag und ich sah dem Matchpunkt entgegen. Er drosch den Tennisball von einer Seite zur anderen und ich hastete ihm nach, ein jeder Schritt so wichtig. Jedes Mal schaffte ich es kaum, den Ball im Spiel zu halten - gerade so. Der Ballwechsel musste fast an die 100 gehen. Ich fand von irgendwoher die Energie.

Meine Beine waren erschöpft. Genaugenommen war mein ganzer Körper erschöpft. Es gab einen Platzregen und ich war von Kopf bis Fuß durchnässt. Jedoch, es war das Finale und ich war nicht bereit aufzugeben. Ich fühlte, wie Krämpfe anfingen, sich in meinem ganzen Körper zu entwickeln, aber ich konnte einfach nicht aufgeben. Ich hatte mich zur Wehr gesetzt, nachdem ich den ersten Satz verloren hatte und 5:1 im zweiten folgen ließ. Ich hechtete über den ganzen Platz, jeden Ball noch herausholend, als schon alles verloren schien.

Tennis ist normalerweise kein Spiel, bei dem man sehr fit sein muss, um gut darin zu sein. Wenn ich mit meiner Fußballmannschaft trainiere, ist das Training viel intensiver - während dieses bestimmten Matches jedoch arbeitete ich schwerer als jemals. Ich kämpfte und ich kämpfte um jeden einzelnen Punkt. Es ging an die Substanz. Ich wollte es so sehr.

Um im Leben erfolgreich und glücklich zu sein, ist es wichtig, dass wir uns selbst Ziele setzen, die wir anstreben. Damit wir frei werden, müssen wir wissen, was Freiheit ist. Um unser Leben mit mehr Liebe zu füllen, müssen wir wissen, wie sich das anfühlen würde. Wenn wir erst einmal wissen, wohin wir wollen und wo wir jetzt sind, ist es einfach eine Sache des Wissens, wie wir von da, wo wir sind, dorthin kommen, wo wir sein wollen, und die notwendigen Schritte zu unternehmen.

Es ist nicht nur wichtig für uns, Ziele zu setzen, es ist auch wichtig, dass wir Ziele auf bestimmte Art und Weise setzen wegen der Art, wie unser Gehirn funktioniert. Diese sind bekannt als „wohl-geformte Ergebnisse“. Wir wollen auch, dass du über sie im Sinne von „wohl-geformten Richtungen“ denkst. Der Grund hierfür liegt darin, dass, wenn du ein Ergebnis erreichst, es vorbei ist, hingegen, wenn du in eine Richtung gehst, du es fortwährend besser machst, besser wirst, dich besser fühlst. Indem ich mein Gespräch mit Richard über Veränderung fortsetzte, redete ich mit ihm über das Setzen von Zielen und die Idee wohlgeformter Ergebnisse.

***OF:** Richard, eine Sache, die du fast immer tust, ist, einer Person zu helfen herauszufinden, wohin sie will, bevor du mit ihr an einer Veränderung arbeitest. Der Begriff dessen, was wir „wohl-geformte Ergebnisse“ nennen, ist beim Setzen von Zielen extrem wichtig.*

Kannst du ein bisschen über „wohl-geformte Ergebnisse" oder „wohl-geformte Richtungen" erzählen?

RB: *„Wohl-geformte Ergebnisse" bedeutet nicht, dass ein Klient reinkommt und sagt: „Nun, ich will über meine Angst vor Vögeln hinwegkommen." Ich will, dass der Klient entscheidet, dass der Grund, weshalb er da ist, darin liegt, dass er etwas erreichen kann und nicht nur ein Problem loswird. Wenn Leute mir sagen: „Ich möchte keine Angst vor Vögeln haben", sage ich, „Gut, okay, ich habe eine große Axt, ich schlage deinen Kopf ab und dann brauchst du nie wieder Angst vor Vögeln zu haben. Wird dich das glücklich machen?" Normalerwiese erwidern sie: „Natürlich nicht." Also sage ich: „Gut, dann bitte nicht darum." Ich frage die Person dann, wozu sie in der Lage sein möchte, wenn ein Vogel da ist, denn sie muss irgendeinen Zustand haben, den sie erreichen will. Sie können nicht „nichts" haben. Ich will, dass sie nach dem fragen, was sie wollen.*

Ich möchte, dass sie fähig sind zu sagen: „Wenn ich Vögel sehe, werde ich sagen: ‚Schöner Vogel', oder ‚Aus dem Weg!'" Es interessiert mich nicht, was es ist, so lange sie entscheiden, was sie tun werden im Gegensatz zum Nicht-tun, denn das Nicht-tun führt zur Angst. Sie müssen Wissbegierde haben. Sie dürfen keine Angst haben.

Auch wenn eine Person eine Fertigkeit lernen möchte, geht es nicht einfach darum, eine Strategie zu erlernen, um gut darin zu werden. Wenn jemand zum Beispiel lernen will, Gitarre zu spielen, braucht er eine Strategie, um zu lernen, wie er spielt. Sie müssen eine Strategie haben, die sie veranlasst, zu üben und Spaß daran zu haben. Es gibt ebenfalls einen Unterschied zwischen Musik lesen und Musik schreiben. Du musst also entscheiden, welche Strategien notwendig sind, um das Ergebnis, einen Musiker hervorzubringen, zu erreichen. Wenn du ein Lernprogramm entwirfst, muss das Ergebnis sein, jemanden mit der Fähigkeit zu entwerfen, Musik zu schreiben und zu lesen. Für mich muss es in eine Richtung gehen, nicht einfach ein Ergebnis geben.

Das wohlgeformte Ergebnis des Klienten unterscheidet sich von meinem Ergebnis für sie. Ich muss das Ergebnis, das sie entschieden haben als Richtung zu setzen, benutzen, sodass sie nicht nur ihre Angst vor einer Sache loswerden - sie werden ihre übrigen Ängste ebenfalls los. Es muss sie in eine Bahn zu einem glücklicheren, reicheren Leben bringen, sodass sie zum Beispiel ihre Kinder besser behandeln und sich mehr für ihre Arbeit interessieren. Es muss sicherstellen, dass sie mehr interessante Dinge zu tun finden und mehr interessante Hobbys und dass sie den ganzen Rest der Blume des Lebens öffnen, sodass sie daran so viel Freude haben können wie nur irgend möglich. In diesem Fall werden sie ihr Leben mit guten Sachen ausfüllen, anstatt mehr Mist zu bauen.

Die Kunst wohlgeformte Richtungen zu setzen bedeutet also, aufmerksam zu sein, was deine unterschiedlichen Ergebnisse sind und dann die Dinge so einzurichten, dass du mit dem Erreichen eines jeden deiner Ergebnisse in eine fantastische und nützliche Richtung gehst. Dies ist echte Lebensplanung. Oft versäumen Menschen leider, das zu tun, was sie können, weil sie vom Genuss der Süchte der Gegenwart verführt werden, statt vom Glück ihres Lebens. Was willst du auf lange Sicht? Führen deine Taten dich zu dem Leben, das du leben willst?

Wohlgeformte Richtungen müssen sein, was du willst, und nicht, was du nicht willst. Sie müssen spezifisch und sinnlich erfahrbar sein. Du musst wissen, wann du sagen kannst, dass du in die richtige Richtung gehst. Du musst wissen, was du sehen, hören und fühlen können wirst, wenn du deine Ergebnisse erreichst und in die richtige Richtung gehst.

Die Richtung muss etwas sein, das unter deiner Kontrolle ist, und etwas, zu dem du die Macht hast, es zu tun. Schließlich ist die wohlgeformte Richtung etwas, das ökologisch ist. Mit anderen Worten, es ist etwas, das gut durchdacht ist und es wert zu erreichen. Es muss gut für dich sein und einen positiven Einfluss auf die verschiedenen Bereiche deines Lebens haben, sowohl unmittelbar als auch langfristig.

Es gibt bestimmte Fragen, die dich dabei unterstützen, dir über deine wohlgeformten Ergebnisse und Richtungen klar zu werden.

Hier sind einige Beispiele.

Positiv

Was willst du?
In welche Richtung willst du gehen?

Spezifisch

Was genau willst du?
In welche spezielle Richtung willst du gehen?

Sinnlich erfahrbar

Wie wirst du wissen, wenn du in diese Richtung gehst?
Was wirst du sehen, hören und fühlen?

Kontrolle haben

Wie viel des Gehens in diese Richtung ist unter deiner Kontrolle?

Ökologisch

Wie wird das Gehen in diese Richtung dich kurz- und langfristig beeinflussen?
Ist es es wert, in diese Richtung zu gehen?

Wenn du deine Ziele durch diese Bereiche und Fragen gefiltert hast, erlangst du einen klareren Fokus darauf, wohin genau du gehen willst. Um dorthin zu gelangen, musst du anfangen, gute Entscheidungen zu treffen. Ich fragte Richard nach seinem Rat, gute Entscheidungen zu treffen.

OF: *Um Menschen zu helfen, Veränderungen durchzuführen und in diese wohlgeformten Richtungen zu gehen, welche Anregungen hast du, um Leuten zu helfen, mehr gute Entscheidungen zu treffen?*

***RB:** Gute Entscheidungen zu treffen wird immer von der Entscheidung abhängen, denn einige Entscheidungen kannst du schnell treffen und einige musst du wirklich durchdenken. Jeder weiß, dass der Heroin-Abhängige, der sich entscheidet, mehr Heroin zu nehmen, nachdem er sechs Monate in der Rehab verbracht hat, eine schlechte Entscheidung trifft. Der Heroin-Abhängige denkt an ein Standbild von sich selbst, wie er das Gefühl spürt, das er nach der Injektion bekommen wird und er weiß, dass er sich gut fühlen wird, und tut es einfach. Was er tun muss, ist, es in einen Film zu verwandeln und mehr Details zu kriegen und zu sehen, wie die Dinge danach laufen. Er muss es weiterlaufen lassen, sodass er all die schrecklichen Dinge sieht, die folgen, wenn die Euphorie verschwindet.*

Es gibt einige Menschen, die Filme mit zu viel Details in ihrem Kopf laufen lassen. Du fragst sie: „Magst du morgen einkaufen gehen?“, und sie verbringen drei Stunden damit, darüber nachzudenken, weil sie jede Skala für jede Möglichkeit durchlaufen und was andere in der Welt darüber denken und was passieren könnte und was nicht passieren könnte. Im Endeffekt tun sie das Gegenteil dessen, was der Heroin-Abhängige macht.

Der Trick ist, fähig zu sein, die Menge an zu berücksichtigenden Informationen in Bezug auf die zu treffende Entscheidung anzupassen, sodass du nicht zu viel Informationen und nicht zu wenig bekommst. Du holst dir gerade genug, sodass du die richtige Wahl treffen kannst und lernst, deinen unbewussten Prozessen zu vertrauen. Wir alle unterscheiden gute Entscheidungen von schlechten Entscheidungen rein subjektiv, indem wir sie an verschiedene Orte in unserem Kopf stellen und sie erzeugen sehr unterschiedliche Gefühle, denen die meisten Menschen nicht besonders gut gelernt haben zu vertrauen. Die meisten Menschen wissen, was zu tun die richtige Sache ist, aber sie tun es einfach nicht.

In der Essenz geht es beim Treffen einer guten Entscheidung darum, zu lernen, über Dinge nachzudenken, indem man sich den daraus resultierenden Effekt oder die Konsequenz in einigen Details vorstellt, es aber nicht übertreibt. Es hat damit zu tun, dem Aufmerksamkeit zu schenken, wie du über gute Entscheidungen und über schlechte Entscheidungen denkst im Sinne von, wo die Bilder sich befinden und wie das Gefühl ist, und die Aufmerksamkeit darauf zu richten, wie du über die zu treffende Entscheidung denkst, und zu prüfen, wo das Bild ist und welches Gefühl, das du bekommst, der guten Entscheidung am meisten ähnelt.

Ich diskutierte mit Richard auch über Werte. Ich verstand von meiner Erfahrung mit Klienten her, dass Probleme oft aufzutreten scheinen als ein Ergebnis der Tatsache, dass Leute ihre Werte und Überzeugungen in Bezug auf das, was wichtig ist, nicht klarstellen. Um gute Entscheidungen zu treffen, empfinde ich es als notwendig für Menschen, zu wissen, was ihre Werte sind. Richard erklärte mir kurz seine Gedanken über Werte.

OF: *Wie steht es dann mit der Wichtigkeit von Werten?*

RB: *Das Problem ist, dass die Werte einiger Menschen keine Hierarchie haben und sich einfach verändern. Ich glaube, dass solche Menschen gefährlich und unglücklich sind, und ich versuche zu bewirken, dass Menschen ihre Entscheidungen darauf begründen, was sie für wirklich wichtig halten.*

Folglich ist das Erstellen einer Hierarchie von Werten wichtig, um sicherzustellen, dass Menschen gute Entscheidungen in ihrem Leben treffen. Es gibt zwei Arten von Werten: Bedeutungswerte und Endwerte. Unsere Bedeutungswerte spiegeln die Dinge in unserem Leben, die uns am Wichtigsten sind. Sie beinhalten unsere Familie, Freunde, Karriere, Auto, Haus usw. - Unsere Endwerte spiegeln die Gefühle und Zustände, die wir für die Wichtigsten halten, die wir in unserem Leben erleben wollen. Mit anderen Worten, sie sind die Zustände, die wir daraus erzielen, dass wir die Bedeutungswerte haben. Ein Haus, zum Beispiel, gibt uns vielleicht Sicherheit und unsere Familie gibt uns vielleicht Liebe. Wenn du über die Dinge nachdenkst, die dir am Wichtigsten sind und welche Gefühle oder Zustände sie dir geben, wirst du eine Liste von Endwerten haben.

Wenn du herausfindest, welche die Wichtigsten für dich sind, kann das die Entscheidungsfindung erleichtern. Diese Hierarchie macht es auch einfacher, herauszufinden, was du vom Leben willst.

Für mich war während des Tennis-Matches die wichtigste Sache, zu gewinnen. Gewinnen ist nicht immer die wichtigste Sache, aber es stimmt, was das berühmte Sprichwort sagt: „Wenn dein Warum groß genug ist, kannst du immer ein Wie finden." Damit meine ich, dass, wenn die Motivation stark genug ist, du einen Weg finden kannst, um fast alles zu tun.

Ich kämpfte um jeden Punkt und gewann das Match schließlich mit 16:14. Nach dem letzten, erschöpfenden Ballwechsel fiel ich auf den Boden, vollkommen steif. Ich streckte mich auf dem aufgeweichten Belag, während der Regen niederfiel. Ich spürte die Begeisterung, den Stolz, die Freude, für etwas gekämpft und es gewonnen zu haben. Das war es, worin ich immer schon gut war: mich zur Wehr zu setzen selbst am Rande der Verzweiflung, niemals aufzugeben. Es ist schon immer so gewesen, seit ich als Kind Tennis gespielt habe. Während wir durchs Leben gehen, werden andere Dinge für uns wichtig. Was auch immer wir erreichen wollen, ob es der Sieg im Sport ist oder ein neues Auto oder Stress loszuwerden oder Depression zu überwinden - es läuft alles darauf hinaus, entschlossen zu sein, es zu tun. Entschlossenheit wird dadurch unterstützt, dich auf das zu konzentrieren, was du erreichen willst und es dir so lebendig wie möglich vorzustellen, sodass es dich dahin zieht. Die Entscheidungen, die du triffst, müssen mit Blick auf die Zukunft intelligent gewählt sein.

Wenn wir erst einmal wissen, wohin wir gehen und welche Entscheidungen wir treffen, brauchen wir oft eine Erfahrung, die die Dinge in unserem Kopf verschiebt. Wir müssen unsere Überzeugungen verändern. Oft verlangt dies von uns, dass wir einen Grenzbereich überschreiten, in dem wir in dem gegebenen Zusammenhang plötzlich eine völlig andere Art zu denken entwickeln. Manchmal kommt es durch einen Moment der Erleuchtung, wo uns etwas in einen Zustand versetzt, in dem wir die Welt auf eine völlig andere Art zu sehen bekommen.

Übungen zum Planen der Zukunft

1. Setze dir fünf wohl-geformte Ziele. Stell dir die folgenden Fragen, während du jeweils ein Ziel aufgreifst, das du im Leben hast.

Was willst du?
In welche Richtung wird es dich bringen, wenn du es erreichst?
Was genau willst du?
In welche spezielle Richtung wird es dich bringen, wenn du es erreichst?
Wie wirst du wissen, wann du das Ziel erreicht hast?
Wie wirst du wissen, dass du in diese Richtung gehst?
Was wirst du sehen, hören und fühlen?
Wie viel vom Erreichen dieses Ziels ist unter deiner Kontrolle?
Wie wird das Erreichen des Ziels den Rest deines Lebens kurz- und langfristig beeinflussen?
Wie wird das Gehen in diese Richtung den Rest deines Lebens kurz- und langfristig beeinflussen?

2. Setze diese Ziele für ein Jahr, für drei Jahre, fünf Jahre und zehn Jahre.

3. Überprüfe sie einmal pro Monat.

Lebens-Wert-Übung

Was sind für dich die zehn wichtigsten Dinge in deinem Leben?
Ordne sie der Wichtigkeit nach.

Wann immer du eine wichtige Entscheidung treffen musst, überprüfe, wie sie mit deinen Werten zusammenpasst.

Augenblicke der Erleuchtung

⌘

Die Wellen schlugen über mir zusammen. Wir wurden wenigstens 10 Meter in die Luft gehoben, bevor wir herunterkrachten. Die Gischt verdeckte mein Gepäck. Ich war durchnässt und klammerte mich verzweifelt an mein Leben. Ich konnte nicht schwimmen, überhaupt nicht, und ich wusste, dass ich mich in einer sehr gefährlichen Situation befand.

Es sollte eine ganz normale Fahrt mit dem Boot sein. Ich wurde von zwei Fijis auf einem kleinen, 5 Meter langen Boot zum Treffpunkt mit einem größeren Schiff gebracht, das mich den restlichen Weg meiner Reise mitnehmen sollte. Ich war unterwegs von der Bounty Insel, einem lieblichen Eiland mit wunderbaren Menschen, nach Nadi, der Hauptinsel der Fijis. Was als Routinefahrt begann, nahm eine unerwartete Wendung.

Das kleine Boot, in dem wir uns befanden, war überhaupt nicht ausgerüstet, um mit den stürmischen Bedingungen auf der anderen Seite der Insel fertigzuwerden. Dort sollte der Treffpunkt mit dem größeren Boot sein. Wegen einer Verwechslung des Zeitpunktes warteten wir auf das größere Boot, das auf der anderen Seite an uns vorbeifuhr und schon den halben Weg nach Nadi hinter sich hatte, bevor wir aufholen konnten. Es war das letzte Boot des Tages und ich konnte es mir nicht leisten, es zu verpassen. Es war Samstag und ich musste nach L.A., London und schließlich zurück nach Dublin, um zu arbeiten. Es war das Ende meiner Weltreise.

Die Männer wussten das und sie waren entschlossen, das Boot einzuholen. Als wir abfuhren, hatten wir ernst zu nehmende Warnungen wegen der üblen Bedingungen bekommen, aber sie waren willens, das Risiko auf sich zu nehmen. Ohne darüber nachzudenken, tat ich das auch. Wir legten mit dem winzigen Boot so schnell los, wie wir konnten. Zunächst schien es, als ob alles gutgehen würde. Mir wurde gesagt, dass die Reise 20 Minuten dauern würde. Zuerst war es ein bisschen holprig. Dann, ohne Vorwarnung, wurden die Wellen größer und größer, bis das Boot überallhin schaukelte.

Wir schossen durch die See, als ob wir auf einer Harpune säßen. Sie bremsten und hielten an und wir durchlebten einige Augenblicke, deren jeder sich wie Stunden anfühlte, als unser Boot in die Höhe gehoben und runtergestürzt wurde, immer und immer wieder. Ich hielt mich so stark an der Wand des Bootes fest, dass meine Hände wund waren. Ich blickte zu meinen beiden Freunden, während sie das Boot steuerten. Nach außen lächelten sie, mich beruhigend. Innerlich, ich konnte es sehen, waren sie besorgt.

Es war, als ob ich in einem mächtigen Wolkenbruch gefangen war. Das Boot fing an, mit Wasser vollzulaufen und ich half den Jungs, es mit den Eimern herauszuschöpfen, als uns eine weitere Welle hart traf. Das Boot kippte von Seite zu Seite. Als wir anfingen, uns langsam durch die riesigen Wellenberge zu bewegen, die uns trugen, waren wir nur Zentimeter davon entfernt, zu kentern. Es war die Art von See, die aussah, als ob sie dich ganz verschlingen würde, so mächtig und riesig. Ich hatte noch nie so etwas gesehen.

Die Jungs riefen mir zu, mich von der rechten Seite zur linken zu bewegen, um das Boot auszubalancieren, während sie jede Welle vorausschätzten. Links - rechts - links - bleib links - rechts. Ich bewegte mich, wie sie es mir sagten, während Brecher für Brecher über unser kleines Boot schlug. Mein Herz schlug schneller als damals vor vier Jahren, als ich mit einem Fallschirm aus einem Flugzeug sprang, das vollkommen in Ordnung war. Ich war voller Angst, folgte den Anweisungen, als ob mein Leben davon abhing, wobei ich glaube, dass es das auch tat.

Es ist in Momenten wie diesen, wie ich gehört habe, in denen dein Leben vor deinen Augen noch einmal abläuft. Die einzige Sache, die vor meinen Augen ablief, war, was ich tun würde, wenn ich über Bord fiel. Ich hatte andere Menschen schwimmen gesehen. Ich kannte das Prinzip. Konnte ich mich lange genug über Wasser halten, bis einer der Jungs mich retten konnte? Würden sie springen oder wären sie genauso verloren?

Dumme Gedanken und Fragen füllten meinen Kopf, während ich die Situation realisierte, in der ich mich befand. Ich fing an, an meine Freundin daheim zu denken, meine Familie, meine Freunde, und wie sie mich vermissen würden. Ich sah, wie die Nachricht von Mensch zu Mensch gereicht würde, die Traurigkeit, die Tränen und der Kummer. Normalerweise würde mir das ein liebevolles Gefühl der Selbstwertschätzung geben, wissend, wie sehr Menschen sich sorgten, aber dies hier war viel zu real.

Stattdessen, während ich in diesem Moment von Seite zu Seite sprang, mich fest ans Boot klammernd, erinnerte ich mich an mein Leben - nicht an alles davon, nur, wer ich war und was ich war, und was ich in meiner Zukunft wollte und ich hatte ein Gefühl tragischen Verlustes. Ich machte ein Versprechen, das nur in einem Augenblick wie diesem gemacht werden konnte, dass, wenn ich überlebte, ich mich an diese Erfahrung erinnern und sie als Anstoß nutzen würde, um mein Leben wirklich viel mehr wertzuschätzen als zuvor. Es war eine weitere Erleuchtung für mich, in der ich essenzielle Einsichten erlangte, die meine Ansicht über das Leben verändern würden.

Warum brauchen wir solche Nahtod-Erfahrungen, um uns so tiefgreifend zu beeinflussen? Warum müssen wir dem Tod ins Auge sehen, um das Leben zu schätzen? Warum lässt uns die Gegenwart des Todes aufwachen für die Gegenwart des Lebens? Vielleicht ist es wegen des Paradoxons des Lebens - das Leben braucht den Tod, um zu existieren, und der Tod braucht das Leben, um zu existieren. Wir nehmen die Dinge in unserem Leben für selbstverständlich. Leben ist die größte Sache, die wir für selbstverständlich nehmen. Wenn wir an einen Moment kommen, wo wir es nicht mehr für selbstverständlich halten, sei es auch nur eine Sekunde, können wir ein Gefühl der Erleuchtung entdecken, während wir verstehen, wie viel Glück wir haben, zu leben.

Ich kam wieder zu mir, aus der Trance, die mich in solche Gedanken geführt hatte, und schaute Richard wieder an. Er war es gewohnt, dass meine Gedanken gewöhnlich auf ihre eigene Reise gingen, wenn er seine Antwort gegeben hatte. Während der letzten zehn Jahre verbrachte ich viele Stunden damit, von ihm zu lernen, und es wurde für mich zur Gewohnheit, Augenblicke der Erleuchtung zu haben, wenn ich mit ihm sprach.

Das ganze Konzept solch einer „erleuchtenden Erfahrung", die einen derartig dramatischen Effekt auf Menschen hat, interessierte mich sehr. Ich befragte Richard über solche Augenblicke der Erleuchtung.

OF: *Kannst du etwas über erleuchtende Erfahrungen sagen und ihre Wichtigkeit, um Leuten zu helfen, sich zu verändern?*

RB: *Erleuchtende Erfahrungen kommen in Millionen von Arten vor. Manchmal müssen wir sie kreieren. Ich meine, ich habe sie bei Schizophrenen verursacht, indem ich riesige Laser-Hologramme des Teufels herstellte und sie durch das Fenster kommen ließ. Die Sache ist die, dass, welche Realität du auch immer erfährst, du sie nehmen und bis zu dem Punkt verstärken musst, wo genug einfach genug ist und du es nicht mehr hinnimmst. Du wirst es nicht mehr dulden, dich schlecht zu fühlen. Du musst dich selbst an den Punkt bringen, an dem die einzigen Schritte, die du machst, in Richtung Freiheit führen und dahin, dein eigenes Leben zurückzubekommen.*

Ich meine, es gibt Menschen, die in kleine, winzige Boote steigen und über den Ozean gleiten und ihr Leben riskieren und manchmal sterben, nur wegen der Chance auf ein wenig Freiheit. Die meisten Menschen sind nicht so mutig, aber in die richtige Situation versetzt, mit der richtigen mentalen Einstellung, werden sie mutig. Ich glaube wirklich an die Fähigkeit von Menschen, dem gewachsen zu sein, wenn sie ihre Ressourcen bündeln.

OF: *Ich würde denken, dass mit den kürzlichen Ereignisse, die in der Welt seit dem 11. September passieren und Terrorismus und dem „Kampf gegen den Terror", wir wenigstens einen Moment der Erleuchtung als Menschen erlebt haben sollten. Was können wir tun, damit das etwas zählt?*

RB: *Ich glaube, es ist unser Job, unsere Klienten und Schüler mental so vorzubereiten, dass jede Faser ihrer Seele in die richtige Richtung zeigt. Die Ketten der Freien sind all die Ängste und Zweifel und Sorgen, die Menschen haben. Ich schaue mir an, was jetzt in den Vereinigten Staaten los ist und ich sehe, dass die Regierung versucht, jedem Angst einzujagen.*

Die Sicherheitsmaßnahmen legen die Ketten wieder an, anstatt alle zu beruhigen. Ich glaube, sie jagen allen eine Scheißangst ein. Das letzte Mal, als ich flog, gaben sie mir kein sichereres Gefühl - sie gaben mir ein Gefühl wie in Russland 1952. Jeder war verdächtig. Es waren nicht nur die Maßnahmen, die sie ergriffen, wie zum Beispiel meinen Reisekoffer durchzuschauen. Es war die Art, wie sie es taten. Sie taten es so, als ob ich ein potenzieller Feind wäre, anstatt zu sagen: „Schauen Sie, wenn wir jedermanns Gepäck durchsehen, werden wir die bösen Sachen finden." Sie hätten in meine Koffer schauen sollen und dann sagen: „Das ist interessant, das ist interessant.", „Das ist nett. Einen schönen Urlaub. Machen Sie sich auf den Weg." Aber stattdessen sagten sie: „Bleiben Sie hinter der Linie stehen oder Sie werden erschossen."

Verzeihung, aber so etwas sollte in einer freien Gesellschaft nicht passieren. Ich sehe mich nach Ländern um, die - ich meine, ich mag Mexiko. Mexiko fängt an, als Land aufzublühen. Ich denke, Irland legt größeren Wert auf Freiheit, weil seine Revolution noch nicht so lange her ist - 1916 ist noch nicht so lange her, also haben die Menschen nicht vergessen, wofür sie gekämpft haben, und die Regierung hat noch nicht so viele Waffen, dass sie sich mächtig genug fühlt, um jeden zu drangsalieren. Aber du gehst an Orte und es ist unglaublich, was für einen Mangel an Freiheit die Leute haben, welcher dann dazu führt, dass sie anfangen, sie in ihren Köpfen aufzubauen. Sie beginnen, Angst zu haben. „Jedes Flugzeug, das ich besteige, wird in die Luft gejagt." Nach dem 11. September war wahrscheinlich die sicherste Zeit, um zu fliegen, die man sich vorstellen kann. Dieses eine Mal waren sie vorsichtig, was Menschen mit an Bord nahmen.

Nach dem 11. September bin ich nie an Bord eines Flugzeuges gekommen und hörte jemanden sagen: „Schauen Sie, wir haben das ganze Gepäck geprüft, wir haben alles getan - dieser Flug ist sicher." Und weißt du, das mag nicht nach viel aussehen, aber es spielt eine große Rolle. Das ist es, was ich oft mit Klienten mache. „Ich bin durch. Ich habe deinen Kopf durchgeprüft. Wir sind die schlechten Gedanken losgeworden. Alles wird gut." Es ist nicht genug, all den Müll im Kopf eines Menschen loszuwerden. Du musst ihn mit guten Sachen füllen, ansonsten wird er ihn mit mehr schlechtem Zeug füllen.

Auf eine Art also würde ich sagen, geht es darum, ein inneres Sicherheitssystem zu haben, das dafür zuständig ist, nur die guten und nützlichen Gedanken reinzulassen. Erleuchtende Erfahrungen müssen von Menschen positiv genutzt werden und nicht als Grund dienen, sich zu ängstigen. Augenblicke der Erleuchtung sind die Momente, von denen wir mehr schaffen und uns mehr beeinflussen lassen müssten. Es gibt Zeiten, in denen ein Problem, das du hattest, plötzlich von einem dieser Momente gelöst wurde. Es gibt Zeiten, in denen du plötzlich eine vollkommen andere Perspektive und Denkweise über deine Situation und die Wahrnehmung des Lebens bekamst. Dies sind die Zeiten, wenn du aus der Trance von einschränkendem Sackgassen-Denken aufwachst.

Unsere Leben gehen weiter. Wir wollen, dass du anfängst, innezuhalten und das Leben jetzt wertzuschätzen. Schätze die Augenblicke, die du mit den Menschen hast, die dich lieben. Eines Tages werden sie nicht da sein, du wirst nicht da sein. Du hast dieses Buch aus einem Grund gekauft. Es gibt etwas, das du in deinem Leben verbessern willst. Wirst du ihm die Fähigkeit geben, eine erleuchtende Erfahrung zu sein? Wenn du das tust, wird es dich über einen Wendepunkt bringen und das Leben wird anders sein.

Lebens-Wert-Schätzungs-Übungen

1. Stell dir die folgende Frage:

Was für physische Fähigkeiten hast du?

Vergiss jegliche Beschränkungen, oder wie unfähig du dich gefühlt hast. - Was sind deine Fähigkeiten? Was kannst du LEBEND tun, das du nicht TOT tun kannst? (Gut, ich weiß, die Antwort darauf ist alles - was kann ein Mensch messbar tun, wenn er tot ist, außer sich zu zersetzen? Aber du weißt, was ich meine!) Mach davon wirklich eine Liste. Erkenne ganz tief in dir den Grund all dessen, wer du bist und was du kannst, was du in blindem Vertrauen akzeptiert hast.

2. Wenn du morgen aus diesem Leben scheiden würdest, was wären die Dinge, die du am meisten auf der Welt vermissen würdest?

3. Wenn du heute sterben würdest, was würdest du am meisten bereuen, nicht getan oder zu Ende gebracht zu haben?

Wendepunkte: Das Geheimnis lebensverändernder Inspiration

⌘

In meiner Arbeit mit Tausenden von Klienten in der ganzen Welt mit allen Arten von Problemen habe ich immer festgestellt, dass ich wusste, sie würden sich verändern, wenn sie erst einmal einen bestimmten Wendepunkt erreichten. Es war eine Art Erleuchtung, wo sie unmittelbar und sofort Dinge aus einer anderen Perspektive sahen und ihre Einstellung stark veränderten.

Ich sprach mit Richard über solche Wendepunkte.

OF: *Menschen müssen also zu einem Augenblick der Erleuchtung geführt werden, damit sie einen Wendepunkt erreichen. Aber was erzeugt einen Wendepunkt für jemanden? Mit anderen Worten, was muss passieren, damit jemand hinreichend inspiriert ist, sein Leben zu verändern?*

Er antwortete mit einem Lächeln.

RB: *Nun, das ist eine unendliche Frage. Für einige Menschen ist es der Tod. Für einige Menschen ist es die Scheidung. Einige Menschen kommen einfach an den Punkt, wo sie die Qual nicht mehr ertragen können, auch wenn die Qual selbstgemacht ist. Einige Menschen musst du über den Punkt stoßen und sie kapieren lassen, dass die Dinge sich ändern müssen.*

Im Prinzip gibt es einen Mechanismus, der in den Menschen drin ist. Es ist ein sehr wichtiger Mechanismus, der Menschen dazu bringt, sich mit bestimmten Dingen zu assoziieren und von anderen zu dissoziieren. Er bringt sie dazu, zu sagen: „Das bin ich nicht" oder „das bin ich", und dieser Mechanismus ist da, um sicherzustellen, dass wir über schmerzhafte Dinge hinwegkommen, wie z. B. der Tod von jemand Nahestehendem.

Er ist dazu da, uns zu helfen, uns zu verlieben und nicht mehr zu lieben. Er bringt Erlebnisse an den Punkt, wo du eine Schwelle erreichst. Das Problem ist, dass es x-mal innerhalb eines kurzen Zeitraums solcher Erfahrungen bedarf - ansonsten können Menschen für Jahre leiden.

Leute an diese Schwelle zu bringen, wird nicht nur von Therapeuten angestrebt, sondern von allen möglichen Coaches - selbst wenn du der Manager bist und jemand zeigt immer schwache Leistung. Was du tun musst, ist genug von den Erinnerungen, wie sie erfolglos waren, wiederholt in ihr Bewusstsein zu bringen, schnell genug, sodass sie es plötzlich leid sind und sich verändern. Die Leute reden immer über den Tropfen, der das Fass zum Überlaufen gebracht hat. Und manchmal musst du das Fass an die gleiche Stelle bekommen wie den Tropfen. Andernfalls schleppen Leute diesen Mist für ihr ganzes Leben mit sich rum.

Eine der wichtigsten menschlichen Erfahrungen ist, wenn du an den Punkt kommst, wo genug genug ist. „Nie wieder." Was das bewirkt, ist, dass es die Art verändert, wie du Dinge mental konzipierst. Wenn du einmal die automatische Natur dieser Technik erkennst, hilft sie dir, deine Aktivitäten besser ausrichten zu können, aber die meisten Leute machen eine Sache halb und eine andere halb, und sie sind sich unsicher. Sie laufen hin und her, aber sie bringen nie alles an einer Stelle auf den Punkt, wo sie sagen: „Genug von diesem Mist. Ich tue es einfach 100 Prozent und finde heraus, was passiert."

Großartige Musiker, großartige Künstler, all diese Menschen wissen, wie sie sich dem Moment verpflichten. Sie malen vielleicht nicht jede Stunde an jedem Tag. Noch tun dies große Schriftsteller wie Robert Anton Wilson. Er sagte mir, dass er sich hinsetzt und zwei bis drei Stunden pro Tag schreibt, selbst wenn er schrecklich schreibt. Er hat sich selbst diszipliniert. Ob er anfangs eine disziplinierte Person war oder nicht, das spielt keine Rolle.

Es gibt einen Punkt, an dem wir uns alle entscheiden können, dass wir anders sein werden, als wir es waren. Wenn wir es in unserem Kopf oft genug und schnell genug und in einer Schleife durchlaufen, wie all der Mangel an Disziplin uns unfähig sein ließ, uns das Leben zu schaffen, das wir wollen, dann baut es sich plötzlich in dem Maße auf, wo es einen Wendepunkt überschreitet. Ich denke, sie werden manchmal erzeugt und manchmal passieren sie, wie erleuchtende Erfahrungen.

Manchmal passieren Menschen schreckliche Dinge und manchmal müssen Menschen tief sinken und in der Gosse landen, bevor sie den Wendepunkt erreichen. Selbst dann gibt es noch Menschen, die mit einem Einkaufswagen vor sich hinmurmelnd herumlaufen, denen es immer noch nicht aufgegangen ist. Die meisten Menschen wissen, was die richtige Richtung für ihr Leben ist, aber sie können sich selbst nicht dazu bringen, sie zu 100 Prozent einzuschlagen, und wenn sie sich intensiv auf das schlechte Zeug konzentrieren und sich schlechte Gefühle erzeugen und sich dann intensiv auf die guten Sachen konzentrieren und wirklich gute Gefühle aufbauen, wird ihr Kopf in die Position schnellen, wo er weiß, was zu tun ist. Ich denke, dass Menschen ihr eigener Aufgabenkoordinator sein müssen und sie müssen in der Lage sein, sich auf eine positive Art zu verhalten.

Dich selbst dazu zu bekommen, einen Wendepunkt zu erreichen, ist mit großen Schmerzen verbunden, da du dich mit den einschränkenden Verhaltensweisen beschäftigst, die du beenden möchtest, oder dich nicht mit dem beschäftigst, was immer du anzufangen wünschst. Es bedeutet, dir Bilder von den schlimmsten Dingen vorzustellen, die du durch Zögern oder jemandem etwas nicht zu sagen, was du sagen wolltest, verloren hast. Es bedeutet, alles, was du bereust, sich auftürmen zu lassen und der letzte Tropfen zu sein, der dich dazu bringt, Dinge zu ändern.

Es bedeutet, den Schmerz als Motivator zu benutzen, während man sich gleichzeitig hartnäckig auf die Freude, eine Veränderung zu vollziehen, zubewegt, die Schritte macht, sich auf Disziplin einlässt. Nachdem du dich durch das Überwinden deines Wendepunktes motiviert hast, kannst du dich selbst weiter inspirieren, indem du wundervolle Gefühle über das Erreichen guter Ergebnisse aufbaust.

Bei der Betrachtung der zwei Seiten von Motivation, Schmerz und Freude war ich auch neugierig darauf, was Richard über Motivation zu sagen hatte und wie er Leute motiviert.

OF: *Wie steht's mit Motivation? Wie motivierst du Menschen effektiv?*

RB: *Nun, es kommt darauf an, was es ist. Manche kannst du einfach hineinängstigen. Furcht an sich ist keine schlechte Sache. Einer Menge Menschen jage ich Angst ein, indem ich ihren Betrachtungszeitpunkt verändere. Ich nehme sie mit in die Zukunft, um ihr ganzes Leben von dort zu betrachten, und lasse sie zurückblicken auf all die Sachen, die sie nicht getan haben, die Menschen, die sie nicht getroffen haben, die Dinge, die sie nicht probiert haben, und frage sie, wie dumm bzw. welche Verschwendung das ist. Dann frage ich sie, ob sie bereit sind zu sterben.*

Manchmal ist das genug. Ich tue es mit sehr viel Detail. Ich tue es auf tiefere Art bis zu dem Punkt, wo sie zurückkommen und auf ihre problematischen Sachen blicken, die aussahen wie große Berge und nun zu Maulwurfshügeln werden. Der Trick ist, Menschen dazu zu bekommen, zu verstehen, dass es viel Schlimmeres gibt und sie kreieren es. Es bedeutet nicht, dass es im Laufe der Zeit keine Rolle spielen wird, es bedeutet einfach, dass du anfängst, zu begreifen, was für ein dämlicher Idiot du gewesen bist und wie viel Zeit du vergeudet hast.

Es gibt Menschen, die nie Auto fahren oder rausgehen und irgendjemanden kennenlernen, und Menschen, die jeden Tag die gleiche Sache tun. Für sie mag es in Ordnung sein, aber für mich ist es nicht genug - es gibt immer mehr. Ich bin neulich mit Bekannten unterwegs gewesen. Wir sind zu all diesen Buchläden, wahrscheinlich sechs oder sieben, gegangen und ich habe Tonnen von Büchern über unzählige verschiedene Themen gekauft. Sie haben ein Buch gekauft. Genaugenommen habe ich es ihnen gekauft. Weil das Buch sie aus dem Regal angesprungen hat. Das Buch hat sie angesprochen. Es ging nicht darum, dass sie es sich nicht leisten konnten, es hatte damit zu tun, dass sie nicht zu schätzen wussten, was für ein Unterschied es sein konnte.

Für mich gibt es Menschen, die gewillt sind, weniger aus ihrem Leben machen, als sie könnten, und sich einfach damit abfinden, anstatt die Knöpfe in sich drücken zu müssen, um ihre Säfte in Bewegung zu bringen. Die meisten Menschen entfachen nicht genügend starke Gefühle, um sich dazu zu bringen, irgendetwas zu tun, und das braucht Übung. Du musst dir gute Gefühle aufbauen und sie stark machen und motivierende Gefühle und sie stark machen. Du musst große, riesige Bilder haben, nicht kleine, winzige, alberne, verschwommene Bilder. Das ist keine Grundlage, auf der man ein Leben führen kann, in dem du vorwärts kommst, nur auf einer guten Grundlage kannst du ein starkes Leben leben.

Das heißt nicht, dass ein Leben, in dem du eine Menge tust, gleichzeitig bedeutet, dass du nie verletzt wirst oder nie schlimme Dinge passieren werden. Dein Leben kann um einiges sicherer sein, wenn du zu Hause für dich alleine lebst und nichts tust. Manche Menschen suchen nach Sicherheit. Manche von uns wollen sicherstellen, dass wir in der Zeit, die wir auf diesem Planeten sind, schöne Erlebnisse haben. Manche Menschen phantasieren über Dinge und schauen ein paar Fernsehprogramme.

Einige von uns wollen das Leben voll leben, denn wir wissen, dass wir nicht viele Minuten bekommen, die so wichtig sind, also müssen wir für sie kämpfen und sie so wichtig wie möglich machen. Dann, wenn dein Lebensende naht, wirst du zurückschauen und merken, dass du nicht so viel verpasst hast. Ich denke, das Schlimmste von allem wäre, dass dein Leben zu Ende geht und du den guten Sachen, die du gehabt haben könntest, nachtrauerst.

Es bedeutet nicht, dass Leute auf den Mount Everest steigen müssen. Das könnte die dümmste Sache sein, die du tun kannst, oder aus einem Flugzeug zu springen, um etwas Aufregendes zu unternehmen. Es könnte sein, dich einfach deiner Frau zuzuwenden und sie anzulächeln und etwas Nettes zu sagen. Einige Menschen tun sich zum Beispiel damit am Schwersten.
Es ist für sie verblüffend schwierig.

Richard traf einen wichtigen Punkt. Ich hatte so viele Dinge getan, auf die ich stolz war. Die vollbrachten Leistungen bedeuteten so viel für mich und doch merkte ich, dass es etwas gab, das viel wichtiger war. Es hat damit zu tun, die Augenblicke deines alltäglichen Lebens so viel Wert zu geben, dass sie zählen. Oft haben wir so viel, was wir tun können, aber wir versagen darin, es zu tun; wir unterlassen es, weil wir nicht spüren, dass es dann anders wäre. Leider addieren sich all diese Fälle dieser Versäumnisse auf und daraus folgt, wie wir unserer eigenen Zukunft gestalten. Erfolg ergibt sich daraus, sich auf einige wenige, einfache, kleine Disziplinen konsequent einzulassen.

Uns selbst zu motivieren beinhaltet, anders auf unser Leben zu blicken, bevor wir erkunden, was wir tun müssen und wie wir ein intensives Verlangen danach aufbauen können, es zu tun. Wenn du verstehen kannst, wie du über etwas denkst, das du motiviert bist zu tun, dann kannst du lernen, wie du dich für andere Dinge motivieren kannst. Wie reden wir mit uns selbst, wenn wir motiviert sind? Können wir üben, so mit uns selbst zu reden, wenn wir stärker motiviert sein wollen?

Ich kam einmal aus einem riesigen Buchladen in Portland, Oregon, wo ich mit meinem Cousin einkaufen war, und trug 26 Bücher, die ich dort gekauft hatte. Meine Motivation resultierte aus der Tatsache, dass ich äußerst neugierig auf Dinge bin, die mich interessieren. Wenn du anfangen kannst, wohl-geformte Ziele und Richtungen zu formulieren, kannst du an den Punkt gelangen, wo du sie entweder durch disziplinierte Anstrengung erreichst oder sie durch Faulheit vorbeischwimmen lässt. Diese Entscheidung wird darauf basieren, wie bald du den Wendepunkt erreichst. Manchmal wird es Ekel vor deiner gegenwärtigen Lage brauchen, bevor du dich bewegst, und manchmal wirst du einfach den Drang verspüren, bestimmte Dinge anzugehen. Egal wie, es geht darum, dein eigenes Gehirn auf eine Art laufen zu lassen, in der du dich selbst stark motivierst.

Motivationskraft-Übung

Betrachte einige der Ziele oder Veränderungen, die du in deinem Leben möchtest, und wende folgende Fragen auf sie an.

Wie wird das Erreichen dieser Ziele oder Veränderungen dein Leben beeinflussen?

Wie wird das Erreichen dieser Ziele oder Veränderungen das Leben anderer Menschen beeinflussen?

Was ist das Schlimmste, was passieren kann, wenn du diese Veränderung nicht machst oder dieses Ziel nicht erreichst? Wie wirst du dich fühlen?

Was ist das Beste, das passieren wird, wenn du einmal diese Veränderung durchgeführt fühlen?

Stell dir dich selbst in 30 Jahren vor, wie du versagt hast, deine Ziele zu erreichen, und versagt hast, die Veränderungen zu schaffen. Stell dir wirklich vor, wie schrecklich du dich fühlen wirst. Mach dir ein lebendiges Bild davon.

Stell dir dich selbst dort in deiner eigenen Zukunft vor, wie du dich erfolgreich veränderst und dein Ziel erreicht hast. Stell dir wirklich vor, wie erstaunt und inspiriert du dich fühlen wirst. Mach dir ein lebendiges Bild davon.

Die letzte der menschlichen Freiheiten: Eine bemerkenswerte Einstellung

⌘

„Nirgendwohin zieht sich ein Mann mit mehr Ruhe oder Freiheit zurück, als in seine eigene Seele.“

Marcus Aurelius

Aus dem Buch für die Meditationen,
Buch 4 von Marcus Aurelius (167 v. Chr.)

Der kleine Junge hielt die Hand seines Vaters, als sie auf die Schlafbaracke des Konzentrationslagers zugingen. Der Junge schaute alles um sich herum sorgenvoll an. Sein Vater lächelte ihn an und beruhigte ihn behutsam, dass das Ganze ein Spiel sei, ein Wettbewerb, bei dem es nur um Spaß ging. Der Vater verwandelte das Erleben des Kindes vom Horror in ein Spiel, das bestimmte Regeln hatte. Wenn sie gewannen, erklärte der Vater, würden sie einen echten, beweglichen Panzer gewinnen.

Der Film „Das Leben ist schön“ ist ein phantastisches Beispiel für die Macht einer bemerkenswerten Einstellung. Er handelt davon, wie ein Vater seinem Sohn hilft, eine andere Perspektive von den Erfahrungen zu bekommen, als Gefangener in einem Konzentrationslager während des Zweiten Weltkriegs zu sein. Eine dazu ähnliche Geschichte aus dem wahren Leben erzählt die von Viktor Frankl, der während des Zweiten Weltkriegs durch die schrecklichsten

Erfahrungen ging, die es auf der Welt gibt, und trotzdem eine starke, entschlossene und hoffnungsvolle Einstellung behielt. Er wurde gefoltert und war fortwährenden Misshandlungen ausgesetzt und weigerte sich trotzdem weiter, ein Gefühl der Hoffnungslosigkeit zu entwickeln.

Mein Freund Barry beschrieb einmal eine großartige Einstellung, die er benutzt. Egal, was in seinem Leben passiert, er denkt: „Es könnte die beste Sache sein, die je passiert ist." Er steht dazu und es hält ihn an, sich auf das Positive in jeder Erfahrung zu konzentrieren. Deine Einstellung ist der mit Abstand wichtigste Aspekt der Art und Weise, wie du denkst.

Mit der falschen Einstellung kannst du alles in ein Problem verwandeln. Mit der falschen Einstellung kannst du aus Maulwurfhaufen Berge machen. Mit der falschen Einstellung kannst du aus jeder Erfahrung die schwerste Zeit machen.

Mit der richtigen Einstellung kannst du Probleme in Lösungen verwandeln. Mit der richtigen Einstellung kannst du aus Bergen Maulwurfhügel machen. Mit der richtigen Einstellung kannst du die schwersten Zeiten zu den lohnendsten Erfahrungen machen.

Deine Einstellung bedeutet, wie du wählst, über Dinge zu denken. Sie beinhaltet, wie du dich entscheidest, über dich selbst zu denken, wie du wählst, über andere Menschen zu denken, und wie du dich entscheidest, über deine Welt zu denken. Deine Einstellung umfasst ein Set von Überzeugungen und Gefühlen, die darauf basieren, wie du deine Interpretation deiner Erfahrungen verarbeitest. NLP wird hauptsächlich immer als Einstellung beschrieben. Ich fragte Richard danach.

***OF:** Was glaubst du, sind die Schlüssel zu einer effektiven Einstellung?*

***RB:** Nun, die Einstellung ist der Spiegel des Glaubenssystems eines Menschen. Wenn du glaubst, dass Dinge möglich sind, bedeutet das nicht, dass du irgendetwas dafür tun wirst, aber oft wirst du es, wenn du die richtige Einstellung besitzt. Wir nennen es gerne eine*

„Jersey"-Einstellung, da John LaValle und ich aus New Jersey stammen und viele andere NLPler in New Jersey angefangen haben.

Diese Einstellung wird die New-Jersey-Einstellung genannt, weil die Leute die Sachen einfach erledigt bekommen. Es ist die Natur der Dinge. Leute, die dort aufgewachsen sind, haben die Einstellung, dass, wenn du etwas tun willst, dann tue es. Wenn nicht, vergiss es und denk nicht einmal daran. Die meisten Leute entscheiden sich einfach, rumzuwarten und zu zaudern. Wenn du etwas in Ordnung bringen willst, dann nimmt es genausoviel Zeit in Anspruch, darüber nachzudenken, wie es braucht, um es in Ordnung zu bringen. Das Gleiche gilt für die meisten Dinge.

Als ich anfing, mir Wege anzuschauen, was ich mit Phobikern machen könnte, war alles, was ich hörte, dass Menschen sorgfältig ausgearbeitete Theorien vortrugen, warum man nichts tun konnte. Tatsächlich sagten sie mir, der Zweck der Psychiatrie sei nicht, Menschen dazu zu bringen, ihre Probleme zu lösen, sondern stattdessen sich selbst so zu akzeptieren, wie sie sind. Diese Selbst-Akzeptanz war alles, worum es in der Therapie ging. Ich entschied dort und damals, dass ich kein Therapeut werden würde, weil es nicht zu meiner Einstellung passte.

Ich denke, dass, wenn Menschen über ein Problem hinwegkommen wollen - auf die andere Seite von Angst kommen oder aus einer Depression oder aus was immer für eine Psychose heraus wollen, in der sie sind -, getan werden muss, was auch immer es braucht. Die Theoretiker sagen es dir nicht immer, aber wenn du weitergehst und den Spaß-Gang in den roten Bereich treibst und weitermarschierst, wirst du einen Weg finden, Dinge zu tun.

Die meisten erfolgreichen Menschen, die ich in meinem Leben kennenlernte, haben dies getan, egal, ob sie erfolgreiche Physiker waren oder Geschäftsleute oder Menschen wie Virginia Satir, für die feststand, dass sie etwas fertigbringen würde, komme Hölle oder Hochwasser, und durch Durchhaltevermögen und die Tatsache, dass es ihr Spaß machte, sich durch die Schwierigkeiten durchzukämpfen, kam es, dass sie es schaffte.

Ich denke, dass das eine wichtige Einstellung ist und die Welt wesentlich mehr Leute braucht, die bereit sind, diese in viel mehr Bereichen an den Tag zu legen. Es ist lächerlich, dass die Art, wie Therapie definiert ist, auf die Stundenanzahl abstellt. Es geht nicht darum, für wie viele Minuten Menschen vor dir sitzen, es ist die Menge, die du schaffst. Einige Dinge werden besser in fünf Minuten gemacht, andere in fünf Stunden.

Die meisten dieser einschränkenden Strukturen sind hausgemacht. Es ist die Art, wie Schulen strukturiert sind, die eigentlich nur damit zu tun hat, dass die Lehrer einen Job haben, und mit nichts anderem. Es geht darum, dass die Lehrer zu einer bestimmten Zeit kommen und zu einer bestimmten Zeit gehen, und das Gleiche gilt in Wahrheit für das Konzept der Notenvergabe. All dieser Schwachsinn hat nichts damit zu tun, Menschen in eine Situation zu bringen, wo sie so schnell lernen, wie sie können, und so viel Spaß haben, wie sie können, und die Geschwindigkeit maximieren können. Es geht darum, dass jeder das gleiche Zeug zur gleichen Zeit lernt, sodass sie es in Einheiten packen und verkaufen können, damit jeder ohne Risiko das Gleiche tun kann, ohne Gefahr zu laufen, innovativ und kreativ zu sein.

Ich dachte über das nach, was Richard gerade sagte. Es hatte Sinn. Ich dachte über das Konzept einer Einstellung nach. Ich glaube, dass die Schlüssel zur Einstellung deine Fähigkeit beinhalten, deine Einstellung auf die nützlichste Weise verändern zu können, um die Art, wie du mit deinen Erfahrungen im Leben umgehst, stark zu verbessern. Es ist essenziell, zunächst bestimmte, einfache, grundsätzlich ressourcenvolle Überzeugungen zu übernehmen, auf denen du eine nützlichere Einstellung für dich selbst aufbaust. Als Zweites kannst du herausfinden, wie du auf dieser neuen Einstellung aufbauen kannst, indem du kraftvolle innere Zustände und Gefühle entwickelst. Schließlich wirst du verstehen, wie du durch das Erkennen der Wichtigkeit flexibler Einstellungen mehrere Sichtweisen entwickeln kannst.

Überzeugungen und Zustände des Erfolgs

⌘

Unsere Einstellungen sind ein Spiegelbild unserer Überzeugungen. Unsere Überzeugungen über die Welt bestimmen, wie wir über sie denken und wie wir sie erleben. Um unsere Fähigkeit, zu denken und die Welt zu erleben, zu verbessern, ist es unerlässlich, dass wir lernen, Überzeugungen zu entwickeln, die uns dienlich sind.

Die Hauptüberzeugungen, die der Basis des NLP zugrunde liegen, sind bekannt als die Vorannahmen. Dies sind sehr nützliche Überzeugungen, die du festhalten solltest. Sie beinhalten Erfolgsüberzeugungen und Erfolgszustände.

Erfolgsüberzeugungen

Die Landkarte ist nicht das Gebiet.

Die Art, wie du die Welt siehst, ist nicht, wie die Welt ist, sondern einfach eine Repräsentation von ihr. Wie jede Landkarte sind unsere Landkarten von der Welt nur Beschreibungen und nicht vollkommen exakt oder wahr. Es ist nur eine nützliche, oder nicht-nützliche, Art, über sie zu denken. Verändere die Art, wie du über etwas denkst, damit du es nützlicher machst. Mit anderen Worten, verändere deine Landkarte von der Welt.

Die Art, in der wir die Welt erleben, kann durch die fünf Sinne nutzbringend repräsentiert und verstanden werden.

Da wir fünf Sinne benutzen, um die Welt aufzunehmen, können wir auch nutzbringend die Art und Weise verstehen, wie wir in Bezug auf ebendiese fünf Sinneskanäle denken. Folglich machen wir innerlich Bilder, hören innerlich Geräusche, reden mit uns selbst, bekommen Gefühle und haben interne Geschmäcker und Gerüche. So repräsentieren wir die Welt.

Die Bedeutung deiner Kommunikation ist die Reaktion, die du erhältst.

Wenn du die Verantwortung für deine eigene Kommunikation übernimmst und dabei effektive Ergebnisse mit anderen produzierst, wirst du eine viel bessere Chance auf Erfolg haben, als wenn du für jedes Missverständnis denen die Schuld gibst, mit denen du kommunizierst. Es ist nützlicher, die Verantwortung zu übernehmen, um sicherzustellen, dass du zu deinen Zuhörern durchdringst, da dies gewährleistet, dass du dein bestes gibst. Wenn du damit glücklich bist, deine Zuhörer verantwortlich zu machen, weil sie nicht zugehört oder verstanden haben, kommunizierst du nicht auf die beste Art und Weise, zu der du fähig bist.

Menschen haben all die Ressourcen, die sie brauchen, um eine Veränderung zu bewirken.

Es ist so, weil du ein Gehirn hast und einen Sinn für Humor, dass du alles hast, was du brauchst, um dich zu verändern. Es geht darum, zu lernen, wie du sie benutzt, um solche Veränderungen dauerhaft zu machen. Du hast die Fähigkeit, deine Gedanken, Gefühle und Verhaltensweisen zu verändern.

Menschen sind nicht krank, ihr Verhalten ist nützlich oder nicht nützlich.

Es gibt einen Unterschied zwischen dem, wer wir sind und was wir tun. Die Tatsache, dass wir uns deprimiert fühlen, schlechte Angewohnheiten pflegen oder ineffektiv kommunizieren, sagt nichts über uns oder unseren Wert aus. Wir müssen einfach lernen, wie wir anders denken, anders fühlen, uns anders verhalten und anders kommunizieren.

Jedes Verhalten wird durch eine positive Absicht gelenkt und es gibt einen Kontext, in dem das Verhalten einen Wert hat.

Unsere Verhaltensweisen und Gefühle versuchen, uns auf irgendeine Art zu helfen. Furcht zum Beispiel ist dazu da, uns auf die Probe zu stellen und zu beschützen. Eine Furcht vor Spinnen ist nützlich im afrikanischen Dschungel, aber nicht so nützlich in einem irischen Wohnzimmer. Wenn wir herausfinden, wie wir die Absicht mit einem nützlicheren Verhalten befriedigen können, werden wir feststellen, dass Veränderung viel einfacher geschieht.

Es gibt kein Versagen, nur Feedback.

Versagen existiert nur, wenn du einer Sache ein Zeitlimit gibst. Es ist nicht so, dass wir versagen. Es ist einfach so, dass wir Dinge von Zeit zu Zeit falsch verstehen. Wenn du aus jedem Fehler lernst, kannst du Fehler als Rückmeldung sehen, die genutzt werden kann, um die Art zu verbessern, wie wir etwas leisten.

Übung Erfolgsüberzeugungen

Nimm die sieben oben aufgelisteten Annahmen und denke an einige Möglichkeiten, wie du sie nutzen kannst, um Probleme in deinem Leben zu überwinden.

Erfolgszustände

Diese Vorannahmen zugrunde legend habe ich wertvolle und essenzielle Zustände gefunden, die wichtige Schlüssel sind, um die beste Einstellung zu bekommen. Es gibt zwei Hauptkategorien dieser Zustände. Die erste beinhaltet die Zustände, die für Menschen erforderlich sind, um Informationen aus der Umwelt am Nützlichsten aufzunehmen. Sie sind als Input-Zustände bekannt. Die zweite Kategorie beinhaltet Zustände, die für Menschen erforderlich sind, um erfolgreich in der Welt zu agieren. Sie sind bekannt als Output-Zustände.

Input-Zustände:
Bewusstheit, Offenheit, Neugierde

Output-Zustände:
Flexibilität, Entschlossenheit, Pragmatismus, Verantwortung, Kreativität

Wenn du es beherrschst, in diese Zustände zu gelangen und in ihnen zu leben, wirst du dich in der nützlichsten Einstellung zum Leben wiederfinden. Dies ist eine Abkürzung des Versuchs, die Vorannahmen zu „leben". Das versetzt dich in die Lage, die Welt durch nützlichere Filter wahrzunehmen, was dich befähigt, auf die nützlichste und ressourcenvollste Art zu agieren, zu denken und zu kommunizieren.

Input-Zustände

Bewusstheit

Bewusstheit beinhaltet, dem Aufmerksamkeit zu schenken, was in der Welt und in deinem Kopf passiert. Sensorischen Scharfsinn und Selbstwahrnehmung zu entwickeln. Sensorischer Scharfsinn bezieht sich auf deine Fähigkeit, deine Aufmerksamkeit auf das zu lenken, was du in der Welt siehst, hörst und fühlst, und ausgeprägte Eigenschaften zu bemerken. Die Selbstwahrnehmung wird verbessert, indem du dich damit beschäftigst, wie du gerade denkst und dich in deinem Leben gerade fühlst.

Offenheit

Offenheit ist, wenn du offen bist für den Gedanken, falsch zu liegen. Sie hat damit zu tun, offen zu sein für neue Ideen, neue Erfahrungen, neue Lerninhalte. Entwickele es, indem du übst, dir Dinge von mehreren Perspektiven aus anzusehen und zu verstehen, dass es mehr als zwei Seiten zu jeder Geschichte gibt.

Neugierde

Neugierde ist deine Fähigkeit, Fragen zu stellen und dich über Dinge zu wundern. Je neugieriger du bist, desto mehr suchst du nach Informationen und desto klüger wirst du. Sie entwickelt sich, indem du die Wunder, die in der Welt existieren, sowie die Brillanz des Wissens und das, was es für dich tun kann, wertschätzt.

Output-Zustände

Flexibilität

Flexibilität ist der Zustand, in dem du fähig bist, unterschiedliche Dinge zu tun und variabel auf die Welt zu reagieren. Je flexibler du bist, desto mehr Wahlmöglichkeiten hast du und folglich desto mehr Kontrolle über jede vorgegebene Situation. Die Flexibilität wird erhöht, indem du neue Dinge tust und neue Verhaltensweisen übst, die sich von deinen Gewohnheiten unterscheiden.

Entschlossenheit

Entschlossenheit ist der Zustand des niemals Aufgebens. Sie ist dein Versprechen dir selbst gegenüber, an einer Sache dranzubleiben, trotz Fehl- und Rückschläge oder Enttäuschungen. Sie befähigt dich, mehr Erfolg zu haben, da Erfolg einfach eine Frage der Zeit ist. Die Entschlossenheit wird gesteigert, indem du jede Niederlage als eine „Lernerfahrung" nimmst und dich weigerst, an irgendeinem Punkt aufzugeben.

Pragmatismus

Pragmatismus ist die Einstellung, etwas Nützliches zu tun. Er konzentriert sich darauf, das zu tun, was auch immer das Nützlichste oder Intelligenteste im gegebenen Kontext ist. Der Pragmatismus wird verbessert, indem du dir stets die Frage stellst: „Was ist die nützlichste Sache, die ich gerade tun kann?"

Verantwortung

Verantwortung entsteht, wenn du dich entscheidest, für die Erfahrungen, die du in deinem Leben gemacht hast, einzustehen. Sie ist deine Verpflichtung, die Kontrolle über die Art zu übernehmen, wie du mit der Welt interagierst und sie erlebst. Sie hilft dir dabei, dein Leben wundervoller zu machen. Verantwortung wird gesteigert, indem du dich darauf konzentrierst, was du in einer Situation machen kannst, und nicht darauf, warum Dinge auf diese Art passieren.

Kreativität

Kreativität ist der Zustand dessen, wie du deine Vorstellungskraft nutzen kannst, um Ideen zu entwickeln, die es noch nicht gibt. Dies lässt in uns die Fähigkeit entstehen, Beiträge zur Welt zu leisten und sie positiv zu beeinflussen. Du kannst sie benutzen, um Dinge in deinem Leben einfacher und besser zu machen. Du wirst kreativer, indem du übst, unterschiedliche Ideen miteinander zu verknüpfen und zu sehen, was bei solch einer Kombination herauskommt.

Wenn du anfangen kannst, bewusst in diesen Zuständen und Überzeugungen über die Welt zu denken, dann wirst du fähig sein, zu verändern, wie du Dinge wahrnimmst und wie du auf die Welt reagierst.

Erfolgszustände-Übungen

Diese Übungen müssen auf einer fortwährend gleichbleibenden Basis ausgeführt werden.

1. Bewusstheit

Nimm dir jeden Tag fünf Minuten Zeit, dem Aufmerksamkeit zu schenken, was du in der Welt siehst, hörst und spürst, und die Unterschiede wahrzunehmen, die es gibt. Nimm die Unterschiede wahr zwischen dem, was du äußerlich sehen, hören und fühlen kannst, und sei dir bewusst, wie du innerlich denkst und fühlst.

2. Offenheit

Nimm dir jeden Tag fünf Minuten Zeit, in denen du dir eine Überzeugung vornimmst, die du von etwas in der Welt hast, und übe, dieses was auch immer aus der entgegengesetzten Perspektive zu sehen. Generiere so viele Argumente wie möglich, indem du darüber aus einem anderen Blickwinkel nachdenkst.

3. Neugierde

Fang an, mehr Fragen über alles Mögliche zu stellen. Kaufe mehr Bücher. Finde die Menschen, die Dinge tun, die du wirklich bewunderst, und frage sie, wie sie es tun. Begreife, dass du von allem lernen kannst. Wenn du Menschen mit einer anderen Herkunft als deiner eigenen triffst, finde etwas über ihre Kultur heraus. Habe und stelle genug Fragen, um ein besseres Verständnis dafür zu entwickeln.

4. Flexibilität

Übe jeden Tag, etwas Neues zu tun. Probiere neue Gerichte in Restaurants, neue Fahrtrouten zur Arbeit und nach Hause. Nimm etwas, das du nie zuvor versucht hast, und probier es mal. Tue wenigstens einmal pro Woche etwas, was du noch nicht getan hast, oder geh irgendwohin, wo du zuvor noch nie warst.

5. Entschlossenheit

Jedes Mal, wenn du nicht das erreichst, was du willst, konzentriere dich einfach auf das, was du willst, verändere deine Herangehensweise und lege wieder los. Bleib dabei und denk nur daran, wie gut es sich anfühlen wird, wenn du es erst einmal geschafft hast. Vermeide es, in Betracht zu ziehen, dass es vielleicht nicht erreicht wird.

6. Pragmatismus

Übe dich darin, die Frage zu wiederholen: „Was ist das Nützlichste, das ich jetzt tun kann?“ Jedes Mal, wenn du einem Problem gegenüberstehst, wiederhole diese Frage.

7. Verantwortung

Wann immer ein Problem auftritt, stell dir immer die Frage: „Was kann ich jetzt tun?“ Mach auch daraus eine Gewohnheit.

8. Kreativität

Investiere einmal pro Woche 20 Minuten und nimm drei Ideen, die nichts miteinander zu tun haben, und erfinde ein neues Produkt oder eine Denkweise, die sie verknüpft. Egal, wie lächerlich es zunächst scheint, übe, dich mit dieser Aufgabe zu beschäftigen.

Die Illusion der Realität: Die Freiheit einer anderen Perspektive

⌘

Eines Tages nahm ein Mädchen im Flughafen auf einem Sitz Platz, nachdem sie ein paar Plätzchen und eine Cola im Geschäft gekauft hatte. Während sie sich hinsetzte, begann sie die Plätzchen zu essen, über das nachdenkend, was sie alles zu tun hatte. Sie bemerkte bald einen gut gekleideten Mann im Anzug auf der anderen Seite des Tisches, der sich selbst von den Plätzchen bediente. Obwohl sie darüber verärgert und wütend war, sagte sie nichts, und während sie weiteraß, tat er es auch. Das ging weiter bis zum letzten Plätzchen, welches er nahm, es in 2 Hälften brach und ihr eine davon gab. Minuten später, als sie am Abflug in der Warteschlange stand, war sie darüber höchst verärgert. Wie konnte er es wagen? Als sie in diesem Moment in ihrer Tasche nach ihrem Pass suchte, bemerkte sie ihre ungeöffnete Packung Plätzchen. Die Plätzchen, die sie mit dem Mann geteilt hatte, waren seine gewesen.

Eine der wichtigsten Freiheiten, die wir haben, ist unsere Freiheit, eine Situation von mehreren Standpunkten aus zu sehen. Wenn ein Ereignis in unserer Welt passiert, wird die Art, wie wir darüber denken und wie wir es erleben, bestimmen, wie wir uns verhalten und welche Entscheidungen wir darüber treffen.

Die Art, auf welche wir die Welt erleben, ist nicht die, wie die Welt ist. Sie ist einfach unsere Repräsentation der Welt. Unsere Repräsentation der Welt wird abhängen von unseren Überzeugungen, Werten, vergangenen Erfahrungen und unserer Laune zum jeweiligen Zeitpunkt.

Es ist unbedingt erforderlich, zu verstehen, dass die Realität eine Illusion ist, und dass die Realität, an die wir glauben, nur für uns wahr ist. Die Fähigkeit, dieselbe Erfahrung aus mehr als einer Perspektive zu betrachten, versetzt uns in die Lage, mehr von der Denkweise anderer zu verstehen, ebenso stellt sie uns nützlichere Wege zur Verfügung, über eine Situation zu denken. Ich diskutierte auch dies noch einmal mit Richard.

OF: *Richard, ich habe in meiner eigenen Erfahrung festgestellt, dass deine Aussage, „die Fähigkeit, eine Situation aus mehreren Blickwinkeln zu betrachten, ist von ausschlaggebender Wichtigkeit“, sehr zutreffend scheint. Was denkst du über die Rolle von mehreren Perspektiven in Bezug darauf, ein Leben mit mehr Freiheit zu leben?*

RB: *Nun, sicherlich, wenn du an irgendetwas denkst - da bist du und deine Freundin verlässt dich und es scheint, als ob dein Leben vorbei sei und die Welt unterginge, aber wenn du 25 Jahre weiterschweben könntest, würden sich einige Leute nicht einmal an den Namen des Mädchens erinnern.*

Da gibt es also die Zeit. Manchmal sage ich Leuten, dass sie einfach über dem Planeten schweben, hinabblicken und schauen sollen, ob dies eines der bedeutsamen Ereignisse ist oder nicht. Aus dieser Perspektive scheint es nicht so bedeutsam. Menschen müssen Distanz zu unangenehmen Erlebnissen bekommen. Sogar in ihrem Kopf, wenn die Bilder groß und hell und laut sind und es scheint, als ob sie gerade passieren - im Gegensatz dazu, dass sie passiert sind, können Menschen diese Sichtweise verändern und sich augenblicklich anders fühlen.

Ich meine, Dinge wie Vergewaltigung sind schreckliche Erfahrungen, aber was noch schlimmer ist, ist die Tatsache, dass Menschen sie jeden Tag wieder durchleben, als ob sie gerade tatsächlich passiert. Menschen müssen dieses Zeug wegschieben und es in die Vergangenheit stellen und es so machen, dass es sich so anfühlt, als ob es jemand anderem passiert, sodass sie mit ihrem Leben weitermachen können. Es ist schlimm genug, dass jemandem etwas Schreckliches geschieht, ohne dass sie es jeden Tag wieder und wieder durchleben müssen. Ich meine, der Vergewaltiger hat sie nur einmal vergewaltigt, aber mental vergewaltigen sie sich tausende Male.

Sie können der Tatsache die Schuld geben, dass sie zunächst einmal vergewaltigt wurden, aber es ändert sich nicht. Das Wichtigste ist, zu begreifen, dass es die Aufgabe von jemandem wie mir ist, so jemandem wie diesen die Freiheit von diesen Ketten zu geben, indem sie fähig werden, diese Ketten zu sprengen. Ob es das Verändern ihrer Perspektive ist, ob es darum geht, sie zu hypnotisieren und ihnen Amnesie zu geben, ob man so viel Wut in ihnen drin erzeugt, dass es einfach buchstäblich explodiert an dem Punkt, wo sie sagen: „Ich denke nie wieder daran. Ich werde diesem Menschen keine Macht geben, solange ich lebe."

Ich habe mit einer Frau gearbeitet, die für etwa 15 Jahre von einem Stalker verfolgt wurde und ich meine, der Kerl war gerissen. Er war schlau. Er überlistete die Polizei. Er machte dieser Frau das Leben zu Hölle. Jedes Mal, wenn sie eine Schublade öffnete, war da eine Nachricht von ihm. Sie fuhr in den Urlaub und hatte niemandem gesagt, wohin sie fuhr, und als sie ihr neues Hotelzimmer betrat, lagen da ein Negligé und Nacktfotos von ihr. Sie hatte keine Ahnung, wie der Kerl das machte. Sie lebte unter gemeinem Terror. Von ihr hinzugezogen ließ ich den Terror fortlaufen. Fakt ist, dass die Ereignisse immer leicht zeitversetzt passierten und ich schaltete all die Ereignisse, als ob sie in einer Stunde passiert wären, und anstatt in Angst versetzt zu sein, brach sie in gewaltige Wut aus. Sie traf schließlich die Entscheidung, egal, was dieser Kerl tat, und egal, wie sehr er sie verfolgte, sie würde Wege finden, um ihn durchdrehen zu lassen. Und so begann sie Ereignisse zu inszenieren, von denen sie wusste, dass sie ihn absolut verrückt machen würden.

Sie machte Sachen, wie zum Beispiel einen Schauspieler zu engagieren, der 97 war. Sie war in den Zwanzigern und engagierte diesen alten Kerl dazu, mit ihr auszugehen. Sie engagierte eine andere Person, die aufpassen sollte, um zu sehen, ob sie den Stalker schnappen könnten. Obwohl die Polizei ihn nicht schnappen konnte, dieser andere Kerl konnte es. Ob er ihn der Polizei übergab oder nicht, weiß ich nicht, aber der Stalker verschwand danach.

Sie hätte nichts tun können, um zurückzuschlagen, wenn sie Angst gehabt hätte. Es ging nicht, bis sie diese Sache von „genug ist genug" begriffen hatte und, anstatt zu versuchen, sich hinter ihren verschlossenen Fenstern zu verstecken, mit einem 97-jährigen Alten bei geöffneten Fenstern zu knutschen anfing. Sie nutzte jede erdenkliche Möglichkeit, die ihr auch nur einfiel, um den Stalker zu treffen. Sie hinterließ Nachrichten für ihn. Annehmend, dass ihr Telefon verwanzt war, redete sie über diesen „armen kleinen erbärmlichen Soundso" und dass er ihr leidtäte, da er „wahrscheinlich nicht mit beiden Händen onanieren könnte" - anstatt zum Telefon zu gehen, abzuheben und sich zu fragen, ob er sie gerade wieder terrorisierte oder nicht.

Was Richard sagte, war vollkommen sinnvoll. Wenn du die Freiheit einer anderen Perspektive erhältst, befähigt dich das, eine größere Bandbreite an Wahlmöglichkeiten von dem zu haben, was du tun kannst, um auf die Welt zu reagieren. Du bekommst mehr Informationen darüber, was vor sich geht, sodass du effektivere Entscheidungen treffen kannst.

OF: *Wie hilfst du dann Menschen, Dinge von einem anderen Standpunkt aus zu sehen?*

RB: *Nun, ich fange immer mit Humor an, denn ich denke, dass Menschen, bis sie lachen, nicht flexibel in ihrem Standpunkt sein können. Einigen Leuten fällt es viel schwerer als anderen. Wenn du einige wirklich rechthaberische Menschen kennengelernt hast, die in ihrer Sichtweise der Welt feststecken und, wie klein ihre Welt und Umgebung auch sein mag, nicht willens sind, sie zu verändern. Gott hat uns Endomorphine aus einem Grund gegeben: mit Sachen aufzuhören, die nicht funktionieren.*

Ich habe mit Paaren gearbeitet, die sich gegenseitig so schlecht behandelten, dass es keine Chance auf Erden gab, dass sie jemals herausfänden, wie es sein würde, wirklich verliebt zu sein - bis sie anfangen konnten, über diese dämlichen Verhaltensweisen zu lachen. Oft bedeutet das, dass ich Sachen durch den Kakao ziehen muss, über die man bei den Leuten schlecht Späße machen kann, wie zum Beispiel religiöse Überzeugungen.

Ich hatte Leute, die angefangen haben, die Bibel zu zitieren. Also bin ich besser als sie darin geworden, die Bibel zu zitieren, und während ich mit dem Zitieren beschäftigt war, sprach ich andere Dinge an, die darin stehen. Ich meine, in Genesis 1 heißt es: „Zuerst erschuf Gott die Tiere und dann den Menschen." In Genesis 2 lautet es: „... den Menschen und dann die Tiere." Es gibt also eine Menge Verwirrung in dem Buch. Du kannst es dazu einsetzen, um Dummheit zu rechtfertigen.

Wenn ich Bibelgeschichten erzähle, geht es nicht darum, die Bibel zu unterminieren, sondern Menschen dazu zu bringen, zu begreifen, dass das, was sie an religiösen Texten ernst nehmen sollten, die Dinge sind, die das Leben besser machen und der Rest davon nur eine Ausrede ist, um sich schlecht zu fühlen. Ob du religiöse Texte oder Politik oder Schizophrenie oder identifizierbare Krankheiten benutzt, um dich schlecht zu fühlen und als Rechtfertigung anführst, um andere Menschen sich schlecht fühlen zu lassen, das ist alles das Gleiche. Es ist immer noch nur grausam. Das Wichtigste ist, Menschen dazu zu bewegen, ihre Weltansicht zu verändern, egal, ob sie nun zu sich selbst grausam sind oder zu anderen, und ich glaube, das fängt mit ein bisschen Humor an.

Eine „andere Perspektive" war offensichtlich einer der Hauptschlüssel für Veränderung. Es ist, wie ich immer zu meinen eigenen Klienten sage: „Wenn du über deine Probleme die Stirn runzelst, werden sie größer erscheinen. Lächle über deine Probleme und sie werden kleiner werden."

Ich war neugierig auf Richards Sichtweise der wahren Macht des Humors.

Die Macht des Humors

⌘

Meine Freunde Eddie und Dave haben mir immer schon geholfen, mich selbst und mein Leben viel weniger ernst zu sehen. Ich habe es ihnen zu verdanken, dass ich so viel über das Leben lache. Durch ihre Ausgelassenheit und ihren Sinn für Spaß habe ich gelernt, Humor in allem zu finden. In den zehn Jahren, die ich sie kenne, haben wir alle einen ähnlichen Sinn für Humor entwickelt. Erst mit ihnen habe ich angefangen, die wahre Macht des Humors zu verstehen.

Sie haben mich gezwungen, das Leben lockerer zu sehen. Indem sie mich auf die urkomischste Weise aufgezogen haben, habe sie mich gezwungen, zu begreifen, wie dumm es ist, sich wegen des Lebens schlecht zu fühlen. Schau, die Worte anderer spielten normalerweise für mich eine so große Rolle. Jetzt finde ich die meisten Dinge lustig. Es gibt andere Freunde, die ich während unseres Zusammenseins zum Lachen bringe. Ich investiere viel meiner Zeit darin, Klienten dahin zu bekommen, die lustigen Seiten ihrer Probleme zu sehen. Ich lerne von den Besten.

Eine der vielleicht besten Demonstrationen, die ich je gemacht habe, war mit einer Frau aus einem unserer Practitioner-Kurse. Ich wollte die schnelle Phobie-Technik demonstrieren, eine NLP-Technik, um eine Phobie in wenigen Minuten zu heilen. Wie auch immer, als ich mit ihr arbeitete, kam ich vom Pfad ab und benutzte schließlich einen anderen Mechanismus.

Georgina hatte Angst vor Mäusen und bekam eine schwere Panikattacke, wenn sie hörte, dass es eine Maus im Haus gab. Ich stellte ihr zunächst einige Fragen. Das Gespräch lief etwa so:

OF: *Georgina, also du hasst alle Mäuse?*

Georgina: *Ja. Bei dem Gedanken an sie dreht sich mir der Magen um.*

OF: *Was ist mit Stuart Little oder Jerry von Tom und Jerry? Hasst du die auch?*

Georgina: *Äh, also nein.*

Sie lachte.

Georgina: *Natürlich nicht. Sie sind wirklich süß.*

OF: *Okay, du sagst also, dass Jerry und Stuart für dich okay sind, aber du magst nicht Frank, Mark, Barry und die restlichen Jungs. Das nennt man Mäuserassismus.*

Sie lachte und kicherte vor sich hin bei dem Gedanken, diese Mäuse hätten Namen und wären verletzt, weil sie sie nicht mochte. Als sie lachte, legte ich beiläufig meine Hand auf ihre Schulter und ankerte das Lachen. Ich machte damit weiter, auf alle Viere runterzugehen, herumzukrabbeln und Mäuse zu imitieren.

OF: *‚Hey, Frank, findest du irgendwo Käse?' ‚Nein, tut mir leid, Mann.' ‚Hey, hörst du, dass die Dame uns hasst? Was haben wir ihr jemals getan?' ‚Stewee und Jerry werden nie so behandelt. Es ist so unfair, nur weil wir keine berühmten Mäuse sind.' ‚Ich weiß, Frank. Uns Geringen gegenüber sind sie voreingenommen.'*

Georgina lachte weiter, genauso, wie die meisten der Teilnehmer. Ich kam hoch und legte meine Hand wieder beiläufig auf ihre Schulter. Ich machte weiter.

OF: *Also, Georgina, sag mir: Wenn du an Mäuse im Haus denkst, welches Bild oder welche Bilder kommen dir in den Kopf?*

Georgina: *Nun, ich stelle mir vor, der Küchenschrank ist zu und die Maus ist drin und dann öffne ich den Schrank und die Maus springt raus auf meinen Kopf.*

OF: *Okay, lass mich das verstehen ...*

Ich hielt für einen Moment inne. Einige Zeit davor hatte ich im Seminar über den Film Rambo gesprochen. Ich beschrieb eine Szene, wo Rambo vom einem Freund alleingelassen wurde, der in einem Hubschrauber abhob. Wir bekommen eine Kameraeinstellung, in der wir über Rambos Schulter hinweg etwa 500 Meter weit sehen und wir erblicken drei Panzer, vier Hubschrauber mit Raketenwerfern und etwa 400 Männer mit schwerer Bewaffnung, die offensichtlich nach ihm suchen.

Dann geht die Einstellung zurück zu Rambo, blutüberströmt und mit Waffen beladen. Sein Freund fragt ihn: „Rambo, Rambo, was wirst du tun? Was wirst du tun?“ Wir sehen, wie Rambo auf all die herannahenden Feinde blickt, sein Gewehr aufrichtet, während er die unsterblichen Worte sagt: „Zur Hölle mit ihnen!“, und schießend und herumballernd auf sie zurennt. Ich benutzte dieses Beispiel, um die Art von Einstellung zu beschreiben, die du brauchst, wenn du dich Problemen gegenübersiehst - niemals aufzugeben und mit jeder Faser deines Körpers zu kämpfen.

OF: *Lass mich das sortieren. Ich bin eine Maus und ich kümmere mich um meine eigene Angelegenheit, nämlich Herumjagen nach Käse im Küchenschrank.*

Ich ließ mich wieder auf den Boden fallen und krabbelte herum, an den Füßen von allen schnüffelnd. Die Gruppe und Georgina lachten sich kaputt.

OF: *Und dann öffnet sich die Küchenschranktür und ich sehe einen Menschen, der 20-mal die Größe von mir hat, viele Male mein Gewicht, der mich mit einer Hand zerquetschen könnte. Und was tue ich? Ich springe auf sie drauf? Ich springe? Auf sie? Wer ist das? Rambo, die Maus?“*

Ich imitierte die Maus, als ich vom Boden auf sie zusprang mit quietschendem Akzent: „Zur Hölle mit ihr!“ Georgina brach in Gelächter aus, als sie über die Maus mit ihrem kleinen Stirnband und all diesen Maschinengewehren nachdachte. Ich kam einfach wieder hoch, ließ sie an Mäuse denken und platzierte meine Hand auf ihrer Schulter (das Lachen wieder auslösend). Ihre Furcht war verschwunden. Fast ein Jahr später kam Georgina zurück und besuchte einen anderen Kurs bei uns. Sie erzählte von einem Erlebnis, das sie nach dem ersten Seminar mit einer Maus gehabt hatte. Ihre Tochter informierte sie, dass eine Maus im Keller ihres Hauses herumrannte. Während sie früher aus dem Haus gehetzt wäre, verbrachte sie jetzt stattdessen Stunden damit, nach der Maus zu suchen und konnte es nicht erwarten, herauszufinden, wie sie aussah. Es war, als ob sie fast erwartete, dieses Stirnband zu sehen.

In diesem Fall erzeugte ich einen kraftvollen Zustand des Lachens bei Georgina und ankerte ihn (oder assoziierte ihn) mit Mäusen. Auf diese Art verspürte sie den Zwang zum Lachen, wenn sie an Mäuse dachte.

Richard hatte die Wichtigkeit erklärt, fähig zu sein, über Situationen zu lachen. Ich stellte ihm weitere Fragen zur Macht des Humors.

OF: *Wie setzt du Lachen ein, um Menschen zu helfen, ihre Perspektive zu verändern?*

RB: *Ich kann verrückter sein, als sie es können. Wenn ein Klient anfängt, die Bibel zu zitieren und wie sie ihnen das Recht gibt, ihre Frau und ihre Kinder zu schlagen, sage ich: „Das ist richtig, wir sollten jeden schlagen." Ich nehme sie mit raus und sage: „Lass uns jeden schlagen, der in Sichtweite ist. Genaugenommen sollten wir sie nicht schlagen, wir sollten sie an Kreuze binden und sie wie Jesus sterben lassen, und dann würden sie wissen, dass sie einen Fehler gemacht haben. Lass uns ins Holzlager gehen." Dann wird der Klient sagen: „Moment mal, du gehst aber zu weit.", wobei die Wahrheit ist, dass sie schon von Anfang an zu weit gegangen sind.*

Ich merke, dass, wenn ich ernster darüber werde, als sie zu sein bereit sind, es eine Tendenz gibt, dass sie ihre Weltsicht verändern müssen. Manchmal, wenn du Leute in eine hypnotische Trance versetzt, kannst du sie auch dazu bekommen, in die Schuhe von jemand anderem zu treten. Manchmal ist das viel einfacher.

Es hängt davon ab, wie fest jemand steckt, denn es gibt viele Arten festzustecken, und natürlich waren einige Leute lange Zeit auf Psychopharmaka. Viele dieser Psychopharmaka, wie Thorazin und Halaphin, haben eine Halbwertzeit von sechs Monaten. Sie brauchen also ein halbes Jahr, nur um aus deinem Körper zu verschwinden. Ich meine, wenn sie ihnen die Psychopharmaka geben und sie immer noch die gleichen verfluchten Wahnvorstellungen haben, dann hat das Psychopharmakum nicht die Wahnvorstellung beseitigt, es hat nur das nervende Verhalten beendet. Deswegen werden sie als Aufrechterhaltungspsychopharmaka bezeichnet.

Ich will, dass sie von den Psychopharmaka loskommen und im Raum herumhüpfen und die sagen mir, ich werde sie in den Abgrund des Wahnsinns treiben. Nun, die Wahrheit ist, ich werde sie nicht treiben, ich werde sie am Schlafittchen packen und mit ihnen runterspringen. Viele dieser Erfolge, die ich in diesen Fällen hatte, haben andere nicht. Ich glaube, eine Menge Dinge, die ich getan habe, als ich jünger war, würde ich heute wahrscheinlich nicht mehr machen. Ich habe diese Energie nicht mehr. Es liegt an meinen Schülern, das zu tun, aber ich glaube, dass du und ich eine Menge von diesem Zeug abziehen müssen. Du musst nicht vorgeben, jemanden ans Kreuz zu schlagen, der sagt, er sei Jesus.

OF: *Aber es macht Spaß.*

RB: *Ja, ich gehe davon aus, dass es irgendwie Spaß macht. Jeder sollte es einmal machen.*

Ich lachte. Richard erwiderte mein Lächeln.

RB: *Es ist wesentlich besser als: „Ich habe gehört, du bist mal ein Tischler gewesen." Es hat eine viel größere Wirkung bei denen. Dinge müssen eine Wirkung auf Menschen haben. Ich weiß jetzt eine Menge mehr darüber, Menschen in mächtige, veränderte Zustände zu versetzen und sie zu beeinflussen.*

Ich verstand eine Menge mehr davon, Leute an Kreuze zu binden und unter ihnen ein Feuer anzuzünden, als ich jünger war, aber die Einstellung ist immer noch die gleiche. Was immer es braucht, um einen kraftvollen emotionalen Zustand zu erzeugen, indem ich die Leute zu den wichtigen Dingen im Leben zurückbringen kann, was heißt, ein echtes Leben zu haben. Das ist es, was ich tun werde. Meistens sind das „normaler" Leute Leben, andere würden sie nicht anschauen und sie nicht für wichtig halten, aber ich tue es. Ich denke, dass Leute Familie haben, ich denke, das ist wichtig.

Humor ist die beste Chemikalie von allen und jeder kennt sie, ohne Ausnahme. Es gibt niemanden, der nicht weiß, dass Humor die beste Substanz ist, die Menschen produzieren können. Ein geradeheraus gutes Lachen ist die beste Therapie. Jeder sagt das. Jeder weiß es, aber es praktizieren nicht alle. Jeder weiß, dass Menschen am besten lernen, wenn sie wirklich lachen und Spaß haben, und wenn das der Fall ist, dann schaffen sie etwas. Du gehst in einige Klassenzimmer und sie werden den Kindern noch nicht einmal erlauben, zu lachen.

Sie haben Regeln dagegen, trotzdem jeder weiß, dass, wenn du lachst, du effektiver lernst. Deswegen ist es in meinen Seminaren, wenn ich unterrichte, so, dass die Teilnehmer immer lachen und eine gute Zeit haben und den Leuten alles im Gedächtnis bleibt und sie effektiver lernen und lernen, mehr zu tun. Kannst du dir eine Gruppe von Kindern vorstellen, wie sie spielen und überhaupt nicht lachen? Völlig ernsthafte kleine Vierjährige, die Lastwagen methodisch hin- und herschieben, ohne zu lachen. Sie würden überhaupt nichts lernen.

Richard mit seinem Enkel Jayson

OF: *Mit diesem Gedanken im Hinterkopf, wie können wir unsere eigene Fähigkeit verbessern, auf die Dinge zu schauen, und anderen helfen, die Dinge aus einer humorvollen Perspektive zu sehen?*

RB: *Lies Frank Farrellys Buch Provokative Therapie. Das wird immer helfen. In Bezug auf Comedians ist das Problem, dass die meisten Comedians nicht wirklich so lustig sind und ich denke der Trick ist, dass du einen Haufen Frösche küssen musst, um einen Prinzen zu finden, und das ist wahr in allen Dingen. Du wirst hundert Comedians hören müssen, um einen zu finden, der wirklich lustig ist, und sie werden nicht immer lustig sein - zu erwarten, dass sie immer lustig sind, ist zu viel. Du musst also fähig sein, den Unterschied zu erkennen zwischen dem, was lustig ist und was nicht lustig ist, im Gegensatz zu dem, was lustig sein soll und was nicht lustig ist.*

Die meisten Menschen finden ihren Sinn für Humor nicht wirklich, weil sie nicht locker werden. Sie betrachten die Dinge nicht aus dem Blickwinkel, wie albern sie sind. Sie stellen sich die Frage: „Mögen mich die Leute?“, und nicht: „Was ist lustig an dieser Sache?“ Ein Kerl aus Indien kam in einem Seminar zu mir vor und fragte: „Dr. Bandler, ich habe Gregory Bateson studiert und ich frage mich immer, ob ich in der komplementären oder einer meta-komplementären Position bin und Sie scheinen sich gar nicht darum zu kümmern.“ Ich sagte: „Nein, es kümmert mich nicht. Bist du momentan in einer meta-komplementären Position?“ Worauf er erwiderte: „Nun, nein, bin ich nicht.“ Ich sagte: „Das ist richtig und ich frage dich noch nicht einmal, ob du es bist, und ich weiß das, aber wenn du eine Frage stellst, dann bekommst du eine Antwort auf diese Frage.“

„Ich frage nur, ob wir bereits Spaß haben“, sagte ich, „so frage morgen nicht, ob du in einer meta-komplementären Position bist oder nicht, frage: ‚Habe ich - bereits - Spaß?‘.“ Am nächsten Tag lachte er und hatte den ganzen Tag lang Spaß, während er am Tag zuvor ernst dagesessen und sich minderwertig gefühlt hatte, während alle anderen Spaß hatten. Es ist deine Wahl, ob du verdammt noch mal locker wirst oder nicht.

In meiner Zeit mit Richard merkte ich, dass er eine riesengroße Fähigkeit besaß, Humor erfolgreich in seinen Seminaren einzusetzen. Ich begann zu verstehen, dass dies eine fantastische Fertigkeit darstellt. Wenn jemand es schafft, durch Beobachtung zu erfahren, wie er scheinbar jede Situation erhellen kann, dann kann er auch lernen, genau das selbst zu tun. Ich fing an, die besten Comedians zu beobachten, die ich finden konnte. Ich studierte Leute wie Ricky Gervais, Billy Connelly, Eddie Izzard und Bill Hicks. Ich fand heraus, dass sie alle eine unglaubliche Fähigkeit hatten, das zu nehmen, was gerade passierte, und den Humor darin zu finden. Ich fing an, sie mit der Fragestellung zu studieren: „Wie tun sie das?" Meine Erkenntnisse wurden bekannt als das, was ich „Lach-Filter" nenne.

Manchmal sagen Leute:
„Eines Tages wirst du darauf zurückblicken und lachen."
Meine Frage ist: „Warum warten?"

Richard Bandler

Die Lach-Filter beinhalten die Übung, alle Situationen, die dir Probleme bereiten, mit den Augen des Comedians zu betrachten. Das erfordert, dass du dir vorstellst, du musst einen Comedy-Sketch oder -Dialog über ein bestimmtes Problem in deinem Leben präsentieren. Das kann darauf hinauslaufen, die Erfahrung dramatisch zu überzeichnen, sie sich aus der Perspektive eines Tieres vorzustellen, dich selbst nachzumachen oder einfach laut das zu wiederholen, was du denkst, um zu hören, wie komisch es eigentlich klingt, wenn du dich selbst wörtlich nimmst.

Die Macht des Humors kann dir helfen, mit allen möglichen Problemen effektiv umzugehen. Er macht das Leben generell einfacher und bringt mehr Spaß hinein. Humor hat eine eingebaute Funktion, die Flexibilität deiner Sichtweise zu fördern. Witze sind lustig, weil ein Wort zwei Dinge bedeuten kann. Es gibt Zweideutigkeiten im Humor. Nimm zum Beispiel den Witz: „Ein Mann geht in eine Bar (walks into a bar - kann auch bedeuten: rennt gegen eine Stange). Er tut sich weh." Dieser Witz nimmt das Wort Bar und zuerst nehmen wir an, es bedeutet Kneipe, wohin der Mann geht, wahrscheinlich um etwas zu trinken. Dann enthüllen wir eine zweite Bedeutung für „Bar" (Stange) in der Pointe, in der der Humor steckt.

Aus dem gleichen Grund kann Humor dich in die Lage versetzen, mehr als eine Bedeutung aus schwierigen Situationen zu ziehen. Viel zu viele Leute, die ich kenne, nehmen das Leben ernst. Es ist so wichtig zu lernen, in den meisten Situationen in deinem Leben zu lachen. Wenn man es genauer betrachtet, gibt es wenig Gründe für Ernst, ganz zu schweigen davon, dass wir besser lernen und bessere Leistung bringen, wenn wir lachen und uns erfreuen. Die Kraft des Humors ist tatsächlich ein essenzielles Werkzeug zum Erlangen persönlicher Freiheit.

Richard hat mir geholfen, wertvolle Einsichten über die Schlüssel zur Veränderung zu gewinnen. Nach dieser Unterhaltung verließ ich seine Wohnung und stieg wieder in die U-Bahn. Es war dieses Mal weniger Betrieb. Ich setzte mich hin und fing an, über die Antworten, die ich bekommen hatte, nachzudenken. Veränderung war wirklich für jeden möglich. Die wahren Schlüssel waren die Überzeugungen und Einstellungen einer Person und ein Verständnis dafür, wie Ziele, Motivationen, Wendepunkte und Momente der Erleuchtung funktionierten. Die Schlüssel lagen darin, zu lernen, die Welt anders wahrzunehmen und die wunderbare Macht des Humors zu entdecken, indem man ein außerordentliches Leben lebte.

Bei meinem nächsten Besuch bei Richard, wann und wo immer das wäre, würde ich mich auf die alltäglichen Probleme konzentrieren und wie man das, was ich bereits wusste, auf das echte Leben anwendet. Die Probleme, die Menschen haben, können verändert werden, aber der beste Weg, Leuten zu helfen, sich zu verändern und freier zu werden, ist nicht immer offensichtlich. Diese Geheimnisse würden das nächste Mal erforscht werden. Ich blickte mich um und lächelte denen zu, die mit den gleichen versteinerten Gesichtern dasaßen. Bald, so hoffte ich, würde es ein Buch geben, das ihnen half, mehr zu lächeln und mehr zu genießen, wie das Leben wirklich sein könnte. Sie können Freiheit haben, bald.

Lach-Filter-Übung

Nimm ein alltägliches Problem, das du hast, schreib es nieder und wende den Lach-Filter an, indem du Folgendes ausprobierst.

Prüfe, wie es wörtlich geschrieben ist und schau, ob es irgendwie durch den Kakao gezogen werden kann.

Wie würde ein Comedian das Problem in einem Sketch beschreiben? Wie würdest du es oder Teile davon übertreiben?

Wie würdest du es von einem völlig anderen Standpunkt aus betrachten (zum Beispiel mit den Augen eines Tieres oder Außerirdischen)?

Wie würdest du dich selbst oder Leute parodieren, die damit zu tun haben?

Bereite einen Bühnensketch für das Problem vor, in dem du diese Fragen beantwortet hast, und überarbeite ihn immer wieder, um besser darin zu werden.

Zufällige Exkurse 3:
Die Trance, die dein Leben verändert

⌘

Ich erinnere mich, wie ich mich in Mexiko hinsetzte, um das Buch „Transformación Profunda" meines guten Freundes Gabe Guerrero zu lesen. Es war in Spanisch geschrieben, sodass ich wenig davon verstand, aber ich wurde von dem Buch gefesselt, während ich versuchte herauszufinden, was tatsächlich drin stand. Die wenigen Brocken spanisch, die dem Englischen gleichen, gaben mir ein unzusammenhängendes Verständnis der ersten paar Seiten. Ich gelangte in eine Art von Tieftrance. Es war faszinierend zu erkennen, dass Worte, die man liest, etwas bedeuten, was man nicht versteht, bis du lernst, wie du sie verstehst und dann wird alles klar. Als ich soweit war, lächelte Gabe mich an und er lachte über den Blick in meinen Augen.

Gabe und ich üben immer, Techniken wie etwa Hypnose an einander zu gebrauchen, und wir helfen einander, in tiefgehende, veränderte Zustände zu gehen. Wir geben uns gegenseitig unaufhörlich Suggestionen und lachen, wenn wir einander in Gesprächen trancen. Dazu lässt er manchmal spanische Worte in die Gespräche einfließen und ich räche mich, indem ich irische Begriffe einwebe. Wir beide sind schon so lange von Richard beeinflusst, dass wir viele fortgeschrittene Sprachmuster, die er unterrichtet, instinktiv übernommen haben. Wir beide wurden von dem Menschen, der oft als der „beste Hypnotiseur der Welt" bezeichnet wird, in Hypnose unterrichtet. Ich habe auch gemerkt, dass Gabes liebenswerte Frau Barbara sehr geschickt ist. Als sie mir half, besser Spanisch zu sprechen, merkte ich, wie ich ziemlich regelmäßig in Trance glitt und wieder heraus kam, während ich mit ihr sprach.

Mexiko ist wahrlich das Land der Trance. Die wunderschönen Farben und Gemälde sind hypnotisierend. Ich erinnere mich daran, in Richards Küche zu sein und einige der Ornamente und Gemälde zu sehen, die sie aus Mexiko mitgebracht hatten. Als ich es endlich selbst dorthin schaffte, konnte ich feststellen, warum sie das Land so sehr mochten. Die mexikanischen Schamanen hatten in großem Ausmaß mit veränderten Zuständen experimentiert. Als ich die Kultur zum ersten Mal erlebte, fragte ich mich, ob es Gemeinsamkeiten zwischen meinem Land Irland und Mexiko gab. Die Mexikaner waren sehr entspannt, genauso wie die Iren. Ihre Kultur war sehr spirituell und kultiviert, genauso wie die irische.

Eine Sache, die allerdings nicht gleich war, war das Wetter. Ich dachte an meinen Seminarpartner Brian zuhause in Irland, wo es wahrscheinlich regnete. Ich machte mich auf zu einer meiner Joggingrunden, bei denen ich Musik hörte, während ich den wunderschönen Strand von Puerto Vallarta entlanglief. Meine Gedanken trieben zu allen möglichen Themen. Ich begann über die Tatsache nachzudenken, dass, egal wohin ich in der Welt ging, von Europa über Indien, Amerika oder nun Mexiko, die Probleme, denen Menschen sich gegenübersahen, schienen im Allgemeinen die gleichen zu sein. Die Menschen, mit denen ich arbeitete, hatten die gleichen Probleme, unabhängig von ihrem Wohnort oder ihrer Kultur.

In Irland trainieren Brian und ich einen Wochenendworkshop, der sich „Life Enhancement Seminar" nennt, in dem jeder niederschreibt, was er lösen will, und wir kümmern uns während der zwei Tage um diese Probleme. Um sicherzustellen, dass wir unbewusst passende Veränderungen erzielen, machen wir oft eine Doppelinduktion. Das bedeutet, wir haben eine Entspannungsrunde, in der wir gleichzeitig sprechen, aber vollkommen synchron. Die Leute sind oft verblüfft, wie wir beide es schaffen, nahtlos in Einklang miteinander zu sprechen, ohne einander zu unterbrechen. Ein Grund, weshalb wir das können, ist der gleiche, warum wir gleichzeitig so gut auf der Bühne zusammenarbeiten können: Wir sind sehr enge Freunde. Wir haben einen sehr guten Draht zueinander und kennen den anderen so gut, dass wir dessen Sätze zu Ende bringen können. Das gibt uns die Möglichkeit, in einem humorvollen Doppelauftritt zu arbeiten und gleichzeitig einen wirkungsvollen hypnotischen Effekt zu erreichen. Ein anderer Grund, weshalb wir das können, liegt darin, dass wir es ähnlich wie eine Musikaufführung sehen.

Lieder bringen Leute in veränderte Zustände. Ich sah einmal meinen Freund Karl mit einem anderen Freund namens Ben in einer Improvisationsrunde. Ben spielte Schlagzeug und Karl Saxofon. Ich beobachtete, wie die beiden einander zuspielten. Es liegt etwas in der Musik, die kreativ und synchron gespielt wird, das einen veränderten Zustand erzeugt. Ich erinnere mich ebenfalls daran, als ich Lionel kennenlernte, einen Musikerfreund von Gabe in Mexiko. Ich hörte innerlich seine CD „Eyes Closed" wieder und dachte daran, wie jedes Lied, ohne Worte, einen Zustand von Trance einfach herbeizuführen schien. Seit der Zeit, als ich zum ersten Mal Hypnose von den Kassetten des extrem versierten Hypnotiseurs Paul McKenna gelernt habe, und indem ich schließlich Paul kennenlernte und bei ihm arbeitete, habe ich gemerkt, wie wichtig Rhythmus und ein entspannender Stimmton sind, um Menschen dabei behilflich zu sein, sich tief zu entspannen. Ich erinnere mich daran, wie ich mit meinem Freund Thomas Induktion für Induktion übte, bis wir fundiertes Können in allen Bereichen der hypnotischen Prozesse entwickelt hatten. Wir experimentierten, einfach um zu sehen, wie weit wir die Fertigkeiten treiben konnten, einfach, wie tief wir gehen konnten.

Ich will hier eine Trance mit reinnehmen, die ein gutes Beispiel dafür ist, was hilft, den Veränderungsprozess eingehend zu erklären. Also, auch wenn dies nur Worte auf einer Buchseite sind, absorbiert dein Unbewusstes sie auf die gleiche Weise, die du brauchst, wenn du dich daran erinnerst, dass sie einfach Trance-Skripte sind.

Sieh, eines der größten Probleme, die Menschen haben, ist, dass sie nicht genug Zeit damit verbringen, sich wirklich gut zu fühlen und gute Gefühle durch ihren Körper zirkulieren zu lassen. Die Art von Dingen, die Menschen normalerweise erleben, wenn sie in Trance entspannen, ist, dass du bemerkst, dass du dich entspannt fühlst und tief und mühelos atmest. Auch fühlt sich dein Körper angenehm an und du findest es leichter und leichter, dir verschiedene Dinge vorzustellen. Die meisten Menschen sind sich vollkommen dessen bewusst, was um sie herum vor sich geht, aber es ist einfach leicht, sich zu entspannen und auf jedes Wort zu hören. Es ist eine Art von Zustand deines Bewusstseins, in den du gehst, wie bevor du einschläfst, wenn du dahintreibst und - träumst in verschiedenen Phantasien und Gedanken.

Es ist gut, die Trance langsam mit einem Viertel deiner normalen Lesegeschwindigkeit zu lesen - denn Trance kommt, wenn du abbremst und den Moment genießt.

Du hast dagesessen - dem Aufmerksamkeit schenkend, was wir gerade gesagt haben - und während dich jedes Wort erreicht - kannst du beginnen zu verstehen - dass du angefangen hast, viele Dinge zu lernen - die bereits begonnen haben - dir in Tranceformen zu helfen. Dein Unbewusstes - weiß, dass es viele Veränderungen gibt - nach denen du gesucht hast. Hier und jetzt - kannst du bemerken, dass - während du anfängst daran zu denken - was du willst - wirst du dich selbst dabei ertappen, es positiv zu sehen - klar und deutlich. Du wirst dir vorstellen, was du sehen werden kannst - hören und fühlen - wenn du es erreicht hast. Du wirst dir vorstellen, was passieren wird - als ein Ergebnis - und welcher Teil davon - unter deiner Kontrolle ist.

Während du noch tiefer entspannst - wirst du das wundervolle Gefühl genießen - das kommt beim Loslassen - du wirst fasziniert sein von den verschiedenen Sinneseindrücken - du erlebst, welcher dich bewegt - verändert und entwickelt - du kannst dich selbst dabei wiederfinden, wie du jeden Teil deines Körpers und deines Geistes - entspannst - während du dir erlaubst, bestimmte Veränderungen zu machen - und Veränderungen mit Sicherheit - kannst du die Überzeugungen über Veränderung loslassen, - die du hattest, und Veränderung verstehen - hat einfach damit zu tun, zu lernen, - diesen angenehmen, wundervollen Zustand - innerer Ruhe zu spüren - und von hier ab kannst du dir erlauben, diese wunderschönen Gefühle zu erleben, die in deine Haut einsickern - helfen, dich wirklich gut zu fühlen - und dich selbst zu finden, - leicht und vollkommen - die Art zu verändern, wie du dich gefühlt hast - bei all diesen Dingen, die schlechte Gefühle hervorgerufen haben.

Jetzt, an deren Stelle - stellst du fest nur gute Gefühle zu spüren - Gefühle, die dich inspirieren - Gefühle, die dich motivieren - zu begreifen, wie du Dinge auf eine vollkommen neue Art sehen kannst - du dich selbst dabei wiederfindest, wie du lernst, die gleiche Erfahrung von mehreren Standpunkten aus zu sehen und entwickelst - in deinem Kopf - eine humorvolle Art, über alles nachzudenken - sodass in der Zukunft - wenn du mit den Problemen umgehst, die dir nicht mehr länger Mühe machen -du dich selbst dabei wiederfinden wirst, sie auf viele verschiedene Arten zu sehen - aus vielen verschiedenen Perspektiven - mit einem wundervollen Sinn für Humor - der dir hilft, über alles mühelos zu lachen.

Du wirst den wundervollen Augenblick genießen - der dir erlaubt, Dinge anders zu verstehen - und dich inspiriert, die Taten anzugehen - die notwendig sind, um deinem Leben eine neue Richtung zu geben. Du hast viele Dinge gelernt - bei denen du merken wirst, dass du sie - grundlegend benutzen kannst - dein Leben zu verbessern - und während du all diese Fertigkeiten nutzt - wirst du entzückt überrascht sein - davon, wie schnell und einfach andauernde - positive Veränderung für dich ist.

Du kannst dann wieder langsam zurückkommen und dich, erfrischt und gestärkt, wirklich gut fühlen.

Je mehr ich darüber nachdenke, desto mehr verstehe ich, dass Veränderung unbewusst gemacht und bewusst überwacht werden muss. Daran liegt es, warum Brian und ich oft feststellen, dass unsere Seminare so effektive Veränderungen derart schnell hervorzurufen scheinen. Wir beide präsentieren und beziehen uns aufeinander, was einen mächtigen hypnotischen Effekt erzeugt, der die Leute trancet.

Der Titel von Gabes Buch, Tranceformación Profunda, war gut. Ich wusste, obwohl ich das meiste des Textes nicht verstand, dass seine Geschichten und Erzählungen dazu bestimmt waren, genau das zu tun - Menschen tiefgreifend zu verändern. Ich lächelte ihn an und er lächelte zurück, als ob er sagen wollte, ohne meine Gedanken auch nur gehört zu haben: „Japp, genau auf den Punkt und sehr raffiniert." Und dann erinnerte ich mich an die besten hypnotischen Veränderungsarbeiter, die ich je getroffen und bei denen ich gearbeitet habe, einschließlich Richard, Paul McKenna, John LaValle, Gabe und Brian waren alle raffiniert wie der Teufel und extrem gut.

Teil 4

Die Ketten der Persönlichkeit* sprengen

⌘

*Anm. d. Übers.: self = Persönlichkeit und Selbst

Der Cocktail deiner Persönlichkeit

⌘

Einige Monate nach unserem Gespräch in London holte ich Richard in Edinburgh ab. Ich setzte mich mit ihm am Ende eines Konferenzraumes zusammen, abends nach einem ganztägigen Seminar mit dem Titel „Adventures in Neuro-Hypnotic Repatterning“. Richard nahm sich Zeit für mich, nachdem alle anderen gegangen waren. Wir setzten uns an einen Tisch nahe der Rückwand.

Seit dem Ende unserer letzten Unterhaltung hatte ich eine Menge verschiedene Dinge gemacht. Ich hatte festgestellt, dass die Ergebnisse mit meinen Klienten noch besser waren als zuvor und ich machte einige brillante Veränderungen in meinem eigenen Leben. Ich entschied, dass ich Richard dieses Mal Fragen stellen wollte, wie Menschen Freiheit von den Ketten ihres Selbst erlangen konnten. Für mich beinhaltete dies jedes Problem, das Menschen mit sich selbst und ihren Umständen haben. Das wiederum enthielt Fragen zu niedrigem Selbstwertgefühl, Depression, Stress, Angst, Perfektionismus, Essstörungen, Geld- und Gesundheitsproblemen. Obwohl ich bereits gute Antworten auf diese Fragen hatte, wusste ich, dass ich immer dazu lernen und durch Richards einzigartige Perspektive mehr verstehen konnte.

Richard hatte den Leuten an diesem Morgen beigebracht, wie sie ihre Gefühle für jegliche Sache verändern können, indem sie ihre Aufmerksamkeit darauf lenken, wie sie die Gefühle in ihrem Körper erleben und sie in die entgegengesetzte Richtung bewegen. Es war so einfach und trotzdem so effektiv. Ich freute mich auf seine Antworten zu meinen Fragen und ich wollte unser Gespräch seine eigene Richtung nehmen lassen.

Ich erinnerte mich, dass das Konzept der „Persönlichkeit“ ein psychologisches Konzept war und dass viele Probleme, die existieren, von einer psychologischen Art, die Persönlichkeit zu verstehen, herrühren. Wenn du dir Probleme einfach anschaust, läuft es darauf hinaus, sich schlecht zu fühlen und sich gut zu fühlen. Ich wollte solch einen Gedanken mit Richard erkunden, da ich mehr und mehr verstand, dass es alles mit „Chemie“ zu tun hatte.

Deine Gedanken beeinflussen deine Gefühle und deine Gefühle beeinflussen die Chemie deines Gehirns und Körpers. Also beeinflussen folglich deine Gedanken die Chemie deines Gehirns und Körpers. Der Kreis schließt sich, indem deine Gehirnchemie beeinflusst, wie du denkst und fühlst. Da dein Handeln aus den Entscheidungen hervorgeht, die du auf der Grundlage triffst, wie du denkst und fühlst, ist es essenziell, dass du die Kontrolle über deine Gedanken und Gefühle übernimmst. Die gute Nachricht ist, dass, wenn du es einmal tust, du fähig sein wirst, die Chemie deines Gehirns zu beeinflussen.

Dein Gehirn ist aus Millionen von Neuronen (Gehirnzellen) aufgebaut. Jedes Mal, wenn du denkst oder agierst, stellst du Verbindungen zwischen Neuronen her. Dies beeinflusst die Freigabe von chemischen Stoffen in deinem Gehirn, die deine Gefühle erzeugen. Diese chemischen Botenstoffe werden Neuropeptide oder Neurotransmitter genannt. Sie beeinflussen, wie die Verbindungen zwischen den Neuronen funktionieren. Deine Gedanken, Gefühle und Gehirnchemie sind also alle buchstäblich miteinander verknüpft. Wenn deine Gehirnchemie erst einmal gut funktioniert, wirst du es einfacher finden, produktiver zu denken und zu empfinden. Dies befähigt dich, über viele der Probleme in deinem Leben hinwegzukommen.

Ich stellte einen Kassettenrekorder auf den Tisch und holte mein Notebook raus. Ich war bereit, das nächste Gespräch zu beginnen.

Die Lügen der Psychologie

⌘

Wovon du nicht überzeugt bist, ist genauso wichtig wie das, wovon du überzeugt bist.

Richard Bandler

Psychologie hat ihren Nutzen. Als Psychologe habe ich viele Dinge aus dem Bereich gelernt, die wertvoll sind. Ich habe auch viele Dinge gesehen und erlebt, die mich über dieses Fach enttäuscht haben. Das Konzept der Persönlichkeit ist eines der wichtigsten Themen, mit denen man sich beschäftigt hat, seit Psychologie im neunzehnten Jahrhundert eingeführt wurde. Leider haben die Methoden, die benutzt wurden, um dieses faszinierende Thema zu untersuchen, oft mehr Probleme geschaffen als Lösungen.

Schau, Psychologie hat hauptsächlich damit zu tun, das Bewusstsein und menschliches Verhalten zu studieren. Ihr Ziel ist, das „warum" hinter dem zu verstehen, was wir denken, wie wir denken und warum wir tun, was wir tun. Einige brillante Psychologen haben die Qualität unseres Lebens durch ihre unschätzbare Forschung bereichert. Leider geschieht dies meiner Meinung nach viel seltener als es sollte.

In meiner Praxis mit Klienten habe ich gesehen, wie dramatisch und schnell sie sich durch den Gebrauch der Fertigkeiten, die ich ihnen beigebracht habe, verändern. Ich war Zeuge, wie sie ihre komplette Einstellung nach nur einer Sitzung veränderten. Ich habe Leute gesehen, die über Phobien hinweggekommen sind, und sie binnen weniger Minuten getestet, nachdem ich mit ihnen gearbeitet hatte. Ich bin mit ihnen in Verbindung geblieben und habe sie wiedergesehen und festgestellt, dass die Veränderungen andauerten.

Die Lügen der Psychologie sind die Lügen, die versuchen, Menschen in verschiedene Arten von „Neurotikern" zu kategorisieren. Sie sind die Lügen, die versuchen zu suggerieren, dass alle Beispiele von schneller, grundlegender Veränderung nur für eine Weile anhalten werden und keinen Langzeitwert haben. Sie sind die Lügen, die suggerieren, dass nur die Techniken oder Prozesse benutzt werden sollten, die durch klinische Untersuchungen abgesichert sind.

Sie sind Lügen, denn was du im Feld der Psychologie entdeckst, ist, dass du jede Technik, Idee oder Theorie in Bezug darauf, ob sie von Wert ist oder nicht, untermauern oder widerlegen kannst, je nachdem, welche Sichtweise du beweisen willst. Es gibt sogar eine Untersuchung, die ich gelesen habe, die zu dem Schluss kommt, dass die Tatsache, auf einer Warteliste zu stehen, dir schneller hilft gesund zu werden, als ein tatsächlicher Therapeut!

Ich habe festgestellt, dass die besten Psychologen die sind, die alles lernen, was sie können, um Menschen zu helfen, sich zu verändern und besser zu werden, die offen sind für alle Ideen und willens, sich selbst zu überprüfen anhand ihrer eigenen Erfahrung. Dann können sie Menschen helfen, sich auf den brauchbarsten Wegen zu verändern. Woran ich interessiert bin, ist, dass Leute lernen, sich selbst auf hilfreichere Art zu verstehen.

Wir sind Gefangene unserer „Persönlichkeit". Wir schließen uns selbst innerhalb der Grenzen unseres Verstandes ein. Die Grenzen unseres Bewusstseins beinhalten unsere Überzeugungen, unsere Gedanken und unsere Gefühle. Um es klar zu machen: Wir wollen, dass die erste Einsicht, zu der du kommst, die folgende ist: Was du für wahr hältst, ist es nicht - aber wir wetten, dass es eine Menge mehr Spaß macht und unendlich nützlicher ist!

Die Ketten deines Selbst zu sprengen beinhaltet, zu lernen, wie du dich selbst durch deine Gedanken, Überzeugungen und Gefühle einsperrst, und zu entdecken, wie du sie verändern kannst und dich selbst befreist. Es hat damit zu tun, zu lernen, wie du mit deprimierenden Gedanken die Zeit verbringst, mit Selbstmitleid und Angst. Es hat damit zu tun, herauszufinden, wie du dich selbst auf Enttäuschungen einrichtest, indem du alles perfekt haben willst und wie du Gefühle von Unsicherheit, Wertlosigkeit und niedrigem Selbstwertgefühl erzeugst.

Menschen können sich selbst oft auf sehr ungesunde Art und Weise wahrnehmen und ein verzerrtes Selbstbild haben, was zu Vielem führen kann, einschließlich Magersucht, Bulimie oder niedrigem Selbstbewusstsein. Wir können durch Panik, Furcht und Angst beeinflusst sein. Wir können vom Leben gestresst, überwältigt und frustriert werden. Die Ketten der Persönlichkeit zu sprengen beinhaltet auch, die Geheimnisse zu kennen, wie sich Reichtum und Gesundheit manifestieren, und wie du dir mehr Zeit für dich selbst einräumst, um das zu tun, was du tun musst.

Wir sind von diesen Ketten frei, wenn wir ein gesundes Selbstbild von uns haben und wenn wir ein gutes Gefühl von uns haben. Wir sind frei von diesen Ketten, wenn wir gesund sind, mehr Geld verdienen und mehr Zeit genießen, das zu tun, was wir tun wollen. Wir sind frei von diesen Ketten, wenn wir Freude über uns selbst empfinden, wenn wir glücklich sind über die Tatsache, dass wir jeden Tag Fortschritte machen. Wir sind frei von diesen Ketten, wenn wir uns dessen sicher sind, wer wir sind, und wenn wir uns nur mit positiven, nützlichen und produktiven Gedanken in unserem Kopf beschäftigen und wenn all unsere Überzeugungen uns auf die effektivste Art dienen.

Nun, wie wir erklärt haben, umfassen alle unsere Gedanken und Überzeugungen die folgenden Elemente. Wir repräsentieren Überzeugungen und Gedanken für uns selbst in Form von Bildern, Geräuschen und Gefühlen. Wenn wir zum Beispiel etwas glauben, werden wir uns ein Bild von was immer es ist machen, wir werden gewöhnlich etwas zu uns selbst in einer bestimmten Stimmqualität sagen und wir werden ein starkes Gefühl der Gewissheit irgendwo in unserem Körper bekommen.

Als ich auf dem Boot meinen Moment der Erleuchtung hatte, als um mich herum die Wellen schlugen, dachte ich an die letzten paar Tage, die ich auf Fiji verbrachte, zurück. Wahrscheinlich einige der glücklichsten Menschen, die ich kennengelernt hatte, lebten auf Bounty Island, einer der Fiji-Inseln. Ich schloss sofort Freundschaft mit den Ortsansässigen in dem Ferienressort. Ich hatte eine Art von Rapport mit ihnen. Sie nahmen sich gegenseitig auf die Schippe und auf den Arm, genauso, wie wir es in Irland tun. Von Anfang an nahmen sie mich auf den Arm und neckten mich und ich nahm sie hoch und neckte sie zurück. Es war alles ein Spaß und sie schienen immer fröhlich.

Indem ich mich mit ihnen unterhielt, entdeckte ich, dass sie eine radikal andere Lebensansicht hatten, als ich sie gewohnt war. Sie gingen nicht näher auf traurige Ereignisse oder Erlebnisse ein. Sie konzentrierten sich nicht darauf, wie schlimm die Dinge sind. Sie verbrachten ihre Zeit nicht damit, herauszuarbeiten, warum sie sich schlecht fühlten oder was das bedeutete. Wenn sie sich schlecht fühlten, akzeptierten sie es einfach, machten mit dem Leben weiter und taten weiter das, was sie taten, Augenblick für Augenblick. Sie legten das meiste ihrer Aufmerksamkeit auf die Gegenwart.

Dies erinnerte mich an einige der Jungs aus meinem Football-Team zuhause. Sie haben sehr gesunde Ansichten über das Leben und ich sprach mit zweien von ihnen, Dave und Jason, darüber. Ihre Lebenseinstellung ist sehr einfach: Obwohl sie sicherlich klug sind, denken sie nicht zu tief über Dinge nach. Während der Zeit, die ich mit ihnen verbrachte, merkte ich, dass sie ähnliche Einstellungen wie Mosquito, Mr. Porter und der Captain sowie die Fijianer haben, die meine Freunde auf Bounty Island wurden. Es hatte damit zu tun, sich auf die Gegenwart und die Zukunft zu konzentrieren und auf negative Ereignisse oder auf schlechte Gefühle nicht näher einzugehen, denn das hatte keinen Sinn. Es ging darum, sich an die besten Zeiten in der Vergangenheit zu erinnern und sich gut dabei zu fühlen, wann immer sie zum Thema wurden. Es war so einfach. Oft ist das Leben viel einfacher als das, zu dem wir es machen, und indem wir die Dinge verkomplizieren, erschaffen wir unsere Probleme.

Während ich meine Erfahrung aus der Arbeit mit Tausenden von Menschen im Lauf der Jahre durchging, die sich unglücklich und niedergeschlagen, ängstlich und besorgt, einsam und verzweifelt fühlten, fing ich an zu verstehen, dass viel davon mit Psychologie zu tun hatte. So, wie mehr und mehr Bezeichnungen entwickelt wurden, so schienen mehr und mehr Leute jedes Jahr emotionale oder psychologische Probleme zu haben. Es ist fast so, als ob Psychologie teilweise mehr Probleme erschafft. Je mehr Bezeichnungen wir erfinden, desto umfangreicher machen wir kategorisierende Bücher, wie zum Beispiel das DSM IV (Handbuch der Diagnostik und Statistik, das eine umfassende Liste von diagnostischen Kategorien psychologischer Probleme enthält), desto mehr Möglichkeiten haben wir, durcheinander zu sein. Dies sind die Lügen der Psychologie, denn indem man an sie glaubt und sie als Referenz für das Studium unserer selbst verwendet, können wir mehr Probleme für uns selbst kreieren.

Einige Ex-Berten auf dem Gebiet der Psychologie, Therapie, Beratung und Psychiatrie werden die Möglichkeit verspotten, dass Veränderung schnell geschehen kann. Sie glauben, dass sie schmerzvoll, schwer und lange sein muss und dass sie beinhalten muss, alles perfekt zu verstehen. Es ist an der Zeit, die Lügen darüber, wie schwierig Veränderung sein muss, zurückzuweisen, und die Möglichkeit zu akzeptieren, dass Veränderung einfacher und leichter und schneller sein kann, als wir bisher angenommen haben.

Ich glaube, dass der erste Schritt zum Verstehen, wie du mit dir selbst glücklicher wirst und Verbesserungen in deinem eigenen Leben erreichst, erfordert, dass du diese „Lügen der Psychologie“ erkundest und sie entlarvst, sodass du frei von kategorisierenden Bezeichnungen starten kannst.

Ich entschied mich, mit dem Fokus auf eine nützliche Bezeichnung zu beginnen. Ich fing an, indem ich Richard nach seiner Definition von Glück fragte.

***OF:** Also, Richard, wie definierst du Glück?*

***RB:** Glück ist eine kinästhetische Empfindung. Es ist ein spiritueller Zustand, ein müheloser Zustand. Es erfordert überhaupt keine Anstrengung. Es ist einfach etwas, wo du dich zurücklehnst und du gleitest hinein. Du weißt, es braucht keine Anstrengung, in ein warmes Bad zu gleiten. Wenn das Bad zu heiß ist, springst du heraus, wenn es zu kalt ist, ist es für dich unangenehm, aber wenn die Temperatur gerade richtig ist, gleitest du geradewegs rein und du treibst einfach und für mich ist es das, wie der Zustand von Glück ist. Es ist Schwimmen in deiner eigenen kinästhetischen Körperchemie, sodass du in einem Zustand von nicht notwendigerweise freudiger Erregung schwingst, aber, egal ob du freudig erregt oder ob du innerlich ruhig bist oder egal, wie dein Zustand sich verändert, es gibt eine übergeordnete Schwingung von Wohlgefühl.*

Das im Hinterkopf behaltend, richtete sich meine nächste Frage darauf, was die Geheimnisse sind, um glücklicher zu leben.

***OF:** Nun, wie kannst du mit dir selbst und anderen glücklicher werden?*

***RB:** Üben, Üben, Üben. Menschen verbringen im Laufe von zu vielen Tagen zu viel Zeit damit, sich schlecht zu fühlen. Sie müssen das stoppen und anfangen, sich gut zu fühlen. Du musst anfangen, indem du die guten Gefühle stärker machst. Und du musst lernen, deine guten Gefühle zu nehmen und sie in deinem Körper herumkreisen zu lassen, sodass sie nicht im Raum verloren gehen. Du musst herausfinden, wie du dir die Zeit nimmst, Gefühle mit Dingen zu verknüpfen, die dich befähigen, dein Leben zu verbessern.*

Du musst dir deine Kinder und Enkel anschauen und dich wunderbar fühlen. Du kennst den alten Ausspruch vom Innehalten, um die Rosen zu riechen? Du interessierst dich vielleicht nicht für Rosen, aber du musst die Dinge finden, die dich interessieren. Menschen werden sehr eindimensional. Ich hatte einen Nachbarn, der gewöhnlich in seiner Garage saß und diese kleinen Holzsachen herstellte und das war sein Hobby. Er machte das 30 Jahre lang, aber ziemlich bald starben seine Freunde und er starb als sehr einsamer Mann in einer Garage mit vielen kleinen hölzernen Sachen - was komisch ist, als er starb, wurde er erst nach zwei Wochen gefunden, als der Geruch sich verbreitete. Ich glaube nicht, dass das genug für ihn war. Er wusste nicht, wie er sich mit Leuten anfreunden und rausgehen und Menschen kennenlernen sollte. Wenn er die Garage nicht verließ, hatte er keine Chance dazu.

Manchmal musst du einfach die Gelegenheit wahrnehmen. Ich bin immer derjenige, der den Phobiker in den Schrank steckt und sagt: „Bekommst du Angst, wenn die Schranktüren offen sind?“, und sie sagen: „Nun, ich bin noch nicht im Schrank drin.“ Worauf ich sage: „Was für einen großen Schrank braucht es und, wenn es ein großer Schrank wäre, hättest du Angst vor dem Schrank oder den Sachen im Schrank?“ Ich hatte einen Klaustrophobiker und ein Raum von dieser Größe hier wäre zu klein gewesen. Er war in einem großen Haus mit wirklich reichen Eltern aufgewachsen und er hätte einen Raum dieser Größe für einen Schrank gehalten. Selbst wenn er seine Augen schloss, spürte er immer noch die Angst, da er wusste, dass er in einem kleinen Raum war. Ich musste ihn an den Punkt bringen, wo es keine Rolle spielte, in welcher Größe von Raum er war. Ich fragte ihn: „Ist es wirklich so wichtig? Du füllst immer noch die gleiche Menge an Raum aus.“

Wovon Richard sprach, war, zu lernen, die Art zu verändern, wie du denkst, sodass du auf Arten und Weisen denken kannst, die dich dich gut fühlen lassen.

Das Wesentliche des NLP und von Richards anderen Entwicklungen zeigt dir wirklich, wie das gemacht wird. Wenn du dich schlecht fühlst, wirst du dir der Bilder bewusst, die du in dem Moment machst, und der Art, wie du mit dir selbst redest, und der Gefühle, die du bekommst. Mach die Bilder kleiner und schiebe sie weiter weg. Mach sie schwarz-weiß, verschwommen, undeutlicher und radiere sie aus. Verändere den Ton deiner inneren Stimme oder der inneren Stimme, die dir schlechte Gefühle bereitet. Lass sie piepsen wie Mickey Maus oder mach sie verführerisch und sexy. Nimm das

Gefühl und werde dir bewusst, in welche Richtung es sich in deinem Körper bewegt und bewege es in genau die andere Richtung.

Wenn du in diese Prozesse einsteigst, wirst du oft feststellen, dass du dich nicht mehr schlecht fühlen kannst. Das funktioniert schnell und wirksam. Manchmal wirst du erleben, dass deine innere Stimme dich weiter verfolgen und versuchen wird, dir ein schlechtes Gefühl einzureden. Wenn das passiert, ist es einfach eine Sache des oftmaligen Wiederholens eines speziellen Mantras. Bei meinen Reisen durch Indien und Nepal haben mir die verschiedenen heiligen Männer, die ich traf, diverse Mantras beigebracht. Ich habe jedoch gemerkt, dass das bei Weitem Effektivste, das ich bei Tausenden meiner Klienten mit einem überraschenden Effekt eingesetzt habe, ein Mantra ist, das Richard mir vor Jahren beibrachte. Er sagte mir: „Wenn immer du mit dir selbst auf eine hässliche Art redest oder versuchst, dich wegen etwas schlecht zu fühlen, wiederhole das Mantra: ‚VERDAMMT, HALT DEN MUND. VERDAMMT, HALT DEN MUND.'" [Im Original: Shut the fuck up!]

Viele Menschen, mit denen ich gearbeitet habe, sagten, dass sich für sie dieses Mantra als die faszinierendste Mentaltechnik herausgestellt habe, die sie je benutzt hätten, und sie hätten sich dabei ertappt, wie sie innerhalb weniger Tage positiver dachten. Nun, manchmal, wenn du es wiederholst, kommen dir vielleicht Gedanken wie: „Das wird nie funktionieren. Es ist lächerlich." Das ist exakt der Zeitpunkt, wo es elementar wichtig für dich ist, mit der Wiederholung des Mantras fortzufahren: „VERDAMMT, HALT DEN MUND. VERDAMMT, HALT DEN MUND."

Indem ich mit dieser Idee herumspielte, kam ich auf andere Mantras, bei denen ich merkte, dass sie in verschiedenen problematischen Situationen hervorragend funktionieren. Bei denjenigen, die sich eine Menge Sorgen machen, entwickelte ich die Idee, das Mantra „ZUM KUCKUCK, NA UND? ZUM KUCKUCK, NA UND?" [im Original: So the fuck what?], zu wiederholen, ausgesprochen in einem „Wen interessiert's?"-Ton. Diese Metamantras, wie ich sie nenne, sind brillante Wege, das Innere deines Kopfes zu säubern.

Wenn das Innere deines Kopfes anfängt, von dieser negativen mentalen Verschmutzung frei zu werden, ist es wichtig, diese alten Denkgewohnheiten durch neue, fröhlichere und produktivere Denkgewohnheiten zu ersetzen. Richard fragt oft: „Wenn du nicht mehr länger das Problem hast, was wirst du mit all der freien Zeit machen?“ Neue Denkgewohnheiten beinhalten das Kreieren von positiven Bildern deiner selbst und deines Lebens, das Reden mit dir selbst auf ressourcenvollere Art und in einem netteren Ton, das Kreieren positiver, starker, effektiver Gefühle, die uns fröhlicher schwingen und erfolgreicher agieren lassen.

Das kann möglicherweise bedeuten, einfach zu schätzen zu wissen, wo du bist. Ich erinnere mich daran, in einem heruntergekommenen Haltestellenhäuschen am Stadtrand von Pune in Indien zu stehen. Es war fast Abend und der Geruch von Abfall und verdorbenem Essen war sehr durchdringend, als ich auf den Bus wartete. Es sollte der Beginn einer 16-stündigen Fahrt nach Bangalore sein, und als ich dort mit meinen Reisetaschen stand, fing ich an, die Menschen um mich herum wahrzunehmen. Der Unterstand war etwa 3 Meter von einer lokalen Gemeinschaft entfernt, die in Zelten untergebracht war, die nicht größer als die meisten Küchen waren, die ich von zuhause her kannte. Ich war verblüfft, als ich erkannte, dass in jedem Zelt ein Elternpaar und wenigstens ein paar Kinder lebten.

Als ich die Zelte beobachtete und wie ihre Bewohner ihren alltäglichen Geschäften nachgingen, bemerkte ich einen kleinen Jungen, der nicht älter als vier oder fünf war. Er spielte auf dem staubigen Boden vor seinem Zelt vor sich hin. Er hob Kieselsteine auf und legte sie an verschieden Stellen ab. Er schien eine faszinierende Zeit zu haben. Er war ziemlich dünn und trug schmutzige weiße kurze Hosen ohne Sandalen oder Oberteil. Als ich ihn beobachtete, wie er mit den Steinen herumspielte, konnte ich ehrlich sagen, dass ich nie jemanden gesehen habe, der sich so erfreute, irgendetwas zu tun, wie er sich zu freuen schien. Ich beobachtete ihn etwa eine halbe Stunde, bis ich den Bus bestieg, während er immer noch mit einem faszinierenden Lächeln übers ganze Gesicht spielte. Keine Playstation, kein Fernseher, kein Computer - nur Steine und Schmutz. Es traf mich wirklich einfach wie ein Schlag, wozu Menschen fähig sind. Mit nichts als seiner Vorstellungskraft und der einfachsten Umgebung baute dieser Junge seine eigene faszinierende Unterhaltungswelt.

Die Leute, mit denen ich sprach und von denen ich lernte, sind im Allgemeinen glücklich mit dem Leben und tendieren dazu, sehr einfach und effektiv zu denken. Ich erinnere mich an ein Gespräch mit Dave vom Footballteam über seine Einstellung zur Arbeit und wenn er einen Fehler macht. Er erklärte: „Wenn ich ein Fehler mache, mache ich einen Fehler. Ich sage mir einfach, dass ich das nächste Mal mein bestes gebe. Du kannst nur dein bestes geben. Es hat keinen Sinn, sich schlecht wegen irgendetwas zu fühlen. Wenn mich irgendjemand nervt oder mich ärgert, denke ich einfach: ‚Was für ein Arschloch', und ich vergesse es. Es hat keinen Sinn, Dinge in die Länge zu ziehen, die dich auf die Palme bringen. Das Leben ist zu kurz."

Ich hätte es selbst nicht besser sagen können. Also tat ich es auch nicht.

Die große schlechte Welt: Das „Ich Armer"-Syndrom

⌘

Sie kam mit hängendem Kopf in mein Büro. Sie war in ihren späten Dreißigern und sehr gut angezogen. Sie gab mir einen schwachen, schlaffen Händedruck, als sie sich lustlos auf den Stuhl plumpsen ließ. Ich fing an.

OF: *Also, wie kann ich Ihnen helfen?*

Sie seufzte. Ich rief mir das letzte Gespräch ins Gedächtnis, das ich mit ihr am Telefon hatte. Sie hatte angerufen und um eine Beratung gebeten. Ich wusste drei Dinge über sie. Erstens, sie war bei einem Dutzend von Therapeuten gewesen, angefangen von Psychiatern über Psychologen bis hin zu Hypnotherapeuten, Beratern und sogar einigen NLP-Practitionern. Keiner von ihnen hatte ihr geholfen, oder so sagte sie jedenfalls. Zweitens wusste ich, dass sie ein „Polarity Responder" war. Damit meinc ich, dass sie die Art von Person war, die, wenn man etwas sagte, nicht damit übereinstimmte. Egal, um was es ging, sie stimmte nie mit dir überein. Drittens war sie eines der besten Beispiele, die ich jemals erlebte, für das, was ich das „Ich Arme"-Syndrom nenne - wenn alles, was die Person tut, ist, darüber zu jammern, wie schlimm ihr Leben ist. Das im Hinterkopf, hatte ich eine Idee, wie ich es aufziehen wollte. Ich hatte niemals erwartet, dass es soweit gehen würde, aber mein Instinkt führte mich die ganze Zeit.

Sie antwortete mir mit einem mitleiderregenden Stöhnen.

Martina: *Ich weiß nicht, ob mir irgendetwas helfen kann. Mein Leben ist schrecklich.*

Ich stimmte zu.

OF: *Ich bin nicht überrascht.*

Etwas verblüfft fuhr sie fort.

Martina: *Es ist schlicht so, dass mich jeder hasst.*

Wieder stimmte ich zu.

OF: *Man kann es ihnen nicht verdenken.*

Sie legte noch mehr nach.

Martina: *Nein. Sehen Sie, ich bin wertlos. Ich bin unattraktiv. Niemand wird mich jemals mögen.*

Wieder stimmte ich mit ihr überein und fügte hilfreich hinzu:

OF: *Guter Punkt.*

Sie schaute mich angewidert an, machte aber weiter. Nach etwa 10 Minuten konnte ich mehr und mehr Wut und Ärger in ihrer Stimme hören. Ich hatte allem Negativen zugestimmt, das sie gesagt hatte. Schließlich blickte sie mit Wut in den Augen zu mir auf.

Martina: *Sehen Sie, ich kann mich noch nicht einmal gegenüber irgendjemandem behaupten. Sie missbrauchen mich wie all die anderen. Ich werde behandelt wie eine Fußmatte.*

Bis zum heutigen Tag frage ich mich, wie ich den Mut fand, es zu tun, aber als sie diesen Satz aussprach, stand ich auf, ging um den Tisch herum und wischte meine Schuhe an ihrer cremefarbenen Hose ab. Sie schaute mich mit absolutem Entsetzen an. Nach einigen weiteren Minuten fing sie an, mich mit Beschimpfungen anzuschreien. Sie beschimpfte mich als alles, was man sich vorstellen kann, während sie erklärte, wie sie beweisen würde, dass ich falsch lag.

OF: *Es tut mir leid, meine Liebe.*

Ich sagte es so unterstützend wie möglich.

OF: *Ich befürchte, ich kann Ihnen nicht helfen und niemand anders kann es, denn Ihnen ist nicht zu helfen. Es gibt nichts, das für Sie jetzt irgendetwas ändern könnte. Sie sind hässlich, dumm, fett, nervend, langweilig, faul und unsympathisch.*

Ich hatte alles einbezogen, was sie über sich selbst in den letzten 25 Minuten gesagt hatte, mehr oder weniger.

OF: *Was noch hinzukommt, Sie haben alles versucht und nichts hat funktioniert. Daher wird Ihnen Ihr Problem für immer bleiben.*

Sie verfluchte mich und sagte mir, wie sie anfangen würde, ihr Leben zum Guten zu wenden.

Martina: *Sie sind eine absolute Schande. Ich werde es Ihnen zeigen. Wie können Sie es wagen? Sie haben kein Recht dazu. Ich werde Ihnen beweisen, dass Sie falsch liegen. Sie sind eine richtige Schande.*

Sie war dabei, mir den Mund zu stopfen und ich war dabei, zu bereuen, was ich gesagt hatte. Damit, nach nicht einmal 30 Minuten Sitzung, stürmte sie wütend hinaus. Zuerst raste mein Herz und dann - lehnte ich mich zurück und machte mir klar, was passiert war.

Drei Monate später erhielt ich einen Brief. Er war viereinhalb Seiten lang, handgeschrieben und fing an mit „Sehr geehrter Herr Fitzpatrick". Ich las ihn durch und fing an zu lachen, da diese Lady mich immer wieder wild beschimpfte, während sie erläuterte, wie sie alles zum Guten gewendet hatte. Sie erklärte, wie sie jemand Neuen kennengelernt hatte, neue Freunde auf ihrer neuen Arbeit gefunden hatte, in eine schönere Gegend umgezogen war und wie sich für alles eine wunderbare Lösung fand. Sie beendete ihren langen beleidigenden Brief mit: „Also, ich habe es Ihnen ja gesagt. Jetzt hat sich mein Leben verändert und all diese schrecklichen Dinge, die Sie gesagt haben, tja, Sie lagen falsch. Alles ist jetzt großartig. Sie liegen ziemlich daneben. Wie fühlt es sich an, falsch zu liegen? Die Dinge laufen bestens für mich. Ich lasse die Dinge bestens laufen."

Als ich den Brief durchgelesen hatte, war mir klar, dass es darauf nur eine Antwort gab. Ich antwortete mit einem Brief, der aus einer Zeile bestand: „Ja, aber wie lange?" Das bedeutete, dass sie ihr Leben weiterhin wundervoll machen musste, um zu beweisen, dass ich falsch lag. Etwa einen Monat später erhielt ich einen Brief mit der Post, zusammen mit einem Scheck für die Sitzung mit ihr. Dieses Mal war er nur eine Seite lang. Dieses Mal fing er an mit „Lieber Owen". Anschließend erläuterte sie, wie sie schließlich herausfand, was ich gemacht hatte. Sie entschuldigte sich für all die wütenden Worte und erklärte, dass das, was ihre Veränderung wirklich auslöste, die Wut war und die Entschlossenheit zu beweisen, dass ich Unrecht hatte. Alles, an was sie andauernd dachte, war, wie sie sagte:

„Ich werde es dem Bastard zeigen." Diese Entschlossenheit war es, die sie dazu brachte, zu handeln.

Dieser Junge, den ich in Indien so fröhlich mit den Steinen und dem Schmutz spielen sah, bedauerte sich nicht. Die meisten Menschen, die ich in Indien traf, in tiefer Armut lebend, bedauerten sich selbst nicht. Dagegen habe ich in der westlichen Welt oft Leute erlebt, die zu mir kamen, weil sie ihre eigene schreckliche Selbstmitleid-, Ich-Armer-Junge-Geschichte hatten. Sie würden für Stunden erklären, wie schlimm ihr Leben sei. Ich habe festgestellt, dass es extrem schwierig ist, sie dazu zu bekommen, sich auf ihre Zukunft zu konzentrieren, da sie andauernd das Gespräch zurück auf ihre Vergangenheit bringen. Noch einmal, dies ist nicht immer ihre Schuld. Sie lernen, das zu tun, da es ein gutes Gefühl gibt, das arme Opfer zu spielen. Selbstmitleid kann sehr angenehm sein, da du dir etwas Liebe gibst und mehr mit dir selbst verbunden bist.

Die „Ich Armer"-Einstellung war eine der Fallen, die Menschen davon abhielt, ihre Probleme zu überwinden. Ich befragte Richard über dieses Phänomen und was der beste Weg ist, mit diesen Leuten zu arbeiten, die sich selbst bedauern.

OF: *Wie hilfst du Menschen, die sich selbst bedauern?*

RB: *Nun, um sich selbst zu bedauern, musst du zunächst „Bedauern fühlen", welches ein kompliziertes Set von Empfindungen ist. Dann musst du wissen, wann es zu tun ist und dann musst du eine Reihe von Bildern machen, welche anderen Leuten die Schuld für deine Probleme geben. Es ist wie der Blues-Song: „Dudahndandan - meine Frau hat mich verlassen, dudahndandan - sie nahm sogar den Hund mit, dudahndandan - dann ging mein Auto kaputt, dudahndandan - also bin ich den Strom auf einem Baumstamm runtergespült worden."*

Es ist so, als wenn es immer im gleichen Trott weiter geht, und doch gibt es Menschen mitten in Indien mit absolut Nichts, die einfach dasitzen und vor sich hinlächeln, denn du brauchst keine besonderen Dinge, um glücklich zu sein. Die Leute glauben, wenn dies pas-

siert oder das passiert, wird alles perfekt sein. Die Leute glauben, wenn all diese Dinge passieren, dann werden sie glücklich sein. Ich kenne Multimilliardäre, die absolut unglücklich sind und sie haben absolut alles, aber sie sind immer noch unglücklich, weil glücklich zu sein nicht damit verknüpft ist, was in der Außenwelt passiert.

Es ist etwas, von dem du wissen musst, wie du es tust, und du musst es üben, und wenn du das Glücklichsein nicht übst, spielt es keine Rolle, was passiert. Das Problem ist, dass diese Leute geübt haben, sich selbst zu bedauern, und sie sind darin sehr gut geworden. Also musst du sie dazu bringen, dieses Üben zu stoppen und damit anzufangen, glücklich sein zu üben - und bis sie das tun, spielt es keine Rolle, was in diesem Universum geschieht.

Sie könnten eine Milliarde Dollar bekommen und die schönste Frau der Welt haben und auf der Titelseite jedes Magazins erscheinen und sie würden immer noch unglücklich sein, denn sie wissen nicht, wie sie sich glücklich fühlen können. Die Leute denken immer: „Wenn ich eine Milliarde Dollar hätte, wäre ich glücklich." Wenn du nicht mit einem Dollar glücklich sein kannst, wie könntest du dann mit einer Milliarde Dollar glücklich sein? Es ist nicht das, was dich glücklich macht, es ist das, was dich besessen sein lässt.

Ich kenne Leute, die zum Geldverdienen Vorträge halten. Sie müssen Vorträge immer und immer und immer wieder überall auf der Welt halten, denn sie leben von der Bewunderung durch andere Leute, was eine Sucht ist. Sie könnten nicht einfach so herumsitzen wie ich. Ich lebe mitten in der Pampa, wo es nichts gibt außer Kühen, Landschaft und meiner Frau.

Dies war solch ein Geheimnis. Selbstmitleid zu überwinden hat damit zu tun, zu lernen, wie man mit wenig glücklich ist, und zu üben, sich gut zu fühlen. Es geht darum, sich auf zwei Gebiete zu konzentrieren: Erstens, das, was du real tun kannst, um Dinge zu verbessern - anstatt dich zu fragen „Warum ich?", frag dich „Was kann ich tun?" -, und zweitens, wertzuschätzen, was du hast, und es zu genießen. Wenn du hohe Standards und Regeln für dich selbst setzt, ab denen du dich gut fühlen darfst, wird das Gefühl um einiges schwieriger zu erreichen sein.

Menschen bleiben oft in ihrer Vergangenheit stecken und gewöhnen sich daran, andauernd über ihre vergangenen Lebensverhältnisse zu reden. Ich habe einmal mit einem Kerl gearbeitet, der das machte. Ich sagte zu ihm: „Verändere deine Vergangenheit." Er sagte, er verstehe nicht. Ich wiederholte es noch einmal: „Verändere deine Vergangenheit." Wieder schaute er mich verwirrt an. Schließlich schrie ich ihn an: „Verändere deine Vergangenheit.", und er schrie zurück: „Ich kann nicht." Darauf erwiderte ich: „Gut, wozu, zum Teufel, lebst du dann dort?" Bei ihm fiel der Groschen.

Glücklich zu sein und kraftvolle positive Zustände zu generieren beruht im Wesentlichen auf vier Dingen.

❍ Es hat damit zu tun, sich öfters etwas Positives vorzustellen, bessere Gefühle in sich laufen zu lassen und nützlicher mit sich selbst zu reden.

❍ Es geht darum, das Wundervolle des Lebens und den momentanen Augenblick zu schätzen und jede Aktivität zu genießen, indem du sie so vollständig wie möglich in dich aufnimmst.

❍ Es hat damit zu tun, anzuerkennen, wie glücklich du wegen all dem bist, was es in deinem Leben gibt.

❍ Es geht darum, dich in Bezug auf dich selbst und wer du bist wirklich gut zu fühlen.

Wenn du dies tun kannst, wirst du von „allem die Schuld geben" übergehen zu „viel glücklicher mit dir selbst zu werden".

„Von Schuld geben zu Ziel geben"-Übung

Schreib nieder, was du in deinem Leben als ein Problem empfindest, und schreibe unverzüglich einen Aktionsplan, wie du es angehen willst.

o Welche Ressourcen wirst du brauchen?

o Welche Informationen wirst du brauchen?

o Welche Kontakte wirst du brauchen?

o Was musst du tun, um das Problem zu lösen?

Stell dir die Frage: „Kann ich die Vergangenheit verändern?"
Wenn nicht, warum dort leben?

Spieglein, Spieglein an der Wand: Die Probleme mit einem verzerrten Selbstbild

⌘

Ich erinnere mich, dass ich, als ich mich vor vielen Jahren einmal deprimiert fühlte, Zeit mit einem Freund von mir verbrachte. Wenn ich bei ihm zuhause klingelte, hielt er auf dem Weg aus dem Haus im Scherz vor dem Spiegel an, blickte hinein und sagte zu sich selbst: „Du siehst so sexy aus." Das hatte Wirkung auf mich. Ich begann zu verstehen, dass er diesbezüglich von sich selbst überzeugt war und dass diese Überzeugung ihn sich glücklich fühlen ließ. Ich war nicht glücklich mit mir selbst, aber als ich anfing, gegen die Depression zu kämpfen, begann ich damit, solche Dinge zu wiederholen, während ich in den Spiegel blickte. Ich fing an, mich darauf zu konzentrieren, netter zu mir selbst zu sein.

Ich merkte, dass Menschen oft ein schlechtes Gefühl haben, wenn sie an sich selbst denken und wer sie glauben zu sein. Diese Ideen des Selbstkonzepts, Selbstbildes und Selbstbewusstseins waren etwas, das mir jeden Tag begegnete, wenn Klienten versuchten, ihre eigenen Probleme zu diagnostizieren. Ich befragte Richard über Begriffe wie Selbstbewusstsein.

OF: *Was sind deine Gedanken über Konzepte wie Selbstbewusstsein?*

RB: *Nun, ich denke, es ist einfach ein dummes Konzept, weil es selbstbezüglich ist. Im Grunde mögen Menschen es nicht, sich schlecht zu fühlen, trotzdem generieren sie Wege, sich schlecht zu fühlen, da es genügend Wege gibt, sich schlecht zu fühlen. Die Leute sagen: „Nun, ich denke nicht gut über mich selbst." Ich stelle ihnen immer die Frage: „Gibt es irgendeinen Grund dafür?" Und sie antworten immer: „Was?" Also sage ich: „Gibt es irgendeinen Grund, warum du gut über dich denken solltest? Du sitzt Trübsal blasend und jammernd in meinem Büro. Das ist nichts, worüber du dich gut fühlen solltest. Ist das das, was du den ganzen Tag tust?" Und sie sagen immer Nein und ich sage: „Nun, wenn du gute Dinge tust, hast du dann ein gutes Gefühl über dich selbst?" In meinen Augen solltest du dich gut fühlen, wenn du Dinge tust, die es wert sind, aber sie kreieren in sich ein schlechtes Gefühl und fangen an, es in sich kreisen zu lassen, bis es zur Gewohnheit wird.*

Es ist genauso mit Leuten, die die Angewohnheit haben, ihr linkes Ohr zu kratzen, und wenn sie einmal damit angefangen haben, können sie nicht aufhören. Trotzdem kannst du diese neurologischen Verbindungen durchbrechen, denn sie sind neurokortikale Pfade, die einfach im Kreis laufen, und du kannst Menschen dazu bringen, aufzuhören, diese Dinge im Kreis zu drehen, wenn du über die richtige Technologie verfügst. Diese stellt das Neurolinguistische Programmieren definitiv zur Verfügung und auch Neuro Hypnotic Repatterning ist speziell dafür gemacht. Es ist dazu entwickelt worden, Menschen auf der neurologischen Ebene in anderen Botenstoffen zu baden, sodass sie keinen Zugang zu den gewohnten negativen Verhaltensmustern haben, und dann musst du etwas Neues da hineinsetzen, sodass sie etwas Sinnvolles tun.

Der Trick ist, eine Leere zu erzeugen und sie mit etwas Sinnvollem zu füllen. Die meisten Menschen haben überhaupt keine Ahnung, wie sie überhaupt glücklich sein können. Ich meine, sie haben wirklich nicht genug Übung. Sie haben nicht genügend Stunden jeden Tag damit verbracht, glücklich zu sein und es zu üben. Sie verbringen die meiste Zeit ihres Lebens damit, sich entweder furchtvoll, ängstlich, weniger wert als andere zu fühlen oder bla bla bla, und was sie wirklich tun müssten, ist, morgens aufstehen und sich grundlos gut fühlen und darin besser werden, sodass, wenn etwas Gutes passiert, sie sich ekstatisch fühlen können.

Es gibt eine Menge Dinge, die wir von anderen als unserer eigenen Kultur lernen können: von „primitiven Kulturen". Es gibt eine Menge primitiver Kulturen, die nicht die Einrichtungen wie wir haben und sie haben nicht all diese wunderbaren Dinge. Eine Sache jedoch, auf die sie größeren Wert als wir legen, ist, wie gut sie sich fühlen können, denn sie betrachten es als Huldigung ihrer Götter. Ob es die Huldigung einer Gottheit ist oder nicht, ich denke, es ist dein Recht von Geburt an, dich gut zu fühlen, und dass du keinen verfluchten Grund brauchst, um es zu tun. Was du brauchst, ist die Fertigkeit, zu wissen, wie du Gedanken auf eine bestimmte Art und Weise durch deinen Kopf laufen lässt, sodass du gute Gefühle erzeugst.

Während ich Richard zuhörte, wurde mir klar, dass Menschen oft in einem negativen Zustand über sich selbst nachdenken und - sie fühlen sich selbst schlecht. Sie nehmen an, dass es bedeutet, dass sie ein niedriges Selbstbewusstsein haben, obwohl es in Wirklichkeit deswegen ist, weil ihre Sicht auf sich selbst durch die schlechte Gehirnchemie ihres negativen Zustands verzerrt ist. Wenn du erkennen kannst, dass dein Selbstbewusstsein nichts darüber aussagt, wer du bist oder was für eine „gute" Person du bist, kannst du entdecken, wie du dich darauf konzentrieren kannst, dich dich selbst gut fühlen zu lassen, anstatt zu versuchen, dein „wahres" Selbst zu finden.

Da die Art, wie du die Welt interpretierst, nicht ist, wie die Welt ist, sondern, basierend auf der Art, wie du empfindest, nur deine Repräsentation davon in diesem Augenblick, ist das Gleiche wahr in Bezug auf die Art, wie du über dich selbst denkst. Wenn du dich darauf konzentrierst, dich wirklich gut zu fühlen, kannst du dich selbst aus einem besseren Zustand heraus betrachten und dabei wirst du herausfinden, dass du dich in Bezug auf dich selbst viel besser fühlst.

Du kannst dich gut fühlen, indem du in deinem Kopf Bilder kreierst, die dich zum Lächeln bringen, und diese Bilder groß und hell und lebendig machst. Du kannst mit dir selbst in einem netten Ton reden. Du kannst Dinge tun, an denen du Spaß hast, und andere Leute dazu bringen, mehr zu lächeln. Es gibt so viele Wege, gute Gefühle in sich selbst zu generieren, und je mehr du sie übst, desto größer ist der Unterschied, den sie für dein Selbstbewusstsein ausmachen werden. Niedriges Selbstbewusstsein bedeutet einfach, dass Menschen sich selbst zu einem bestimmten Zeitpunkt nicht als großartig empfinden.

Ähnlich ist es, wenn Leute sich unsicher fühlen, dann bedeutet es nicht, dass sie unsicher sind, es bedeutet einfach, dass sie sich so fühlen. Richard zeigte mir einen großartigen Weg, um Leuten zu helfen, die sich unsicher fühlen.

***OF:** Wie hilfst du Leuten, die sich unsicher fühlen?*

***RB:** Ich benutze Paradoxon. Wenn die unsichere Person hereinkommt und mir sagt: „Ich bin mir nicht sicher über meine Zukunft", frage ich: „Bist du dir da sicher?" Sie sagen gewöhnlich ja. Ein Mensch, der angefüllt ist mit Zweifeln, ist sich dessen absolut sicher, und wenn du Leute darauf hinweist, müssen sie lachen. Das ist die Wichtigkeit des Humors.*

Dann müssen sie zu neuen Fragen übergehen, denn wenn du fragst: „Was kann schief gehen?", wirst du es herausfinden. Es ist das Gleiche, wenn du fragst: „Was ist, wenn ich da nicht richtig liege?" Du wirst immer merken, dass die Tonalität, in der die Frage gestellt wird, das Gefühl beeinflusst, das sie produziert. Es ist die Tonalität deiner eigenen inneren Stimmen und die Bilder, die du machst, in Verbindung mit innerer guter Tonalität und guten inneren Gefühlen, das ist wichtig. Jeder kann in positive Richtungen loslegen und für mich ist das ein guter Anfang.

Ich mochte Richards Ansatz, das Paradoxe in den Problemen von Leuten hervorzuheben. Die Idee, jemandem zu zeigen, dass sie das, von dem sie denken, es fehle ihnen in einem Bereich des Lebens, genaugenommen in einem anderen Bereich umsetzen. Menschen zum Beispiel, die glauben, dass sie motiviert werden müssen, sind bereits motiviert - zu Hause zu sitzen und nichts zu tun. Menschen, die zögern, denken nicht über das Zögern nach - sie tun es sofort.

Denke daran, du bist nicht das, was du denkst oder empfindest zu sein - du bist alles, was du werden kannst. Du bist du in Höchstform. Manchmal wird dein Bestes stärker und du zeigst es, manchmal zeigst du es nicht. Aber du bist es immer noch und es ist immer noch du. Du musst dies verstehen, da es bedeutet, anstatt zu versuchen, dich mit anderen zu vergleichen, dass du erkennen kannst, dass es nur darum geht, dich mit dir selbst zu vergleichen und die Frage zu stellen: „Wie viel besser bin ich heute, als ich gestern war?"

Die Wirklichkeit ist, dass, wenn wir anfangen diese Frage zu stellen, das Leben sehr viel besser wird. Wir können beim Gedanken an uns selbst nur ein gutes oder ein schlechtes Gefühl haben im Vergleich mit etwas - entweder anderen oder einem perfekten Selbstbild. Wenn wir stattdessen unsere Unvollkommenheit annehmen können und unsere Einzigartigkeit akzeptieren, können wir uns selbst damit vergleichen, wie viel besser wir werden, und das wird uns befähigen, fortlaufend Fortschritte in unserem Leben zu machen, um unser Potenzial zu erreichen.

Vielleicht sind die ernsthaftesten Probleme, die damit zusammenhängen, wie wir über uns selbst denken, die Essstörungen: Magersucht und Bulimie. Da ich gute Erfolge mit Klienten mit diesen Störungen hatte, indem ich die Fertigkeiten nutzte, die ich von Richard gelernt hatte, wusste ich, dass Richard einige exzellente Ratschläge dazu haben würde.

OF: *Welche Anregungen hast du für Leute im Umgang mit Essstörungen?*

RB: *Ich bin sehr erfolgreich, wenn ich mit Menschen mit Essstörungen zu tun habe. Ich hatte nie ein Problem mit ihnen. Ich arbeitete mit einer Frau in London, die zwischen Magersucht und Bulimie hin- und herpendelte. Sie war Mitte dreißig. Sie war auf einem der*

Veränderungsworkshops und ich würde sagen, ich brauchte 20 Minuten. Aber ich konzentrierte mich auf die einfachen Dinge. Was erzeugt eine Essstörung?

Es muss keine Essstörung sein, es kann jede Störung sein. Es ist ein ultra-zwanghaftes Verhalten und was etwas zwanghaft macht, ist, dass es keinen ODER-Ausgang hat. Perfekte Logik: Wenn es einen Punkt gäbe, wo es ein ODER gibt - tue es oder lass es -, würde es kein Zwang sein. Was ich also tue, ist, dass ich den kontrollierenden Zwang nehme, den die Person hat, und es so mache, dass das Gefühl im Körper in die entgegengesetzte Richtung läuft, und wenn es sich andersherum dreht - da es sich anders bewegt und exakt das Gegenteil von dem tut, was es normalerweise täte - erzeugt es einen stark veränderten Zustand.

Ich benutze auch ein bisschen Hypnose, um dies zu unterstützen, und wenn eine Person in diesem veränderten Zustand ist, installiere ich gleichzeitig dieselben Empfindungen, die sie bei allem hat, das ihr das Gefühl gibt, sie könnte es „tun oder sein lassen", sodass in der Sekunde, wo es anspringt, wann immer sie Essen sieht, ihre Reaktion ist: „Es ist egal. Ich kann es tun oder lassen." Ich tue dies, denn, wenn sie Drogen anschauen und sich sagen müssen: „Ich werde keine Drogen nehmen. Ich werde keine Drogen nehmen. Ich werde keine Drogen nehmen.", anstatt: „Ich kann sie nehmen oder es sein lassen.", dann ist es schwerer. Es ist für sie notwendig, gute Entscheidungen zu fällen, denn das ist der Trick.

Du musst die Leute dazu bringen, gute Entscheidungen zu treffen und nur Entscheidungen, die gut sind, denn dann gehen sie durch die „ENTWEDER-ODER"-Ausgänge - „ich kann es tun oder es sein lassen" -, wo die gute Entscheidung ist, es zu lassen, und sie lassen es. Das ist echte Freiheit. Es ist jetzt eine ziemliche Zeit her, sechs Monate, und diese Klientin hat kein Problem mehr gehabt und die meisten der anderen ebenfalls nicht. Ich finde, es ist keine gute Entscheidung, sein ganzes Essen zu erbrechen. Das ist nicht die Art, wie dein Stoffwechsel funktionieren soll. Es ist nicht gesund und diese Leute werden krank, aber die meisten von ihnen fühlen sich die ganze Zeit schlecht, denn ihre Körperchemie ist aus der Balance. Ich bin sicher, dass Ärzte dir jede Menge mehr Gründe geben können, warum Bulimie schlecht für dich ist.

Mir fiel ebenfalls auf, wenn ich mit Leuten mit Essstörungen arbeitete, dass es zwei Hauptprobleme gab. Erstens, das zwanghafte Verhalten, und zweitens, die verzerrte Art, in der sie sich selbst im Spiegel wahrnahmen. Nachdem Richard gerade das Zwanghafte dieser Störungen besprochen hatte, fragte ich ihn nach dem Verzerrten der Dinge.

OF: *Warum sehen sich diese Leute oft auf verzerrte Art und Weise?*

RB: *Vor allem, weil sie in solch einem tiefgreifend veränderten Zustand sind, verursacht durch das Hungern. Ich meine, während sie in veränderten Zuständen sind, könnten sie genauso gut bizarre Drogen nehmen. Die meisten von ihnen nehmen eine Menge Drogen, sodass sie nicht hungrig werden. Sie schauen in den Spiegel und sie sehen immer noch fett aus, aber das liegt daran, dass sie üben, das zu tun. Selbst wenn sie nie fett waren, spielt es keine Rolle. Sie haben das eingeübt, sodass sie dieses Gefühl haben, dass, egal, wie sie aussehen, sie das gleiche empfinden werden, und du kannst deine Gefühle nehmen und deine visuelle Wahrnehmung verändern. Das zu tun ist keine schwere Sache, besonders, wenn du wirklich hungrig bist.*

Es gibt Dinge, die wir nicht tun müssen und Dinge, die wir tun müssen. Wenn du innehältst und bemerkst, welche Art von Bildern, Selbstgespräch, Geräuschen und Empfindungen dir das Gefühl geben, gezwungen zu sein, etwas zu tun, und welche Art von Bildern, Selbstgespräch, Klängen und Gefühlen da sind, wenn du es „tun oder lassen" kannst, kannst du anfangen, mit ihnen herumzuspielen und zu lernen, wie du anfangen kannst, dazu gezwungen zu sein, nützlichere Dinge zu tun, und wie du nicht-nützliche Verhaltensweisen „tun oder sein lassen" kannst.

Weiterhin ist es wieder wichtig, die Bedeutung der Gehirnchemie und veränderter Zustände zu verstehen und zu üben, in positive, stark veränderte Zustände zu kommen, die dich signifikant anders empfinden lassen, wenn du über dich selbst nachdenkst. Wenn du dich darauf konzentrieren kannst, dich selbst in positive Zustände zu bekommen, wirst du es viel einfacher finden, effektive Ergebnisse zu erreichen.

In den Spiegel zu schauen hat nicht nur mit Affirmationen zu tun. Wenn du nicht gut aussiehst, wird dein Gehirn wissen, dass du dich selbst anlügst. Es geht darum, ein so gutes Gefühl über sich selbst zu haben wie möglich. Nett zu sich selbst zu sein bedeutet, nette Dinge in netter Art zu sich zu sagen und sicherzustellen, dass du handelst, wie auch immer es dienlich ist, dir zu helfen, ein besseres Gefühl von dir zu haben.

„Selbst-Bild-Versüßer"-Übung

Was für eine Art Person willst du sein?

Was für eine Art Person denkst du, dass du bist?

Was musst du tun, um die Qualitäten der Person zu entwickeln, die du sein willst?

Wie denkst du jetzt am Nützlichsten über dich selbst, um mehr von dem zu werden, der du sein willst?

Wie redest du über dich mit dir selbst?

Wie würde dein bester Freund/deine beste Freundin mit dir reden?

Fang an, dich mehr so zu behandeln, wie dein bester Freund/deine beste Freundin dich behandeln würde.

Die Problem-Maschine zerstören

⌘

Wir waren mit dem Auto auf einer Straße unterwegs, auf der er seit Jahren nicht gewesen war. Mein Klient konnte es nicht fassen. Er wartete auf die Panikattacken, aber sie tauchten nirgendwo auf. Ich kannte das Geheimnis von Panikattacken. Probier, über sie hinwegzukommen, und sie können schlimmer werden. Probier, sie schlimmer zu machen, und du wirst dich viel besser fühlen. Ich ermutigte ihn also, die Panik viel schlimmer zu machen. Je mehr er es versuchte, desto weniger konnte er es. Die Panik würde nicht mehr funktionieren.

Seit ich im Bereich des NLP arbeite, habe ich einige Menschen kennengelernt, die sich wirklich schlecht fühlten, weil sie immer noch schlechte Gefühle hatten, obwohl sie sie nicht hätten haben sollen, denn sie kannten NLP. Diese ganze Idee, sich wegen schlechter Gefühle schlecht zu fühlen, verursacht vielen Menschen massive Probleme. Menschen, die unter Problemen wie Panik leiden, geraten genaugenommen in Panik bei dem Gedanken an Panik. Es ist der Gedanke an das Problem, was das Problem nährt. Mit anderen Worten, das größte Problem ist nicht das ursprüngliche Problem, sondern es ist das Problem, das du mit dem Problem hast.

Der Schlüssel liegt darin, Menschen an den Punkt zu bringen, wo es sie nicht mehr kümmert, das Problem zu haben. Oft benutze ich Humor. Ich bringe Klienten, die stottern, dazu, über ihr Stottern zu lachen. Ich tue absolut alles, was ich tun kann, um Leuten zu helfen, sich weniger um ihre Probleme zu kümmern. Ich unterhielt mich mit Richard über dieses Phänomen.

OF: *Richard, was ich gelernt habe, ist, dass es oft nicht die Probleme der Leute sind, die das Problem darstellen. Es ist ihr Problem wegen des Problems. Ich habe kürzlich mit einem Klienten gearbeitet, der ein paar NLP-Kurse besucht hatte, der deprimiert war, weil er deprimiert war, und doch die NLP-Techniken hatte, um sich selbst herauszuholen. Wie hilfst du Leuten wie diesem?*

RB: *Das ist einfach eine Meta-Dummheit. Ich meine, um damit zu beginnen, er log. Er hatte die Fertigkeiten nicht, denn er benutzte sie nicht. Das wäre meine Definition. Sie müssen auf den Grund der Wahrheit vordringen. Sie sagen: „Ich habe all diese Fertigkeiten, aber ich kann sie nicht für mich selbst nutzen." Nun, dann haben sie die Fertigkeiten nicht wirklich. Weißt du, ich meine, ich habe die meisten Sachen im NLP entwickelt, um zuallererst mir selbst zu helfen, wenn ich etwas tun wollte.*

Immer wieder kommt mal ein Klient daher und ich weiß nicht, was ich tun soll, um zu helfen. Dann gehe ich vielleicht raus und finde etwas, das ich für sie benutze, aber weißt du, es gibt keine Technik, die ich bei anderen Menschen verwende, die ich nicht bei mir selbst einsetze. Somit gehört das also in die Kategorie dämliche Aussage. Das ist so, als ob man sagt: „Ich habe eine Schaufel, aber ich kann kein Loch buddeln." Worauf ich sagen würde: „Ja, du hast eine Schaufel und du schaufelst kein Loch, und was hält dich davon ab, das Loch zu schaufeln? Zeug, das in deinem Kopf ist. Du motivierst dich nicht, das tun zu wollen und es zu Ende zu bringen."

Das ist der Unterschied zwischen absichtlichem Handeln und Selbstbequemlichkeit und ich nehme Selbstbequemlichkeit nicht hin. Ich nehme es bei mir selbst nicht hin und ich nehme es bei meinen Klienten nicht hin. Ich höre eine Menge vom gleichen Mist, wenn Leute zur Tür reinkommen. Sie waren seit 12 Jahren in Therapie und sie jammern und stöhnen, aber ich höre nicht zu, ich sage ihnen einfach: „Halt den Mund", und ich komme auf die wichtigste Sache zurück, welche immer ist: „Was willst du? Was tust du gerade?" Wenn du aufhörst mit dem, was du gerade tust, und anfängst, etwas zu tun, das funktionieren wird, wirst du zum Ziel kommen. Fertig.

Und all der Rest davon und all die Gründe und all die Ausreden werden niemandem irgendetwas bringen.

Sie glaubten früher, dass, wenn du dein Problem verstehst, es sich verändern würde. Wir haben ziemlich gründlich herausgefunden, dass das einfach Blödsinn ist. Viele Leute verstehen sich selbst, bis sie im Gesicht blau anlaufen, aber es geht ihnen keinen Deut besser. Was du wirklich tun musst, ist zu verstehen, was du nicht tust, und wenn du dich lethargisch fühlst und du nicht motiviert bist, dann produziert das, was auch immer du in deinem Kopf tust, die chemische Antwort in deinem Körper. Die erste Sache also, die du tun musst, ist das Gegenteil. Du musst deine Gefühle in die entgegengesetzte Richtung laufen lassen. Du musst die entgegengesetzte Art von Bildern machen, in welchem Fall du dich anders fühlen wirst. Wenn du anders denkst und du anders mit dir selbst redest, wirst du dich anders fühlen.

Die erstaunliche Sache an Menschen ist, dass sie so veränderbar sind. Jede Person, die sie in den 35 Jahren zu mir geschickt haben, die unmöglich sein sollte, war einfach, denn ich hatte dieses Grundprinzip. Ich schaute einfach nach dem, was sie nicht taten und, was immer sie machten, ich bekam sie dazu, das sein zu lassen und anzufangen, etwas zu tun, das funktionieren würde. Wir haben es nicht mit einer riesigen Anzahl von Variablen zu tun. Wir haben es mit der Tatsache zu tun, dass Leute sich Bilder machen und dass sie mit sich selbst reden. Die Bilder, die sie innerlich machen, sind entweder an einem bestimmten Ort, in einer bestimmten Entfernung und die Stimme geht in eine bestimmte Richtung, sie hat eine bestimmte Tonalität und eine bestimmte Geschwindigkeit.

An Schlaflosigkeit Leidende können nicht schlafen, weil sie mit sich selbst reden. Sie sagen: „Ich werde nie einschlafen, bla bla bla bla bla." Du bringst sie dazu, langsamer und tiefer zu sprechen und es mit etwas Gähnen zu versetzen und das Nächste, was du merkst, ist, dass sie tief schlafen. Es ist gut, dem einige „hypnotische" Fertigkeiten hinzuzufügen, denn die andere Sache, die Menschen veranlasst in sich wiederholende Verhaltensweisen zu verfallen, ist, dass sie in den gleichen Bewusstseinszustand gehen.

Richard in einer anderen Welt

Die gleiche Kategorie „Gejammer“ produziert das Gleiche an verändertem Zustand - den Ich-kann-es-nicht-, schlechte-Gefühle-Zustand. Hingegen, wenn du Menschen in fundamental andere veränderte Zustände versetzt, ob es nun Zustände freudiger Erregung oder Zustände tiefer Entspannung sind, die Tatsache, dass es ein anderer Zustand ist, befähigt dich, andere Verhaltensweisen zu installieren.

Es ist viel nützlicher, zu erkennen, dass, wenn du eine Fertigkeit nicht nutzt, du sie nicht hast. Du hast nur Fertigkeiten, wenn du sie einsetzt, denn wenn du sie nicht einsetzt, gibt es sie nicht. Vor Jahren, als ich anfing mir zu erlauben, dass es für mich in Ordnung war, mich schlecht zu fühlen, und ich mich darauf konzentrierte, die Fertigkeiten anzuwenden, die ich hatte, um mich besser zu fühlen, merkte ich, wie ich aus dem Problemzustand herauskam, in dem ich war.

Manchmal empfand ich, dass diese Fertigkeiten die Dinge nur an der Oberfläche in Ordnung brachten und ich mich mit den Problemen tiefgehender befassen musste. Also fing ich an, alles mir über ein Problem Bekannte schriftlich festzuhalten - und was ich tun musste. Sobald ich diese Übung einmal gemacht hatte, merkte ich, dass ich ein angenehmes Gefühl dabei bekam, fähig zu sein, all die Fertigkeiten und Mantras zu nutzen, denn ich befasste mich damit so weitgehend wie möglich.

Manchmal werden Klienten oder Seminarteilnehmer eine bestimmte Übung probieren und anfangen in Panik zu geraten, wenn sie sie nicht können. Sie fangen an, sich in ihrem Kopf die uralten Fragen zu stellen: „Was nur, wenn ich das falsch mache? Was nur, wenn ich das nicht in der realen Welt kann?" Diese Fragen haben positive Absichten, indem sie versuchen, die Person vor Enttäuschung zu bewahren für den Fall, dass die Technik nicht funktioniert. Was die meisten Menschen nicht verstehen, ist, dass diese Techniken für jeden funktionieren und, mit Übung, jeder sie erfolgreich anwenden kann. Es ist entscheidend für sie zu verstehen, dass sie den Zwang, es müsse funktionieren, loslassen müssen und stattdessen Spaß daran haben, grundlos gute Gefühle zu haben. Auf diese Art wird sich die Fertigkeit einfacher entwickeln.

Perfekt zu sein ist nicht okay

⌘

Ich habe festgestellt, dass wir, als Gesellschaft, zu sehr daran gewöhnt worden sind, die Wahl zu haben, und Perfektion zu sehr in den Mittelpunkt stellen und das wird zu unserem Weg des Glücklichseins. So, wie die moderne Welt verstärkt die Möglichkeit mit sich bringt, Dinge zu kontrollieren, erliegen viele Menschen dem Versuch, alles zu kontrollieren, und vergleichen sich mit einem perfekten Bild von sich selbst. Dies war das nächste Thema, das ich für Richards Gedankenäußerungen einbrachte.

OF: *Wie gehst du mit Menschen um, die sich selbst mit einem perfekten Bild von sich selbst vergleichen?*

RB: *Nun, um damit zu beginnen, ich würde dem nicht zustimmen, dass dies perfekte Bilder sind. Ihre perfekten Bilder haben keine Schwächen. Ein perfektes Bild würde dir genug Schwächen zugestehen und das perfekte Bild wäre ein Bild von jemandem, der keine Bilder macht, denen er gerecht werden muss. Du musst keinem Bild gerecht werden, um glücklich zu sein, du kannst es irgendwie einfach so sein.*

Bei jemandem, der sich ein perfektes Bild von sich selbst macht, würde ich das Bild verändern. So einfach ist das. Wenn sie das Bild nicht verändern, klebe ich ihnen ein- oder zweimal eine und ich sage ihnen, dass sie das Bild ändern sollen. Normalerweise tun sie es dann - oder ich mache es schlimmer. Zu mir sind Leute gekommen, die mir sagten, dass sie davor waren, sich umzubringen, denn sie hatten diesen Job nicht bekommen oder sie hatten dieses Mädchen nicht bekommen oder ihr Leben passte nicht zu ihrem Plan. Ich erwidere: „Du musst das nicht tun. Ich werde es für dich tun und ich werde es jetzt sofort tun." Ich ziehe ein riesiges Messer hervor und setze an zu ihnen rüberzugehen und sie schreien immer: „Warte." Und ich sage: „Nun, worauf warte ich?" Dann sagen sie: „Nun, es muss da etwas anderes geben." Ich antworte: „Nun, fang jetzt sofort an, es zu visualisieren. Verschwende nicht meine Zeit." Aber die meisten von ihnen merken nicht, dass es eine Menge Leute gibt, die Dinge durch Vergleichen tun.

Du kannst Leute, die Dinge durch Vergleichen tun, in Seminaren immer erkennen, weil sie immer ihre Hand heben und fragen, ob das das Gleiche wie das psychologische Konzept von irgendeinem Kerl ist. Und immer, wenn sie fragen: „Ist das das Gleiche?", ist die Antwort nein. Sie denken, dass Gleichheit gut ist und ich denke, Gleichheit ist langweilig, und du musst ihnen beibringen, dass es nicht funktionieren würde, wenn sie tatsächlich genau das bekommen würden, was sie sagen, das sie wollen. Wenn Menschen nicht auf eine visuelle Vorstellung zustreben, mit der sie versuchen übereinzustimmen, sollten sie das Bild loswerden, anstatt in Selbstkritik, niedriges Selbstbewusstsein und jahrelange Therapie zu gehen.

Ich habe festgestellt, dass es oft die Enttäuschung war, die Klienten erlebten, die dazu führte, dass Perfektionismus sich so negativ bei ihnen auswirkte. Ich hörte einen Experten über die Idee reden, Menschen keine falschen Hoffnungen zu machen für den Fall, dass sie von den unbefriedigenden Ergebnissen enttäuscht würden. Im Nachdenken darüber wusste ich jedoch, dass es von übergeordneter Wichtigkeit war, dass die Leute die Hoffnung lebendig hielten, jedoch nicht gleichzeitig auf Enttäuschungen hinarbeiteten. Ich fragte danach.

OF: *Was sind deine Gedanken über die Konzepte von Hoffnung, falscher Hoffnung und Enttäuschung?*

RB: *Ich habe einen anderen Namen für falsche Hoffnung - Dummheit. Falsche Hoffnung ist einfach Dummheit. Es ist dieses: „Ich weiß, eines Tages wird sie mich zurücknehmen." Selbst wenn sie dich zurücknehmen würde, würde sie dich wieder verlassen, also spielt es nicht wirklich eine Rolle. Das ist einfach Dummheit, das ist keine falsche Hoffnung. Das bedeutet, nicht zu akzeptieren, was ist, und kehrt zu machen und zu merken, dass, selbst wenn du mit einem anderen Mädchen ausgingst, du es wahrscheinlich versauen würdest. Du musst etwas mit dir selbst tun, damit du tatsächlich eine Beziehung haben kannst.*

Es gibt einige Menschen, die sehr unrealistische Erwartungen haben und deswegen enttäuscht sind. Was mich angeht, wenn du über falsche Hoffnung redest, denke ich, dass eine Menge Leute planen, enttäuscht zu sein. Sie schauen sich nicht wirklich die Kriterien dessen an, was sie zuallererst glücklich machen würde. Selbst wenn sie das bekommen, was sie wollen, wären sie im Grunde genommen immer noch unglücklich.

Sie schauen ein unerreichbares Mädchen an und wünschen sich, sie könnten mit ihr ausgehen, selbst wenn sie noch nicht einmal wissen, wie sie ist. Sie könnte ein absolutes Miststück sein, aber sie sieht aus 30 Metern Entfernung gut aus, also stellen sie sich vor, sie ist das Mädchen ihrer Träume. Dann, wenn sie schließlich versuchen, rüberzugehen und sie kennenzulernen, stellt sich heraus, dass sie mit jemandem glücklich verheiratet ist, und dann sind sie enttäuscht. Sie tun dies, anstatt hinzugehen und sie kennenzulernen und herauszufinden, wer sie ist und dann zu sagen: „Gut, sie ist nicht verfügbar", bevor sie eine finden, die es ist und die sie tatsächlich glücklich machen würde.

Wirkliche Hoffnung ist, wenn du merkst, dass alles möglich ist, aber sobald du die Variablen einschränkst auf - „es muss dieses Mädchen sein", „es muss dieser Job sein", „es muss diese Menge Geld bis Weihnachten sein" -, richtest du dich auf Misserfolg aus. Misserfolg wird dadurch bestimmt, wenn du eine Messlatte dafür ansetzt, was das Ende ist oder was der Ort sein muss. Wann immer du in eine Sackgasse gerätst, solltest du deinen Horizont erweitern.

Wenn du nicht den Job bekommst, könnte es tatsächlich bedeuten, dass es da draußen einen viel besseren Job für dich gibt, und wenn du anfängst, die Bandbreite dessen, was du tun könntest, zu erweitern, kannst du etwas finden, das dir mehr Spaß macht und wo du mehr Geld verdienst und weniger Stunden arbeitest. Aber die meisten Leute denken: „Ach, ich habe diese Sache nicht bekommen, deswegen werde ich mich schlecht fühlen, also werde ich mich immer schlecht fühlen und dann wird mir was immer ich will ein schlechtes Gefühl geben." Sie rutschen in einen Kreislauf hinein. Aber es hat wirklich mehr mit ihrem internen Dialog und den Bildern, die sie sich machen, zu tun, die das schlechte Gefühl verursachen, als dass es ihr Potenzial auf diesem Planeten ist.

Wenn du wirklich hinausschaust, gibt es extrem dumme, ungeschickte menschliche Wesen, die sehr reich und sehr glücklich sind und gute Beziehungen haben, sodass es keine Entschuldigung für Leute gibt, die in der Birne beschränkt sind. Das Problem ist, dass sie noch nicht einmal diesen beschränkten Teil benutzen. Wenn sie einfach lernen würden, ihren inneren Dialog auf das gleiche Ziel und mit dem passenden Klang der Stimme auszurichten, diese Bilder aufzubauen und anzufangen, gute Entscheidungen zu treffen, und wirklich sich umzuschauen und die Optionen aufzutun, glaub mir, dann ist alles möglich.

Aller Perfektionismus hat mit obsessiv-zwanghaftem Visualisieren zu tun. Sie machen sich ein Bild davon, und wenn ihr Erleben nicht mit dem Bild übereinstimmt, fühlen sie sich schlecht, obwohl es die einfachste Sache auf der Welt ist, das Bild zu verändern.

Ich habe einmal mit einer Dame in Indien gearbeitet, die die Dinge immer perfekt haben wollte. Als ich mit ihr sprach, begann sie zu erkennen, dass ihr Ideal eines perfekten Tages tatsächlich in einer Enttäuschung enden würde, denn es gab kein einziges Überraschungselement darin. Das Paradoxe an Perfektion ist, dass etwas flexibel und fähig sein muss, sich zu verbessern, um perfekt zu sein, und wenn es sich verbessern kann, dann ist es nicht perfekt. Wenn du versuchst, alles genau so zu haben, wie du es willst, arbeitest du auf

Enttäuschung hin, falls du nichts anderes hast, das du an seine Stelle setzen kannst.

Was du an die Stelle setzen musst, ist die Idee dessen, was du möchtest, und füge die Flexibilität dessen hinzu, was du tun wirst, wenn es nicht genau so ist, wie du es willst. Du musst die Resultate dessen haben, wie du die Dinge haben möchtest, und die Freiheit, glücklich sein zu können, egal, wie die Dinge in der realen Welt tatsächlich laufen. Du musst die Dinge akzeptieren, die du nicht verändern kannst, und fähig sein, die Dinge zu verändern, die du verändern kannst, und, wie das Sprichwort sagt, die Weisheit haben, den Unterschied zu erkennen.

Wenn du im Voraus weißt, dass die Dinge nicht exakt genauso laufen werden, wie du es willst, kannst du dich an den Teilen der Erfahrung erfreuen, die funktionieren, und darüber entzückt sein. Du kannst auch die Dinge wertschätzen, die nicht so gelaufen sind, wie du es dir vorgestellt hast, und glücklich sein in dem Wissen, dass es genau das ist, was das Leben so interessant macht.

Als ich mit dieser Frau arbeitete, konnte ich ihr bewusst machen, was für Bilder sie in ihrem Kopf schuf. Sie machte sich Bilder davon, wie die Dinge sein „sollten", und ich brachte sie dazu, zu verstehen, dass sie sich dieser Bilder bewusst sein konnte und akzeptieren sollte, dass die Wirklichkeit in mancher Hinsicht anders sein würde. Ich ließ sie damit beginnen, sich Bilder verschiedener Szenarios zu machen, wie es laufen könnte, und brachte sie dazu, sie mit den Szenarios des schlimmsten Falles zu vergleichen. Als sie diese neuen Bilder in einem neuen Kontext zu sehen bekam, fing sie an, die guten Teile der Erfahrungen zu schätzen, anstatt sich immer darauf zu fokussieren, was falsch lief. Im Prinzip fing sie an, sich an der Ungewissheit des Lebens zu erfreuen.

Von dem, was Richard gesagt hatte, fiel mir wahrscheinlich wieder einmal ein sehr einfacher Punkt auf:

„Wenn du dich wirklich umschaust, gibt es extrem dumme, ungeschickte menschliche Wesen, die sehr reich und sehr glücklich sind und gute Beziehungen haben, sodass es keine Entschuldigung für

Leute gibt, die beschränkt in der Birne sind. Das Problem ist, dass sie noch nicht einmal diesen beschränkten Teil benutzen.“

Das wirkte wirklich stark auf mich. Es war ein großartiger Punkt. Ich fing an zu verstehen, dass das Geheimnis all dieser Freiheit, über die wir redeten, nicht damit zu tun hatte, wie intelligent oder geübt wir sind. Es hatte schlicht und einfach mit unserer Einstellung, unserer Denkweise und damit zu tun, bestimmte Dinge anzugehen, die zu bestimmten Effekten und Konsequenzen führen würden. Erfolg ist nicht von den Intelligenten oder Fähigen gepachtet, es ist das Ergebnis davon, auf bestimmte Art zu denken und auf bestimmte Weise zu handeln.

Dem mentalen Terror den Krieg erklären

⌘

Die meisten Menschen planen durch Katastrophen. Sie denken an das, was schief gehen kann, und dann werden sie ein Meister darin.

Richard Bandler

Wir hatten den 11. September. Es war der Tag, der Welt erschütterte. Tausende Menschen starben in einem der größten terroristischen Angriffe aller Zeiten. Überall auf der Welt spielen sich jeden Tag Tragödien in größerem oder kleinerem Maßstab ab. Terrorismus bringt Terror und Menschen sterben. In unserem eigenen Kopf steigen wir in eine andere Welt von Terrorismus ein, der seine eigenen Opfer mit sich bringt: uns selbst. Jeden Tag setzen wir negative Gefühle in Bewegung, die sich wie Bomben verhalten, Verletzungen unseres Selbst-Bilds und unserer Gemütsverfassung verursachen. Jeden Tag entwickeln wir Überzeugungen, die uns unter den Schutt von Stress und Angst sperren. Jeden Tag werden wir mehr in ein Gefühl der Furcht hineinterrorisiert.

Der Krieg gegen den Terror ist ein Versuch von bestimmten Ländern, den Terrorismus in der Welt zu beenden. Einige argumentieren, dass der Krieg selbst Terrorismus ist. Unabhängig davon möchte ich über eine andere Art von Kriegserklärung reden: den Krieg gegen den mentalen Terror. Es ist ein Kampf, der darauf abzielt, dem Negativen in deinem Kopf und den schlechten Gefühlen, die du empfindest, ein Ende zu setzen. Es ist ein Krieg, der darauf zielt, die Tyrannei des nicht-nützlichen Bewusstseins zu beenden und dich in die Freiheit des gelobten Bewusstseinslandes zu entlassen. Menschen sterben auch im geistigen Terrorismus. Furcht, Stress und Angst zerstören deine Gesundheit und deinen geistigen Frieden. Depression kann dich umbringen.

Die Schlachten, die in diesem Krieg gewonnen werden müssen, sind die Schlachten gegen Furcht, gegen Traurigkeit und gegen Stress. Dies erfordert, dass du bestimmte Einstellungen in Bezug auf diese Feinde hast. Die Einstellung Nummer Eins ist, zu verstehen, dass sie nicht immer Feinde waren. Es gibt evolutionäre Gründe hinter allen drei Faktoren. Furcht schützte uns vor Schaden. Depression hielt uns näher daheim, wenn wir es sein mussten. Stress machte uns die Tatsache bewusst, dass wir etwas tun mussten, um uns selbst Sicherheit zu geben. Die zweite Einstellung ist, sich wieder einmal an die Kraft des Humors im Umgang mit diesen Problemen zu erinnern. Wenn wir über etwas lachen können, kann es uns nicht länger Angst einjagen, es kann uns nicht länger deprimieren und es kann uns nicht länger stressen. Die letzte Einstellung, an die wir denken müssen, ist schließlich, dass es viele verschiedene Wege gibt, über Angst, Traurigkeit und Stress nachzudenken, und dass wir lernen können, die Art, wie wir über sie denken, zu verändern.

Diese drei Schlachten sind nicht unabhängig vom Rest dieses Abschnitts. Viele Leute halten Stress, Depression und Angst für zu groß, als dass sie durch einige wenige Übungen „gelöst" werden könnten. Was du jedoch merken wirst, ist, dass die Übungen am Ende der folgenden Teile, wenn sie vollständig durchgeführt werden, gefährlich nahe an den Punkt kommen, wo du diese Probleme vollkommen loswirst. Bitte mache sie vollständig mit offenem Geist und du wirst merken, dass der Unterschied in dem, wie du über dich selbst, dein Leben, deine Probleme und deine Ängste empfindest, riesig sein wird.

Wenn Leute reinkommen und sagen, dass sie Depressionen, Angst oder Stress „haben", bitten wir sie, sie uns zu „zeigen". Dies bringt sie zu der Erkenntnis, dass es ein Prozess ist, keine Sache. Wenn dies einmal verstanden ist, können die Leute diesen Prozess verändern. Die Übungen am Ende des folgenden Teils befähigen dich, starke Veränderungen in diesem Prozess zu machen und die Art, wie du dein Leben empfindest, zu wandeln.

Gegen Angst kämpfen

Ich ließ meinen Blick über die Gruppe schweifen. Draußen musste es über 30 Grad Celsius sein. Es war einer der Höhepunkte meines Lebens. Es war der 5. Juli 2003 und ich stand davor, das Seminar in Bangalore, Indien, zu beginnen. Ich legte los.

Minuten später fragte ich nach einer Demo-Person. Richard hat mir beigebracht, dass eine Demonstration der beste Weg ist, eine Gruppe für mich zu gewinnen. Ich wollte jemanden, der Angst davor hatte, vor Gruppen zu reden. Zögerlich gingen ein paar Hände hoch. Ich wählte jemanden aus und er kam nach vorne. Er zitterte wie Espenlaub. Ich drehte ihn mit dem Rücken zur Gruppe und erklärte ihm, wie er seine momentane Gefühlslage verändert.

Eines der größten Probleme, die wir in dieser Welt haben, ist die Angst. Gegen Angst zu vorzugehen erfordert, dass du lernst, wie du die Art verändern kannst, in der du Gefühle in deinem Körper erlebst. Als ich mit Richard im Konferenzsaal in Edinburgh über Angst sprach, erklärte er mir mehr darüber, wie man Leuten hilft, sie zu überwinden.

***OF:** Wie hilfst du Menschen, Angst zu überwinden?*

***RB:** Ich fange einfach neurologisch an. Ich nehme die Empfindung, finde heraus, wo sie beginnt, wie sie sich durch den Körper bewegt,* *nehme sie aus dem Körper heraus, stelle sie auf den Kopf, stecke sie hinein und lasse sie rückwärts laufen. Mache noch etwas Zirkusmusik dazu, einfach, damit sie merken, dass es albern ist. So komisch es klingen mag, ich habe Tausende von Leuten geheilt, indem ich nichts anderes gemacht habe.*

Ich hatte festgestellt, dass Richards sehr einfacher Ansatz hocheffektiv war, Angst zu eliminieren. Dies war die Technik, die ich bei meinem Demonstrationsobjekt in Bangalore benutzte. Ich half ihm, sich vorzustellen, dass er das Gefühl in seinem Körper umdrehen und es in die umgekehrte Richtung laufen ließ. Als er dies tat, fühlte er sich viel entspannter und war fähig zu reden. Ich schickte ihn in der Erwartung zu seinem Platz zurück, dass es das letzte Mal war, dass ich ihn sah.

Menschen mit Ängsten und Phobien zu helfen, war nie ein großes Problem für mich. Es war immer einfach, Leute dazu zu bekommen, sich ihre Erlebnisse und Gefühle rückwärts laufend vorzustellen. Panikattacken andererseits sind etwas anderes. Obwohl ich einen effektiven Weg hatte, mit Panik zu arbeiten, war ich neugierig auf Richards Ansatz im Umgang mit dieser anderen Art von Furcht, die aus Angstzuständen entsteht.

OF: *Also, was ist dann mit Panikattacken?*

RB: *Panikattacken sind ein wenig was anderes. Du kannst Leuten mit der schnellen Phobietechnik helfen, aber Panikattacken haben die Tendenz, zurückzukommen, deswegen erfordert es etwas mehr von einem veränderten Zustand. Du musst Leute, die Panikattacken haben, in einen anderen Bewusstseinszustand bekommen, in dem sie wirklich relaxed sind. Ich benutze dafür Hypnose und erzeuge einen sehr kraftvollen Zustand von Entspannung und dann, wenn sie mit ihrer Panik anfangen, löse ich die Entspannung aus, sodass Panik Entspannung auslöst. Es ist paradox, aber es funktioniert und ich habe immer wieder einen enormen Erfolg damit.*

Richard meinte auch, dass es wichtig ist, sich bewusst zu sein, dass Ängste oft einen Zweck haben, und sicherzustellen, dass dieser Zweck gut versorgt wird.

RB: *Ich mag das Konzept von Furchtlosigkeit nicht. Ich denke, dass einige Dinge es Wert sind, vor ihnen Angst zu haben. Ich denke, dass Männer sich dessen bewusst sein sollten, wenn sie mit der Nachbarsfrau von nebenan schlafen. Ich denke, sie sollten schreckliche Angst davor haben. Ich denke, dass Männer schreckliche Angst davor haben sollten, die Vertrautheit mit ihrer Frau und ihren Kindern zu verlieren. Diese Dinge sind es wert, vor ihnen Angst zu haben. Ich denke, du solltest vor großen Schlangen Angst haben, wenn du nichts über Schlangen weißt.*

Es gibt Leute in Indien, die damit aufwachsen, zusammen mit Kobras zu schlafen. Sie wissen alles über Kobras. Sie brauchen keine Angst vor ihnen zu haben, aber wenn du mich in ein Zimmer voll mit Schlangen steckst, werde ich riesige Angst haben und nichts wie abhauen, denn ich weiß nichts über Schlangen. Ich bin in der Stadt aufgewachsen und die einzigen Arten von Schlangen, die wir hatten, werden Anwälte genannt. Sie verbrauchen die meiste Zeit. Sie werden dich mit Langeweile umbringen.

Also, wenn man diese Angst und Panik loswird, ist es wichtig, die Absicht hinter ihnen zu respektieren und sicherzustellen, dass sich um diese Absichten auf andere Art und Weise gekümmert wird. Angst war ein wichtiger Mechanismus zum Überleben. Sie ist einfach manchmal nützlich und manchmal nicht. Menschen haben Angst vor Peinlichkeit, Zurückweisung und davor, Fehler zu machen. Sie fürchten sich davor, Menschen anzusprechen. All diese Ängste rühren von einer fehlgeleiteten, verschwommenen Logik her. Es gibt keinen Grund, davor Angst zu haben, an Leute heranzutreten, um sich mit ihnen zu verabreden oder vor einer Gruppe von Menschen zu sprechen. Es ist einfach so, dass wir lernen, Angst mit diesen Erfahrungen zu verbinden und wir üben immer wieder, diese in den gleichen Situationen zu erleben.

Indisches Lächeln - meine Gruppe und ich in Bangalore, Indien.

Wenn du deine Gefühle rückwärts laufen lassen und veränderte Zustände in dir erzeugen kannst, wirst du entdecken, wie du anfängst, dich selbstbewusst und neugierig zu fühlen, wo du einst Angst spürtest. Es geht nicht darum, furchtlos zu sein oder sogar mutig. Es geht darum, zu lernen, das, was du mit bestimmten Dingen verbindest, zu verändern.

Später an dem Tag, als ich das Seminar beendete, sah ich eine Gestalt den Gang zur Bühne herunterkommen. Mein Herz schlug schneller, während ich weiterredete, unsicher, was passieren würde. Der Mann kam auf die Bühne und bewegte sich auf mich zu. Es war mein Demonstrationsobjekt von früher an dem Morgen. Er bat um das Mikrophon. Von der Überraschung überwältigt und nicht wissend, was ich sonst tun sollte, gab ich es ihm. Er fing an, mir übermäßig zu danken und erklärte der Gruppe, dass er so viele Jahre lang diese Phobie vor öffentlichen Reden gehabt habe - und jetzt war sie weg und er konnte alles tun. Ich lächelte. Was für ein Zeugnis. „Nur in Indien", dachte ich bei mir.

Angst-bezwing-Übungen

1. Angst rückwärts laufen lassen

o Denk an ein nicht erwünschtes Gefühl, das du gehabt hast.

o Nehme wahr, in welche Richtung es sich in deinem Körper bewegte oder drehte.

o Hole dir das Gefühl her und, während es sich bewegt, stell dir vor, dass du es aus dir herausnimmst und es auf den Kopf stellst, es umkehrst, sodass es sich in die entgegengesetzte Richtung in deinem Körper bewegt.

o Lass das Gefühl sich in der entgegengesetzten Richtung weiter schnell drehen und merke, wie das Gefühl sich vollständig verändert und nicht mehr länger negativ ist.

2. Panikzerstörer

o Wenn du panisch reagierst, versuche noch panischer zu werden. Gib dir Mühe und reagiere so panisch, wie du kannst. Das Geheimnis ist, dass, wenn du versuchst es zu tun, du es als extrem schwierig empfinden wirst.

3. Angst umdeuten

o Finde die Absicht hinter der Furcht heraus. Es ist gewöhnlich eine Bemühung, dich zu beschützen, aber wovor? Wenn du das einmal weißt, finde heraus, wie du dieser Absicht ohne die Angst Rechnung tragen kannst.

4. Schnelle Phobie-Technik

o Stell dir vor, du bist in einem Kino in einer Projektorkammer und beobachtest dich selbst im Kino sitzend, wie du dich selbst auf der Leinwand beobachtest. Stell dir vor, du siehst dich selbst, wie du dir einen Film von dir selbst anschaust, als du ängstlich warst.

o Stell dir vor, der Film läuft komplett von gerade bevor das Erlebnis beginnt bis danach, als du es überlebt hattest.

o Stell dir vor, am Ende des Films in die Leinwand zu steigen und den gesamten Film rückwärts laufen zu lassen.
Sieh das Gesehene rückwärts, höre die Klänge rückwärts, fühle die Gefühle rückwärts.

o Lass es wirklich schnell rückwärts laufen, während du drin bist. Mache das einige Male.

o Du wirst es schwierig finden, die Angst wieder auf die gleiche Art zu verspüren.

Traurigkeit bekämpfen

In Bezug auf den Selbstmordanruf, der um 15:30 Uhr an dem Dienstagnachmittag kam, fragten mich viele Leute, ob ich die gleiche Taktik eingesetzt hätte, die ich bei der Dame anwandte, die sich dem Selbstmitleid hingab. Die Antwort ist nein, natürlich nicht. Jeder Klient ist anders. Als er am anderen Ende der Leitung weinte, hatte ich wenig Kontrolle darüber. Er hätte zu jeder Zeit auflegen können. Ich kannte zu diesem Zeitpunkt noch nicht einmal seinen Namen. Er sagte mir schließlich, dass er Martin hieß. Die Nummer war unterdrückt. Ich musste Martin am Telefon halten und ihn dazu bringen, sich zu fokussieren.

Ich konnte es mir nicht leisten, einen Versuch zu machen und ihn in Rage zu bringen. Ich musste ihn in einen Zustand von Hoffnung bringen und dass er an mich glaubte. Sobald ich das geschafft hatte, konnte ich ihn zu einer Sitzung in der Klinik bewegen. Während ich mit ihm sprach, schluchzte er mitleiderregend und ich fand es schwer, auszumachen, was er gerade sagte.

Martin: *Es tut so weh, so, so weh. Die Tabletten helfen nicht. Die Ärzte helfen nicht. Niemand versteht mich. Ich muss raus. Ich muss jetzt raus. Ich werde sie nehmen. Die sagten, Sie könnten mir helfen, können Sie doch? Nun, können Sie?*

Ich hatte nicht einmal Zeit herauszufinden, wer „die“ waren. Ich gab ihm die Hoffnung, die er brauchte.

OF: *Ja, ich kann und ich werde dir helfen. Hör mir zu. Du kannst Dingen eine neue Richtung geben. Du kannst dein Leben zum Guten wenden. Ich schwöre dir. Du kannst es. Es ist möglich. Ich verspreche es dir. Ich verspreche es. Ich werde dir helfen. Ich kann dir helfen, es zu tun.*

Jede Faser meiner Seele versuchte ein absolutes Gefühl von Sicherheit rüberzubringen, denn ich war sicher, absolut sicher, dass ich ihm helfen konnte, sein Leben zu verändern.

Martin: *Aber ich kann nicht sehen, wie. Alles ist so durcheinander.*

OF: *Ich weiß, alles scheint momentan wirklich durcheinander zu sein, Martin, aber ich verspreche dir, dass wir die Dinge zum Guten wenden können. Ich weiß, wie du dich fühlst. Du fühlst absolute Qual, als ob es keinen Ausweg gibt. Niemand hat eine Ahnung, was du durchmachst, Martin, und niemand kann dich verstehen. Ich kann nicht vorgeben, zu verstehen, was du durchmachst, aber ich weiß, wie ich mich fühlte. Ich war auch mal selbstmordgefährdet. Ich habe mich fast umgebracht, so wie du, aber ich habe es geschafft, einen anderen Weg rauszufinden. Lass mich dir den Weg zeigen, Martin.*

Ich fragte ihn, wie er sich fühlen würde, wenn er dies überwunden und allem eine neue Richtung gegeben habe. Ich fragte ihn, wie sein Leben sein würde, wenn er die Schwierigkeiten in Ordnung brächte und in einem Jahr glücklich sei und Schritte vorwärts mache. Ich beschrieb es so lebendig wie möglich. Nach einigem Bemühen fragte er mich.

Martin: *Glaubst du wirklich, dass es möglich ist, Owen?*

OF: *Ich weiß, dass es das ist. Es ist absolut möglich. Du musst einfach entschlossen sein. Wir werden das gemeinsam machen, Martin, und es ist nötig, dass du das tust, worum ich dich bitte.*

Ich arbeitete mit Martin und er lebte bald glücklich in seinem wieder zusammengefügten Leben. Ich höre heute immer noch von ihm.

Indem ich die Traurigkeit bekämpfte, fing ich an, über das nachzudenken, was Richard über Leute sagte, die sich selbst leidtaten und diejenigen, die nach Perfektion suchten. Daraus ergaben sich viele Erkenntnisse und Einsichten, sie bei denjenigen anzuwenden, die unter Depressionen litten. Ich hatte auch hervorragende Ergebnisse in der Arbeit mit Leuten, die zu mir kamen, weil sie sich wünschten, sich in Bezug auf ihr Leben glücklicher und besser zu fühlen.

Ich denke, das Beste, was man aus Depression machen kann, ist ein Zustand der Entschlossenheit. Wenn du versuchst, eine Person, die deprimiert ist, dazu zu bringen, sich glücklich zu fühlen, wird das oft eine enorme Herausforderung sein, und sie kann immer in die Richtung zurückgehen, deprimiert zu sein. Wenn du andererseits Menschen, die deprimiert sind, hilfst, entschlossen zu werden, sind sie in einer Position, wo sie mit allem und allen Herausforderungen umgehen können, die ihren Weg kreuzen mögen. Wie bei der Frau, die entschlossen war, mir zu beweisen, dass ich falsch lag, gibt Entschlossenheit den Leuten die Energie, die sie dringend brauchen. Viele Menschen, die deprimiert sind, haben einen Mangel an Energie und ein Gefühl von Gleichgültigkeit, Hilflosigkeit und Hoffnungslosigkeit. Wenn sie energiegeladen werden können, sind sie in der Lage, das zu nutzen, um anzufangen, in ihrem Leben einiges zu verändern.

Ein weiterer Faktor, der wirklich wichtig ist, ist, sich beschäftigt zu halten und viele Dinge zu haben, die zu erledigen sind. Es gibt so viele großartige Selbsthilfebücher auf dem Markt. Sie zu lesen und sie zu nutzen wird neue Anregungen bringen. Viel Training stellt sicher, dass dein Kopf von negativen Gedanken abgelenkt ist und dass positive Botenstoffe in deinem Gehirn erzeugt werden, was den Leuten hilft, ein besseres Lebensgefühl zu haben. Physiologie ist wichtig, denn wie jemand sitzt, steht und sich bewegt, wird es einfacher oder schwieriger für ihn machen, sich deprimiert zu fühlen. (Es ist einfach, dich traurig zu fühlen, wenn deine Schultern herunterhängen, deine Haltung gekrümmt ist und du finster dreinblickst.)

Du kannst auch anfangen, die Verzerrungen in deinem Denken zu sehen. Deprimierte Leute sind nicht realistischer als Optimisten. Wie wir klargestellt haben, haben wir alle eine unterschiedliche Art, über die Welt zu denken. Wenn wir uns niedergeschlagen fühlen, sehen wir die Welt auf eine negative Art und wir glauben, unsere Wahrnehmung der Welt sei akkurat und wahr. Die Arbeit, die ich mit Martin machte, setzte an, als ich ihm beibrachte, sein Gehirn zu steuern und aufzuhören, negative Bilder zu machen und negativ mit sich selbst zu reden. Es beinhaltete, ihn dazu zu bekommen, sich seiner einschränkenden Überzeugungen und wie verzerrt sie waren bewusst zu werden.

Ich fragte ihn, wie er wusste, dass er zu nichts nutze war. Ich fragte ihn, wie er wusste, dass er dumm und unattraktiv war. Ich fragte ihn nach Beweismaterial und ich fragte, wie dieses Material auch nur irgendetwas bewies. Ich brachte ihn dazu, präzise in Bezug auf alles zu sein und ließ ihn rigoros jeden negativen Gedanken rechtfertigen, den er hatte. Ihm wurde bald klar, dass das, was er dachte, so weit weg von der Realität war, wie man überhaupt von ihr weg sein konnte.

Ich bezwang meine Depression durch Entschlossenheit, indem ich meine eigenen negativen Gedanken herausforderte, mich beschäftigt hielt und mein Gehirn besser nutzte. Jeder kann das tun.

Traurigkeit-bezwingen-Übung

1. Benutze Meta-Mantras

Benutze regelmäßig das Mantra: „VERDAMMT, HALT DEN MUND!", wenn du dir selbst das Leben schwer machst.

2. Verändere den Ton deiner inneren Stimme

Verändere den Ton deiner inneren Stimme, sodass sie sich lächerlich anhört. Anstatt deprimiert zu klingen, sollte sie sich zum Beispiel wie Mickey Maus anhören oder eine tiefe, verführerische Stimmlage haben.

3. Lachfilter

Benutze die Lachfilter, um jeden negativen Gedanken auf eine sehr lustige Art umzudeuten.

4. Verändere deine inneren Bilder

Achte darauf, was für Bilder du machst, wenn du traurig bist, und mach sie kleiner, schieb sie weit weg und mach sie verschwommen und undeutlich. Ersetze sie durch fröhlichere Bilder und mach die neuen Bilder groß, hell, farbig und lebendig.

5. Physiologie

Achte auf deine Physiologie. Verändere sie, bis sie zeigt, welche Haltung du hast, wenn du glücklich bist und dich gut fühlst. Nimm deine Schultern zurück, deinen Kopf hoch, atme tief und lächel fröhlich. Tue dies, wann immer du deinen Zustand verändern möchtest.

6. Hinterfrage dein Denken

Schreib ein paar Zeilen deines inneren Dialogs auf, wenn du dich deprimiert fühlst. Hinterfrage jede Aussage wie folgt:

o Wie weißt du, dass das wahr ist?

o Wer sagt das? Es ist doch eine Meinung, keine Tatsache?

o Wie kannst du schlussfolgern, dass „A“ „B“ verursacht?

o Wie kannst du sagen, dass „A“ das gleiche ist wie „B“?

o Ist es in jedem Fall wahr?

o Was meinst du genau damit?

o Sei spezifischer.

Beantworte all diese Fragen und schreib den Text entsprechend neu. Du wirst merken, dass es viele haltlose Argumente in deinem inneren Dialog gibt.

7. Mach viel Training

Training stimuliert den Ausstoß von Endorphinen, die dafür sorgen, dass wir uns gut fühlen. Frische Luft ist ebenfalls gut, da sie den Körper in einen höheren Energiezustand versetzt, was es schwerer macht, deprimiert zu sein.

Stress bekämpfen

Stress ist etwas, das ein Hauptproblem in der modernen Welt geworden ist. Als ich Indien besuchte, war ich überrascht zu entdecken, dass er genauso ein Problem in einem Land war, das für sein Wissen um die Geheimnisse der Meditation berühmt ist. Ich erinnere mich an die Frage von einem der Teilnehmer bezüglich Wut im Straßenverkehr und an meine Antwort, die ihm half, eine andere Sichtweise darauf zu erhalten.

Seminar-Teilnehmer:
Wie kannst du Leuten mit Straßenverkehrskoller helfen?

Ich blickte auf. Ich hatte die Frage gehört, aber ich konnte nicht sehen, von wem sie kam. Indische Namen unterscheiden sich sehr stark von unseren. In meinen ersten paar Tagen dort nannte ich drei der Freunde, die sich um mich kümmerten, Jan, Van und Dan. Ich erinnere mich auch an Sajani, die Dame, die nach mir schaute, vor allem, weil es nur drei Silben waren. Ich konnte nur drei Silben behalten. Schließlich sah ich, wer die Frage gestellt hatte. Ich lächelte. Ich konnte auch seinen Namen nicht aussprechen.

OF: *Zuallererst, ihr Jungs hier habt keinen Straßenverkehrskoller. Wisst ihr, wieso ich das weiß? Weil ich in Pune gewesen bin. Du bekommst nur dann einen Verkehrskoller, wenn du im Verkehr feststeckst. In Pune halten sie nicht an - nie. Es ist verrückt. Alles in allem erinnere ich mich nicht an eine Straßenampel dort! Autos hupen überall rum, mit überhaupt keiner sichtbaren Logik oder System. Unglaublich. Ja, ich bin in eine von diesen Auto-Rikschas eingestiegen und lasst es mich euch gleich sagen: Sagt euch der Film Star Wars irgendetwas? Wir fliegen dahin durch den Verkehr und ich weiß nicht, wieso wir verflucht noch mal keinen Zusammenstoß hatten. Etwa 70 Beinahe-Unfälle und das war erst, als ich gerade einstiegen bin! Nein, wirklich, es war verrückt. Als ich schließlich*

Verkehrsampeln sah, war es, als ob sie nicht einmal da wären oder Grün bedeutete fahren, Orange bedeutete schneller fahren und Rot bedeutete wirklich schnell fahren, aber dabei zu hupen und das Beste zu hoffen.

Ich versuchte, zu Oshos Kommune zu gelangen. Mir war gesagt worden, dass ich mich spirituell darauf vorbereiten sollte. Lasst mich euch etwas sagen, ich war wirklich vorbereitet. Ich muss mehr Gebete von mir gegeben haben als der Papst am Sonntag, als ich in der Kommune ankam. Und das war nur auf dem Weg, als ich in der Rikscha hingebracht wurde. „Oh, Gott, bitte hilf mir, dort sicher anzukommen.“ Dann, als ich dort fertig war, war da ein einäugiger Rikscha-Fahrer, der mich zurückbrachte. Das war ein Spaß. Wenn ihr es als Spaß bezeichnen würdet, euer Leben auf's Spiel zu setzen.

Das einzige Mal, dass ich tatsächlich Autos und Rikschas anhalten sah, war, als eine Kuh auf der Straßenmitte herumspazierte. Also das war stark. Ich fand das Spitze. Kühe schlenderten einfach auf den Straßen herum. Und es ist fast so, als ob sie sich dessen bewusst seien. Sie haben keine Angst vor Autos. Es ist fast so, als ob sie denken: „Na los. Was hast du? Du Angsthuhn. Quwoak, quwoak. Na los. Du kannst mir nichts tun. Du kannst mir nichts tun. Na - na - na - nah.“ Dann spazieren sie raus und jedes Fahrzeug in Sichtnähe kommt quietschend zum Stehen und die Kühe, cool, wie sie sind, ziehen langsam über die Straße, als ob sie auf ihrem Weg zu einem Bob-Marley-Konzert sind.

Aber mir ist da eine Idee gekommen. Was die Jungs in Pune tun müssten, ist, die Kühe als Verkehrsampeln zu benutzen. Schaut, ich habe für das Ganze eine Lösung. Was ihr tun könntet, ist, dort einen Kerl mit seiner eigenen Kuh hinzustellen, der für die Stadt Pune arbeitet, und wenn es an der Zeit ist, bringt ihr die Kuh auf die Straße, jedes Mal, wenn rot ist. Was denkt ihr?

Ich grinste sie an. Sie lachten sich schlapp.

OF: *Also lasst mich über Verkehrskoller sprechen. Bevor wir weiter auf dieses Thema eingehen, gibt es irgendjemanden, der möchte, dass ich ein ähnliches Problem mit aufgreife?*

Aus der Gruppe rief ein anderer Name, den ich nicht aussprechen konnte, eifrig:

Zweiter Seminar-Teilnehmer: *Was ist mit Ehefrauenkoller?*

Die Gruppe lachte. Ich antwortete sofort.

OF: *Nach was sehe ich für dich aus? Nicht einmal Gott kennt die Lösung dafür. Das ist das Gleiche, wie die Lösung dafür zu finden, warum Kerle so dumm sind, zu versuchen, ihren Ehefrauen bei ihren Problemen zu helfen. Sie wissen nicht, dass das Geheimnis darin liegt, zuzuhören, und nicht darin, zu helfen.*

Von Verkehrskoller bis Ehepartnerkoller können wir uns selbst stressige Gefühle machen. Oft können uns diese Gefühle erdrücken und manchmal führen sie zu Wut oder Angst. Was wichtig ist, ist, dass wir lernen, wie wir das Lachenswerte in einer Situation finden und Einstellungen entwickeln, die uns befähigen, leicht zu entspannen. Was ich während des Seminars in Indien tat, war, sie dazu zu bekommen, über stressige Verkehrssituationen auf humorvolle Art nachzudenken, sodass sie das nächste Mal, wenn sie in diese Situation kommen würden, fähig waren, zu lächeln.

In dem Kampf gegen Stress fing ich an, Richard über das Geheimnis zu befragen, wie man Menschen hilft, aufzuhören, sich Sorgen zu machen.

OF: *Wie gehst du mit Leuten um, die sich andauernd Sorgen machen?*

RB: *Ich gebe ihnen zunächst mehr, worüber sie sich Sorgen machen können. Ich sage ihnen, dass Kummer zum Tode führt, und gebe ihnen etwas, worüber sie sich ordentlich Sorgen machen können. Im Prinzip ist die Kummer-Maschine einfach etwas, wo sie anfangen, unendlich viele Möglichkeiten von schlechten Sachen zu erdenken, die passieren könnten, und, wenn du die gleiche Maschine nimmst, könnten sie unendlich viele Möglichkeiten von Dingen generieren, die sie jetzt tun sollten, nicht in einem Jahr, und wenn du in ihnen ein bisschen sehnsüchtige Erwartung installierst, kannst du sie dazu bringen, in die richtige Richtung zu gehen.*

Ich habe beim Arbeiten mit Klienten, die sich Sorgen machten, oft festgestellt, dass für sie alles darauf hinauslief, immer wieder die Frage zu stellen: „Was, wenn?“ Indem ich dies verstand, regte ich an, dass die Leute den Tag über ein „Sorgen-Buch“ mit sich führen sollten. In diesem Buch schrieben sie ihre Sorgen nieder. Jedes Mal, wenn sie eine Sorge niederschrieben, mussten sie sich fragen: „Gibt es irgendetwas, was ich bezüglich dieses Problems jetzt tun kann?“ Wenn es etwas gab, sollten sie entsprechend handeln, und wenn es nichts gab, sollten sie es einfach im Buch behalten. Schließlich, zu einer im Voraus vereinbarten Zeit am Abend, gaben sie sich 10 Minuten „Kummer-Zeit“, in der sie die Sorgen durchgingen, die sie niedergeschrieben hatten, und sich für diese 10 Minuten Sorgen machten. Sie beendeten das dann mit der Frage: „Was kann ich jetzt diesbezüglich tun?“ Die Klienten, die dieses System benutzt haben, berichteten von erstaunlichen Ergebnissen. Ich setzte diesen Gedankengang mit meiner nächsten Frage an Richard fort.

OF: *Also, was ist dann mit Leuten, die mit Stress arbeiten?*

Er antworte mit einem neckischen Lächeln.

RB: *Ich empfehle, dass Leute nicht mit Stress arbeiten. Du wirst eine viel bessere Arbeit leisten ohne ihn.*

Ich formulierte um, zu wohlwissend, dass ich auf meine unklare Wortwahl keine Antwort bekommen würde. Richard hört immer wörtlich auf das, was Leute sagen. Ich fragte ihn einmal, mit welchen Persönlichkeiten er am liebsten zum Abendessen gehen würde, egal ob lebendig oder schon tot. Er antwortete: „Es tut mir leid, aber der Gedanke, mit toten Leuten zum Essen auszugehen, ist für mich abstoßend!"

Indem er „wörtlich hörte", konnte er mehr von dem verstehen, was in den Köpfen der Leute vor sich ging. Menschen werden dir normalerweise alles mitteilen, was du wissen musst, mit ihrer Körpersprache und in den Worten, die sie buchstäblich benutzen. Mir dessen bewusst, stellte ich meine Frage klar.

***OF:** Wie hilfst du Leuten, Stress zu überwinden?*

***RB:** Das Problem ist, dass sie gewöhnlich wirklich gut darin sind, und ich sage: „Ich kann Ihnen sagen, dass Sie sich bereits darüber Stress machen, Madam. Sie sind wirklich gut darin, Madam. Oh Gott, so schnell kann ich keine Kopfschmerzen bekommen. Schauen Sie sich an, was Sie tun, Madam. Schauen Sie auf die Linien in Ihrem Gesicht. Heiliger Vater, wissen Sie, Sie könnten einen verfluchten Preis damit gewinnen!"*

Es liegt daran, dass sie sich nichts anderes als Stress machen werden, bis sie lernen zu lachen, deswegen würde ich sagen, dass du sie in einen Zustand absoluter Paradoxie versetzt, sodass sie lernen können, über sich selbst und die Sachen, die ihnen am meisten Stress machen, zu lachen.

Ich bringe sie immer in einen Zustand, in dem sie nicht aufhören können, zu lachen, und ankere den und jedes Mal, wenn sie anfangen, über ernsthaften Scheiß zu reden, feuere ich den Anker ab und sie lachen einfach. Dann sage ich ihnen: „Machen Sie jetzt weiter und versuchen Sie, ernsthaft zu sein.", und sie fangen an zu lachen. Ich stecke sie in einen Kreislauf und dieser Kreislauf selbst ver-

brennt den Stress. Ich glaube nicht, dass der Trick darin besteht, Leuten beizubringen, aus Stress herauszukommen, sondern darin, ihn von vornherein zu vermeiden, sodass sie nicht hineinkommen, sie legen einfach los mit dem, was getan werden muss, und tun es ohne großes Nachdenken.

Andauernd wird zu viel nachgedacht. Leute denken über all die Dinge nach, derentwegen sie sich schlecht fühlen könnten. Wenn du keine Liste von allem hast, was dich in eine schlechte Gemütslage versetzt, dann bekommst du nicht, was du nicht willst. Weißt du, wenn es eine Liste mit Sachen ist, die dir ein gutes Gefühl geben, kannst du entspannt sein, kannst du fröhlich sein, kannst du geschäftig sein - im Gegensatz zu gestresst, ängstlich, dies oder das zu sein - dann wird sich ein Weg und eine Lösung finden. Wenn du zu viele Löcher hast, wirst du am Ende nicht mehr ganz dicht sein.

***OF:** Welche Anregungen hast du dann für die Leute, entspannter zu werden?*

***RB:** Ich denke, Meditation ist gut. Ich denke, Trance ist gut und das Kreieren von guten Zuständen. Je mehr Zeit du damit verbringst, dich gut zu fühlen, desto mehr wirst du es nicht aufgeben wollen und desto mehr wirst du merken, dass es eher die natürliche Neigung des Menschen ist, entspannt zu sein. Das Problem ist, dass wir in diesem ständigen Konkurrenzkampf leben, in dem wir keine Taxis kriegen können und uns an Zeitpläne halten müssen und wir am Flughafen zu Idioten werden. Es ist schwer, entspannt zu bleiben, wenn du umfeldbedingt von einem Haufen getürkter Sachen umgeben bist, die dir Ungelegenheiten bereiten. Wenn du dir einfach ein bisschen extra Zeit gibst, musst du dir nicht so viele Sorgen machen.*

Sieh, viele Stressmanagementkurse propagieren die Idee von einfachen Visualisierungs- und Entspannungsritualen. Leider finden die meisten Menschen nie die Zeit, diese Dinge zu tun. Sie gehen mit Techniken aus den Kursen raus, wie man mit Stress umgeht, aber sie werden zu gestresst, um sie zu benutzen - und manchmal geraten sie über die Frage in Stress, ob sie sie auf die „richtige" Art benutzen. Der Schlüssel liegt darin, zu lernen, wie man Einstellungen entwickelt, die es dir erlauben, in den schwierigsten Situationen zu entspannen.

Es geht darum, zu lernen, wie du über dich selbst als entspannte Person denkst, die die Dinge locker nimmt. Es geht darum, über Situationen lachen zu lernen, indem du die Lachfilter benutzt, um alles, was stressig ist, so komisch wie möglich zu machen. Es geht darum, Dinge aus verschiedenen Perspektiven zu sehen, sodass du verstehst, dass sie nicht so wichtig sind, wie sie zu sein scheinen. Wenn du anfängst, all dies zu tun, wird es dir leichter fallen, weniger nachzudenken und mehr zu tun. Du wirst dich dabei wiederfinden, wie du deine Zeit effektiver organisierst, und lernen, mehr im Hier und Jetzt zu bleiben.

Des Weiteren wirst du entdecken, dass der Trick darin besteht, die Zustände von Entspannung, Humor und Fokussierung zu den Zuständen zu machen, in die du immer wieder gehst, und diese Zustände als Hintergrundkulisse zu benutzen. Du wirst feststellen, dass dir alles leichter von der Hand geht und du, durch das Leben im Hier und Jetzt, in einem wunderbaren Gefühl von Zufriedenheit und Frieden entspannt bist.

Übungen, um Stress zu besiegen

1. Gebrauch von Meta-Mantras

Benutze regelmäßig das Mantra „VERDAMMT, HALT DEN MUND“, wenn du dir das Leben schwer machst, oder „ZUM KUCKUCK, NA UND?“, wenn du dir Sorgen machst. Wiederhole diese Mantras immer wieder, besonders, wenn du dich sagen hörst: „Was ist, wenn?“

2. Bleibe in der Gegenwart

Nimm dir jeden Tag etwas Zeit, einfach um dir gewahr zu werden, wo du bist, und um dich zu entspannen, die Bilder, Klänge und Gefühle, die du erlebst, einfach dazulassen. Tue dies für etwa fünf bis zehn Minuten.

3. Stress umdeuten

Finde die Absicht hinter dem Stress heraus. Es ist gewöhnlich ein Versuch, um dich zu schützen, aber wovor? Wenn du das erst einmal weißt, finde heraus, wie du die Absicht ohne den Stress verwirklichen kannst.

4. Entspannung/Meditation

Plane jeden Tag 5 - 15 Minuten ein, in denen du dich an einen ruhigen Ort zurückziehen kannst, um dich zu entspannen. Nimm dir diese Zeit, um deine Augen zu schließen, träume deine Lieblingsphantasie, stell dir deinen Körper vollkommen entspannt vor und stell dir vor, wie du dich fühlen würdest, wenn du wüsstest, du kannst nicht versagen. Mach die Bilder so lebendig wie möglich und genieße für einige Minuten die Entspannung in vollkommener Losgelöstheit. Du kannst dir selbst auch einige positive Suggestionen oder Affirmationen geben, während du dich entspannst. Das Geheimnis ist nicht, zu intensiv zu versuchen, es richtig hinzukriegen. Konzentriere dich nur darauf, wie sehr du entspannt bist, nicht darauf, ob du es bist oder nicht.

5. Bringe Dinge zu Ende

Erinnere dich daran, alles, was du am nächsten Tag bei deiner Arbeit erledigen musst, schriftlich festzuhalten, bevor du gehst. Schreib dir alles auf und führ ein Tagebuch, sodass du es dir leisten kannst, Dinge nicht im „Hinterkopf" behalten zu müssen.

6. Dinge abschließen

Beende am Ende des Tages deine Arbeitszeit damit, den Computer einmal ein- und auszuschalten, jede Schranktür, jede Schublade, jedes Fach zu öffnen und zu schließen. Indem du all dies tust, gibst du deinem Gehirn ein Zeichen, dass alles für den Tag abgeschlossen und beendet ist. Mach dir eine Liste von dem, was du in welcher Reihenfolge am folgenden Tag tun musst, und notiere alles, was du am nächsten Tag fertig machen musst.

7. Sorgenblock

Besorge dir einen Sorgenblock und führ ihn mit dir. Jedes Mal, wenn du feststellst, dass du dir über etwas Sorgen machst, denk darüber nach, was du im Moment diesbezüglich tun kannst. Wenn du etwas tun kannst, dann tue es. Wenn nicht, halte es einfach auf deinem Sorgenblock fest und nimm dir jeden Abend 10 Minuten Zeit, um deine Sorgen durchzusehen, und mach dir dann einfach 10 Minuten lang ordentlich Sorgen.

8. Verändere deine inneren Bilder

Achte darauf, was für Bilder du machst, wenn du gestresst bist, und mach sie kleiner, schiebe sie weit weg und mache sie verschwommen und undeutlich. Ersetze sie durch entspannende Bilder und mach die neuen Bilder groß, hell, farbig und lebendig.

9. Verändere den Ton deiner inneren Stimme

Verändere den Ton deiner inneren Stimme, sodass sie sich lächerlich anhört. Anstatt deprimiert zu klingen, sollte sie sich zum Beispiel wie Mickey Maus anhören oder eine tiefe, verführerische Stimmlage haben.

10. Lachfilter

Benutze den Lachfilter, um jeder stressigen Situation einen humorvollen Rahmen zu geben.

Zeit frei machen

⌘

Ich liebe Kinder. Sie machen so viel mehr Freude als Erwachsene. Oft bekomme ich das Gefühl, dass ich mit ihnen viel mehr gemeinsam habe. Vor einigen Jahren war ich auf einem NLP-Seminar in Orlando. Eines morgens babysittete ich Irene, die 2-jährige Tochter meiner Freunde Dave und Holly. Ich und Rinie, wie ich sie nannte, spielten viele verschiedene Spiele. Sie lernte gerade sprechen. Während wir spielten, stand die Zeit still und ich bemerkte etwas Faszinierendes an Kindern. Kinder in so einem frühen Alter haben kein echtes Konzept von Zeit. Sie leben einfach im Hier und Jetzt. Darin liegt solch eine Freiheit, dachte ich. Nicht einfach, weil sie frei von Verantwortung sind, sondern weil sie wirklich im Hier und Jetzt leben, frei von Vergangenheit und Zukunft. Wir können einige wunderbare Dinge von Kindern lernen.

Einstein, eines der größten Genies aller Zeiten, sagte, dass „Zeit relativ ist". Trotz dieser Tatsache nutzen wir sie selten auf eine Weise, die uns hilft. Je mehr Technologien wir entwickeln, die uns in die Lage versetzen, Dinge schneller zu erledigen und Zeit zu sparen, desto öfter halsen wir uns noch mehr auf und am Ende verlieren wir Zeit. Mit Computern, Laptops, Handys, Flugzeugen und Faxmaschinen suchen wir ständig nach Wegen, wie wir schneller sein können. Während wir dies jedoch tun, scheint unsere Welt schneller zu laufen und wir scheinen weniger Zeit als je zuvor zu haben, um so viel mehr zu tun.

In „Time for a Change", Richards phantastischem Buch, las ich davon, wie er Leuten beibrachte, ihre Wahrnehmung der Zeit zu verändern, indem sie in einen Zustand der Zeitverzerrung gingen. Sie waren fähig, angenehme Ereignisse so wieder zu erleben, als ob sie viel länger dauerten, und nicht so schöne Ereignisse in einer Zeitspanne vorbeigehen zu lassen, die sich wie ein kurzes Aufleuchten anfühlte. Zeitverzerrung wird erreicht, indem du in einen Zustand gehst, in dem du Zeit in der Vergangenheit wahrnimmst, als ob sie sich verlangsamt oder beschleunigt, und dies wieder auslöst, wenn du es benötigst.

Als ich dies in mein eigenes Leben integrierte, machte es die Dinge so viel einfacher, aber ich merkte, dass ich immer noch mit Vielem gleichzeitig beschäftigt war und mir die Zeit davonlief. Ich sprach mit Richard darüber.

***OF:** Hast du irgendwelche Anregungen für Zeitmanagement?*

***RB:** Ich denke, die meisten Leute vergeuden das meiste ihrer Zeit. Im Sinne von Zeitmanagement denke ich, dass das Wichtigste ist, weniger Zeit mit „sich Sorgen machen" zu verbringen und weniger Zeit damit, sich schlecht zu fühlen und zu verstehen, wie dein Kopf funktioniert, sodass du Entscheidungen schnell treffen und Dinge schnell tun kannst. Du lernst, dich zu motivieren, Dinge zu Ende zu bringen und das effektiver hinzubekommen. Die Menge an Herumdrucksenrei, die die Leute an den Tag legen, während sie Dinge tun, ist absolut verrückt.*

Die meisten Klienten, mit denen ich arbeite, verbringen bis zu 70 Prozent ihrer Zeit, die sie wach sind, damit, an sich selbst herumzunörgeln und schreckliche Bilder zu machen, und 15 Prozent ihrer Zeit damit, Dinge zu planen, die sie nie tun, und weitere 14 Prozent ihrer Zeit damit, sich über das zu beklagen, was sie nicht getan haben, und vielleicht 1 Prozent ihrer Zeit damit, wenn sie Glück haben, tatsächlich etwas zu tun. Für mich ist das Wichtigste, dieses Verhältnis ins Gegenteil zu kehren. Unser Geist ist eine wunderbare Einrichtung, er kann planen und planen und planen, aber wir müssen lernen, Dinge zu planen und sie dann zu tun.

Menschliche Wesen sind glücklicher, wenn sie etwas in die Tat umsetzen. Mein Nachbar von nebenan sagte mir einmal, dass er zu einigen Pferden hinübergeschaut habe, die einige Jahre auf einem Feld hinter meinem Haus standen, und er sagte: „Das sind sehr unglückliche Pferde." Ich fragte ihn, was er damit meine und er antwortete: „Pferde sind nicht glücklich, es sei denn, sie haben etwas zu tun. Wenn sie in einer Herde wären, würden sie herumtoben und nach Fressbarem suchen. Wenn ich mit ihnen auf meiner Farm arbeite, können sie es nicht erwarten, aufgezäumt zu werden und rauszulaufen und das zu tun, was Pferde tun." Er fuhr fort: „Seit wir Traktoren haben, stehen die Pferde draußen einfach da. Die Pferde sind einsam." Die Pferde sind gelangweilt und dann fangen sie an, Dinge zu tun wie an Bäumen zu nagen und an sich selbst herumzukauen.

Menschen sind in vieler Hinsicht ähnlich. Das bedeutet, wenn sie nichts zu tun haben, was ihnen Freude bereitet, fangen sie an, sich selbst anzugreifen. Sie tun das lediglich mit innerem Dialog und schlechten Bildern und dann fangen sie an, die Leute um sich herum anzugreifen, sie fangen an, auf ihren Kindern herumzuhacken. Wenn ich mir die Generation anschaue, die nach mir aufgewachsen ist, ist eins der Dinge, die mich erstaunen, dass wir diesen Kindern mehr Angst eingejagt haben als sie uns.

Als ich aufwuchs und glaubte, dass eine Bombe uns alle in die Luft jagen würde, dachten viele von uns: „Wen stört's? Lasst uns alles ausprobieren, denn es spielt eh keine Rolle." Aber die Situation jetzt ist noch heimtückischer. Es ist der Gedanke, dass die Welt ein Platz voll versteckter Gefahren ist. Die Polizei spioniert dich aus. Die Terroristen spionieren dich aus. Alles, was du siehst, sind Millionen von Krimi-Serien, wo jeder erschossen wird. So wachsen Teenager auf. In vielen Nachbarschaften ziehen erfolgreiche Leute aus dem Getto aus, sodass als Vorbilder nur die Prostituierten und Drogendealer übrig bleiben.

Wir müssen lernen, Dinge zu mischen, nicht nur zwischen Menschen, sondern wir müssen erfolgreiche und arme Leute zusammen in die gleiche Umgebung stecken. Wir müssen Leute aus verschiedenen Religionen nehmen und sie zusammen Mittag essen lassen, um Himmelswillen. Ich meine, je mehr Muslime ich kennenlerne, desto mehr mag ich sie wirklich. Wenn ich die Regierung das bestimmen lassen würde, müsste ich vor ihnen allen Angst haben. Ich müsste ihnen allen aus dem Weg gehen. Ich müsste denken, sie seien alle verrückt und durchgeknallt, aber die Wahrheit ist, wenn du Leute kennenlernst, merkst du, wie sie wirklich sind. Je mehr wir reisen und andere kennenlernen, desto mehr tun wir, um nicht nur die Ängste zwischen den Menschen zu beseitigen, sondern auch die Ängste, die wir in uns selbst haben, und desto besser wird es uns gehen. Angst ist ein Zeichen dafür, dass du dumm bist und so betrachtet und behandelt werden solltest!

Die Schlüssel zum Zeitmanagement sind in Wirklichkeit, zu lernen, es so zu machen, dass du die meiste Zeit dein Bestes gibst. Es geht darum, sicherzustellen, dass es in den Momenten, die du mit deiner Familie verbringst, nur um deine Familie geht. Es geht darum, niemals Arbeit in deine private Zeit eindringen zu lassen und sicherzustellen, dass die Momente, die du mit den Menschen, die du liebst, verbringst, nicht unnötig von Problemen deiner Arbeit beeinflusst werden. Es geht darum, deine Zeit und Prioritäten auf die für dich bestmögliche Art zu organisieren. Es geht darum, jeden Tag Zeit zu reservieren, um all die Dinge schriftlich festzuhalten, die du tust und tun musst, und sie jeden Morgen durchzugehen.

Eine weitere großartige Idee, Zeit effektiv zu managen, ist, anzufangen zu untersuchen, wie viel Zeit du auf die verschiedenen Aufgaben verwendest. Trage für einige Tage eine Uhr bei dir und nimm die Zeit und schreib alles auf. Dies wird dir einen tollen Überblick verschaffen, wohin all die Zeit „gegangen" ist.

Zeit frei zu machen bedeutet, zu verstehen, dass wir nicht mehr Zeit erschaffen können, wir können nur die uns zur Verfügung stehende Zeit besser nutzen. Indem du deine Aufgaben in verschiedenen Kategorien priorisierst, wirst du das in Angriff nehmen können, was dringend und wichtig ist, und den Dingen voraus sein. Das wird einschließen, Dinge zu delegieren und manchmal etwas abzulehnen, um Dinge perfekt hinzubekommen, aber indem du dich darauf fokussierst, sicherzustellen, dass du im bestmöglichen Zustand bist und alles tust, was du kannst, wirst du merken, dass du mehr fertigbekommst als jemals zuvor. Es hat auch damit zu tun, dich selbst zu disziplinieren, um einen Zeitplan einzuhalten, während du weiter flexibel bleibst. Auf diese Weise können wir am besten die Freude und Befriedigung erfahren, die mit der Freiheit verbunden ist, im Hier und Jetzt zu leben, genauso wie die Kinder.

Übungen, die Zeit zu verändern

1. Organisiere

Nimm dir einen Tag, um alles organisiert zu bekommen.

Entwickle dein Tagebuch/deine Termine/deinen Zeitplan gemäß den Informationen, die du gerade erhalten hast. Die Menge Zeit, die du während des nächsten Jahres sparen wirst, wird es absolut wert sein. Mach dies zu einer regelmäßigen Gewohnheit: einmal die Woche, einmal im Monat, alle drei Monate, sechs Monate, einmal im Jahr.

2. Hole auf

Gib dir jede Woche ein paar Stunden extra, um aufzuholen und Dinge zu beenden.

3. Setze Prioritäten

Einige Dinge sind wichtiger und dringender als andere. Stell sicher, dass du deine Prioritäten kennst. Du wirst nie alles fertigbekommen.

4. Schaffe dir ein Notizbuch an

Schaffe dir ein Notizbuch an und nimm es überall mit hin. Schreib alles auf, wovon du denkst, dass du es tun musst.

5. Messe deinen Zeitaufwand

Nimm immer eine Uhr mit und halte in deinem Notizbuch fest, wie viel Zeit du im Laufe des Tages für jede Aktivität aufwendest. Tue dies ein paar Tage lang und du wirst genau verstehen, wohin deine Zeit „verschwindet“!

Die Kunst finanzieller Freiheit

⌘

Geld wird überall auf der Welt als eines der wichtigsten Dinge betrachtet, die es gibt. Selbst in Ländern wie Indien oder Tibet, wo Spiritualität so wichtig ist, gibt es viele Leute, die am Straßenrand um Geld bitten. Weltweit gibt uns Geld die Möglichkeit, mehr zu tun, zu mehr Orten zu reisen, mehr Leute kennenzulernen. Geld gibt uns die Freiheit, die Freuden des Lebens zu genießen oder einfach nur zu überleben. Die Idee finanzieller Freiheit ist genaugenommen die Idee, genug Geld zu haben, sodass es dir möglich ist, das zu tun, was du willst, und zu leben, wie du es willst. Da wir alle verschieden sind, wird die Geldmenge von Mensch zu Mensch unterschiedlich sein.

Indem ich die reichsten Menschen studierte, die ich kenne und die zu Reichtum verfügbare Literatur durchging, erfuhr ich von den Bausteinen, die Reichtum vergrößern. Ich wollte auch Richards Sichtweise über Reichtum hören, da er jemand ist, der über die Jahre finanziell erfolgreich ausgesorgt hat.

OF: *Wie kann man Reichtum vergrößern und mehr finanzielle Freiheit erlangen?*

RB: *Um Reichtum zu vergrößern, musst du deine Gedanken auf die Beantwortung der Frage fokussieren: „Wie kann ich meine Zeit verkaufen?“ Es gibt da einen Punkt, an dem du erhöhen kannst, wie viel deine Zeit kostet, aber es muss einen Punkt geben, an dem du irgendwie produktiv werden oder andernfalls neu nachdenken* *musst. Du musst entweder anderen Leuten beibringen, das zu tun, was du tust, sodass du ihre Zeit nutzt, oder du musst in der Lage sein, Dinge anders machen zu können.*

Der Grund, warum ich Bücher schreibe, liegt darin, dass es ein Weg für mich ist, da zu sein, wenn ich nicht tatsächlich da bin. Ich produziere Audio-Kassetten und CDs und DVDs und all diese Produkte, denn das ist ein Weg, meine Fertigkeit in ein Produkt zu gießen und es einer großen Anzahl von Menschen zukommen zu lassen, ohne dass es viel Zeit in Anspruch nimmt. Du musst eine Stimme in deinem Kopf haben, die sagt: „Wie kann ich halb so viel Zeit darauf verwenden, viermal so viel zu verdienen?" Zunächst scheint es immer ein Ding der Unmöglichkeit zu sein, Leute haben es jedoch seit Jahrhunderten getan. Es müssen nicht die gleichen Fertigkeiten sein, die ich habe. Ich habe nun einmal die Fertigkeiten, die ich habe, also ist es das, was ich verkaufe.

Einige Menschen arbeiten im Moment an einem Haus. Jemand bezahlt ihnen fünf Dollar die Stunde, um den Seitenflügel des Hauses zu errichten. Sie müssen sich die gleiche Frage beantworten: „Wie kann ich halb so viel Zeit damit verbringen, viermal so viel Geld zu verdienen?" Eine Menge Leute glauben, dass du es einfach leicht auf dem Aktienmarkt verdienen kannst. Ich finde den Aktienmarkt sehr gefährlich. Es kann für eine Weile gut für dich laufen, aber es kann auch sehr schnell wirklich schlecht laufen. Wenn du den Aktienmarkt nicht wirklich verstehst und mit deinem Wissen nicht auf der Höhe der Zeit bleibst, wird es für dich schlecht laufen. Aus dem gleichen Grunde jedoch könnte der Kerl, der das macht, es sich anders überlegen und sich sagen: „Nun, wenn ich genug Geld gespart habe und ein zusätzliches Haus baue und es verkaufe, dann könnte ich zwei Häuser bauen oder ich könnte einen Wohnanhänger kaufen und ihn verkaufen und zwei Wohnanhänger kaufen." Leute haben das seit Urzeiten getan, Sachen und Marktnischen zu finden.

Als mein Großvater in die USA kam, hatte er keinen Cent, denn er hatte alles an die Deutschen verloren, und er fuhr in New York herum in einem kaputten Auto, das stehen blieb. Er ging in eine Tankstelle und sie sagten, es würde eine Woche dauern, die Teile zu bekommen, denn sie könnten die Tankstelle nicht schließen und nach New York fahren, um die Teile zu holen. Also sagte er dem Kerl: „Gut, ich sag dir was. Ich werde den Wagen nach New York fahren, um die Teile zu holen." Dann sagte er: „Übrigens, braucht ihr Teile für irgendwelche anderen Autos?" So fuhr er nach New York und er schlug 10 Prozent auf den Preis auf und er kam zurück und er verdiente Geld damit, sein Auto repariert zu bekommen und fünf Jahre später war er Multimillionär. Er hatte Leute, die in mit den Teilen beladenen Lastern durch die ganze Stadt zu all den Tankstellen fuhren. Er begann mit nichts und verdiente Millionen von Dollar.

Geschichten dieser Art passieren andauernd überall auf dem Planeten. Es gab einen Kerl im Nordosten Amerikas, der Kisten baute, um Kinderwagen darin zu verpacken, und er warf einen Blick in einen Lastwagen und dachte bei sich: „Weißt du, wenn wir einfach Führungsschienen in diese Lastwagen einbauen würden, bräuchten wir nicht diese teuren Kisten zu bauen. Ich könnte mich selbst arbeitslos machen." Also kaufte er einen alten Lastwagen für 50 Dollar, baute die Führungsschienen ein und sagte dem Kerl, er könne sie zu jedem Laden in New York bringen und er bräuchte keine Kiste, er würde sich all das Geld sparen. Am Ende besaß er eine Lastwagenfirma in Neuengland. Fünfzehn Jahre später war er Multimillionär.

Geschichten wie diese gibt es immer wieder, wo Leute eine Idee haben, die Sinn ergibt, und sie machen etwas daraus. Das Wichtigste, was Leuten klar sein muss, ist, dass, egal ob sie ultra-reich an Geld werden oder nicht, es eine Menge wirklich reiche Leute gibt, die wirklich unglücklich sind. Wirklicher Reichtum ist, glücklich mit dem zu sein, was du hast, und intelligent genug zu sein, mehr zu verdienen.

Finanzielle Freiheit hat also damit zu tun, dass du deiner Zeit einen größeren Wert gibst. Es geht auch darum, Wege herauszufinden, wie du dein Geld für dich arbeiten lassen kannst, während du etwas anderes tust. Einen Sinn für Wohlstand zu haben bedeutet, dass du die Überzeugungen und Einstellungen entwickelst, die dich darin unterstützen, wohlhabend zu sein. Oft können wir uns negative Überzeugungen bezüglich Geld aneignen, die wir mit in unser Erwachsensein tragen. Wir lernen, dass Geld zu lieben schlecht ist und dass der „arme Mensch das Tor zum Himmel durchschreiten wird".

Während solche Überzeugungen und Geschichten dazu gedacht sind, sicherzustellen, dass Menschen Geld nicht für die wichtigste Sache der Welt halten, ist es nicht hilfreich, sie als die absolute Wahrheit anzunehmen. Stattdessen kann dir klar werden, dass „Geld zu lieben" schlecht sein kann, aber es zu erwerben nicht. Je mehr Geld du hast, desto größeren Einfluss kannst du auf die Welt haben. Dic crfolgreichsten Menschen, die das meiste in der Welt bewirkt haben, haben dies entweder durch ihren eigenen Reichtum oder durch ihre Fähigkeit, solche mit Reichtum einzuspannen, geschafft.

Eine weitere Idee in Bezug auf finanzielle Freiheit ist die Kunst, die Person mit dem „größeren Trinkgeld" zu sein. Wann immer du die Wahl hast zwischen einer kleineren oder größeren Menge zu geben, ist es essenziell, dass du den größeren Betrag gibst, da die Art, wie du dich verhältst, beeinflussen wird, wic du dich siehst. Wie Jim Rohn sagt, es geht darum, die „größeres Trinkgeld"-Person zu sein. Wenn wir den kleinen Betrag geben, werden wir uns als Geizkragen sehen. Wenn wir den größeren Betrag geben, werden wir uns als reicher sehen. Schließlich ist es wichtig, finanzielle Ziele zu setzen, um dein Gehirn darauf zu fokussieren und auf eine überreiche Denkweise einzustellen. Wenn du das begreifst, kannst du alles tun, wozu du fähig bist, um so viel Reichtum wie möglich zu erzielen.

Reichtum-Mentalität-Übungen

1. Investiere von deinem Einkommen 10 Prozent, spare 10 Prozent und gib 10 Prozent ab.
Dies wird es dir ermöglichen, anzufangen zu üben, dein Geld erfolgreich zu managen.

2. Schreibe deine Überzeugungen in Bezug auf Geld nieder, und welche Überzeugungen stattdessen nützlicher sind.

3. Wenn du die Wahl hast zwischen dem Ausgeben von zwei ähnlich hohen Beträgen, gib immer den größeren Betrag aus.
Das wird dich dazu bringen, eher aus einem Wohlstandsbewusstsein heraus zu denken, als aus einem Armutsbewusstsein.

4. Definiere deine wohl-geformten Ziele rund ums Geld.

o Was willst du dir leisten können?

o Wie viel willst du pro Jahr verdienen?

o Mach dir einen jährlichen Plan für die nächsten 15 Jahre, wie viel du verdienen willst und was du dir leisten können willst.

o Mit wie viel Geld würdest du dich als finanziell frei betrachten?

Auf sich achtgeben

⌘

Um eine gesunde Umgebung in deinem Kopf zu schaffen, ist es notwendig, auch in deinem Körper eine gesunde Umgebung herzustellen. Das bedeutet nicht, rigoros dem zu folgen, was Leute als die „perfekte Diät" bezeichnen, oder geradezu religiös jeden einzelnen Tag Sport zu treiben. Es bedeutet einfach, gut zu deinem Körper zu sein, indem du etwas altmodisch den gesunden Menschenverstand benutzt.

Wir wissen, dass, wenn wir zu viel trinken oder Drogen nehmen, es unseren Körper auf negative Art beeinträchtigen wird. Die meisten Menschen wissen wie es ist, mit einem Kater aufzuwachen und den negativen mentalen Zustand zu erleben, den er mit sich bringt. Wir kennen das, wenn wir zu viel oder zu wenig essen oder die falsche Nahrung zu uns nehmen, dann werden unsere Gefühle negativ beeinflusst. Wir wissen, dass, wenn wir nicht regelmäßig Sport treiben, wir nicht in einem positiven mentalen Zustand sein werden. Wir wissen dies aus Erfahrung, nicht nur durch die vielen Statistiken und Untersuchungen, die dies wissenschaftlich bestätigen.

Der Schlüssel liegt darin, einigen sehr einfachen Richtlinien, wie du deinen Körper behandelst, zu folgen. Esse gesunde (wenn möglich frische) Nahrung. Trinke gesunde Getränke. Vermeide Alkohol oder andere Drogen so weit wie möglich. Schlaf gut und treibe regelmäßig Sport. Ich fragte Richard nach seinen Gedanken dazu.

OF: *Was für Anregungen hast du, um Menschen gesundheitlich zu helfen?*

RB: *Das kommt auf die Person an. Komischerweise sind die meisten Menschen, die ich kenne, die ziemlich gesund sind, auch ziemlich glücklich. Allerdings gibt es leider keinen Weg, um Dinge vorherzusagen. Mich haben Krankheiten erwischt, obwohl ich zutiefst glücklich war, aber ich habe sie durchgemacht und das entsprach nicht der Vorhersage der Ärzte. Diese Sache mit der Gesundheit ist noch nicht enträtselt. Am Ende werden wir herausfinden, dass sie stark vom genetischen Code und von körpereigenen Stoffen bestimmt wird. Ich denke, wenn du dich schlecht fühlst, es ist sehr wichtig, dass du dich so stark veränderst, wie du kannst, und ich denke, es ist eine gute Idee, das zu wechseln, was immer deine Lebensweise ist.*

Vitamine nehme ich für eine Weile, und dann höre ich damit auf, und dann fange ich wieder damit an. Ich denke, wenn du einfach die gleichen Vitamine die ganze Zeit nimmst, werden sie für deinen Körper Normalität und er scheidet sie einfach aus. Es ist eine gute Idee, ihn mit neuen Dingen bekannt zu machen. Je öfter du neue Dinge einführst, desto lebendiger, denke ich, wird dein Körper bleiben. Wenn du Vitamine nimmst, solltest du dein Vitaminrepertoir verändern. Wenn du Sport treibst, solltest du deine Sportgewohnheiten verändern. Je mehr du bei den gleichen Dingen bleibst, desto mehr gewöhnt sich der Körper an sie und das tut wirklich wenig gut. Ich denke, dass es an einem bestimmten Punkt genaugenommen kontraproduktiv wird und dass es das Beste ist, einfach weiter Dinge auszuprobieren, und wenn du Sachen probierst und du fühlst dich schlecht, hör einfach damit auf.

Was Richard ausdrückte, war, dass es eine gute Idee ist, unsere Regeln und Gewohnheiten zu variieren, denn wenn sich der Körper an bestimmte Dinge gewöhnt, haben sie nicht immer so einen positiven Effekt wie am Anfang. Indem du verschiedene Ansätze verbindest, ist es möglich, den Körper fortwährend positiv zu beeinflussen. In Bezug auf Nahrung wäre also der Gedanke, Nahrungsmittel zu essen, die nahrhaft sind - aber sicherzustellen, dass du viele verschiedene Arten von Nahrungsmitteln zu dir nimmst. Die Idee ist, auf verschiedene Art Sport zu treiben. Es ist gut, in eine Routine mit

Essen und Sport zu kommen, aber innerhalb dieser Routinen ist Variation der Schlüssel.

Die Grundidee ist, dass du einige Nahrungsmittel kennst, die dir eher helfen, zuzunehmen. Wenn du also Gewicht verlieren willst, liegt der Schlüssel darin, diese Nahrungsmittel zu vermeiden. Einige andere Tipps bezüglich Essen wären, sicherzustellen, dass du langsam isst. Untersuchungen geben Anlass zu der Vermutung, dass Kauen die Verdauung verbessert, was deine allgemeine Gesundheit verbessert. Meine Oma achtete bei mir immer darauf, und doch merkte ich erst einen Unterschied, als ich tatsächlich anfing, es öfters zu tun. Trink viel Wasser, weil es für den Körper unbedingt erforderlich ist, immer mit viel Flüssigkcit versorgt zu sein, um gesund zu bleiben.

Ich begann, mit Richard über Schlaf zu sprechen. Ich hatte viele verschiedene, sich widersprechende Berichte gelesen, wie viel Schlaf Menschen brauchen, um effektive Leistung zu bringen. Ich fragte Richard danach.

OF: *In Bezug auf Schlaf, wie viel müssen Menschen schlafen, damit sie effektiv tätig sein können?*

RB: *Es kommt darauf an, wer du bist. Einige Menschen brauchen mehr Schlaf, einige Menschen weniger. Ich denke, die meisten Menschen schlafen zu viel. Ich denke, es ist wie eine Droge und die Leute sollten sich von ihr entwöhnen und herausfinden, was maximale Leistung ist. Die meisten Leute haben sehr wenig Energie, denn sie schlafen zu viel und das produziert einen Botenstoff in ihnen.*

Dieser Quatsch, den dir Ärzte erzählen, dass du acht Stunden brauchst - ich meine, also Verzeihung, aber ich glaube, jemand nahm sich einfach den Tag und teilte ihn durch drei und kam mit dieser Zahl raus. Sie sagen nicht: „Einige Menschen brauchen 8 Stunden und 10 Minuten und einige Menschen brauchen 7 Stunden und 5 Minuten.“ Sie sagen: „Jeder braucht acht Stunden.“ Das ist reiner Unsinn. Die meiste Zeit meines Lebens habe ich drei bis fünf

Stunden pro Nacht geschlafen und ich habe mich immer gut gefühlt. Wenn ich mehr als das schlafe, fühle ich mich benommen. Die Leute müssen herausfinden, was für sie perfekt ist. Jedoch, immer mal wieder, wirst du für 15 Stunden schlafen und dann manchmal überhaupt nicht. Weißt du, Leute sollten lernen, nur zu essen, wenn sie hungrig sind, und nicht, wenn sie sich hungrig fühlen. Sie sollten den Unterschied erkennen zwischen echtem Hunger und dem, einfach Sachen in ihren Mund stecken zu wollen. Wenn du auf deinen Körper hörst, wird er dich wissen lassen, wie viel Schlaf oder Nahrung du brauchst.

Richards Überzeugungen schienen mit einigen konventionellen medizinischen Theorien zu kollidieren, dass Menschen eine bestimmte Anzahl Stunden an Schlaf benötigen. Der Dreh- und Angelpunkt dessen, was er erklärte, war, dass es dem einzelnen selbst obliegt, seine eigenen Schlafmuster zu beobachten und herauszufinden, was am besten für ihn funktioniert, indem er verschiedene Dinge ausprobiert. Seine Warnung vor der Gefahr, zu viel zu schlafen, ließ bei mir ein Licht aufgehen. Ich hatte nie wirklich darüber nachgedacht, aber jetzt erinnerte ich mich an einige Male, als ich im Bett geblieben war, und ich merkte, dass es Tage wie diese waren, an denen ich mich dauernd müde fühlte.

Menschen, denen das Einschlafen schwerfällt, mühen sich meist viel zu sehr damit. Wenn du an den Punkt kommen kannst, wo du nicht viel Schlaf „brauchst“, wirst du es einfach finden, wegzudriften. Ich erinnere mich an einen kleinen Trick, den ich lernte, als ich mit Gillian, einem Freund von mir, durch Europa reiste. Nach unseren abenteuerlichen Erlebnissen in Frankfurt und in Prag kamen wir in Krakau, Polen, an. Am Morgen unserer Ankunft gab es einen besonderen Feiertag in der Stadt. Ich war krank und hatte in dem unbequemen Zug wenig geschlafen. Wir schafften es, eine Bleibe zu finden. Während der nächsten Nächte bekam ich wenig Schlaf. Ich war erschöpft. Am letzten Tag in Krakau trafen wir Veronika, ein nettes Mädchen aus Norwegen, und ihren 9 Jahre alten Sohn Patrick, als sie eine Busfahrt buchten, die auch wir machten. Als wir mit ihnen zusammen weiterreisten, verstand sich Gillian sehr gut mit

Veronika und ich verstand mich großartig mit Patrick. Auch wenn er wenig Englisch sprach, schaffte ich es doch, ihn zum Lächeln zu bringen, als ich herumblödelte.

Wir lernten sie besser kennen und sie fuhren mit uns nach Budapest, unserem nächsten Halt mit dem Zug. Ich bemerkte, dass Patrick absolut keine Probleme hatte, zu schlafen, egal wie unbequem der Zug war. Während ich mich immer noch abmühte und die Erschöpfung schlimmer als je spürte, fragte ich Patrick, wie er es schaffte zu schlafen. Er zeigte auf den Walkman, den ich ihn von Zeit zu Zeit hatte aufsetzen sehen. Er setzte den Kopfhörer auf meinen Kopf und ich hörte langsame spanische Musik. Ich spürte, wie ich zum ersten Mal seit Tagen wegglitt: „Ja, aber ich habe gesehen, dass du ohne die Kopfhörer schläfst, Patrick", sagte ich neugierig. „Ich höre die Musik in meinem Kopf", erwiderte er. Ich lächelte. Ein 9-jähriger Junge war mein Therapeut gewesen. Ich konnte schlafen.

Eine andere Sache, die mich fasziniert, ist das erstaunliche Gefühl, das ich zu anderen Zeiten hatte, wenn ich schlief. Ich bin oft mitten in einem Traum aufgewacht, der sich wie reine Glückseligkeit anfühlte. In den Träumen, die wir erleben, kann ein Gefühl von absoluter Sicherheit, Liebe und innerem Frieden herrschen. Ich war interessiert an Richards Meinung über das Konzept der Traumdeutung.

OF: *Was ist deine Sichtweise auf das ganze Konzept der Traumdeutung?*

RB: *Ich denke, es ist der neurologische Weg, neurokortikale Verbindungen herzustellen, und das hat absolut nichts mit dem Inhalt zu tun. Der tiefsinnigste Traum, den ich je hatte, war, dass ich Arbeit an einer Heftmaschine bekam. Ich arbeitete für acht Stunden, in denen ich Sachen heftete, und abends ging ich nach Hause, schlief ein und ich heftete für weitere acht Stunden. Ich tat dies die nächsten fünf Nächte und danach träumte ich nie wieder vom Heften, aber ich hatte auch nie Probleme, die Heftmaschine zu bedienen.*

Ich habe einige der verrücktesten Träume gehabt, die du dir vorstellen könntest, aber ich glaube nicht, dass sie mit Inhalt verbunden sind. Ich denke, dass dieses ganze Konzept der Traumdeutung absoluter Quatsch ist, und ich glaube, dass sowohl Fritz Pearls als auch Siegmund Freud, oder wie ich ihn gerne nenne: Sick Man Fraud [Zu deutsch: kranker Menschenbetrüger, Anm. d. Übers.], geirrt haben. Es ist eine nette Idee, aber es ist Schwachsinn. Ich glaube, dass Leute stark paranormale Träume haben, wenn sie in paranormalen Zuständen sind, und wenn sie darauf achten können und lernen, Dinge zu tun, dann ist das ein anderes Phänomen. Es ist eine andere Art von Traum. Die meisten Träume, die Menschen haben, sind schlichtweg nichts anderes, als sich neurologisch neu einzustellen, gerade bevor du aufwachst oder wenn du einschläfst.

Das öffnete wiederum die Tür für ein anderes meiner Themen.

OF: *Was sind deine Gedanken zu paranormalen Phänomenen?*

RB: *Ich denke, es macht Spaß.*

Er lächelte.

RB: *Ich denke, dass jeder es tut und jeder ignoriert es und dass es eher die Regel ist als die Ausnahme, und dass es evolutionär ist: einfach, was vor uns liegt. Mein Lieblingssatz, den ich einen Arzt auf einer Konferenz sagen hörte, ist: „Alle paranormalen Phänomene sind absoluter Blödsinn.“ Ich sagte: „Ich hatte eine innere Eingabe, dass Vorahnungen sich als falsch herausstellen werden.“, und er lachte nicht, aber 1500 andere Leute taten es.*

Für mich ist es das, worauf alles hinausläuft - einen Sinn für Humor zu haben und zu erkennen, dass alles möglich ist und dementsprechend irgendwann passieren wird. Einiges davon wird langsam passieren. Ich glaube, dass die meisten Menschen nicht wirklich die Tat-

sache im Blick haben, dass wir als Organismus nicht sehr entwickelt sind und dass wir uns im Prozess befinden, und je mehr wir uns kognitiv entwickeln, desto schneller wird unsere körperliche Evolution ablaufen.

***OF:** Wie können wir dann unsere eigenen paranormalen Fähigkeiten verbessern oder wenigstens unsere eigene Intuition von Dingen?*

***RB:** Indem wir die guten von den schlechten trennen. Wenn du intuitive Eingaben hast - nimm sie wahr. Wenn sie sich als falsch herausstellen, stell den Unterschied zwischen diesem Gefühl und einer Intuition fest, die du hattest, als du richtig lagst. Wenn Menschen sich die Zeit nehmen, das zu tun, werden sie anfangen, eine Menge mehr richtige Intuitionen zu nutzen als falsche.*

Eines Tages erzählte ich meinen Freunden Gemma und Joe davon, dass es einige Leute gab, die ich seit Jahren nicht mehr gesehen hätte, aber gerne mit ihnen in Kontakt bleiben würde. Ich hatte keine Möglichkeit, mich bei ihnen zu melden. Ich nannte insbesondere drei Leute. Nach dieser Unterhaltung bekam ich von einem die erste E-Mail seit drei Jahren. Eine Woche später traf ich den Zweiten in einer Kneipe, in der ich ab und zu landete. Zwei Wochen danach traf ich den dritten Freund, wieder zufällig, als ich mich zu anderen Freunden gesellte. Ich glaube, Zufälle sind Synchronizitäten. Es gibt eine Art von universeller Intelligenz da draußen.

Dinge passieren immer aus irgendeinem Grund. Dieser Grund mag dir helfen oder dich behindern. Was die meisten Leute allerdings nicht verstehen, ist, dass der Grund, weswegen es passiert, davon abhängt, wie du damit umgehst. Alles passiert aus einem Grund, der uns hilft, wenn wir uns entscheiden, es auf diese Art zu nehmen. Erinnere dich daran, dass alle Wahrnehmungen nur Wahrnehmungen sind. Wie wir die Welt sehen, ist einfach, wie wir sie sehen. Der Schlüssel liegt darin, dich bei deinen Entscheidungen von deiner Intuition leiten zu lassen und das Universum kann heimlich planen, dir zu helfen. Ob es das in der Gestalt von „Gott“,

„Engeln“, „Glück“ oder der „Kraft des Bewusstseins“ tut, das gleiche Ergebnis ist möglich. So sehe ich das.

Ich dankte Richard für seine Worte der Weisheit. Es war Zeit, mich auf den Weg zurück zu meinem Hotelzimmer zu machen. Ich ging mit meinem Kassettenrekorder durch die Straßen von Edinburgh, während seine Worte durch meinen Kopf hallten. So viele Sachen fingen an, für mich klar zu werden. Viele Antworten, die ich von ihm bekam, hatte ich bereits selbst erlebt, aber er hatte die phänomenale Fähigkeit, sie brillant auszudrücken.

Besser-Leben-Übungen

1. Wähle dir spezielle Sportarten aus, die du tun kannst, und verbringe wenigstens 30 bis 60 Minuten damit, diesem Training nachzugehen, wenigstens dreimal die Woche.

2. Triff mit dir eine Verabredung, anzufangen, gesünderes Essen zu dir zu nehmen. Kaufe bei deinem wöchentlichen Einkauf frische Früchte und Gemüse.

3. Beobachte deine Schlafmuster und richte deine Aufmerksamkeit auf die Muster, die für dich am besten funktionieren.

4. Achte auf Zufälle und halte sie schriftlich fest.

5. Achte auf deine Intuition und bemerke den Unterschied zwischen den Gefühlen, die du bekommst, die sich als korrekt herausstellen, und den Gefühlen, die sich als falsch herausstellen.

Zufällige Exkurse 4:

Lachen ernst nehmen

⌘

Ob du es glaubst oder nicht, ich bin nicht perfekt. Ich weiß, was du jetzt denkst: „Unsinn. Niemals. Du bist perfekt, Owen." Aber leider bin ich es nicht. Tatsächlich habe ich einige Fehler (alle zusammen mögen es nicht viele sein ☺). Manchmal rede ich zu viel, kann mit mir selbst beschäftigt sein, kann nervend sein, kann meine Launen haben, über die Stränge schlagen, dumme Fragen stellen, zu schnell essen, zu langsam trinken, sage die falschen Dinge und mache mich zum Idioten.

Werde nie zu ernst.
Zu viele Leute werden ernst und versuchen die ganze Zeit, „recht" zu haben.
Wenn du nicht dahin kommst, wohin du im Leben willst, und immer noch spürst, dass „recht" zu haben
die wichtigste Sache ist, wichtiger, als fröhlich zu sein.
Das ist es, wo du Lebensenergie verschwendest und dann,
nach zehn Jahren, wirst du entdecken,
dass du nicht recht hattest und es keine Rolle gespielt hat.

Richard Bandler

Richard ist auch nicht perfekt. Auch er ist ein normaler Mensch mit Fehlern. Wie er selbst sagt, hat er mehr Fehler gemacht als die meisten Menschen. Deswegen hat er so viel gelernt. Der Schlüssel liegt darin, die gleichen Fehler nicht immer wieder zu machen. So viele Menschen halten sich zurück, denn sie sorgen sich darum, was andere vielleicht denken. Sie zögern und warten und warten und warten. Ihr größtes Problem ist, dass sie sich selbst und ihre Welt zu ernst nehmen. Was Menschen wirklich tun müssen, ist, helle im Kopf werden und die Entscheidung treffen, sich gut zu fühlen, anstatt zu versuchen, wichtig zu sein.

Für mich ist Selbstwichtigkeit das, was Leute zur Dummheit führt. Über mich selbst lachen zu können ist etwas, das ich lernen musste. Ich erinnere mich, dass ich einmal mit einer Freundin aus war, die gelernt hatte, wie man mit anderen Rapport aufnimmt. Während des Abends beschuldigte sie mich, sie zu „spiegeln", indem ich eine NLP-Technik benutzte. Was sie vergessen hatte, war, dass Spiegeln ein natürlicher Teil des Prozesses ist, gut miteinander klarzukommen, und dass es in der alltäglichen Kommunikation zwischen Freunden passiert. Manchmal, wenn Leute ein wenig NLP lernen, gehen die Pferde mit ihnen durch in Bezug auf das, was sie glauben, was vor sich geht. Es ist wichtig, sich daran zu erinnern, dass ein großer Teil des NLP aus dem Studieren dessen hervorging, was sich bereits in der realen Welt abspielte, wenn Kommunikation erfolgreich verlief.

Während eines Kurses kam einmal eine Dame zu mir und sagte mir, dass es da eine „dunkle, tief drinnen lauernde Traurigkeit" irgendwo in mir gäbe. Ein anderes Mal fragte mich ein Mann, den ich gerade auf einer Konferenz kennengelernt hatte, worüber ich auf der Konferenz spräche, und als ich ihm sagte, dass es NLP sei, erklärte er mir fortwährend, dass das alles eine Menge „heiße Luft" sei. Dies sind nur einige Beispiele der Art von Dingen, die in der realen Welt passieren. Einige Leute werden skeptisch sein, denn sie haben gelernt, so zu denken. Einige Leute werden annehmen, dass du manipulativ bist, vielleicht, weil sie so denken. Einige Leute werden nach Problemen in dir suchen, weil es das ist, was in ihnen drin abläuft. Sehr viele Leute kapieren einfach nicht, worum es wirklich geht.

Zu versuchen, sie ernsthaft vom Gegenteil zu überzeugen, ist oft der schlimmste Fehler, den du machen kannst. Oft erscheinst du um so schuldiger, je defensiver du wirst. Die Lösung liegt also darin, sich zu entspannen und den anderen Leuten einfach ihren Glauben lassen. Meine Freundin glaubte, dass ich NLP an ihr „benutzte", die Dame glaubte, ich „versteckte tief drinnen meine Traurigkeit", der Mann auf der Konferenz glaubte, NLP sei Unsinn. Sie waren überzeugt davon, dass sie recht hatten, und es gab keine Notwendigkeit, sie vom Gegenteil zu überzeugen. Anstatt mich deswegen schlecht zu fühlen, stellte ich nur fest, dass es ihre Standpunkte waren, und lachte einfach.

Es gibt auch Leute, die an NLP-Kursen teilgenommen haben und aus ihnen rausgehen mit dem Gedanken, dass sie alles wissen und dass sie Ex-Berten sind. Die Wahrheit ist, dass das alles eine Frage der Wahrnehmung ist. Uns allen kommen Ideen und dann gehen wir daran, zu beweisen, dass diese Ideen wahr sind. Leute bilden sich Meinungen über mich oder Richard oder dich, den Leser, und sie geben sich selbst Beweise für diese Meinung. Wir lieben es zu denken, dass wir jemanden „erfasst" haben. Die Realität ist, dass alles mit Wahrnehmung zu tun hat und es sinnlos ist, sich irgendetwas von dem, was die Leute sagen, zu Herzen zu nehmen. Wenn du über dich selbst lachen kannst, musst du dich nicht mit den Irrtümern oder Verzerrungen anderer Leute identifizieren, und du kannst dich einfach darauf fokussieren, dich wirklich gut zu fühlen.

Lachen ernst nehmen bedeutet, den Humor zu erkennen, den das Leben birgt, und mit einer anderen Einstellung in die Zukunft zu gehen. Wann immer mich etwas nervt, schimpfe ich normalerweise darüber gegenüber einem Freund und tue mein Bestes, um die Situation auf eine überzogene und lustige Weise darzustellen. Dies hilft mir, sie aus einer nützlicheren Perspektive zu sehen, denn ich fange augenblicklich an, darüber zu lachen.

Andernfalls ist es leicht, sich in Wut zu verfangen oder sauer auf Leute oder die Umstände zu sein. Wenn wir uns selbst für zu wichtig nehmen, gelingt es uns nicht, zu erkennen, wie dumm das ist. Es gibt viele Menschen, die es versuchen und wichtiger werden, indem sie einen neuen Titel bekommen. Es gibt viele Leute, die versuchen, intelligenter zu erscheinen, indem sie kritisch sind. Natürlich wird es Leute geben, die dieses Buch nehmen und es kritisieren werden, um zu zeigen, wie intelligent sie sind. Wir können aus dem Feedback lernen, aber uns deswegen schlecht zu fühlen würde dem ganzen Gedanken der persönlichen Freiheit zuwiderlaufen. Wieder sind es oft solche Leute, die den Kern der Sache nicht blicken. Es ist nicht dazu geschrieben, um „gut" für sie zu sein. Es ist geschrieben worden, um Menschen zu befähigen, etwas über die Dinge zu lernen, die ihnen helfen, mehr persönliche Freiheit zu entwickeln.

Was werden „die Leute" denken? Nun, du musst die Frage stellen: „Welche Leute?" Und: „Wen interessiert das?" Die Menschen, die eine Rolle spielen, sind diejenigen, die du wirklich liebst und die dich lieben, so wie du bist. Wenn du anfängst, über dich selbst lachen zu können, dann hast du die Freiheit, dein bestes zu zeigen. Wenn Leute ihr Bestes geben, liegt das daran, dass sie so von der Aktivität vereinnahmt sind und nicht daran, wie sie wahrgenommen werden. Das ist der Trick.

Etwas, das ich oft mache, ist, die Leute denken zu lassen, dass sie über mich Bescheid wissen oder sich eine Meinung über mich gebildet haben. Es gibt viele Leute, die es lieben zu denken, dass sie die Kontrolle über dich haben, oder dass sie die Art von Mensch, die du bist, sofort erkennen. Sie leben in einem Dunstnebel ihrer eigenen irrtümlichen Wahrnehmung. Das Problem ist, dass wir das alle tun. Andere Leute zu sehen, ohne sie über oder unter sich zu stellen, ist ein guter Schritt dahin, dich großartig darüber zu fühlen, wer du bist.

Wenn du erst einmal im NLP sehr erfahren wirst und du die Besten kennenlernst, fängst du an zu merken, wie elegant und geschickt du mit Sprache umgehen kannst. Du lernst Konzepte wie verschachtelte Schleifen, sequenzielles Formulieren und semantisches Gruppieren. Du lernst „Meta-Programme" und „Modal-Operatoren" zu verstehen, welche einfach verallgemeinerte Muster sind, die wir nutzen, um Informationen in unserem Kopf zu sortieren und zu organisieren, und wie du sie verbal und nonverbal elizitierst. Du lernst, wie du Worte drehen und wenden kannst, um dramatische Wirkung auf anderer Leute Gehirne zu haben, und zwar dadurch, dass du die richtigen Worte in der richtigen Sequenz zum richtigen Zeitpunkt gebrauchst. Du lernst, wie du Fragen stellst, die das Leben einer Person zum Guten wenden, und Verbtempi auf Arten benutzt, die die Weise, wie eine Person ihre Vergangenheit, Gegenwart und Zukunft wahrnimmt, vollkommen verändern.

All diese wirklich tollen und faszinierenden Techniken sind die Dinge, mit denen ich es immer noch liebe zu arbeiten und die ich liebe zu unterrichten und zu lernen. Aber nichts davon spielt eine Rolle und nichts davon wird wirklich effektiv sein, wenn du nicht die Wichtigkeit erkennst, fähig zu sein über das Komische zu lachen, das überall ist. Wir können unsere Welten zum Guten wenden, wenn wir einfach lernen ein wenig mehr zu lachen. Wir können über die lachen, die versuchen, uns schlechte Gefühle zu geben, indem sie sich selbst als wichtig aufspielen, und wir können über die Lächerlichkeit von Menschen manchmal grinsen. Oder wir können uns in dieser ernsten Welt bewegen, mit unserem ernsten Verstand und unseren ernsten Gesichtsausdrücken.

Irgendwo in dieser Welt gibt es zu viele Leute, die zu viele Ding ernst nehmen, besonders sich selbst. Es gibt Zeiten, um mit Situationen ernst umzugehen, aber es gibt sehr wenige Augenblicke, in denen du dich selbst ernst nehmen solltest. Ich bin nicht perfekt und ich habe zwei Wahlmöglichkeiten: mich schlecht über das Warum zu fühlen, oder darüber zu lachen, wie ich bin. Ich ziehe das Lachen vor.

Teil 5

Die Kunst, Freiheit zu lieben

⌘

Tatsächlich Liebe

⌘

Es war zwei Uhr nachmittags und ich fuhr die mir bekannte Straße entlang. Die Sonne schien ausnahmsweise mal. Es war warm und ich hatte die Seitenfenster offen, während ich der Musik im Radio lauschte. Es war ein überraschend wolkenloser Tag im Dezember. Draußen war es kalt, aber es ging fast kein Wind. Meine Gedanken wanderten andauernd von Thema zu Thema, nur ab und zu wurde ich in die Realität zurückgeholt, wenn ich mich besann, welche Abbiegung ich nehmen musste. Je weiter ich aufs Land kam, desto mehr frische, klare Luft füllte meine Lungen. Ich wurde mit jeder gefahrenen Meile immer entspannter. Ich fühlte, dass ich auch gesünder wurde.

Ich war auf dem Weg, Richard und Paula einmal mehr zu besuchen. Es waren einige außerordentlich chaotische Monate gewesen. Ich hatte sie seit kurz vor meiner Weltreise nicht mehr gesehen. Ich hatte ihnen so viel zu erzählen und so viele Fragen. Seit dem letzten Mal, als wir uns trafen, hatte ich NLP in Indien unterrichtet, war am Everest aufgestiegen, in Neuseeland Ski gefahren und hatte eine wirklich erstaunliche Reihe von Abenteuern auf meiner Reise.

Ich dachte über alles nach, was ich in den letzten sechs Monaten erlebt hatte. Meine Fragen waren Fragen von mir, für mein eigenes Leben, aber tief drinnen wusste ich immer, dass diese Fragen für sehr viele Menschen auf der Welt von hohem Wert waren. Der Grund war, dass sich die Fragen um das wichtigste Konzept auf der Welt drehten: Liebe. Ich wollte dieses Thema mit Richard erkunden und sehen, wie es mit meiner eigenen Erfahrung zusammenpasste.

Ich hatte bereits alles, was ich aus meinen bisherigen Gesprächen mit Richard gelernt hatte, mit bemerkenswerten Ergebnissen angewandt. Mein Fokus war jetzt auf unsere Beziehungen mit anderen gerichtet sowie auf die Probleme und Lösungen, die in darin liegen können.

Während des Fahrens hörte ich irgendwelche Experten im Radio über Liebe und die Natur der Liebe und Vernarrtheit reden. Es war eine weitere dieser Synchronizitäten, an die ich in meinem Leben gewohnt war. Ich fing an, über Liebe als Konzept nachzudenken und zu grübeln, und, während ich fuhr, wurden meine Gedanken durch Pausenlieder geleitet, die irgendwie von Liebe oder Herzkummer handelten.

Liebe hält die Welt in Bewegung

⌘

Der kleine 5 Jahre alte Johnny besuchte zusammen mit seinen Eltern seine 8 Jahre alte Schwester Jessica im Krankenhaus, die sehr krank war. Die Ärzte erklärten seinen Eltern, dass Jessica eine Bluttransfusion brauchte, um am Leben zu bleiben. Die Bluttests bei der Familie ergaben, dass nur Johnny die gleiche Blutgruppe hatte und der einzige potenzielle Spender war. Der Arzt fragte Johnny, ob er seiner Schwester Blut spenden würde. Er zögerte eine Sekunde und stimmte dann zu.

Während der Operation, in der die Bluttransfusion durchgeführt wurde, kam wieder Farbe ins Gesicht seiner Schwester zurück. Er blickte zum Arzt auf und fragte mit einem Zittern: „Wie lange noch, bis ich anfange zu sterben?“ Er hatte den Arzt missverstanden. Er hatte gedacht, seine Schwester bräuchte all sein Blut.

Liebe ist vielleicht die wichtigste Qualität im Leben. Menschen werden alles für diejenigen tun, die sie lieben. Wenn ich über meine Familie und meine Freunde in dieser Welt nachdenke, überkommt mich oft dieses Gefühl. Das Gefühl, von dem ich rede, ist Liebe. Die Menschen, die ich in meinem Leben habe. Was sie für mich getan haben und wie dankbar ich bin, dass ich sie kenne. Das alles lässt mich verstehen, weswegen wir hier alle zusammen sind. Wir hängen voneinander ab. Wir sorgen uns um- und helfen einander aus. Was wir tun, ist einander zu lieben.

Manchmal jedoch praktizieren wir dies nicht. Wir konkurrieren miteinander. Wir werden manchmal ängstlich voreinander und fangen an, Groll füreinander zu hegen. Wir greifen einander an. Wir verletzen einander. Wir bringen einander um. Wir praktizieren, einander zu hassen. Einige Menschen scheinen besonders dazu veranlagt zu sein, aber wir sind alle dazu fähig. Die Kriege der Welt reflektieren auf einer Riesenskala die Dinge, die wir oft in unseren eigenen Beziehungen widerspiegeln.

Wir scheinen immer idealistisch um Weltfrieden zu bitten und doch versagen wir darin, irgendwelche Schritte zu unternehmen, um unseren eigenen inneren Frieden und unseren eigenen Beziehungsfrieden zu schaffen. Wir kritisieren die Weltführer wegen ihrer Ignoranz, während wir uns oft der gleichen Ignoranz in unserem eigenen Leben schuldig machen. Veränderung geschieht eine Person nach der anderen. Wirklich wichtig ist, dass wir uns selbst und unser eigenes Leben so gut machen, wie es sein kann, und ein so kraftvolles Beispiel schaffen, dass andere davon lernen und sich verbessern können.

Als Menschen sind wir mit vielen Schwierigkeiten rund um Beziehungen konfrontiert. Erstens gibt es die Kunst, gute Beziehungen einzugehen. Zweitens gibt es die Kunst, Beziehungen besser zu machen und sie wachsen zu lassen. Schließlich gibt es die Kunst, mit Beziehungen umzugehen, wenn sie in einem Konflikt oder beendet sind.

Es gibt viele verschiedene Arten von Beziehungen: mit deinem (Ehe-)Partner, Mutter oder Vater, Sohn oder Tochter, Familienmitgliedern, engen Freunden, Arbeitskollegen, Fremden. Die meisten Lebensprobleme entstehen aus Schwierigkeiten in unserer Beziehung mit uns selbst oder in unserer Beziehung mit jemandem aus einer dieser Kategorien.

Nun, wie wir uns bereits im letzten Teil deine Beziehung mit dir selbst angesehen haben, ist es jetzt Zeit, die drei Teile zu untersuchen, die ich „Freiheit lieben“ nenne: Beziehungen mit anderen einzugehen, sie glücklicher und besser zu machen, und mit ihnen umzugehen, wenn sie enden.

Wir sind auf einem Planeten mit über 5 Milliarden Menschen geboren. In unserem Leben treffen wir Tausende von Menschen. Mit einigen dieser Menschen gehen wir tiefe Bindungen ein und einige treffen wir nur kurz und sehen sie nie wieder. So ist das Leben. Die Bindungen, die wir zu Menschen entwickeln, erlauben uns, die wunderbarste Empfindung zu erfahren, die der Menschheit bekannt ist - die Kunst der Liebe. Ich nenne es eine Kunst, denn es gibt verschiedene Arten von Liebe und verschiedene Wege, um sie zu artikulieren.

Nun, einige dieser Bindungen können unser ganzes Leben dauern, oder wenigstens fast unser ganzes Leben. Diese Bindungen müssen sich manchmal Prüfungen unterziehen und sie können zerbrechen, stärker werden und enger. Sie können entstehen, wenn du sie am wenigsten erwartest, und du wirst auch die schwere Erkenntnis aus ihnen ziehen, die es bei allen Dingen gibt: Was einen Anfang hat, wird immer ein Ende haben. Du wirst Menschen treffen, und egal, wie nah ihr euch steht oder wie tief eure Bindung ist, egal, ob du sie sehr liebst oder sie dich lieben, irgendwann wird eure Beziehung enden.

Einige hoffen auf ihr ideales Szenario, genau zum gleichen Zeitpunkt wie ihre Geliebten zu sterben, sodass sich beide den Schmerz der Trauer ersparen, aber es ist sehr selten, dass das passiert. Oft werden Beziehungen vor dem Tode enden und manchmal wirst du das große Glück haben, dass du sie andauern lassen kannst, bis einer von euch dahinscheidet. Da diese tragische Wahrheit, die sich auf der Rückseite unseres Lebens abzeichnet, unvermeidlich ist, was gibt es dann, was man tun kann? Wie können wir die Augenblicke wertvoller machen? Wie können wir richtig lieben und so gut wie möglich leben, in Kenntnis dieser unvermeidlichen Wahrheit?

Liebende Freiheit bedeutet für mich, die Freiheit zu haben, sich selbst tief zu lieben, andere tief zu lieben und die nie endende Wahrheit, dass sich die Dinge ändern, zu akzeptieren. Es bedeutet, die Freiheit zu haben, für sich selbst glücklich zu sein und mit anderen glücklich zu sein, so, wie sie in unser Leben treten und daraus verschwinden. Es bedeutet, die Freiheit zu haben, mit denen, die du kennenlernst, wunderbare Verbindungen einzugehen, und erfolgreich mit jenen umzugehen, mit denen eine gute Beziehung schwierig ist.

Also, um einen Anfang zu haben, entschied ich mich, als für mich die Zeit mit den Bandlers näher und näher rückte, womit ich beginnen wollte. Ich würde mit Richard über Einsamkeit reden und von da aus weitergehen.

Der einsamen Haft entkommen: Aus dem Gefängnis der Einsamkeit ausbrechen

⌘

Mein Klient Bryan blickte mich mit Neugierde an. Wir saßen in einer Hotelbar im Zentrum von Dublin. Wir waren zu therapeutischen Zwecken dort. Bryan war dabei, einen großen Schritt vorwärts zu machen.

OF: *Jetzt. Siehst du das Mädchen da drüben, an der Bar, mit der schwarzen Bluse, blonde Haare?*

Bryan: *Ja, tue ich. Was soll ich machen?*

OF: *Okay, geh rüber zur Bar und bestell zwei Bier, und wenn du sie bekommst, auf deinem Weg zurück, geh zu ihr rüber, tip ihr sanft auf die Schulter und sag „Verzeihung", gib ihr ein ungekünsteltes, nettes Kompliment und entschuldige dich wieder und komm zu mir hierher. Bleib nicht stehen, um auf eine Reaktion zu warten. Deine Aufgabe ist, ein Kompliment zu machen und zu gehen. Verstehst du?*

Bryan: *Ja, aber was ist, wenn sie reag -*

***OF:** Egal was sie tut, finde eine Ausrede, um so schnell wie möglich zu mir zurückzukommen. Du musst lernen, wie es ist, anderen ein Kompliment zu machen, um ihnen ein gutes Gefühl zu geben, nicht immer in der Hoffnung, sie dazu zu bringen, mit dir auszugehen, oder sie ins Bett zu kriegen.*

***Bryan:** Okay, also los!*

Wir machten die „Brillanz im Quadrat"-Übung, die wir geübt hatten. Er rief sich die Vorstellung ins Gedächtnis, er würde geschmeidig und selbstbewusst zu ihr rübergehen. Er wiederholte still für sich: „Sie hat so ein Glück. Sie wird dich lieben." Er stellte sich vor, dass sie mit einem entzückten Lächeln antworten würde. Er stand schnell auf und ging zur Bar. Er holte die Getränke und ging zu dem blonden Mädchen und ihrer Freundin rüber. Er tippte ihr auf die Schulter.

Ich bin immer schon an Menschen interessiert gewesen. Ich bin ein Menschenbeobachter und kann fasziniert Menschen beobachten, wenn sie auf der Straße gehen. Ich reise in der Welt herum und was ich am meisten liebe und woran ich mich am Besten erinnere, sind die Menschen, die ich kennenlerne. Sie sind die Glanzlichter. Ich habe meine Freunde und meine Familie und die Zeit, die ich mit ihnen verbringe, sehr gern. Ich liebe es, verliebt zu sein, wenn es passiert, und einfach am gleichen Ort zu sein, wie die von mir Geliebte.

Ich erinnerte mich an meine Arbeit mit Bryan in einer Fernsehsendung, die „Frag Anna" heißt. Es war eine Sendung des RTÉ [irisches Fernsehen. Anm. d. Übers.], die verschiedene Leute präsentierte, die Hilfe in einem bestimmten Lebensbereich brauchten, und die bezaubernde Anna besorgte spezielle Experten für sie. Ich wurde ausgewählt, um Bryan beim Flirten zu helfen. Diese Übung in einer Bar war eine von vielen, die wir machten, um ihm die Fähigkeit zu geben, effektiver zu flirten.

Das fiel mir wieder ein, denn ich dachte über das ganze Konzept der Einsamkeit nach. Sieh, ich habe über die Jahre mit vielen Menschen gearbeitet, ihnen beigebracht, wie sie ihre sozialen Fähigkeiten verbessern, besser flirten, sich selbst mehr lieben und Freundschaften und Beziehungen aufbauen. Dabei stellte ich fest, dass ich immer mehr darüber lernte, wie all dies funktioniert. Ich bin immer noch von dem Gebiet der sozialen Kommunikation fasziniert und die Gelegenheit, mehr darüber von Richard zu lernen, war etwas, das ich genoss. Ich erinnerte mich auch daran, wie es sich anfühlte, einsam zu sein, und ich war neugierig darauf, herauszufinden, was mein eigenes Vorgehen verbessern könnte, Menschen dabei zu helfen, diese Emotion zu überwinden.

Jetzt fühle ich mich, wenn überhaupt, sehr selten einsam. Als ich endlich kapiert hatte, womit „Freiheit zu lieben“ wirklich zu tun hatte, begann ich zu verstehen, wie ich ohne Einsamkeit leben kann. Ich habe so viele Freunde, die ich auf fast allen Kontinenten kennengelernt habe und die ich herzlich liebe. Meine Beziehungen zu ihnen sind unterschiedlich und alle auf ihre Weise speziell. Ich bin in einem gewissen Sinne glücklich und auf eine andere Weise ist es nicht einfach nur Glück. Ich habe die Freunde, die ich habe, angezogen, in mein Leben zu treten.

Freundschaften sind bei mir schon auseinandergegangen. Ich komme nicht immer mit jedem aus, den ich kennenlerne, und ich schaffe es nicht immer, mit Leuten in Kontakt zu bleiben. Allgemein gesagt, fühle ich mich jedoch nie einsam, selbst wenn ich alleine bin, denn ich gebe mir Mühe, was die Beziehungen und Freundschaften in meinem Leben angeht.

Die Freiheit zu lieben hat damit zu tun, die Hand auszustrecken und mit mehr Menschen Kontakt zu knüpfen und mehr Beziehungen zu Menschen aufzubauen. Nicht jeder wird deinem Geschmack entsprechen, noch du seinem. Was entscheidend ist, ist, dass du anfängst, mehr Menschen kennenzulernen und deine Kommunikation und Beziehungsfähigkeiten zu meistern. Wenn du das erreicht hast, wird jeder, der in dein Leben tritt, aus einem Grund da sein, der dir hilft, etwas zu lernen. Einige werden für den Rest deines Lebens bleiben oder sogar für den Rest ihres Lebens.

Einsamkeit greift in der heutigen Gesellschaft um sich. Einige Menschen sind einsam, weil sie nicht in einer Beziehung leben, einige Menschen sind einsam, weil sie in einer unglücklichen Beziehung leben, und einige sind einsam, weil sie wenige oder gar keine Freunde oder Familie in ihrem Leben haben, mit denen sie reden können. Ich habe mit vielen Menschen mit solchen Problemen gearbeitet. Genaugenommen ist es um einiges einfacher, auszugehen und Freunde zu finden, als die meisten Leute glauben. Die meisten Leute probieren ein paar Sachen und behaupten dann, dass sie alles versucht hätten.

Was wesentlich in dem Prozess, rauszugehen und Freunde zu finden, ist, sich bewusst zu sein, dass es ein Prozess ist. Es hat nicht einfach damit zu tun, rauszukommen und an die richtigen Orte zu gehen. Die Art, wie du dein Gehirn, deine Überzeugungen und Gefühle über Menschen steuerst, ist wichtig, damit du wirkungsvolle erste Eindrücke hinterlässt.

Ich erinnere mich, dass ich über Liebe, Beziehungen und Freundschaften nachdachte, während ich auf dem Weg zu Richard war. Genauso, wie mit meinem Klienten Bryan, hatte ich in dieser Woche mit einer Anzahl von Menschen gearbeitet, die in ihrem Verlangen, jemanden kennenzulernen, um Rat fragten. Sie fühlten sich hoffnungslos einsam und sie wollten, mehr als alles anderes, in einer Beziehung leben. Ich hatte viele Ratschläge und Ideen für sie, aber je mehr ich mit ihnen redete, desto mehr erkannte ich, dass sie erst das Befürfnis nach einer Beziehung loslassen mussten, bevor sie eine glückliche, gesunde Beziehung mit jemandem eingehen konnten. Selbst der Prozess, einfach Freundschaften mit Leuten zu schließen, würde ein Problem sein, wenn es für sie zu wichtig war.

Ich kam bald an und traf Richard. Wir setzten uns einmal mehr in seine Küche und ich startete den Kassettenrekorder. Ich fing an, meine Gedanken mit ihm zu diskutieren. Meine erste Frage betraf das Konzept der Freundschaft.

OF: *Richard, warum tun sich einige Menschen schwer damit, Freundschaften zu knüpfen, und was sind die Geheimnisse, mehr Freunde zu finden und sein soziales Leben zu verbessern?*

RB: *Oft wissen Leute nicht, was sie tun sollen. Wenn sie es wüssten, würden sie es tatsächlich tun, denn was zu tun ist, ist oft viel einfacher, als was sie darüber reden. Sie sagen: „Nun, ich bin einsam, also sollte ich rausgehen und Leute kennenlernen." Aber sie sind einsam, weil sie nicht nett zu sich selbst sind. Sie haben ein Gefühl namens Einsamkeit geschaffen und sie empfinden es so stark, dass es sie davon abhält, sich in Bewegung zu setzen und Leute kennenzulernen.*

Sie wissen nicht, wie sie sich gut fühlen können, bevor sie jemanden treffen, und wenn sie es täten, dann würde die Person, die sie treffen, sich gerne in ihrer Gegenwart aufhalten. Sie gehen raus und fühlen sich schlecht, und wenn sie unter Menschen sind, immer noch mit einem schlechten Gefühl, fühlen sich die Menschen in ihrer Gegenwart schlecht und wollen nicht mit ihnen zusammen sein. Diese Leute wissen nicht, wie sie mit dem Wichtigsten anfangen sollen, nämlich sich selbst ein Gefühl der Hoffnung zu geben.

Wenn du all die schlechten Gefühle nimmst, die du in dir drin hast, und sie einfach in die entgegengesetzte Richtung lenkst, eins nach dem anderen, herum und herum und herum, werden diese Teilkörperempfindungen schließlich in Ganzkörperempfindungen umschalten, die angenehm sind. Ich denke, wenn du dich erst einmal gut fühlst und anfängst mehr zu strahlen, dass du dann attraktiv bist und Menschen sich von dir angezogen fühlen.

Es war einfach und ich mochte es: Achte darauf, wie du dich fühlst, dreh deine negativen Gefühle der Einsamkeit in die entgegengesetzte Richtung und erzeuge anstatt ihrer positive, fröhliche, gute Gefühle. Wenn du dich gut fühlst, werden mehr Leute deine Freunde werden wollen. Ergab vollkommen Sinn, aber ich wollte mehr.

OF: *Einsamkeit zu überwinden ist dann also nicht wirklich so kompliziert? Wie genau können Leute anfangen, dies zu tun?*

RB: *Nun, ich würde sagen, fang mit dir selbst an. Wenn Menschen ihre eigene innere Welt nicht angenehm gestalten können, wenn sie nicht mit sich selbst nett reden und schöne Bilder in ihrem eigenen Kopf machen können, dann wird es schwer sein, mit anderen auszukommen. Wenn sie nicht wirklich Empathie für sich selbst empfinden können, wird es auch ein Problem sein, Empathie für jemand anderen zu empfinden und Menschen genug zuzuhören.*

Wenn Menschen sagen: „Ich mag blau.“, und du gibst ihnen keine blauen Sachen oder kaufst ihnen blaue Blumen oder blaue Hemden, dann werden sie denken, dass du nicht zuhörst. Die Wahrheit ist, wenn du zu dir selbst sagst: „Du solltest für dich selbst einstehen.“, und du tust es nicht, dass du dir selbst nicht zuhörst. Wenn du dir selbst nicht zuhörst, dann wirst du höchstwahrscheinlich anderen Menschen auch nicht zuhören.

Deshalb musst du zusätzlich dazu, Gefühle rückwärts laufen zu lassen, deine innere Welt angenehm machen, indem du schöne Bilder machst und nett mit dir selbst redest. Abermals ergab es einen Sinn. Anderen mehr zuzuhören war etwas Einfaches, dem stimmte ich zu. Viel zu oft verbringen Menschen so viel Zeit damit, über sich selbst nachzudenken, dass sie die andere Person kaum hören. Sie vertun Zeit mit dem Versuch, der anderen Person zu sagen, wie fantastisch sie selbst sind. Während ich darüber nachdachte, schaute Richard mich an und fuhr fort.

RB: *Wie viele gibt es noch mal? Etwa 550 Millionen Menschen, die sich einsam fühlen. Das Problem ist, dass, egal ob sie jemanden kennenlernen oder nicht, sie sich einsam fühlen werden, denn sie haben nicht gelernt, sich selbst zu genießen. Du kannst dich grundlos gut fühlen, absolut ohne irgendeinen Grund. Du könntest der hoffnungsloseste Mensch sein, oder du könntest der reichste, erfolgreichste Mensch sein. Ich habe sie beide in meinem Büro erlebt, wie sie mir die gleiche Geschichte erzählt haben.*

Ich hatte Menschen, die ohne Wohnung waren, mit Warzen am ganzen Körper, und die absolut keine Zukunft, keine Bildung und keine Aussichten hatten, die mir das Gleiche sagten wie ein Multimilliardär. Sie beide waren da und berichteten mir, wie unglücklich und wie einsam sie sind und wie elend es ihnen geht. Keiner von beiden wird je da rauskommen, bis sie nicht innehalten und es einfach so machen, dass sie sich absolut grundlos gut fühlen. Bis du lernst, deine eigene Neurologie in deinen eigenen körpereigenen Stoffen zu baden, um dich grundlos gut zu fühlen, wird es sehr schwierig sein, es im Leben zu etwas zu bringen, denn andernfalls wird alles, was in der Welt passiert, eine zu große Rolle spielen.

Jemand wird etwas zu seinem Partner sagen und plötzlich werden seine Gefühle verletzt sein und das kann sogar zur Scheidung führen. Die Scheidungsrate basiert auf Gehirnbotenstoffen, soweit ich das beurteilen kann, und es sind keine guten Botenstoffe. Keiner sollte Streit haben dürfen, bis sie an der Dialysemaschine hängen, denn dann werden sie merken, dass die Leute in den meisten Streitereien dummes Zeug sagen. Menschen müssen lernen, mit dem Streiten aufzuhören und einfach zu sagen: „Halt. Das reicht. Wir werden das nicht tun."

Richard bläute mir diesen Gedanken immer wieder ein. Die weitaus größte Menge an verfügbaren Informationen darüber, wie man Einsamkeit überwindet, hatte damit zu tun, die Selbstsicherheit zu haben, Leute anzusprechen, rauszugehen und zu wissen, was man sagt. Was dabei außer Acht blieb, war, dass für die Menschen der allererste Schritt die grundlegende Notwendigkeit ist, sich selbst so gut wie möglich zu fühlen, denn das wird diejenigen um sie herum beeinflussen. Richard hatte ein gutes Beispiel benutzt, indem er über seine reichen und armen Klienten berichtete. Es rief mir ins Gedächtnis, dass alle Probleme auf schlechte Gefühle zurückgeführt werden können.

Es gibt einen wichtigen Unterschied zwischen sich gut genug fühlen, um aufzustehen und sich mit Leuten zu unterhalten, und sich selbst gut fühlen, weil das Wirkung auf die Menschen um dich herum haben wird. Wir alle kennen die Leute, die es in unserem Leben gibt, die alle guten Gefühle aus dem Raum zu saugen scheinen. Ich hörte für sie einmal den Begriff „Laune-Sauger". Dann gibt es andere Leute, die in den Raum kommen und durch ihre energetische Ausstrahlung einfach jeden mit wunderbaren Gefühlen zu überschütten scheinen. Sie sind wie leuchtende Sterne.

Der Zustand, in dem wir sind, wird andere Leute beeinflussen, ohne dass wir etwas sagen oder tun müssen. Es gab ein Experiment, von dem Richard mir erzählte. Eine Gruppe von Wissenschaftlern nahm zwei Kartons mit Joghurt, stellte sie ein paar Meter getrennt voneinander auf einen Tisch und schloss sie beide an eine Maschine an, die die Menge der elektrischen Aktivität im Joghurt maß.

Sie gaben zu Joghurt A Milch hinzu. Joghurt A reagierte wie verrückt auf der Anzeige, während sich die Bakterien der Milch mit den Kulturen des Joghurts vermischten. Zur gleichen Zeit, als Joghurt A wie verrückt reagierte, tat dies auch Joghurt B. Joghurt B wurde keine Milch zugeführt. Jetzt wurde diese Anomalie in der Wissenschaft mehrere Male wiederholt und als sie versuchten, diesen anscheinend unsichtbaren Effekt zu verändern, war das Einzige, was schließlich Joghurt A davon abhielt, Joghurt B zu beeinflussen, das Platzieren einer Wand aus Joghurt zwischen den beiden.

Richards Erklärung dafür ist, dass „Joghurt Joghurt kennt", was das Gleiche ist, als ob du eine Musiksaite einer bestimmten Frequenz zupfst und andere Saiten in dieser Frequenz darauf mit Vibration reagieren. Das Gleiche gilt auch für Menschen. Menschen kennen Menschen, und wenn du in einen bestimmten Zustand gehst, wirst du gute Energien in deinem Körper zum Schwingen bringen, und dies wird Wirkung auf die Menschen um dich herum haben. Du hast die „Laune-Sauger" getroffen und du hast auch die „Leuchtenden Sterne" getroffen. Wenn du jetzt anfängst, selbst kraftvolle positive Gefühle zu generieren, wirst du diese Gefühle auf diejenigen um dich herum abstrahlen.

Richard machte eine besondere Bemerkung, die mir einen wundervollen Augenblick der Erleuchtung lieferte. Es war, als er sagte:

„Die Scheidungsrate basiert auf Gehirnbotenstoffen,
soweit ich das beurteilen kann,
und es sind keine guten Botenstoffe.“

Ich ließ diesen Gedanken immer wieder in meinem Kopf kreisen. Ich merkte, dass fast jedes Problem auf der körpereigenen Chemie basierte. Es basierte sowohl auf der Chemie in deinem Kopf als auch auf der Chemie zwischen dir und einer anderen Person. Wenn du also lernst, wie du bessere Chemie in dir selbst und zu anderen erzeugst, wirst du einen riesigen Schritt in die Richtung machen, die Probleme deines Lebens zu eliminieren.

Wenn du dich daran erinnern kannst, dass, wann immer du dich schlecht fühlst oder wenn du dich mit einer Person nicht wohlfühlst, es daran liegt, dass die Chemie nicht stimmt, und du kannst entweder herausfinden, wie du es veränderst oder es für diesen Zeitpunkt akzeptieren. In beiden Fällen war es nichts Persönliches. Es hatte einfach damit zu tun, wie du körpereigene Stoffe in deinem Kopf erzeugt und Energie zu anderen gesandt hast.

Bei diesem Gedanken fragte ich mich, warum einige Leute einen nicht mögen und andere es tun? Wenn es alles mit Chemie zu tun hat, wie kann dann zwischen einigen Menschen die Chemie stimmen und zwischen anderen nicht?

OF: *Okay, also woran liegt es dann, dass du mit einigen Menschen gut klarkommst und mit anderen nicht? Womit alles hat das zu tun?*

RB: *Nun, es spielt keine Rolle, was der Grund ist. Wenn Leute dich nicht mögen, dann mögen sie dich nicht, weil du sie nicht dazu bringst, dich zu mögen, und meistens liegt es daran, dass du nicht liebenswert bist.*

Wenn du dich innerlich wirklich gut fühlst, sodass du innerlich wirklich glücklich bist, sodass du wirklich innerlich strahlst, sodass dein innerer Dialog wirklich gut klingt und deine Bilder wirklich wunderschön sind, dann werden Menschen in deiner Nähe sein wollen. Das ist das Wichtigste. Ich meine, Leute werden sich schick machen. Sie werden ihre Frisur in Schuss bringen. Sie werden alles tun, um gut auszusehen, aber sie werden vergessen, die Schritte zu unternehmen, um sich gut zu fühlen. Wenn du dich wirklich gut fühlst, wenn du Menschen triffst, werden sie dich mögen, so einfach ist das.

Richard ging zum Wasserkessel und fragte, ob ich eine Tasse Tee oder Kaffee haben wollte. Ich sagte, dass ich okay sei, und holte mir eine Flasche Wasser aus dem Kühlschrank. Ich fing an, alles, was er gesagt hatte, wirken zu lassen. Richard hatte noch einmal dieses Konzept wiederholt, dass es notwendig ist, sich innerlich gut zu fühlen, bevor man irgendetwas anderes tut. Fühle dich innerlich gut und andere werden sich großartig fühlen, wenn sie um dich herum sind. Das ist also der Dreh- und Angelpunkt von der Freiheit zu lieben. Indem du bis zu dieser Stelle in diesem Buch gelesen hast, bin ich mir sicher, dass du bereits viele der Anregungen geübt hast, wie du dich öfters wunderbarer fühlen kannst. Von zentraler Bedeutung ist, sich selbst zuerst gut zu fühlen, anstatt sich auf andere Leute zu verlassen, auf dass sie deine Geister beflügeln.

Wir sehen am Besten aus, wenn wir Spaß haben. Ich erinnere mich an eine Comedy-Show, zu der ich ging, wo ich mit Kevin an der Tür stand, meinem Freund, der sie organisierte. Ich beobachtete, wie die Leute reingingen und ich beobachtete sie, als sie sie verließen. Ich könnte schwören, die überwältigende Mehrheit war weitaus anziehender geworden, als sie die Show verließen. Sich großartig zu fühlen und großen Spaß zu haben ist tatsächlich ein hervorragender Weg, um am Besten auszusehen.

Einer der wahrscheinlich wichtigsten Zustände, durch die man Freunde und einen potenziellen Geliebten oder eine Geliebte findet, ist der Zustand der Verspieltheit. Nimm Flirten. Flirten ist nicht das Gleiche wie Verführung. Es ist geht nicht darum, zu versuchen der anderen Person das Gefühl zu geben, sexuell attraktiv und von dir angezogen zu sein. Es beruht darauf, mit der anderen Person zu lachen, Witze zu machen, sie zu necken und zu provozieren. Es beruht darauf, die Gesellschaft einer anderen Person zu genießen und anzudeuten, dass da möglicherweise ein wenig Interesse besteht, aber vielleicht auch nicht.

Wenn wir flirten, müssen wir es in einem Zustand von Verspieltheit tun, wo wir uns nicht verzweifelt an die Person dranhängen, um mit ihr zu reden. Stattdessen müssen wir einen Überfluss an Gelegenheiten in der Welt da draußen verspüren. Dieses Gefühl gibt uns ein Empfinden für Unabhängigkeit, die auf andere attraktiv wirkt.

Menschen fragen mich manchmal: „Wie kommt es, dass die netten Jungs zuletzt drankommen?“ Nun, es liegt nicht daran, dass sie nett sind - es liegt daran, dass einige nette Jungs keine Herausforderung sind. Die meisten Frauen scheinen sich von jemandem angezogen zu fühlen, bei dem sie etwas tun müssen, um ihn zu bekommen. Männer sind im Prinzip gleich. Die Realität ist, dass, wenn du Menschen die Vorstellung gibst, dass du interessiert bist, sie dich aber „verdienen“ müssen, hält sie das davon ab, sich zu fragen, ob du für sie „gut genug“ bist oder nicht. Sie sind zu beschäftigt damit, beweisen zu müssen, dass sie dich verdienen! Die „Schwer-zu-bekommen“-Spielregel hat einiges für sich. Natürlich ist das nicht immer wahr, aber es bietet eine gute Erklärung dafür, warum Leute oft mit denjenigen auszugehen scheinen, die sie nicht immer so gut behandeln. Der wohlbekannte Satz „Treat them mean, keep them keen“ [auf Deutsch etwa: „Behandel sie gemein, halt sie scharf.“ Anm. d. Übers.], hat viel Wahres in sich.

Ich dachte darüber nach, wie viele Singles, die ich kennengelernt hatte, ihre Gefühle beschrieben hatten. Ich erinnerte mich an viele Unterhaltungen, wenn ich nachts mit Freunden, die Singles waren, aus war, und eine trunkene Einsamkeit die Luft erfüllte. Wenn du als Single an einem Tag wie dem Valentinstag keine Grußkarte bekommst, kannst du oft nicht anders, als dir die Frage nach dem Warum zu stellen. Du schaust dich um und siehst all diese glücklichen Paare, die alles zusammen tun, eingeschlossen die meisten deiner Freunde.

Es gibt viele Leute, die einfach glücklich sind, das Spiel zu spielen, und im Single-Paradies sind. Ich habe einen jüngeren Freund, Richie, der großartig darin ist, wenn es um Flirten und Verführung geht. Wann immer ich mit ihm ausgehe, bezaubert er Mädchen. Er hat nicht immer Erfolg, aber er hört nie auf, es zu versuchen, und er findet den ganzen Vorgang einfach leicht. Einige Leute finden diese Lebensart nicht so einfach wie er. Für andere ist es nicht die Art von Leben, die sie wollen.

Für viele Leute ist ausgehen und das Spiel zu spielen großartig, wenigstens für eine Zeit. Aber das Vergnügen währt nicht für immer. In der Zwischenzeit, wenn du mit vielen verschiedenen Menschen ausgehst, gibt es immer die Gefahr, dass du dich in einen verliebst - ich sage Gefahr, denn es ist ein „komplexes Netz, das wir weben", wie Shakespeare sagen würde, wenn das, was als Spaß anfing, viel wichtiger für uns wird, oder für sie. Wenn du es schaffst, ohne Bindung zu bleiben und einfach „etwas Spaß hast", dann wirst du trotzdem eines Tages mit der Tatsache konfrontiert sein, dass es eine Zeit geben wird, wo du es nicht länger machen kannst.

Oft fragen Menschen sich, wenn sie Single sind: „Warum ich? Was ist falsch an mir?" Im Prinzip ist die Antwort jedoch einfach: „Weil es einfach so ist, wie es ist." Jeder könnte jemanden finden, mit dem sie ausgehen könnten, wenn sie einfach ausgehen würden und Menschen kennenlernen und sie fragen, ob sie ausgehen wollen. Du würdest definitiv jemanden finden, mit dem du ausgehen kannst, aber du wirst sie/ihn nicht notwendiger mögen oder mit ihr/ihm auskommen. Der ganze Sinn, auszuharren, liegt darin, diese wunderbare Lebendigkeit zu erlangen, den „richtigen Menschen" kennenzulernen. Die gute Nachricht ist, dass es keinen „einen richtigen Menschen" gibt. Es gibt einige, die perfekt zu dir passen würden.

Ich mag die Idee des Amor, denn ich denke, darin steckt irgendwie mehr Sinn als im „Seelenverwandter"-Konzept. Jack und Rose auf der Titanic, Romeo und Julia. Diese Paare scheinen anzudeuten, dass ein Seelenverwandter für einen Menschen existiert. Aber realistisch gesehen ist die Idee genaugenommen eine vernünftigere, dass es eine Vielfalt von Menschen gibt, die du in deinem Leben kennenlernst, und in jeden von ihnen könntest du dich verlieben, wenn Amor seinen Pfeil abschießt. Sie sind alle potenzielle Seelenverwandte, weil sie potenziell zu dir, deiner Denkweise und deiner Seele passen könnten. (Bitte beachte: Ich sage nicht, dass Amor existiert oder nicht existiert. Ich sage nur, dass er eine nützliche Metapher ist, um die Liebesgeschichten zu erklären.)

Die wissenschaftliche Erklärung für „sich zu verlieben" ist viel weniger romantisch, aber von ähnlicher Natur. Im evolutionären Sinn werden wir von denjenigen angezogen, die ein Immunsystem haben, das unser eigenes ergänzt. Wir nehmen das durch unseren Geruchssinn war, durch winzig kleine Botenstoffe, die von der anderen Person abgegeben werden, bekannt als Pheromone. Dies wird ergänzt durch unsere vergangenen Erfahrungen, durch die wir bestimmte Präferenzen für und Anziehung von bestimmten Arten von Menschen entwickelt haben. In einem bestimmten Kontext bauen wir auf dieser Anziehung auf, indem wir bestimmte Denkprozesse durchlaufen, die uns helfen, uns zu verlieben. Diese Denkprozesse resultieren in chemischen Veränderungen im Gehirn, wenn Botenstoffe, wie zum Beispiel Phenythylamine (PEA) und Oxytozin, ausgeschüttet werden, die uns in einen kraftvollen, starken Hoch-Zustand versetzen. Noch einmal, es sind aber nur bestimmte Menschen, für die wir auf diese Art empfinden können.

Nun, mit diesem Wissen, wenn du Single bist, hab keine Angst. Valentinstag braucht keine Qual mehr zu sein. Jedes Jahr schicke ich immer eine Karte und manchmal Blumen an Freunde, von denen ich weiß, dass sie Single sind und ich tue es anonym. Ich tue das, wenn ich glaube, dass sie keine anderen Karten bekommen. Wenn mein Fokus darauf gerichtet ist, jemand anderem ein gutes Gefühl zu geben, statt mir selbst schlechte Gefühle zu machen, weil ich Single bin, fühle ich mich viel besser. Es ist auch ein Tag, um sich wieder in sich selbst zu verlieben. (Auf eine nicht-narzisstische Weise, sollte ich vielleicht hinzufügen!) Wenn du an einen Tag der Liebe denkst, musst du ihn dazu nutzen, deinen Dank und deine Liebe für die wichtigste Person in deinem Leben auszudrücken - dich!

Damit ist nicht gemeint, sich selbst eine Million Karten zu schicken oder sich selbst Blumen mitzubringen. Es bedeutet etwas Wichtigeres - innezuhalten, um anzuerkennen, wer du bist, welche Fortschritte du machst und wie viel Liebe du zu geben hast. Es bedeutet, dir der Fehler bewusst zu sein, die du in Beziehungen gemacht hast, und dir zu versprechen, sie nie wieder zu machen, und dich auf die wundervollen Qualitäten zu fokussieren, die du in eine Beziehung einbringen könntest, und all die wunderbaren Gründe, warum sich jemand außerordentlich glücklich schätzen dürfte, mit dir zusammen zu sein. Ich verspreche dir, es gibt eine Menge Gründe.

Ich bin immer ein hoffnungsloser Romantiker gewesen. Jetzt finde ich, dass ich ein hoffnungsvoller Romantiker geworden bin. Es hat nichts damit zu tun, in Beziehungen oder im Flirten usw. perfekt zu sein, es geht darum, innezuhalten und dir deiner Brillanz bewusst zu werden, und deiner potenziellen Brillanz. Es hat damit zu tun, an dir selbst zu arbeiten, um dich mehr zu dem zu entwickeln, der du wirklich bist, wenn du am Besten bist. Es hat damit zu tun, dein Gehirn dazu zu benutzen, dich so oft wie möglich so verblüffend faszinierend wie möglich zu fühlen. Gleiches zieht Gleiches an - es ist ein Gesetz des Universums. Fühle dich also, wie Richard anregte, wunderbar und du wirst wunderbare Menschen anziehen. Die beste Art, wie wir das tun können, ist, das Leben wirklich zu genießen.

Das Leben zu genießen beinhaltet, sich wirklich auf das Leben einzulassen. Das Leben dich berühren lassen. Uns zu verlieben, uns in Musik aufgehen zu lassen, uns den Emotionen eines Films hinzugeben. Wir finden uns selbst meistens dann, wenn wir wirklich aufgehen - aufgehen in der Musik, aufgehen in der Kunst, aufgehen im Sport, aufgehen in der Schauspielerei, aufgehen in Gesprächen, aufgehen im Lieben, aufgehen im Sein, aufgehen im Augenblick. In diesen Augenblicken, in denen wir in etwas aufgehen, ist es leicht, uns selbst zu finden. In solchen Augenblicken, in denen wir uns hingeben, leben wir wirklich. Wir sind auch am attraktivsten, wenn wir uns unserer selbst nicht mehr bewusst sind und vollkommen vom Moment aufgesogen werden. Dann, hoffentlich, wird der richtige

Mensch des Weges kommen. Natürlich gehört Glück dazu, aber es gibt viele Wege, um den richtigen Menschen zu treffen, und es gibt mehr als einen richtigen Menschen, den du da draußen kennenlernen kannst.

In der heutigen Welt suchen viele von uns nach dem perfekten Partner, nach der perfekten Karriere, dem perfekten Auto, dem perfekten Leben. So etwas gibt es nicht. Jeder hat Macken. Alles hat Ecken und Kanten. Es geht darum, einen Partner zu finden, den du liebst, eine Arbeit, die du liebst, ein Auto, das du liebst, ein Leben, das du liebst. Du kannst einige Gerichte auf der Speisekarte sehen, die du liebst, und du kannst eines auswählen. Das Ideal eines perfekten Essens aufzubauen wird immer zur Enttäuschung führen. Unsere Vorstellungskraft übersteigt die Realität im Guten wie im Schlechten, das ist unsere wahre Macht. Wichtig ist, nach einem Partner zu schauen, mit dem du auf einer Wellenlänge liegst und in dessen Gegenwart du dich großartig fühlen kannst, eine Karriere, in der du dich großartig fühlst, ein Auto, das sich großartig zu fahren anfühlt, ein Leben, das sich großartig zu leben anfühlt.

Wenn du dich darauf fokussierst, dich gut zu fühlen und anderen Menschen ein gutes Gefühl zu geben, wirst du mit den Leuten weit besser zurechtkommen. Wenn es deine Intention ist, anderen Menschen ein gutes Gefühl geben zu wollen, anstatt es nötig zu haben, dass sie dich mögen, wirst du leicht Freunde finden und mehr Menschen werden sich von dir angezogen fühlen. Menschen lieben die Anwesenheit von jemandem, der ihnen ein gutes Selbstgefühl gibt.

Bryan ging zu der süßen Blondine an der Bar und gab sein Kompliment ab. Sie lächelte überrascht und er ging weiter. Sie murmelte „Dankeschön" und da er wegging, konnte er zwar nicht sehen, wie sie ihm nachschaute, aber ich. Sie würde für diese Nacht auf Wolke 7 schweben und er war plötzlich weit anziehender für sie. Mehr noch, Bryan war weggegangen und er hatte das Konzept kapiert, von dem ich wollte, dass er es beherrscht:

Wenn du das bekommen willst, was du möchtest,
musst du das Bedürfnis loslassen.

Er war weitergegangen, als sein Instinkt noch versuchte „dranzubleiben“ für den Fall, dass sie Interesse zeigte. Sein Fokus veränderte sich von, ein Kompliment zu machen unter dem Aspekt, wozu es vielleicht führen mochte, dahingehend, wie sich die andere Person fühlen würde - und das ließ ihn zu seinem Selbst zurückkommen, das ihn ausmachte: von keinen äußeren Einflüssen abhängig zu sein, um sein Leben lebenswert zu machen.

Bryan war ein liebenswerter Kerl und ich war erfreut, ihm zu helfen. Ein paar Tage nachdem wir das Filmprogramm abgeschlossen hatten bekam er seinen ersten Kuss seit vier Jahren und ein paar Monate später fing er an, mit einer liebenswerten Dame auszugehen, die er ganz alleine kennengelernt hatte. Wir stehen immer noch in Kontakt. Er beschreibt das, was er durchmachte, als, dass ihm sein Leben zurückgegeben wurde. In Wirklichkeit war nur er es, der seinen Fokus auf vielfältige Weise veränderte, und von da ab tauchten die Antworten auf.

Wie du siehst, ist Liebe kein Maßstab für den Wert eines Menschen. Es ist eine Erfahrung, die in dieser Welt existiert - wahrscheinlich die mächtigste Erfahrung. Um sie für dich geschehen zu lassen, um als Single den richtigen Menschen zu finden, liegt der Schlüssel darin, anzufangen, dich selbst zu lieben. Werde die Art Person, die du mit Freuden jedem potenziellen Partner vorstellen würdest. Wie liebst du dich selbst? Das ist einfach. Fang damit an, in deinem Kopf zu dir selbst nett zu sein und nett zu anderen in der Welt zu sein. Dann geh raus und lerne Menschen kennen. Wenn du es am wenigsten erwartest - von einer alten Flamme, einem neuen Arbeitskollegen, einem Freund eines Freundes, einer vollkommen Fremden oder von jemandem geradewegs vor deiner Nase - du wirst jemanden finden, mit dem oder der du eine Verbindung spürst.

Du wirst feststellen, dass du dich wirklich großartig fühlst, wenn du mit ihnen zusammen bist, du wirst Stunden damit verbringen, mit ihnen zu reden, ohne dich zu langweilen, du wirst das Gefühl haben, als ob sie dich besser verstehen als irgendjemand anders, du wirst der gemeinsamen Zeit entgegensehen, du wirst das Gefühl haben, als ob du sie kennst und ihre Seelen berühren kannst. Sie werden eine/einer deiner Seelenverwandten sein und hoffentlich wird dein Märchen mit den Worten enden: „Und sie lebten glücklich bis an ihr Lebensende." - und wenn es nicht so ist, dann fang wieder neu an, bis du das Märchenende selbst schreiben kannst.

Ich kam wieder ins Hier und Jetzt und merkte, dass, während mir all dies durch den Kopf gegangen war, Richard mich anlächelte, eine Tasse Kaffee in seiner Hand, und mit hochgezogenen Augenbrauen meine nächste Frage erwartete.

***RB:** Bist geistig ein bisschen weg gewesen, heh, Owen?*

Ich grinste.

***OF:** Ja, aber ich bin jetzt wieder zurück. Was war noch meine nächste Frage?*

Ich murmelte in mich hinein, während ich meine Gehirnwindungen durchsuchte, um meine nächste Frage zu finden. „Ehm - Ahh - Ehm - ich weiß, irgendwo hatte ich sie." Ich dachte mir, „Ah, ja", ich lächelte. „Es geht um gute Kommunikation."

Die Kunst guter Kommunikation

⌘

Brian Colbert, mein guter Freund und Trainingspartner, hat fantastische Kommunikationsfertigkeiten, besonders im geschäftlichen Umfeld. Er ist einer der besten Verhandler, die ich jemals in Aktion gesehen habe. Er weiß, wie man Leute dazu bekommt, Dinge zu tun - schnell. Worüber Brian immer lacht, was mich betrifft, ist meine Fähigkeit, im alltäglichen Leben Leute zu etwas zu überreden.

Mein Kumpel und Trainingspartner Brian Colbert (rechts) und ich

Schau, ich bin die Art von Mensch, der gewöhnlich in allen möglichen Situationen etwas probiert, was nichts kostet und ohne Risiko ist. Von, dem Polizisten einen Strafzettel auszureden bis hin zu, das Flughafenpersonal davon zu überzeugen, uns noch durch den Schalter zu lassen, wenn er bereits geschlossen hat, scheine ich es immer zu schaffen, Menschen davon zu überzeugen, Dinge zu tun, die sie normalerweise nicht tun würden. Nun, nicht immer, aber meistens!

Viele Leute nehmen an, dass ich das aus meiner Ausbildung in Hypnose gelernt habe, aber in Wirklichkeit gibt es ein großes Geheimnis, wie ich all dies schaffe: Ich habe immer jede Interaktion so beobachtet, als ob ich die andere Person wäre. Ich versuche immer, mir jede Situation, in der ich effektiv sein konnte, aus der Sicht der anderen Person anzusehen.

Auf diese Art kann ich meine Kommunikation am besten und effektivsten anpassen. Wie wir bereits erklärt haben, stelle zuvor sicher, dass du selbst in einem guten Zustand bist. Was ist sonst noch wichtig? Die Art, wie du gehst, redest, deine Gestik benutzt sowie dein Sprachgebrauch, alles das beeinflusst, wie die anderen Menschen dich wahrnehmen.

Ich hatte mir in meinem Notizbuch einen kurzen Vermerk gemacht, Richard nach grundsätzlichen Kommunikationsfertigkeiten zu fragen, aber ich wollte es mit ihm konkreter angehen. Es gab eine Anzahl von Übungen, bei denen ich festgestellt hatte, dass sie Menschen halfen, sich in diesem Bereich zu verbessern. Eine gute Art, wie du deine Kommunikationsfertigkeiten üben kannst, ist, dass du dich vor eine Videokamera stellst oder einfach vor den Spiegel und in imaginären Kontexten erzählst. Während du das tust, wirst du feststellen, wie du ankommst.

Du wirst bestimmte Dinge bemerken, die du gut machst, und bestimmte Dinge, die du nicht gut machst. Das gibt dir die Möglichkeit, dir deiner natürlichen Kommunikationsgewohnheiten bewusst zu werden, und wird dir helfen, bewusst zu verbessern, wie du bei anderen ankommst. Übe, dich auf verschiedene Art zu bewegen, sag auf unterschiedliche Art Hallo, lächel auf unterschiedliche Weise. Beobachte Leute, die sozial brillant sind, und modelliere sie. Tue, was sie tun. Lächele so, wie sie lächeln. Gib so die Hand, wie sie die Hand geben. Dies wird dir helfen, gesellschaftlich wirkungsvoller zu werden.

Ich gebe einen Kurs mit dem Titel „Die Kunst der Ausstrahlung", in dem ich Leuten beibringe, wie sie charismatischer kommunizieren. Der Schlüssel liegt darin, sie dahin zu bekommen, wirklich neue Sachen auszuprobieren und herauszufinden, wie sie das ankommen lässt. Es hat auch damit zu tun, dir bewusst zu sein, wie deine Kommunikation andere Menschen beeinflusst. Die Fähigkeit, zu kalibrieren und der anderen Person deine Aufmerksamkeit zu schenken, und welches Gefühl du ihnen gibst, ist eine wesentliche Qualität, die dich großartig darin macht, viele Dinge zu tun, von, wie gut du als Komödiant bist, bis hin zu, wie gut du im Bett bist. Es hat alles mit der gleichen Sache zu tun: Zu lernen, wie du anderen Menschen ein wirklich gutes Gefühl geben kannst, und dir bewusst zu sein, wie dein Verhalten auf sie wirkt.

Ich dachte über die diversen Elemente sozialer Kommunikation nach und welches meinem Gefühl nach das Wichtigste war: der Klang der Stimme. Ich merkte, dass der Klang der Stimme einer Person einer der entscheidenden Faktoren war, die das Interesse eines anderen Menschen vereinnahmten, und dass es eines der wichtigsten Werkzeuge von außen war, die benutzt werden konnten, um den inneren Zustand eines Menschen zu verändern.

OF: *Ich habe festgestellt, dass in der Kommunikation der Klang deiner Stimme extrem wichtig ist. Hast du irgendwelche Anregungen, wie jemand den Einsatz seiner Stimme verbessern kann?*

RB: *Ich habe eine Anregung. Es ist eine wirklich primitive. Ich würde „das Zuhören" nutzen - und deine Körperhaltung verändern und etwas Stimmtraining-Unterricht nehmen. Seit Jahren trainieren Leute ihre Stimme. Geh und nimm dir einen Stimmcoach. Lerne, deine Stimme in eine bestimmte Richtung zu senden. Lerne, höhere Töne, tiefere Töne, Töne aus dem Bauch heraus und reichere Töne zu formen. Variation ist das, worum es sich beim wirklichen Lernen* *dreht. Je vielseitiger du den Ton deiner Stimme variieren kannst, desto mehr Akzente kannst du setzen und desto mehr Flexibilität wirst du in deiner Stimme haben.*

In meinen Trainer-Trainings bringe ich den Leuten immer bei, fünf oder zehn verschiedene Akzente zu sprechen. Lern, wie ein Texaner zu reden, wie jemand aus New York, rede mit einem spanischen Akzent oder einem deutschen Akzent oder einem französischen Akzent und lass es albern klingen und übertreib, sodass du das Niveau deiner Stimme verbesserst, denn je mehr Variationen du hast, desto mehr Kontrolle wirst du haben. Dies trifft nicht nur in Bezug auf die Tonalität deiner Stimme zu, sondern hilft auch deinen Liebhaberqualitäten.

Ich hörte auf Richards Stimme. Sie war hypnotisch. Ich erinnerte mich an all die Seminare mit ihm als Trainer, in denen ich gewesen war. Er konnte eine Gruppe von 500 Leuten für einige Stunden fesseln, ohne dass sich einer bewegte. Die Tonalität der Stimme ist deswegen so wichtig, weil sie dich befähigt, deine Geschichten zu erzählen und die Vorstellung der Leute dynamisch einzufangen. Wenn du die Variationen deiner Stimme ausdehnst, bereicherst du die Qualität deiner Kommunikation massiv. Der „Ton deines Gesichts“, mit anderen Worten, dein Gesichtsausdruck, wird dir helfen, verschiedene Arten von Tonalität zu nutzen, die dich unterstützen, mächtige Veränderungen in deiner Wirkung auf andere Menschen zu generieren.

Mach den Klang deiner eigenen Stimme interessant zum Zuhören. Mach deine Gestik und Gesichtsmimik ausdrucksvoll. Erinnere dich daran, dass die Kunst der guten Kommunikation deine Fähigkeit ist, dich gut auszudrücken. Übe immer wieder, Geschichten so zu erzählen, dass es faszinierender wird, ihnen zuzuhören. Achte auf die Geschwindigkeit, in der du sprichst, und rede langsamer mit Menschen, die langsam mit dir reden, und schneller mit Menschen, die schnell mit dir sprechen. Fang an dir bewusst zu werden, wie du in deiner Umwelt kommunizierst und wie du das verbessern kannst.

So, wie du dich selbst effektiver ausdrückst, denke auch daran, wie Menschen denken, wenn du kommunizierst. Da wir in fünf Sinneskanälen denken, werden die Erfahrungen umso lebendiger und realer rüberkommen, je mehr du anfängst, alle fünf Sinne einzubeziehen, um diese Erfahrungen für die Menschen zu konstruieren. Ich behaupte, dass sich Menschen nicht in die Fakten über dich verlieben, sondern sie verlieben sich in die Art, wie du deine Geschichten erzählst. Denk jedes Mal daran, wenn du kommunizierst, es geht nicht darum, wie du dich selbst und deine Gedanken ausdrücken kannst, es geht darum, welche Wirkung du auf diejenigen um dich herum hast. Wenn du erfolgreich sein möchtest, musst du lernen, wie du diejenigen um dich herum mächtig und positiv beeinflussen kannst.

Gute Kommunikation hat damit zu tun, Informationen klar und deutlich zu präsentieren, Informationen leicht aufzunehmen und mit deinen Worten, deiner Gestik und Stimme auf andere Menschen einzuwirken. Ich beschloss, meine eigenen Kommunikationsfertigkeiten noch zu verbessern, als meine Gedanken zu etwas anderem abglitten, was ich einen Augenblick lang vergessen hatte.

Bei so vielen Klienten, mit denen ich gearbeitet hatte, verursachten die Konzepte des Versagens und der Zurückweisung starkes Zögern und panische Angst. Mit beiden Konzepten mussten wir uns befassen, bevor ich auch nur darüber nachdachte, mehr über Liebe, Freundschaft und Beziehungen zu erkunden.

Zurückweisung und Versagen zurückweisen

⌘

Wenn du erst einmal eine unwiderstehliche Stimme entwickelt und das Wie deiner Kommunikation mit anderen verbessert hast, liegt der nächste Schritt darin, rauszugehen und Menschen zu treffen. Leider hält Angst die meisten Menschen zurück. Sie zögern wegen dem, was ich als die zwei größten Ängste sozialer Freiheit bezeichne: die Angst vor Versagen und vor Zurückweisung. Dies sind die zwei Dinge, wie ich festgestellt habe, die die meisten Menschen davon abhalten, Erfolg in ihrem Leben zu haben. Ich sprach mit Richard darüber.

OF: *Die Angst vor Versagen und die Angst vor Zurückweisung scheinen zwei der größten Dinge zu sein, die nach meiner Erfahrung Menschen davon abhalten, es im Leben gut zu haben. Wir scheinen Versagen bereits in der Schule zu lernen und ich habe herausgefunden, dass viele Lehrer, mit denen ich gearbeitet habe, eine riesige Angst davor hatten, selbst zu versagen.*

Richard unterbrach mich.

RB: *Leute, die Angst vor Versagen haben, sind genau die Leute, die niemals Lehrer sein sollten. Meines Erachtens, wenn ich zu entscheiden hätte, wer Lehrer sein sollte und wer nicht, wäre es am Wichtigsten, Menschen zu finden, die keine Angst vor dem Versagen haben.*

Dies war ein interessanter Punkt. Ich wusste, dass viele Lehrer, da sie im Schulsystem unterrichteten, ständig nach dem Prinzip von Bestehen und Versagen arbeiten. Was mich überraschte, war, dass es ihnen möglich war, ihre Sichtweise in einem kurzen Zeitraum radikal zu verändern. Viele Lehrer, mit denen ich gearbeitet habe, berichteten von einer dramatischen Verbesserung darin, wie sie ihre Schüler unterrichteten, als sie ihre Perspektive auf das Konzept des „Versagens“ umgedreht hatten.

***OF:** In Anbetracht dessen, wie hilfst du jemandem, der Angst vor Versagen hat?*

***RB:** Ich nehme einfach das Gefühl und lasse es sich rückwärts drehen, denn, wenn du Angst vor Versagen hast, denk daran, wie kompliziert das ist. Um Angst vor Versagen zu haben, musst du zuerst wissen, wann du versagen wirst, also musst du etwas einrichten, das sagt: „Dies ist es, wenn ich mich schlecht fühlen werde.“*

***OF:** Tatsächlich bestimmen die Regeln, wie wir uns als Reaktion auf die Ereignisse der Umwelt fühlen werden, viele unserer Ängste und schlechten Gefühle. Genauso wie du sagst: „Enttäuschung erfordert adäquate Planung.“, so ist es auch mit dem Versagen. Wenn wir die Art, wie wir Versagen definieren, und die Regeln, die wir dazu verinnerlicht haben, verändern können, erlangen wir Freiheit von der Angst. Gilt das Gleiche für Zurückweisung?*

***RB:** Ja, aber die meisten Menschen können zurückgewiesen werden, bevor sie sich überhaupt mit einer Person unterhalten. Sie schauen jemanden an und schauen weg und sie denken, „ich bin zurückgewiesen worden“, sich ein Bild von sich selbst machend, wie sie mit der Person sprechen. Ich meine, sie nehmen jedes Verhalten, was es auch sein mag, und sie drehen es so, dass sie aus der breitesten Palette von Möglichkeiten zurückgewiesen werden. Anstatt alles Verhalten als Erfolg zu werten, interpretieren sie alle Verhaltensweisen als Versagen und bauen so eine Angst vor Versagen auf und stellen alles* *so hin, dass es sagt: „Ich habe versagt." Das bedeutet, dass sie ihre eigenen Theorien nicht wirklich überprüfen, und wenn sie damit gar nicht erst angefangen hätten, wären sie frei.*

Ich arbeitete, um Menschen frei zu machen. Ich arbeitete nicht dafür, Menschen so zu machen, dass sie auf einen Haufen Bilder hinleben, die sie gar nicht erst brauchen. Was ich damit meine: Ich will, dass Menschen wirklich frei sind. Ich möchte, dass sie, wenn sie jemanden anschauen, denken: „Mir ist danach, mich mit dieser Person zu unterhalten.", also gehen sie rüber und sagen Hallo. Und dann, wenn die Person ein Arschloch ist, können sie weggehen, und wenn sie nett ist, reden sie mit ihr weiter.

Es ist so viel einfacher als das, was die Leute daraus machen. Und wenn Leute reinkommen und sagen: „Ich habe Angst zu versagen", reagiere ich, indem ich sage: „Bitte legen Sie es in die oberste Schublade und nehmen Sie eine von den anderen Sachen heraus."

Dann fragen sie: „Wovon reden Sie?" Und ich weiter: „Verzeihung, Sie sind derjenige, der gesagt hat, dass Sie es haben. Wissen Sie, Sie reden darüber, als ob es eine Sache sei, nicht ich. Okay, wie wissen Sie, wann Sie Versagensangst haben müssen? Denn Sie tun es ja nicht die ganze Zeit. Sie müssen es im Voraus planen. Sitzen Sie nachts im Bett und machen eine Liste, sodass Sie wissen, wann Sie sich schlecht fühlen sollen?"

Was für eine Zeitverschwendung. Weißt du, wie viel Stunden pro Tag einige dieser Menschen mit Vorausplanen verbringen, damit sie wissen, wann sie sich schlecht fühlen müssen? Schlimmer noch, sie fühlen sich schlecht, während sie es tun, und sie sind noch nicht einmal gut darin, denn wenn sie gut darin wären, dann würden sie tatsächlich wissen, wann sie versagt haben und wann nicht. Wenn die Frau wegschaut und mit den Fingern durch ihr Haar fährt, wüssten sie, dass sie sie lockt, nicht zurückweist.

Das sind die Sachen, die ich Männern erzählen muss, denn sie haben keine Ahnung von Frauen. Eine Frau kommt aus der Umkleidekabine, ein Kleid an und ein Kleid in der Hand, und sie fragen: „Welches

magst du am liebsten?", und die Kerle fangen an darüber nachzudenken, als ob sie Mode-Designer wären. Verzeihung, wenn jemand einfach ein Kompliment haben möchte, gib ihnen einfach ein Kompliment und belass es dabei. Es ist einfach. Du musst die magischen Worte lernen, die alle Beziehungen funktionieren lassen:
„Ja, Liebling."

***OF:** Das scheint auch etwas zu sein, über das wir etwas lernen könnten. Hast du irgendeinen Rat, wie Menschen lernen können, das andere Geschlecht besser zu verstehen?*

***RB:** Nun, ich glaube nicht, dass sie sie verstehen müssen. Ich denke, sie müssen sie zu schätzen wissen. Frauen sind anders als Männer und Männer werden sauer auf sie, weil sie nicht wie Männer sind. Warum, glaubst du, kommen schwule Kerle so gut zurecht? Du hast die Wahl, entweder schwul zu werden oder Frauen für die Art, wie sie sind, zu mögen, und nicht für die Art, wie sie nicht sind. Frauen mögen andere Dinge als Männer. Du musst das akzeptieren oder du wirst nicht viel Zeit mit ihnen verbringen. Ich bin seit langer Zeit verheiratet und das liegt daran, dass ich es immer genossen habe.*

Ich ließ das auf mich einwirken. Was wir tun müssen, ist, das Konzept der Zurückweisung zurückweisen und darin versagen, Versagen zu akzeptieren. Dies kommt mit dem Verständnis, was diese Konzepte wirklich bedeuten. Zurückgewiesen zu werden bedeutet, dass jemand auf ein Anliegen, das du hattest, in irgendeiner Weise nein zu dir gesagt hat. Zu versagen bedeutet, dass du etwas nicht getan hast, das du tun wolltest, oder etwas nicht erreicht hast, das du erreichen wolltest.

Wenn du erstens erkennst, dass Versagen nur dann existiert, wenn du ein Zeitlimit setzt, um etwas zu erreichen, kannst du jedes Ergebnis, das du bekommst, ob gut oder schlecht, einfach als Information nehmen, die dich wissen lässt, was du das nächste Mal tun solltest. Dies bedeutet also, dass du nie wieder versagen wirst, denn deine Regeln für Versagen lauten, dass es nur existiert, wenn du es akzeptierst.

***OF:** Wenn du also das Konzept der Zurückweisung nimmst und erkennst, dass, wann immer jemand nein zu deinem Buch sagt, oder Verabredung oder Jobbewerbung - alles, was es bedeutet, ist nur, dass du nach ihrer Meinung zu diesem Zeitpunkt nicht der Richtige für sie warst. Sie kennen die Wahrheit nicht. Alles, was sie haben, ist ihre eigene Meinung, welche darauf basiert, wie sie in Bezug auf dich empfinden und was sie, mit ihrem begrenzten Wissen, Verständnis und ihrer begrenzten Erfahrung mit dir, in Bezug auf dich denken.*

Wenn du akzeptierst, dass es das ist, was tatsächlich passiert, kannst du erkennen, dass du Zurückweisung zurückweisen kannst, und verstehen, dass es nichts mit dir zu tun hat, sondern damit, was im Kopf des anderen Menschen vor sich geht. Und du kannst aus der Erfahrung lernen, sodass du beim nächsten Mal eine bessere Chance hast, Erfolg zu haben. Es ist wichtig, es zu schätzen, dass Leute verschiedene Meinungen und Präferenzen dir gegenüber haben, und an dieser Qualität von ihnen Freude zu haben. Ist es das?

Richard lächelte und nickte, als ob er sagen wollte, wie er es oft tat: „Du hast es kapiert, Junge." Ich lächelte. Ich war bereit, weiterzugehen. Es waren nicht nur Zurückweisung und Versagen, bei denen ich das Gefühl hatte, dass sie Stolpersteine in der Welt der Kommunikation waren. Ich wollte auch Richards Ansicht darüber, wie man besser mit schwierigen Menschen umgehen kann. Wie üblich erklärte sein Wissen eine Menge.

Knüppel und Steine und Wörter, die verletzen

⌘

Ich erinnere mich, dass ich schreckliche Angst hatte. Ein Schnürsenkel wurde um meine Kehle gehalten. „Ich werde dich jetzt erwürgen, es sei denn, du sagst es." Ich bekam keine Luft. Ich spürte, wie es mir die Kehle zuschnürte. „Ich werde dich erwürgen, Fitzpatrick, sag es. Sag es JETZT." Ich versuchte, seine Hände zu packen, aber er war zu stark für mich. Er war ein paar Jahre älter und ich war gerade elf. Ich sah, wie seine Freunde auf ihren Fahrrädern lachten, obwohl sie ein bisschen besorgt aussahen. „Na los, Fitzer, sag das Wort ‚Scheiße'. Sag es jetzt."

Ich sagte es niemals und schließlich ließ er mich gehen. Das war nicht das erste, noch das letzte Mal. Beim letzten Mal war es ein Messer an meiner Kehle. Gewöhnlich versetzte mich der Gedanke in Schrecken, ihm zu begegnen.

Schau, als ich jünger war, habe ich nicht geflucht. Ich wollte einfach nicht fluchen. In der Schule wurde ich deswegen oft verspottet und viele Kinder machten mein Leben zur Hölle. Wenn ich daran denke, war es ziemlich dumm, so einen großen Aufstand wegen dummer Worte zu machen. Es war genau wie bei Sokrates, der sich weigerte, seinen Lehren abzuschwören, und es vorzog, Gift zu nehmen. (Abgesehen, offensichtlich, von der ganzen Sache mit dem Tod!!) Ich war stur und handelte mir deswegen eine Menge Ärger ein.

Es waren nur Worte und ich begriff das zu jener Zeit nicht. Was kann ich sagen? Es war dumm. Ich war noch ein Kind. Meine Mutter sagte gewöhnlich zu mir: „Knüppel und Steine brechen vielleicht deine Knochen, aber Schimpfnamen werden dich nie verletzen." Mir wurde das erst Jahre später klar. Sie hatte recht - Schimpfnamen und Worte haben nur die Wirkung, die wir ihnen erlauben zu haben.

In einigen unserer Trainingsbausteine werden wir Profanes benutzen, weil wir uns auf eine bestimmte Weise ausdrücken. Wenn du dich verletzt oder beleidigt oder unangenehm berührt fühlst, wenn du ein schlechtes Wort hörst, dann ist es deine Reaktion auf das Wort, die das Problem ist. Worte sind nicht „schlecht". Sie waren es niemals. Es ist einfach so, dass wir an bestimmte Worte negative Gefühle knüpfen oder mit ihnen assoziieren.

Ich erkläre dies immer an einem einfachen Beispiel. Wenn ich die Worte sage: „Ich hasse dich.", glaube ich, dass das „schlecht" ist. Wenn ich die Worte sage: „Ich liebe dich verflucht.", glaube ich, dass das „gut" ist. Jedes Wort hat eine Bedeutung aus dem Kontext, und wenn wir alle einmal diesbezüglich klüger geworden sind, dann hören wir vielleicht auf, uns von Worten Angst einjagen zu lassen, und konzentrieren uns darauf, öfter nette Dinge zu uns selbst und zueinander zu sagen, anstatt zu versuchen, die Welt zu zensieren. Was traurig ist, ist, dass einige Menschen die Lust verlieren werden, dieses Buch zu lesen, weil es „schlechte" Wörter enthält. Es ist bedauernswert, dass ihre Furcht vor Wörtern Menschen so vollkommen gefangen nehmen kann.

Ich traf den Kerl, der mich mit dem Messer drangsaliert hatte, kürzlich in einer Bar, beinahe 15 Jahre, nachdem wir uns zum letzten Mal getroffen hatten. Zuerst verspürte ich ihm gegenüber ein negatives Gefühl und dann, als ich erkannte, dass er sich vielleicht weiterentwickelt hatte, ließ ich es einfach los. Ich war jetzt größer und stärker gebaut als er. Wir grüßten uns, unterhielten uns ein bisschen und das war's. Ich hatte kein Verlangen nach Rache, denn ich wusste, dass er wahrscheinlich ein anderer war als damals, und ich auch.

Es ist unbedingt erforderlich, daran zu denken, dass du mit denen umgehen kannst, die dich schikanieren oder versuchen, dich erfolgreicher einzuschüchtern. Ich fragte Richard danach.

OF: *Wie kann man lernen, nutzbringender mit anderen umzugehen, die hässliche Dinge zu einem sagen?*

RB: *Nun, du hast zwei Möglichkeiten. Die eine ist ein Baseball-Schläger und die andere ist, zu erkennen, dass es nur Worte sind. Wenn du nicht glaubst, dass du einen Kampf vermeiden kannst, solltest du ihn anfangen, bevor die andere Person bereit ist.*

Ich erinnere mich daran, ganz im Süden gewesen zu sein und Leute drangsalierten mich, weil ich Jude bin und wie sie dort unten Juden hängten. Was sie nicht merkten, war, dass ich etwas unter dem Tisch hielt und ich es griffbereit unter meiner Jacke hatte, während sie am Tisch saßen. Und ich merkte in diesem Moment, dass ich einfach wütend werden und diese Leute verletzen konnte und ich konnte jedem von ihnen weh tun. Ich hatte die Fähigkeit. Sie waren nur zu viert.

Das Einzige, das mich hätte dazu bringen können, dies zu tun, war, wenn sie es schafften, dass ich mich schlecht fühlte, und ich hielt inne und dachte: „Diese Leute sind so ignorant. Wie in aller Welt kann ich irgendetwas von dem, was sie sagen, annehmen und es in ein schlechtes Gefühl verwandeln?" Also fing ich einfach an, glückliche Musik in meinem Kopf zu spielen und sie sagten alle das Gleiche. Es fing an, sich wie ein bescheuertes Lied anzuhören. Ich lächelte einfach, dann sagte einer von ihnen: „Du bist ein Feigling. Das stimmt. Geboren und erzogen zum Feigling.", während ich der Musik lauschte.

Ein Kerl sagte: „Gut, ich weiß nicht, ob ich dich verprügeln sollte oder nicht." Und ich entgegnete: „Du solltest es nicht tun, denn ich bin nicht gut darin. Wenn du mich verhaust, werde ich verletzt." Er machte einen Schritt vorwärts, lehnte sich über den Tisch und packte mich, und als er mich packte, öffnete ich meine Jacke und alles, was er sehen konnte, war das, was ich an seine Kehle gesetzt hatte. Ich lächelte und sagte: „Ich habe schreckliche Angst, dass einer von uns verletzt wird." Ich erinnere mich immer noch daran, dass er sich aufrichtete und einfach sagte: „Ich denke, wir sollten jetzt gehen.“ Die anderen Kerle fragten: „Was ist mit dem Juden?“, und er sagte: „Nun, vielleicht sollten wir uns einfach ein Bier holen.“ Ich sagte: „Ich gebe euch Jungs ein Bier aus.“, und ich stand auf und spendierte jedem von ihnen ein Bier. Es war einfacher, ihnen ein Bier auszugeben, als ihnen wehzutun.

Meistens verfallen Leute in eine hässliche Tonalität, wenn sie wütend auf ihre Kinder werden. Es ist lächerlich, wütend auf deine Kinder zu werden. Es macht überhaupt keinen Sinn. Wenn du mit deinen Kindern schimpfst, solltest du überhaupt keine Wut verspüren. Du solltest mit ihnen schimpfen, weil du spürst, dass es helfen wird, etwas zu erreichen. Du solltest immer an den Augenblick denken, als sie geboren wurden und wie du dich fühltest, und bedenken, was du ihnen beibringen willst, und gute Wege finden, um ihnen die Dinge beizubringen, von denen du denkst, dass sie wichtig sind. Schlechte Gefühle in ihnen zu erzeugen, wird meistens nicht hilfreich sein.

Ich fing an, über die Leute nachzudenken, die ich im Laufe der Jahre gekannt und von denen ich mich eingeschüchtert gefühlt hatte. Ich bemerkte, dass mich niemand mehr einschüchterte, seit ich von Richard lernte.

OF: *Wie kannst du dich dann vor wirklich aggressiven Menschen schützen?*

RB: *Menschen, die wirklich aggressiv sind? Es gibt keinen einfachen Weg, mit ihnen umzugehen, wenn sie dir zahlenmäßig überlegen sind. Sie sind wie Hunde in einem Rudel. Das Beste, was man tun kann, ist, verflucht noch mal zu verschwinden, und wenn du da verflucht noch mal nicht rauskommst, dann musst du einfach damit umgehen. Manchmal ist Gewalt auf diesem Planeten unvermeidlich. Wenn du sie kommen siehst, solltest du ihr aus dem Weg gehen, bevor sie anfängt.*

Die meisten Leute bleiben zu lange da und die Dinge geraten viel zu weit außer Kontrolle. Es ist wirklich besser, es einfach zu vermeiden. Als ich Musik spielte, steckte ich für Jahre in Bars fest, in denen ich nicht unbedingt sein wollte, und diese Holzköpfe versuchten alles Erdenkliche, um Probleme zu machen. Wir waren mehr eine Armee als eine Band. Wir spielten in all diesen rauen Gegenden. Wir alle trafen uns in einem Dojo. Wann immer wir jemanden verprügelten, ging es uns hinterher nicht besser. Das ist immer das Ende. Was du lernst, wenn du älter wirst, ist, dass es keine Rolle spielt, wie viele Schlägereien du mitgemacht hast, wenn jeder verletzt wird.

Richard sagen zu hören, dass die beste Art, mit Leuten umzugehen, die versuchen Streit anzufangen, ist, ihnen aus dem Weg zu gehen, war nicht wirklich das, was ich erwartet hatte, aber es war vollkommen vernünftig. Er sprach davon, einer Schlägerei aus dem Weg zu gehen, nicht aus Angst, sondern aus Klugheit. Er sprach davon, die Freiheit zu haben, sich in Gegenwart einer Person gut genug zu fühlen, um sich gegen ihre Versuche zu schützen, dich zu manipulieren. Stattdessen verhältst du dich ihr gegenüber so, wie du es willst.

***OF:** Beinhaltet das den Umgang mit Leuten, die dich mental tyrannisieren?*

***RB:** Da kannst du drauf wetten. Die Tatsache, dass jemand das Bedürfnis verspürt, jemand anderen zu tyrannisieren, ist einfach ein Spiegelbild seiner eigenen Schwäche. Wenn Leute versuchen, mich intellektuell zu tyrannisieren, dann lächele ich sie einfach an und das bringt sie auf die Palme und je mehr es sie ärgert, desto mehr schaue ich sie an und sage: „Schau, du hast zwei Möglichkeiten, du kannst zurückrudern oder wir können es drauf ankommen lassen. Es spielt für mich keine Rolle. Wenn du es bei mir intellektuell versuchst, wirst du entdecken, dass ich die falsche Person zum Verarschen bin."*

Ich kann Leute geistig gesund machen und ich weiß, wie man Leute total wahnsinnig macht, aber das ist nicht das Ziel im Leben. Das

Ziel im Leben ist, herauszufinden, wie du diese Leute meidest und die findest, die nett sind - und so viel Zeit wie möglich mit den netten Leuten zu verbringen. Du musst mir Geld bezahlen, um mit den anderen zu arbeiten.

Alles begann so einfach zu werden. Das Geheimnis war, zu erkennen, dass keiner wirklich Macht über dich hat, es sei denn, du lässt sie, und egal wie sie versuchen, dich zu kriegen, wenn du dich weigerst, das zuzulassen, bist du frei. Wenn Viktor Frankl das durchstehen konnte, was er in dem Konzentrationslager durchmachte und immer noch die geistige Freiheit hatte, unter jedweden Umständen seine eigene Einstellung zu wählen, dann hast du diese Freiheit auch. Es geht darum, die Freiheit zu haben, zu spüren, die Kontrolle zu haben, und gleichzeitig, zu verschwinden, wenn es das Klügste zu tun ist. Auf diese Art können diejenigen, die versuchen dich zu kriegen, es nicht schaffen und du wirst dein Leben auf deine eigene Weise leben.

Ich erinnere mich an ein Erlebnis, das ich in Neuseeland hatte, als ich aus einem Kino zurück ins Zentrum von Christchurch kam. Ich war auf meinem Weg zurück zur Jugendherberge, wo ich übernachtete. Ich lief über eine Überführung. Es war menschenleer und dunkel, etwa 11 Uhr abends. Jemand schrie von unter der Überführung: „Eyh, du! Hast du Kleingeld?“ Da ich gerade dabei war, jemandem zuhause eine SMS zu schreiben, schrie ich einfach runter: „Nein, tut mir leid, Kumpel.“ Von unten rief er wieder: „Eyh! Gib mir etwas Kleingeld, du Bastard.“

Ohne nachzudenken, schrie ich zurück: „Hey, verzieh dich.“ Ich ging weiter und bemerkte, dass keine Autos die Straße entlangkamen und auch keine anderen Menschen. Es war extrem still, und als ich mein Handy zurück in meine Hosentasche steckte, hörte ich Laufschritte auf der Straße hinter mir immer näher kommen. Ich drehte mich um und sah diesen jungen Kerl, etwa 20 Jahre alt, ein wenig größer als ich, direkt auf mich zulaufen. Er trug ein enges graues T-Shirt und blaue Jeans. Er fing an, Drohungen auszustoßen, als er näher kam. Ich zog meine Optionen in Betracht.

Ich dachte an prügeln oder laufen, aber ich war zu müde für beides. Ich war an dem Tag lange unterwegs gewesen. Dann dachte ich an eine dritte Möglichkeit. Als er bis auf 5 Meter herankommen war, ging ich mit einem Lächeln auf ihn zu und streckte meine Hand aus. Überrascht blieb er stehen und nach einem Moment der Verwirrung gab er mir die Hand. Ich legte eine Hand auf seine Schulter, während ich seine Hand schüttelte, und fragte ihn: „Was zum Teufel machst du, läufst hinter mir her, um zu versuchen eine Prügelei anzufangen, mein Freund?" Vollkommen überrascht murmelte er: „Ähh, das stimmt nicht." Ein paar Minuten später ließ er seinen Kopf beschämt hängen, während er mir zuhörte. In den nächsten zehn Minuten fing ich an, mit ihm über sein Leben und seine Probleme zu reden und begann, ihm verschiedene Ratschläge zu geben. Es war ein faszinierendes Gespräch und ich hoffe, dass ich irgendwie zu ihm durchdrang. Als ich ihn verließ, schien er um einiges mehr zielgerichtet und wusste, was er tun musste. Ich sah ihn nie wieder.

Es hat mich schon immer interessiert, wie Worte solch eine Wirkung auf Menschen haben konnten. Ich war besonders gespannt auf das Konzept der schlechten Wörter. In einigen unserer Seminare beschweren sich Leute zeitweise über unseren Sprachgebrauch. Ich fragte Richard danach.

***OF:** Ich habe einige Menschen in der Welt getroffen, die an Gotteslästerung und bestimmten Worten, die als beleidigend gelten werden, Anstoß nehmen. Hast du irgendwelche Gedanken dazu?*

***RB:** Nun, das ist eine verfluchte Schande, oder? Die Tatsache, dass einige Menschen wegen eines Wortes so auf die Palme gehen, obwohl es nur eine Klangfolge ist, ist lächerlich. In den verschiedenen Sprachen sind diese Worte nicht einmal die gleichen. Was wir machen, wir nehmen ein Wort und entscheiden, dass wir uns seinetwegen schlecht fühlen werden. Nimm das Wort „Mick". Manchmal ist es der Name irgendeiner Person und manchmal ist es eine umgangs-*

sprachliche Bezeichnung für Iren. Das Wort „Kite“ ist ein umgangssprachliches Wort für Juden. Die Leute entscheiden dann, dass, wenn sie dies hören, sie sich schlecht fühlen werden.

Es kommt also ein Haufen Menschen zusammen und sagt ein Wort in schlechter Tonalität, aber es ist die Tonalität der Worte, die die Leute sich schlecht fühlen lässt, und wenn du dir von einer ganzen Menge von Worten ein schlechtes Gefühl geben lässt, dann tust du etwas Dummes. Ich kann da durch und eine Veränderung in null Komma nix hinbekommen.

Wie Richard erklärte, liegt der Unterschied in der Tonalität, wenn du Worte gegenüber Menschen gebrauchst. Worte sind einfach Worte und sie hängen von der Bedeutung ab, die wir ihnen geben. Wichtig ist, dass wir erkennen, dass sie keine Macht über uns haben. Ich dachte darüber nach, was ich gehört so hatte, das viel Unruhe und Unstimmigkeiten verursachte - die Rap-Songs, die Sex, Drogen, Tod und Mord thematisierten. Ich fragte mich, wie Richard über solche Songs empfand.

OF: *Was ist mit Rappern, die diese Worte benutzen? Einige Menschen sagen, dass sie einen schlechten Einfluss auf die Zuhörer haben.*

RB: *Ich höre nicht wirklich Rap. Wenn sie schlechte Dinge in den Aufnahmen sagen, dann spielt es keine wirkliche Rolle für mich. Ich glaube an Redefreiheit. Ich denke, wenn wir darüber keine Späße machen, dann nehmen Kinder es zu ernst. Immer wieder zu sagen, dass es zu Gewalt führt, ist wahrscheinlich destruktiver, als das, was auf den Kassetten ist, denn wenn du anfängst, Leute zu hypnotisieren, indem du sagst: „Das führt zu dem und dem.“, dann wird es das wahrscheinlich. Das Letzte, was dieses Land braucht, ist eine Regierung, die für diese Rapsongs Werbung macht und sagt, dass dich das Hören dieser Songs zu einem Kriminellen macht.*

Es ist irgendwie ironisch. Sie sagen, dass „Dinge zu sagen, schlechte Dinge passieren lässt“ und sie sagen etwas Schlechtes, wodurch sie es in gewisser Weise passieren lassen. Für mich ist das paradox. Es ist genauso wie die unsichere Person, die in ihrer Meinung über diese Sache sehr sicher ist. Es gibt immer eine paradoxe Ebene. Leute, die unter Unsicherheit leiden, sind sich dessen absolut sicher, und die Leute, die da draußen schlechter Sprache zuhören und schlechten Dingen, die gesagt werden, oder Fernsehprogramme anschauen mit der Vorstellung, dass „Gewalt schlimme Folgen hat“, werden schließlich etwas Schreckliches sagen, viel schlimmer als das, was jetzt gesagt wurde.

Sie sagen, dass all dieses virtuelle Zeug Wirklichkeit werden wird, was der größte Albtraum ist, den du möglicherweise sagen könntest, und dann, wenn du glaubst, dass Dinge zu sagen sie wahr macht, würden sie dies nicht laut aussprechen. Es gibt hier also das Paradoxon, dass das, was sie wirklich tun sollten, wenn sie glauben was sie sagen, ist, den Mund zu halten, denn sie tun den schlechtesten aller Dienste. Für mich ist das also immer paradox. Für mich liegt die wahre Essenz dessen, wie wir uns als Menschen weiterentwickeln, darin, wo wir den paradoxen Punkt finden und das Thema wechseln.

Ich mochte diese Perspektive. Für mich hat die Idee der Zensur nie wirklich funktioniert. In Wahrheit trieb sie die Leute oft sogar eher dazu, zu versuchen, diese Musik zu bekommen. Der Trick bestand stattdessen darin, die Leute dazu zu bringen, darüber zu lachen. Was mich immer verblüffte, wenn ich ein Interview mit irgendwelchen von diesen Rappern sah: Sie waren genau wie einer der Stand-up-Comedians, die ich gesehen und gehört hatte.

Sie sprachen einige brutal wahre Dinge über die Welt aus, auf eine humorvolle Art übertrieben. Sie hatten keine Angst vor Worten und es gab ihnen einen Kick, dass sie die konservativen Traditionalisten provozierten. Wenn wir einfach lernen könnten, über diese Songs zu lachen, so, wie es die Rapper tun, und unseren Kindern das Gleiche beibringen, dann wäre die Welt nicht so voller Gewalt, denn wir würden die Mentalität unserer Kultur verändern und nicht einfach versuchen zu leugnen, was da draußen existiert. Lachen gibt uns die Fähigkeit, dem negativen Schmerz und dem Leiden zu entfliehen, das nur deswegen vorhanden ist, weil Dinge ernst genommen werden.

Die Kunst guter Freundschaft

⌘

Es war wirklich schön, Zeit mit Richard und Paula zu verbringen. Für mich waren unsere Gespräche großartig wegen des offensichtlich großen Glücks, das ich hatte, indem ich Antworten auf die faszinierendsten Fragen des Lebens bekam. Abgesehen davon waren sie gute Freunde geworden. Als ich daran dachte, befragte ich Richard zum Thema Freundschaft.

OF: *Ich möchte ein bisschen über Freundschaft sprechen. Was betrachtest du als die Qualitäten eines guten Freundes?*

RB: *Fangen wir mit Ehrlichkeit und Loyalität an. Das ist es, was einen guten Freund ausmacht. Ein guter Freund ist immer und überall loyal. Für mich ist es das, was einen guten Freund ausmacht. Es gibt Freunde und gute Freunde. John LaValle ist mein guter Freund und wird es immer sein, denn ich weiß, ich kann mich auf John verlassen, jederzeit, überall und in allem auf dieser Erde, und er weiß, dass ich das Gleiche tun werde. Wenn ich dazu imstande bin, werde ich es tun, und ich werde nicht fragen, warum. Er muss es mir nicht erklären. Er muss es mir gegenüber nicht rechtfertigen. Es ist das, was wir immer füreinander getan haben, denn das ist es, was gute Freunde tun.*

Sie erwarten keine, sie brauchen keine Erklärungen. Sie müssen nur wissen, was du brauchst, und sie kümmern sich darum, wenn sie können, und wenn sie es nicht können, sind sie ehrlich in Bezug auf die Tatsache, dass sie es nicht können. Deswegen funktioniert die Mafia so viel besser als die Regierung. Diese Leute waren Familie und Freunde und sie waren loyal über alles. Deswegen hätten sie die Regierung weggefegt, wenn es nicht die Regierung gewesen wäre, die falsch gespielt hat. Ich meine, durch elektronische Überwachung und das Erfinden von Gesetzen konnten sie die Leute ins Gefängnis stecken. Sie hätten die Mafia nie schlagen können. Sie mussten Einkommenssteuer-Hinterziehung erfinden, weil sie niemanden wegen eines Verbrechens verurteilen konnten.

Ich lächelte. Ich dachte an John LaValle. Ich wusste, wie John war und Richard hatte ihn absolut treffend beschrieben. John und seine Frau Kathleen sind immer hervorragende Beispiele für Loyalität und Freundschaft gewesen. Sie sind hervorragende Rollenmodelle, die ich froh bin, als Freunde bezeichnen zu können. Ich dachte über einige meiner engsten Freunde nach. Ich stellte fest, dass, ungeachtet der Tatsache, dass sie alle grundlegend verschieden und einzigartig waren, sie alle die Qualitäten zeigten, die ich so sehr schätze: Loyalität, Ehrlichkeit, Integrität, Liebe, Großzügigkeit und Güte.

Ich fing an, eine immense Dankbarkeit dafür zu empfinden, diese Menschen zu kennen und ihnen so nahezustehen. Ich wusste, dass, wenn ich jemals etwas brauchte, meine engsten Freunde für mich da sein würden. Tatsächlich, als ich meine schwersten Zeiten durchmachte, waren sie für mich da, als ich sie am meisten brauchte. Sie haben alle einen riesigen Beitrag zu meinem Leben geleistet.

An diesem Punkt war es Zeit für eine Pause und wir gingen nach draußen und spazierten ein bisschen umher. Ich fing an, über mein eigenes Leben nachzudenken. Ich dachte über die Menschen nach, die mir nahestanden. Ich habe die wunderbarsten Freunde. Ich habe meine besten Freunde dort, wo ich lebe. Ich habe beste männliche und weibliche Freunde. Ich habe Freunde, die ich in den Seminaren kennengelernt habe, in denen ich war und unterrichtet habe. Ich habe Freunde aus der Football-Mannschaft und Freunde von meinen Reisen. Ich habe Freunde, die ich zufällig traf und einfach mit ihnen in

Verbindung blieb. Ich habe Freunde aus allen möglichen Teilen der Welt.

Du hast Freunde, denen du alles sagen kannst und die du einfach zum Lachen bringst. Du hast Freunde, mit denen du regelmäßig etwas unternimmst, und solche, die du ein paar Mal im Jahr siehst. Du hast Freunde, die die gleiche Art von Dingen tun wie du, und Freunde, mit denen du wenig Interessen gemeinsam hast, deren Gegenwart du aber genießt. Du hast Freunde, mit denen du stundenlang erzählst, und Freunde, neben denen du stundenlang sitzen kannst und dich wohlfühlst, ohne ein Wort zu wechseln. Du hast Freunde, die du zum Lachen bringst, mit denen es dir am besten geht, und Freunde, bei denen du Spaß daran hast, das Ziel ihrer Witze zu sein.

Meine engsten Freunde betrachten alle Loyalität als einen extrem hohen Wert im Leben. Leute wie Eddie, Dave und Brian schätzen alle diesen Wesenszug. Egal was passiert, wir tun immer unser Bestes, um füreinander einzustehen. Wie habe ich es also geschafft, solch wunderbare Freunde zu finden? Wie kommt es, dass ich so ein Glück hatte? Dann erkannte ich, dass es nichts mit Glück zu tun hatte. Es hatte damit zu tun, Verbindungen zu knüpfen und sie zu pflegen. Es ging darum, freundlich gegenüber Menschen zu sein und Freundschaften mit ihnen aufzubauen. Du musst Dinge für dich selbst tun, um wunderbare Freunde zu finden. Du musst diese Qualitäten zeigen und dir Mühe geben, nette Dinge zu tun.

Ich habe Menschen zufällig in Kneipen kennengelernt und Menschen in Seminaren getroffen und manchmal haben wir einfach einen Draht füreinander entwickelt und sind Freunde geworden. Einige Menschen denken, dass es eigenartig ist, so Freunde zu finden, aber ich habe eine andere Philosophie. Die Gegenwart einiger Menschen genieße ich wirklich und bei einigen nicht. Indem ich mir die Mühe mache, Zeit damit zu verbringen, in Kontakt mit Leuten zu bleiben, die ich getroffen und begonnen habe zu mögen, bekomme ich die Möglichkeit, die Freude zu erfahren, viele Freunde zu haben. Wenn jemand aus einem Grund in dein Leben tritt, kannst du genauso gut auch mit ihnen in Kontakt bleiben, solange es dir dienlich ist, und herausfinden, was der Grund ist.

Für mich bedeutet die Kunst, ein guter Freund zu sein, ein guter Freund auf verschiedene Weise mit verschiedenen Freunden zu sein. Es bedeutet, deine Freunde zum Lachen, zum Lächeln und dazu zu bringen, sich selbst gut zu fühlen, wenn du in ihrer Gegenwart bist. Es bedeutet, dich für sie und wie es ihnen geht zu interessieren, und ihnen zuzuhören. Es bedeutet, sie auf derselben Stufe zu respektieren wie dich selbst. Es bedeutet, deine Erfahrungen, Geschichten und Gefühle mit ihnen zu teilen. Es bedeutet, sie, wann immer du kannst, wissen zu lassen, wie viel sie dir bedeuten und dass du sie liebst.

Es bedeutet, mit ihnen so oft wie möglich in Kontakt zu treten. Es bedeutet, manchmal aus keinem anderen Grund Kontakt mit ihnen aufzunehmen, als sich einfach zu vergewissern, wie es ihnen geht und sie wissen zu lassen, dass du an sie denkst. Es bedeutet, nette Dinge für sie zu tun, wenn du kannst, und möglichst für sie da zu sein, wenn sie dich brauchen.

Mein Freund Gillian schickte mir einmal eine Nachricht den ganzen Weg von Australien her, als ich eine schwere Zeit in meinem Leben durchmachte. Es war eine Nachricht von einem lieben Freund, der mir die herzlichsten und liebevollsten Wünsche schickte, um mir durch diese Zeit zu helfen. Ich war gerührt. Für mich war es die schönste Geste von Freundschaft, die ich je erlebt hatte. Es ist so erstaunlich zu wissen, dass sich jemand um einen sorgt, und egal, wo sie auf der Erde sind, sie sind für dich da. Ich dachte an all die brillanten Freunde in meinem Leben, denen ich so wichtig war. Ich fühlte mich wieder so glücklich. Mir wurde klar, dass Freundschaft von Herzen kommt und sich in der Art äußert, wie du diejenigen behandelst, die dich lieben.

Meine Familie ist so wundervoll und ich hatte die Gelegenheit, ihnen gegenüber auszudrücken, wie ich für sie empfinde. Meine Mutter, mein Vater, meine Schwester und meine Großfamilie und Vettern, sie alle wissen, wie ich für sie empfinde. Mit deiner Familie meine ich die nahestehendsten Freunde, die du hast, nicht nur deine

Blutsverwandten. Es ist nicht einfach, immer perfekt und nett zu ihnen zu sein, aber es ist entscheidend, dass diejenigen, die dir am nächsten stehen, merken, dass du sie liebst und sie eine Freude für dich sind. Es ist wichtig, dass du sie gut behandelst und ihnen dankbar bist, dass sie in deinem Leben sind. Auf diese Weise kannst du die wunderbaren Früchte guter Freundschaft richtig genießen.

An diesem Punkt, als wir über das Wetter und die Kühe auf dem nahe gelegenen Feld sprachen, erinnerte ich mich wieder daran, was mich am meisten interessierte, von Richard zu erfahren. Ich hatte immer noch die wichtigste Frage übrig. Meine jüngsten Erfahrungen waren sehr chaotisch gewesen und ich brauchte Richards Rat.

Wie kommt es, dass wir nicht mehr miteinander reden?

⌘

Menschen treten in unsere Leben und sie verlassen uns. Ich glaube, dass Freundschaften manchmal enden müssen. Manchmal sind Freundschaften für einen bestimmten Punkt in deinem Leben gerade richtig. Du bist aus einem bestimmten Grund für die Menschen in deinem Leben da, und diese sind für dich da. Was auch immer der Grund ist, es hilft dir auf irgendeine Weise.

Ich bin die Art von Mensch, für den es schwer ist, sich von einem Freund zu trennen, egal, wie die Umstände sind. Wegen meiner ziemlich nostalgischen Ader versuche ich immer eine Freundschaft zu retten, egal was es kostet. Gleichzeitig kenne ich viele Menschen, die stur jeden Kontakt mit einer Person abbrechen, wenn sie sich von ihr verletzt oder hintergangen fühlen. In keinem von beiden liegt wirklich das Geheimnis im Umgang mit anderen, wenn deine Freundschaft betroffen ist. Ich wusste, dass Richard langjährige Freunde hatte und viele von ihnen ihm in den Rücken gefallen waren und ihn schlecht behandelt hatten.

Meine Freundschaft mit einem meiner Freunde war ein paar Monate zuvor auseinandergegangen. Ich fühlte mich von ihm verletzt und hintergangen. Ich wusste, wenn irgendjemand mir helfen konnte, dann war es Richard.

OF: *Richard, über die Jahre hattest du Freundschaften mit vielen Menschen. Viele von ihnen haben dich bestohlen, dich hintergangen,* *dich betrogen und schlecht über dich geredet. Wie gehst du mit Menschen in deinem Leben um, wenn sich die Dinge ändern und das Verhältnis zwischen euch schlecht wird?*

RB: *Nun, der Trick besteht darin, zu verstehen, dass es an jedem Tag, an dem du Menschen triffst, so ist, als ob du sie zum ersten Mal triffst. Selbst wenn du eine Person seit drei Monaten kennst und sie ein guter Mensch war, bedeutet das deshalb nicht, dass sie beim nächsten Mal, wenn du sie triffst, nicht ein Arschloch sein wird. Die Art der Menschen verändert sich, ihre Überzeugungen verändern sich und ihre Gedanken verändern sich, und was wir über Wendepunkte wissen, sagt uns, dass, wenn jemand solch einen bestimmten Punkt überschreitet, nichts mehr ist wie vorher.*

Viele Menschen erleben Wendepunkte, und wenn sie einmal durch einen Wendepunkt gegangen sind, verändern sich ihre moralischen Einstellungen, verändern sich ihre Wertvorstellungen. Sie haben vielleicht gute Wertvorstellungen, aber dann, sobald etwas passiert, was nichts mit dir zu tun hat - die Art, wie sie mit dir umgehen, ihre Bereitwilligkeit, dich zu bestehlen, ihre Bereitwilligkeit zu kritisieren (egal, ob sie dankbar sind für das, was sie von dir bekommen haben, oder nicht), die Art, wie sie ihre Familie behandeln, die Art, wie sie ihre Kinder behandeln, die Art, wie sie ihre Frau behandeln - alles andere verändert sich, sodass du deine Augen und Ohren offenhalten musst, um zu erkennen, wenn jemand ein Arschloch wird, und aufzuhören, mit ihm Zeit zu verbringen.

Die Wahrheit ist, dass alle Menschen es merken, wenn jemand sich verändert hat und nicht länger der gute Mensch ist, aber sie verharren in der Erwartung, dass er wieder der alte wird, aber die Wahrheit ist, dass, wenn jemand dich schlecht behandelt, es an der Zeit ist, das zu stoppen. Wenn solche Leute sich nicht sofort wieder zurückverändern, werden sie es wahrscheinlich nie tun. Menschen werden entweder besser oder sie werden schlechter, und wenn sie schlechter werden, hören sie nicht damit auf und fangen an, wieder besser zu werden, nur weil du möchtest, dass es so ist.

OF: *Was tun wir dann mit Menschen, die durch so einen Wendepunkt gegangen sind?*

RB: *Es ist besser, sich von ihnen fernzuhalten, und wenn sie zurückkommen und anfangen, sich zu entschuldigen und darüber zu reden: „Nun, ich hatte ein Drogenproblem.“, oder: „Ich stand neben mir.“, oder irgendetwas, ignorier sie einfach und erkenne, dass die Zeit, die du mit ihnen verbracht hast, keine Lüge war, sondern dass sie sich einfach verändert haben. Leute verändern sich zum Besseren und Leute verändern sich zum Schlechteren - und etwas anderes zu erwarten ist nichts anderes, als sich wie ein Idiot zu fühlen, wenn du nicht wirklich einer warst.*

Ich fühle mich nicht schlecht, obwohl es Leute gibt, deren Leben und Vermögen auf dem beruht, was ich ihnen beigebracht habe, und sie nichts anderes tun, als mich anzuschwärzen und von mir zu stehlen. Die Sache ist, dass sie in der Zeit, als ich mit ihnen zusammenarbeitete, daran gearbeitet haben, ein besserer Mensch zu werden, und dann hat sich ihr Leben verändert und sie haben sich in einen Idioten verwandelt. Das ist nicht meine Schuld, sie sind durch sich selbst ein Idiot geworden und, wenn sie weiter ein Idiot bleiben, werden sie selbst den Preis bezahlen.

Ich lehnte mich zurück und ließ das sinken. Ich hatte nie über Dinge wie diese nachgedacht. Es enthielt so viel Sinn. Ich war neugierig darauf, was Richard meinte, als er davon sprach, Leute zu ignorieren. Meinte er damit, ihnen zu vergeben? Ich fragte ihn.

OF: *Also, wie denkst du dann über Vergebung?*

RB: *Ich gebe mich nicht dem Konzept der Vergebung ab. Ich muss Leuten nicht vergeben für das, was sie tun, denn ich vergesse es entweder, weil sie damit aufgehört haben und andere Dinge tun, oder ich behalte es im Gedächtnis, sodass ich nicht wieder darauf rein-*

falle. Zu sagen, dass ich jemandem vergebe, bedeutet, dass ich etwas tun muss.

Wenn du Scheiße baust, warum sollte ich etwas tun müssen? Wenn du Scheiße baust, solltest du etwas tun müssen. Es geht nicht darum, dass ich dir vergebe. Wenn du Dinge tust, die besser sind als die, die du getan hast, dann werde ich das vergessen, was du getan hast. Ich werde nicht durch irgendeinen Akt der Vergebung gehen und ich denke, diese ganze Vergebungssache kommt aus dem christlichen Unsinn.

Dass Leuten vergeben werden sollte, ohne dass sie sich tatsächlich verändern. Dass du reingehen kannst zum Priester und er sagt: „Okay, deine Sünden sind vergeben." Nun, Gott mag dir vergeben, aber er vergisst nicht, du musst dem immer noch nachgehen und etwas Besseres tun, und bei mir ist es das Gleiche. Was mich angeht, wenn du dein Verhalten veränderst und mit guten Verhaltensweisen anfängst, werde ich jedes frühere schlechte Verhalten vergessen.

***OF:** Wie machst du das?*

***RB:** Du denkst nicht daran. Du denkst an die guten Dinge, die Menschen tun. Aber wenn Menschen mit schlechten Verhaltensweisen weitermachen, werde ich mich an sie alle erinnern. Aber ich werde deswegen kein schlechtes Gefühl haben, denn ich werde mich nicht schlecht fühlen, nur weil du Fehler gemacht hast. Das ist eines der Probleme, die Menschen haben. Die Leute sagen: „Ach, er hat meine Gefühle verletzt, deshalb muss ich ihm vergeben." Ich denke, das ist Unsinn und sogar daran zu denken ist Unsinn.*

Ich denke nicht an das, was Leute mir in der Vergangenheit angetan haben. Leute bringen es zur Sprache und ich werde daran denken, aber ich denke nicht oft darüber nach. Es gibt keinen Grund, sich deswegen Kummer zu machen. Sie sind diejenigen, die Scheiße gebaut haben, nicht ich, deshalb sind sie diejenigen, die etwas tun sollten. Ich glaube, dass es falsch ist, dass ich sagen muss: „Ich verge-

be dir.“, sodass sie sich okay fühlen können, wenn sie mich verarscht haben. Da habe ich keinen Vertrag mit und ich bringe keine Dinge hoch, um mich deswegen unnötig schlecht zu fühlen.

Wenn sie versuchen, mir ein schlechtes Gefühl zu geben, bewirken sie, dass sie sich selbst jeden Tag schlechter fühlen. Das ist die Art, wie ich darüber denke. Ich kann mir keine schlimmere Bestrafung ausdenken, als tatsächlich jemand zu sein wie sie. Ich denke, es ist eine Sache, die sich selbst erledigt. Ich kann so viel glücklicher sein mit so viel weniger als sie. Ich kreiere neue Ideen und ich kenne ihre Gedanken. Sie müssen sich selbst belügen, ich nicht.

Es verblüffte mich, dass das, was Richard als „Vergessen“ bezeichnete, meiner Idee von „Vergeben“ ähnelte. Schau, als ich ihm zuhörte, stimmte ich mit dem, was er beschrieb, überein, aber ich konnte nicht anders, als mich zu erinnern, dass, wenn ich Leuten in meinem Leben vergab, die mich verletzt hatten, ich mich viel besser fühlte. Dann plötzlich kam mir die Erleuchtung. Mein Konzept von „Vergeben“ war, meinen inneren Frieden mit einem Menschen zu machen und sie gehen zu lassen. Es beinhaltete, mir bewusst zu sein, was sie getan hatten und was sie jetzt taten. Ich werde keine schlechten Gefühle oder Groll gegen sie hegen, aber ich werde mir nicht die Arbeit machen, ihnen zu sagen, dass etwas okay ist, wenn das nicht der Fall ist.

Meine Idee von „Vergebung“ ist nicht: „Deine Sünden sind vergeben. Du hast jetzt eine weiße Weste.“ Stattdessen habe ich einfach erkannt, dass jeder eine andere Wahrnehmung der Realität hat und dass Leute manchmal die falschen Dinge tun, weil sie sich einfach dumm verhalten, und manchmal tun sie die falschen Dinge, weil sie ihre Werte verändern, nachdem sie diesen Wendepunkt erreicht haben, von dem Richard sprach. Wenn sie das tun, ist es oft notwendig, sie loszulassen und frei von ihnen zu werden.

Wie Richard erklärte, heißt das nicht, dass deine Zeit mit ihnen schlecht oder eine Lüge war - es bedeutet einfach, dass es jetzt vorbei ist und es Zeit ist weiterzugehen. Dann kannst du, mit der Freiheit von den Gedanken an sie, weitergehen und, falls sie zukünftig wieder gute Dinge tun, dann wirst du vielleicht wieder Kontakt mit ihnen haben oder vielleicht auch nicht.

Ich glaube nicht an Verbitterung. Einer der Gurus, die ich in Indien kennenlernte, sagte mir einmal: „Jeder ist auf einer Reise. Die meisten Menschen verletzen nicht wirklich absichtlich. Sie sind einfach verlorene Seelen.“ Wir alle sind einfach unterwegs, um das Beste zu tun, was wir können, und eines Tages werden wir sterben. Deshalb, worin liegt der Punkt, einen Groll zu hegen? Was bringt es, Misslichkeit und Schmerz zwischen euch zu halten? Es bringt nichts. Du kannst aus dem Verhalten der Leute, die du liebst, lernen. Und du kannst weitergehen, wenn eine Freundschaft vorbei ist. Ich glaube daran, Vergangenes vergangen sein zu lassen, denn, wie Richard sagt: „Das Beste an der Vergangenheit ist, dass sie vorbei ist.“ Wir alle sind Menschen und werden Fehler machen.

Dem entsprechend werden wir manchmal Fehler machen und wir sind es, die etwas Falsches tun werden. Wir werden Menschen verletzen, ohne es zu wollen, und unsere eigenen Verletzungen ab und zu an anderen auslassen. Es ist falsch, aber wir sind nicht perfekt und es ist wichtiger, uns darauf zu konzentrieren, gute Dinge zu tun, anstatt sich wegen dem, was man getan hat, schlecht zu fühlen. Schuld hat eine Funktion. Sie ist dazu da, dich wissen zu lassen, wenn du etwas getan hast, von dem du spürst, dass es falsch war, sodass du dich entscheiden kannst, es in Zukunft besser zu machen. Du brauchst nur das Signal, nicht die Emotion dein Leben übernehmen zu lassen. Wenn du dies einmal akzeptiert hast, kannst du vorankommen, indem du gute Dinge tust und glücklich im Leben wirst.

Ich dachte an meine Freunde. Wenn es einen Weg gab, eine Freundschaft zu retten, würde ich ihn gehen. Wenn sie sich bereits zum Schlechten entwickelt hätte, würde ich sie beenden. Es gibt so viele wunderbare Menschen auf der Welt und so viele potenzielle Freunde, dass es nicht notwendig ist, an jedem zu hängen, der jemals ein Freund war. Für das Ende jeder Beziehung kannst du stattdessen eine neue Beziehung entwickeln, die anders sein wird. Ich dachte über die Freundschaften und Beziehungen in meinem Leben nach und ich versprach mir in diesem Moment, mir ihrer bewusst zu bleiben und mein Bestes zu tun, um sicherzustellen, dass sie alle besser wurden, oder, falls nötig, dass ich weggehen würde.

Manchmal ist es wichtig, auch zu erkennen, wie du dich von anderen Menschen behandeln lässt. Ich habe in der Vergangenheit festgestellt, dass ich bei bestimmten Menschen zu viel entschuldigt habe und andere mich ausnutzen ließ, wenn ich versuchte, nett zu sein. Seitdem ich meine Bemühungen darauf gerichtet habe, dies zu ändern, habe ich festgestellt, dass sie mich nicht mehr so behandeln. Es ist komisch, aber wir tendieren dazu, Menschen beizubringen, wie sie uns behandeln sollen. Ich merkte, dass ich Fehler gemacht hatte und ein Mensch wie jeder andere war, aber ich nahm nicht länger die Schuld für alles auf mich. Ich entschied, dass ich mich nicht mehr dafür entschuldigen musste, dass ich existierte. Nett zu sein war eine Sache, aber es ist auch genauso wichtig, für sich selbst einzustehen. Ich habe diesen Rat bei so vielen Gelegenheiten weitergegeben, dass ich es schließlich selbst in die Praxis umsetzen musste. Du musst dich selbst als so wichtig und als genauso wertvoll behandeln wie andere. Auf diese Weise wirst du eher Menschen in dein Leben ziehen und deine Chancen erhöhen, wahre Liebe bei ihnen zu finden.

Die Kunst echter Liebe

⌘

Es war die berührendste Erfahrung. Ich hatte mein ganzes Leben darauf gewartet.

Stell dir vor - du wachst neben dem Menschen deiner Träume auf: Die Liebe deines Lebens, während du ihren Schlaf beobachtest, betest du sie still an. Sanft liebkost du ihr Gesicht, während sie da so wunderschön schläft und du kannst ihr Herz schlagen fühlen wie ein Wunder.

Stell dir vor - du nimmst einfach den Augenblick und schaust sie an, Zentimeter entfernt von deinem Gesicht. Du lauschst ihrem sanften Atem, während sie in ihrer eigenen Traumwelt sind. Es ist, als ob du ein überwältigendes Gefühl von Liebe verspürst, das deinen Körper füllt wie andauernde Explosionen von absoluter und völliger Ekstase, Freude und Entzücken, die in deinem Herzen stattfinden.

Stell dir vor, du atmest ihren Atem ein und hältst sie so fest, dass sie sich wie ein anderer Teil von dir anfühlen. Intensiv studierst du ihr Gesicht und bist einfach dankbar für solch atemberaubende Schönheit. Du genießt einfach den Augenblick, dir sehnlichst wünschend, dass er nie zu Ende geht, dass du einfach für immer hier sein kannst.

Stell dir vor, du riechst ihr Haar und atmest einen Duft von solcher Stärke ein, dass er dein Herz sofort schmelzen lässt. Als sie langsam aufwachen, erhaschst du einen flüchtigen Blick der wunderschönsten Augen, die du je gesehen hast, während du so hoffnungslos tief in ihnen verloren gehst. Du schmeckst zärtlich ihre Lippen und sie lächelt köstlich in ihrem halb wachen Schlummer. Du hörst die Worte und Laute von Liebe und hältst diesen Augenblick fest, völlig für dich da in deinem Herz, für immer. Es ist so schwer, das wahre Gefühl von Ekstase festzuhalten, das mit Augenblicken wie diesen kommt.

Es waren nur noch ein paar Fragen übrig, die ich Richard stellen wollte, aber sie waren die Wichtigsten. Schau, ich hatte mich in ein Mädchen verliebt. Ich konnte nicht aufhören an sie zu denken. Wenn ich sie zum Lächeln brachte, war der Tag für mich gerettet. Eines Nachts gingen wir etwas trinken. Ich fragte sie, ob sie mit mir ausgehen wolle, und sie sagte ja. Ich war im siebten Himmel. Wir begannen, uns zu verabreden.

Denk an Liebe. Es ist die begehrteste Sache auf der ganzen Welt. Niemand kann sie quantifizieren oder definieren, doch wir wissen alle, was sie ist. Wir alle wollen lieben und geliebt werden. Viele Filme und Popsongs sind von Liebe inspiriert sowie zwei Tage im Jahr, im Februar und im Dezember, an denen wir verschiedene Formen von Liebe feiern.

Es gibt viele Arten von Liebe. Du kannst lieben als ein Liebhaber. Du kannst lieben als ein Freund. Du kannst lieben als eine Mutter oder ein Vater. Du kannst lieben als ein Kind. Du kannst lieben als ein Ehemann oder eine Ehefrau, Bruder oder Schwester. Du kannst lieben als ein Seelenverwandter oder Geistesverwandter. Du kannst lieben als ein bester Freund, enger Freund oder stiller Bewunderer. Du kannst lieben als ein Fan oder Künstler. Du kannst lieben als Großeltern oder als Taufpate, Tante oder Onkel oder als Cousin und Cousine. Du kannst lieben als ein Individuum oder als ein Teil einer Gruppe.

Es gibt mehr als eine Art, zu lieben. Du kannst lieben durch ein Lied oder ein Gedicht oder eine Umarmung oder einen Kuss oder einen Arm um die Schulter oder einen Blumenstrauß. Du kannst durch eine E-Mail oder einen Text oder eine Nachricht auf dem Anrufbeantworter lieben. Du kannst mit einem Wort oder einem Blick oder einem Lächeln lieben. Du kannst mit einem silbernen Ring oder goldenen Ohrringen oder einem Diamanten oder einem Flugticket nach Paris lieben. Du kannst mit dem Klang deiner Stimme lieben oder einer Karte oder einem Brief. Du kannst mit einem Kompliment oder einem Witz, mit einer Neckerei oder einem Gebet lieben. Du kannst mit Beifall, mit Zujubeln oder einem erhobenen Glas lieben.

Liebe kann dir das Gefühl geben, als ob du über der Erde schwebtest oder als ob die ganze Welt in dir wäre. Sie kann dich begeistern oder dich deprimieren. Sie kann manische Zustände von Ekstase und Zerstörung erzeugen. Sie kann deine Seele mit Freude füllen und dein Herz in eine Million kleine Teile zerbrechen.

Beziehungen können manchmal komplex scheinen. Die Chancen, eine Person zu treffen, die sich in dich verliebt und du dich in sie, und ihr beide seid Singles, scheinen nicht so groß zu sein. Die Chancen, dass ihr beide auf die gleiche Art empfindet - oder besser, wenn ihr einander kennenlernt - können nicht so groß sein. Die Chancen, dass du den Versuchungen anderer potenzieller Partner da draußen widerstehst, können ebenfalls nicht so groß sein. Trotzdem gibt es überall auf der Erde so viele Menschen in Beziehungen. Es gibt keinen Zweifel, dass einige sich zusammentun und einige glücklich genug sind, einen ihrer Seelenverwandten zu finden: jemanden, den sie lieben und anbeten.

Die Psychospielchen, die oft Beziehungen belasten, beinhalten die verschiedenen Erwartungen und Regeln, die wir in diese Beziehung mitbringen. Wir haben bestimmte Präferenzen, Überzeugungen und ein bestimmtes Verständnis für Dinge, und wenn unser Partner andere Ideen hat als wir, kann das Konflikte verursachen. Schlimmer noch, solche Regeln sind oft unausgesprochen und wir müssen sie erraten. Um die Dinge noch schlimmer zu machen, haben wir einen unzuverlässigen neurochemischen Zustand, der davon beeinflusst wird, wie wir über den geliebten Menschen denken, und der verändert sich ziemlich oft. Es kann auch sein, dass wir negative Themen und Probleme aus unseren vergangenen Beziehungen in jede neue Beziehung mitbringen.

Du kannst die negativen Einflüsse in deiner Beziehung minimieren, indem du die Unterschiede zwischen dir und deinem Partner akzeptierst. Du kannst mehr Mühe investieren und deine Erwartungen erklären und mitteilen und die des anderen respektieren. Du kannst dir mehr deiner eigenen Neurochemie bewusst werden und dein Verhalten so oft wie möglich steuern. Du kannst auf deine Verhaltensweisen achten in Bezug darauf, wenn du deine „Themen" aus deiner Vergangenheit in deine neue Beziehung hineinbringst.

Valentinstag kann als ein Massenmarketing-Phänomen gesehen werden, dafür bestimmt, aus Konsumenten noch mehr Geld herauszuholen, oder als ein Tag, an dem du deine Liebe ausdrücken kannst und dir gegenüber Liebe ausgedrückt wird. Er wird ein Liebe-Enthemmer, der jedem Partner eine Ausrede gibt, wieder romantisch zu sein - ohne trinken zu müssen. Für diejenigen in neuen Beziehungen symbolisiert er oft einen perfekten Tag mit dem idealen Partner. Für diejenigen, die in Langzeitbeziehungen sind, gibt er eine gut zu gebrauchende Ausrede ab, um mehr Zeit miteinander zu verbringen und zu versuchen, sich die Romantik der vergangenen Zeiten wachzurufen.

Weihnachten ist ebenfalls eine Zeit, in der die Liebe das Steuer übernimmt. Sentimentale jahreszeitliche Filme stellen enthusiastisch in den Mittelpunkt, wie wichtig unsere Familien sind und den Gedanken, ein guter Mensch zu sein. Es ist dazu geschaffen, um Liebe miteinander zu teilen und Freude daran zu haben, gute Gefühle untereinander zu verbreiten.

Was unsere eigenen Beziehungen angeht, wir sind in dieses Leben hineingeboren und viele von uns finden jemand Besonderen, mit dem wir unsere Zeit gemeinsam verbringen wollen. Diese Person wird unser Ideal. Manchmal verlieren wir sie und manchmal bleiben wir für immer bei ihnen. Was auch immer geschieht, es geschieht und wir ziehen weiter oder bleiben bei ihnen.

In dieser Kultur mit Tagen wie Valentinstag können romantische Filme und Lieder in Menschen oft ein Beziehungs-„Bedürfnis" erzeugen. Es ist, als ob wir uns in den Gedanken verlieben, uns zu verlieben. Deshalb treffen wir jemanden und sie werden für uns unser idealer Partner oder unser Seelenverwandter. Platons Dualitätsgedanke wird in Hollywood immer wieder ausgedrückt. Es ist die Idee, dass wir ursprünglich mit zwei Seelen geboren wurden und dass wir getrennt wurden und unser Leben damit verbringen, nach unserer „anderen Hälfte“ zu suchen.

Einige richten sich glücklich in einer Beziehung ein, andere halten Ausschau nach einer Beziehung mit jemandem, in den sie sich heftig verlieben - einige bekommen es, einige nicht. Alles in allem gibt es Leid, das mit Beziehungen einhergeht. Anhänglichkeit verursacht Leid. Wenn du an etwas hängst, wirst du leiden müssen, wenn es schließlich endet oder es Probleme damit gibt und enden wird es immer und Probleme wird es immer geben.

Was ist also das Geheimnis? Was ist die beste Art, Beziehungen mit anderen zu betrachten? Was ist die beste Art, über Liebe zu denken? Nun, was mich betrifft, ist die Idee, ohne Verbundenheit jeglicher Art mit gar nichts und niemandem zu sein, unpraktisch - insbesondere deswegen, weil wir dann mit dem losgelöst sein verbunden sind. Selbst einige Buddhisten, die von dem Gedanken der Verbundenheit Abstand nehmen, sind der Idee des losgelöst seins verbunden!

Das Beste, was man tun kann, ist zu erkennen, dass es in allen Beziehungen und Existenzen von Liebe wunderschöne Zeiten und Zeiten des Leidens geben wird, aber dass das Wunderschöne stets mächtiger ist. Es gibt viele Gefahren, auf die man in Beziehungen aufpassen muss.

Ich wollte einige Lösungen bezüglich dieser Gefahren finden. Ich hatte zuvor einige Fehler mit Freundinnen gemacht und ich wollte sicherstellen, dass ich aus ihnen lernte. Ich habe Klienten immer wunderbare Tips gegeben, die für sie in ihren eigenen Beziehungen wirklich gut funktioniert haben, aber hier war ich, konfrontiert mit einer Situation, mit der ich es schwer fand, objektiv umzugehen. Ich liebte dieses Mädchen so sehr und es fiel mir schwer, klar zu denken.

Sieh, wenn du dich in jemanden verliebst, kannst du oft deinen Sinn für Rationalität verlieren. Eine Kombination von Faktoren kann dazu führen, dich in einen Sumpf von Verzweiflung, Bedürftigkeit und Schmachten zu werfen. Dies bringt dich nur in eine schlimmere Situation, in der du der anderen Person dein schlimmstes

Selbst präsentierst. Dieses Paradoxon steht im Einklang mit meiner Aussage: Wenn du den bekommen willst, den du willst, musst du das Bedürfnis loslassen.

Wir alle tun lächerliche Dinge, wenn wir verliebt sind. Man nennt sie: Augenblicke, in denen man im Boden versinken möchte. Aber vergib dir. Leg sie einfach so ab, dass du für einige Momente verrückt warst und dass du nicht länger verrückt bist und über sie nachdenkst. Du bist ein Mensch, und solange du aus deinen Fehlern lernst und deine Gefühle in der Zukunft stärker kontrollierst, wirst du wissen, was du tun musst. Ich hatte meine Momente, in denen ich im Boden versinken wollte. Es gab nichts, was ich tun konnte, außer zu versprechen, mich in Zukunft anders zu verhalten.

Deine wahre Liebe zu finden und an ihr festzuhalten scheint also oft unmöglich, in Anbetracht all der Dinge, die schief laufen können, aber die wunderbare Wahrheit ist, dass, wie das Sprichwort sagt: Liebe ist wie Wasser, sie findet immer einen Weg.

Ein Seelenverwandter kann genauso ein Freund ohne romantisches Interesse sein. Für mich ist es jemand, mit dem du eine Verbindung auf so einer tiefen Ebene aufbaust, dass du das Gefühl hast, du kannst ihre Seele berühren und kennst ihr echtes Selbst. Wenn du also in einer Beziehung bist, bist du hoffentlich bei dem Menschen, der einer deiner Seelenverwandten ist. Es ist so wichtig, dich von jedem Tag daran erinnern zu lassen, wie glücklich du einfach bist, jemandem so nah zu sein, den du zufällig trafst und mit dem du dich wunderbar verbunden hast. Jeder Tag muss dich daran erinnern, die Lebendigkeit und Freude wahrzunehmen, die Teile des sich Verliebens und des Verliebtseins sind.

Beziehungen brauchen Einsatz. In welchem Zustand deine Beziehung auch immer ist, lass den heutigen Tag den Ansporn sein, der dich antreibt, deine Beziehung besser zu machen als je zuvor. Fokussiere dich darauf, mit deinem Partner daran zu arbeiten, die Qualität eurer gemeinsamen Zeit regelmäßig zu verbessern. Sei tolerant gegenüber den Macken des anderen. Vergebt einander kleine Fehler. Teilt eure Gefühle auf viele verschiedene Weisen. Zeig ihnen, sag ihnen und lass sie spüren, dass du sie liebst.

Du gehst durch diese Welt und bist bei vielem, mit dem du zu kämpfen hast, auf dich selbst gestellt. Aber einen Partner bei dir zu haben, einen Seelenverwandten, ist so unschätzbar wertvoll, und wenn du genügend Glück hast, ihn gefunden zu haben, dann sei dafür dankbar, nicht nur am 14. Februar oder zu Weihnachten - sondern an jedem einzelnen Tag.

Nun, auch wenn wir den Begriff benutzen, ist es nicht so, dass „Beziehungen" Dinge sind. Sie sind Prozesse, die wir durchlaufen. Eine Beziehung zu führen ist etwas, das wir aktiv tun. Es ist eine Fertigkeit.

So lange dir bewusst ist, dass es etwas ist, das du aktiv tust, kannst du anfangen, es durch disziplinierten Einsatz erfolgreicher zu tun. Was sind also die Schritte, die wir in die Richtung, uns wirkungsvoller zu „beziehen", unternehmen können?

Der erste Schritt ist, den Unterschied zwischen echter Liebe und anderen Arten von Liebe zu erkennen. Liebe kann abhängig und uns verrückt machen. Richtige Liebe ist anders. Richtige Liebe beinhaltet, einen anderen Menschen aktiv zu lieben und umgekehrt genauso geliebt zu werden. Es geht darum, dass ihr euch einander gebt - nicht aus einer Situation der Bedürftigkeit heraus, sondern weil ihr es einfach mehr als alles auf der Welt wollt. Es geht um das bedingungslose Versprechen dir selbst gegenüber, das Leben deines Partners durch dich glücklicher zu machen.

Zuvor im Auto, auf meinem Weg zu Richards Haus, hatte ich ein Radioprogramm des lokalen Senders gehört und sie sprachen über Liebe und die Neurochemie von Liebe. Das hatte mich schon immer fasziniert und als sie anfingen, Verbindungen zwischen Liebe und obsessiver, zwanghafter Störung herzustellen, wurde ich neugierig. Als ich das wichtige Thema der Liebe mit Richard anging, benutzte ich die Sendung als Beispiel.

OF: *Richard, auf meinem Weg hierher zu dir hörte ich einen Wissenschaftler im Radio über die Ähnlichkeiten zwischen Liebe und obsessiver, zwanghafter Störung reden. Was denkst du über die Verknüpfung?*

RB: *Nun, meine Definition von Liebe unterscheidet sich um einiges davon. Ich bin seit fast 30 Jahren in die gleiche Person verliebt, aber es lässt mich nicht obsessiv oder zwanghaft sein. Es lässt mich den anderen achten. Es lässt mich strikter in Bezug auf bestimmte Dinge sein. Es lässt mich loyaler werden, aber ich denke, womit das alles zu tun hat, geht eher in die Richtung von Leidenschaft oder Begehren oder so was.*

OF: *Ist also diese Idee der Verknüpfung von OZV (obsessiv-zwanghaftem Verhalten) und Liebe eher ein Reden über das ursprüngliche Gefühl?*

RB: *Ja, das hat eher damit zu, wenn du Leuten einen Geschmack von Endorphinen gibst. Es ist das „Der Erste ist kostenlos"-Konzept. Weißt du? „Hier, rauch das. Gut, nun, für den Nächsten musst du bezahlen." Dieses Konzept der Liebe ist, dass, je länger du verliebt bist, du sie desto weniger spüren kannst und dass sie nicht stärker wird, sie wird schwächer, und das ist falsch. Das ist nicht das, was Liebe ist, das ist das, was Begierde ist, und das ist der Unterschied zwischen Abhängigkeit und Freundschaft.*

Ich mochte seine Antwort. Sie setzte endlich das Bild für mich zusammen. Schau, ich machte ziemlich oft die Erfahrung, dass ich mich in jemanden verknallt habe, aber ich begann zu verstehen, dass ich mich nicht wirklich in sie verliebt habe, ich hatte mich in den Gedanken verliebt, mich in sie zu verlieben. Durch die Medien und Filme und Bücher usw. - hat unsere Kultur eine der ultimativen Formen des Glücks aufgebaut, und zwar die Idee, deinen Seelenverwandten zu finden und dich zu verlieben und danach für immer glücklich zu leben. Seit weit vor der Zeit von Shakespeare ist dies eine andauernde Suche gewesen, die Menschen durchmachten. Wenn wir merken, dass es überall unsere Gedanken dominiert und uns davon abhält, Dinge in einem nützlichen und intelligenten Licht zu sehen, können wir wissen, dass es höchstwahrscheinlich eine Abhängigkeit ist.

Der Trick besteht darin, es als Abhängigkeit anzuerkennen und anzufangen zu verstehen, dass es davon kommt, dass wir unsere Vorstellung dazu gebrauchen, Ideen und Bilder von uns zu kreieren, wie wir verliebt sind. Wir benutzen unser Gehirn aktiv, um uns zu verlieben. Wir machen uns Bilder davon, wie es wäre, gänzlich mit diesem Menschen zu leben, und wir stellen uns vor, wie wunderschön es wäre, mit ihm zusammen zu sein. Ich habe gedacht, dass ich viele Male verliebt gewesen bin, aber mit Richards Beschreibung konnte ich erkennen, wie ich in meinem Kopf eine Abhängigkeit vom Konzept der Liebe erschaffen hatte.

Ich stellte Richard eine weitere Frage. Ich wollte mehr Klarheit.

OF: *Wie kannst du dann feststellen, wann du verliebt bist?*

RB: *Du weißt es, wenn du verliebt bist. Glaub mir, die Welt steht still. Wenn du das Gefühl hast, dass du mehr ein Mensch bist, wenn du mit jemandem zusammen bist, als wenn du von ihm weg bist, dann bist du von ihm abhängig. Wenn du dich glücklicher fühlst, wenn du mit jemandem zusammen bist, weil du es mehr genießt, bei ihm zu sein, als dass du es genießt, von ihm weg zu sein, dann bist du verliebt.*

Ich war definitiv einige Male zuvor abhängig gewesen. Es war, wenn ich mit jemandem zusammen war, der mir das Gefühl gab, ein besserer Mensch zu sein. Liebe hatte ich andererseits selten erlebt, bis ich dieses Mädchen kennengelernt hatte. Ich hatte Richard mit Paula beobachtet und Paula mit Richard. Ihre Beziehung ist sicherlich eine, die man als Vorbild nehmen kann. Was mich genauso beeindruckte, wie Richards Genie oder Fähigkeit, ein Gehirn so fabelhaft durch Sprache und seinen State zu beeinflussen, war seine absolute Liebe und Hingabe zu seiner Frau und ihre zu ihm. Ich dachte über Paula nach. Sie ist solch ein wunderschöner Mensch. Sie ist die Art von Mensch, die einfach das Beste in Menschen hervorzubringen scheint.

Purer Zauber - Richard und seine hinreißende Frau Paula
Fotograf: Patrick Sagoosebe

Richards Abenteuer haben ihn durch so viele Erfahrungen geführt und doch konnte ich durch dies alles in seinem Haus sehen, dass die Liebe, die er und Paula füreinander empfanden, bezaubernd war. Es war fast so, als könntest du es spüren, wenn du in ihrer Nähe warst.

Er ging ohne sie nirgendwohin und sie passten aufeinander auf. Wenn es so etwas wie Seelenverwandte gibt, waren sie ein perfektes Beispiel. Aus dieser Perspektive fragte ich Richard nach Beziehungsratschlägen aus.

OF: *Du bist mit Paula so lange zusammen ...*

Richard unterbrach mich sofort.

RB: *Es kommt mir nicht lange vor. Es scheint nur so für dich. Es ist der wichtigste Teil unseres Lebens, denn alles davor schien, als ob es eine Ewigkeit brauchen würde.*

Ich lächelte. Er sprach aus seinem Herzen.

OF: *Gut, in der Zeit, die du mit Paula zusammen bist, habe ich bemerkt, dass ihr so perfekt zueinanderpasst und ihr scheint so eine wunderbare Beziehung zu haben. Welchen Rat hast du für Menschen, die in Beziehungen leben?*

RB: *Ich würde den Rat geben, bevor ihr ein Paar seid. Der erste Teil meines Rates ist, sicherzustellen, dass du mit dem richtigen Menschen zusammenkommst, und das Erste, was du tust, ist, der richtige Mensch zum Zusammenkommen zu sein, sodass du dich selbst innerlich grundlos gut fühlst. Dann öffnest du plötzlich deine Augen und du blickst dich um und, in all dem Chaos im Universum, wirst du jemanden anschauen und du wirst merken, dass ihr zwei einander seht und alles andere im Chaos ist. Wenn du mit diesem Menschen zusammenkommst, denke in jedem Augenblick daran, dass du alle Zeit der Welt hast und dass es nichts Wichtigeres gibt, als dich im Hier und Jetzt zu fühlen.*

***OF:** Wie können Menschen sicherstellen, dass ihre Beziehungen funktionieren?*

***RB:** Beziehungen verbessern sich entweder von selbst oder sie tun es nicht. Es wird entweder besser oder es wird schlechter, und so lange, wie du weißt, dass das so sein wird, selbst wenn du schlechte Zeiten durchmachst und das geht für ein, zwei Tage so, behältst du im Gedächtnis, dass jeder schlechte Zeiten durchmacht.*

Ich bin einmal für einen Monat mürrisch gewesen, aber Polly dachte nie, dass es bedeuten würde, dass wir uns trennen würden oder dass es das Ende der Welt bedeutete. Sie sagte einfach: „Gut, er macht eine schlechte Zeit durch.“, und wartete einfach. „Dinge werden manchmal heiß gegessen, Dinge werden manchmal kalt gegessen. Dinge werden besser, Dinge werden schlechter.“, würde sie sagen, aber selbst wenn, dann würde selbst eine Beule wie diese langfristig nur eine kleine Kerbe in einem wirklich großen Bergaufstieg sein.

Die meisten Menschen werden nie die Art von Intimität kennenlernen, die wir bisher gehabt haben, denn die meisten Leute geben sich nie eine Chance dazu. Sie schließen über alles Kompromisse, sie sind zu beschäftigt damit, über Dinge zu reden. Polly und ich redeten nie über irgendetwas Schlimmes, das vor langer Zeit passierte, denn es ist nicht wichtig. Wir erinnern uns an die guten Sachen, wir assoziieren uns mit den guten Dingen und der Trick besteht darin, Bilder zu machen, die mit all den guten Dingen assoziiert sind, die passiert sind, und wenn du an etwas Schlechtes denkst, dissoziiere dich und lasse es in Flammen aufgehen.

Richard machte die Dinge immer so einfach. Während ich mit solcher Einfachheit kämpfte, merkte ich, dass es wirklich das war, worum es ging. Es gibt diesen Mythos, der in einigen Selbsthilfe-Ideologien existiert, dass du immer das ausdrücken musst, was du über die andere Person denkst. Stattdessen beinhalteten Richards Ratschläge viel mehr Sinn. Um dich darauf zu fokussieren, die Beziehung besser zu gestalten, ist es essenziell, Dinge zu tun, die die Beziehung verbessern werden.

Du musst in der Lage sein, die Fehler des anderen zu akzeptieren. Du musst akzeptieren können, dass sich eure Beziehung verändern wird. Du musst fähig sein, daran zu denken, dass du die Macht hast, sicherzustellen, dass sie sich positiv verbessert, und damit aufhören, über einige Dinge, die der andere macht, verärgert zu sein. Wenn sie diese kleinen Dinge nicht tun würden, würden sie nicht sie sein.

Wenn wir heiraten, tun wir dies für „gute und schlechte Zeiten“ und niemals für Perfektion. Wenn du akzeptieren kannst, dass es schwere Zeiten geben wird und diese wieder verschwinden werden, wirst du immer daran denken, wie sehr ihr einander liebt, egal was passiert. Du wirst herausfinden, dass Glück und Freude ein langfristiger Teil deiner Beziehung werden. Wir haben nur eine bestimmte Zeit, die wir auf dieser Erde mit unseren Geliebten verbringen können. Solange wir diese Momente haben, ist es wichtig, jeden einzelnen zählen zu lassen und so intensiv wie möglich zu genießen.

Über schlechte Zeiten zu reden, wird die Dinge nicht besser machen. Dich darauf zu konzentrieren, euch gut miteinander zu fühlen und intimer miteinander zu werden, wird deine Beziehung verbessern. Dir andauernd Gedanken über den Zustand deiner Beziehung zu machen, wird deine Beziehung nicht einfacher machen. Zu akzeptieren, dass die Dinge nicht immer perfekt sein werden, wird sie einfacher machen. Des anderen bedürfen und von ihm abhängig zu sein, wird deiner Beziehung nicht helfen. Mit dir selbst glücklich und die Art von Mensch zu sein, die du sein willst, wird deiner Beziehung helfen. So einfach ist das. Meine Freundin Gillian fasste es für mich einmal sehr einfach zusammen, als ich sie nach dem Geheimnis ihrer wunderbaren Beziehung mit ihrem Partner Brian fragte. Sie antwortete einfach: „Wir bemühen uns wirklich, einander so gut zu behandeln, wie wir können.“ Also, dachte ich, geht es darum, nett zueinander zu sein. Ist das nicht der Grund, warum ihr überhaupt erst zusammengekommen seid? Das ist echte Liebe. Das ergab einen Sinn. Ich hatte die Antwort.

Wir beendeten die Gesprächsaufnahme, bevor ich meine wichtigste Frage stellen konnte. Bevor ich in dieser Nacht einschlief, saß ich auf meinem Bett und spielte einige der Bänder der Gespräche noch einmal ab, die ich mit Richard geführt hatte. Die Dinge fingen an, mir immer klarer zu werden. Ich dachte wieder an das, was mir noch im Hinterkopf geschwebt hatte und bald merkte ich, dass ich meine letzte und wichtigste Frage nicht mehr beantwortet bekommen brauchte. Ich hatte eine Erleuchtung, die mir ein faszinierendes Gefühl von Freiheit und Klarheit gab.

Schau, ich fing an, über dieses Mädchen nachzudenken, in die ich mich Hals über Kopf verliebt hatte. Ich dachte an meine Gefühle für sie. Ich hatte eine wunderbare Verbindung zu ihr aufgebaut. Die Chemie zwischen uns stimmte genau. Es gab so viele Übereinstimmungen, die uns zu verbinden schienen. Ich hatte mein ganzes Leben darauf gewartet - sie war alles, wonach ich mich sehnte. Es gab so viele Übereinstimmungen. Ich war mir absolut sicher, dass ich schließlich „die Eine" getroffen hatte. Es gab so viele Dinge, die dafür sprachen, dass ich einfach nicht falschliegen konnte. Ich kannte sie so gut und sie kannte mich, fast sofort. Selbst wenn ich auf einer meiner Reisen war, hielten wir engen Kontakt, redeten stundenlang am Telefon. Wo immer ich hinfuhr, meine Reisen waren voll von Träumen und Gedanken über meine Zukunft mit ihr. Es war sprichwörtlich schmerzhaft, nicht bei ihr zu sein. Ich liebte sie so sehr und wusste, dass nichts sich zwischen uns stellen konnte. Ich hatte meine Traumpartnerin gefunden. Ich war so glücklich. Ich versprach mir, dass es für immer andauern würde.

Manchmal funktioniert es eben nicht

⌘

Ich lag falsch.

Als ich zurückkam, machte dieses Mädchen, das ich anbetete, Schluss mit mir. Mein Herz war gebrochen. Ich war am Boden zerstört. Ich hatte es nicht kommen sehen. In der nächsten Zeit versuchte ich den Schmerz zu ersticken, indem ich ihn in Alkohol ertränkte. Während ich so viel wie immer arbeitete, ging ich jede Nacht aus. Alles erinnerte mich an sie. Mein Selbstbewusstsein war zerstört. Nichts in meinem Leben war von Bedeutung. Meine Gefühle reichten von innerer Wüste bis Hass, Wut und Unsicherheit. Äußerlich hielt ich im Großen und Ganzen den Schein aufrecht, aber allein drehte ich durch, zu Tode betrübt. Es waren nur ein paar Monate, argumentierte ich immer wieder mir selbst gegenüber. Wie konnte eine kurze Zeit so viel für mich bedeuten?

Als ich vor dem Ende der Beziehung verreist war, tat ich mein Bestes, um so positiv zu bleiben, wie ich nur konnte, und sagte ihr, wie schrecklich ich sie vermisste. Ich schickte ihr Lieder, die ich komponiert hatte. Jede dämliche Sache, die ich tun konnte, machte ich. Wenig Schlaf, fehlender Kontakt, etwas Alkohol und der Kopf spielt verrückt. Als sie mit mir Schluss machte, ließ ich mich gehen und stellte mich bloß, indem ich jeden Gedanken und jedes Gefühl offenbarte. Es war hoffnungslos. Bei ihr hatte ich eine Gewohnheit entwickelt, meine Gedanken andauernd umherschweifen zu lassen, alles überanalysierend.

Ich hatte vorher Beziehungen gehabt, die geendet hatten, aber dieses Mal traf mich der Schmerz der Zurückweisung, als ob es das erste Mal wäre. Sie war ziemlich kalt in der Art, wie sie die Dinge darlegte, als sie mit mir Schluss machte. Ich tat, was ich konnte, um wie ein Erwachsener darauf zu reagieren, aber innerlich zersprang mein Herz in tausend Stücke. Ich wünschte ihr alles Gute und verabschiedete mich von ihr. Tief drinnen hatte ich die ganze Zeit gespürt, dass etwas nicht stimmte, aber ich verleugnete es immer wieder. Ich liebte sie so sehr. Jetzt hatten sich meine Instinkte als richtig herausgestellt.

Wenn dein Herz bricht, musst du dir einfach Zeit nehmen, um darüber hinwegzukommen. Darüber hinwegzukommen bedeutet, darauf hinabzuschauen von einer höheren Ebene, von einer höheren Denkweise aus. Du musst die Fehler und die Erlebnisse akzeptieren, bei denen du am liebsten im Boden versunken wärest, und akzeptieren, dass du für eine kurze Zeit verrückt warst. Liebe kann dich für eine Weile verrückt machen. Die Kunst ist, sicherzustellen, dass du aus solchen Fehlern lernst. Dich deswegen fortwährend schlecht zu fühlen, hilft dir nicht zu lernen.

Eine Woche nachdem unsere Beziehung beendet war, war ich eine weitere Nacht in der Stadt unterwegs. Schließlich, auf mich allein gestellt, leerte ich meinen Drink und verließ die Bar und stieg in das nächste Taxi ein, das ich sah. Zuerst hatte ich den üblichen Small Talk mit dem Fahrer. Irgendwie, ich kann mich nicht erinnern wie, kam das Thema auf Freundinnen und Partnerinnen und wie aus heiterem Himmel fing der Taxifahrer an, über seinen eigenen Leidenszustand zu erzählen. Vor 3 Monaten war er von seiner Frau nach 28 Jahren verlassen worden. Er liebte sie wie irre und sie verließ ihn wegen eines anderen Mannes. Er erzählte schmerzerfüllt, wie er sie angebetet hatte und versucht hatte, alles für sie zu tun was er konnte und, wie aus dem nichts, verließ sie ihn für einen Ex-Liebhaber von vor 30 Jahren.

Aus welchem Grund auch immer, selbst bevor ich Psychologe wurde, hatten die Leute das Gefühl, dass sie mir alles erzählen könnten, wenn sie mich kennenlernten. Wir hielten vor meinem Haus, es war 2:30 Uhr morgens und er machte den Motor aus. Er fing an, mir sein Herz auszuschütten. Er zeigte mir die Zeilen, die er seiner Frau geschrieben hatte, und fragte mich nach meinem Rat dazu. Für die nächsten zwei Stunden redete ich mit ihm über die wahre Natur von Liebe, Zurückweisung, Schmerz, Verlust, Trennung und Beziehungen. Während meine Worte diesem Mann zu helfen schienen, seine Wunden zu heilen, spürte ich, wie mein Herz ebenfalls davon profitierte.

Seine Frau hatte ihn betrogen und ihn für einen anderen Mann verlassen. Das gab seinem Selbstbewusstsein absolut den Rest. Es gibt so viele Gründe, warum Leute betrügen. Im Allgemeinen tun sie es, weil sie sich von jemandem angezogen fühlen und ihr Schutzalarm ausgeschaltet ist. Vielleicht ist er ausgeschaltet, weil sie betrunken sind. Vielleicht liegt der Grund darin, dass sie in einer Beziehung sind, in der sie nicht glücklich sind. Vielleicht weil sie einfach sexuell erregt sind und es kümmert sie nicht, solange ihr Partner es nicht herausfindet. Vielleicht haben sie sich verliebt. Vielleicht ist es alles von Obigem.

Es ist auch offensichtlich, warum Menschen verletzt werden. Die ultimative Zurückweisung kommt aus dem Wissen, dass du zurückgelassen wurdest für oder betrogen wurdest mit jemand anderem. Du warst nicht „gut genug“ und sie ist zu jemand „Besserem“ gegangen. Was entscheidend ist zu wissen, und was ich dem Taxifahrer sehr ausführlich erklärte, ist, dass wieder einmal alles besser biochemisch erklärt werden kann. Ihr Gehirn war chemisch von jemand anderem angezogen und sie veränderten als Ergebnis ihre Wahrnehmung von ihm. Dies machte es in ihrem Geist möglich, das zu tun, was sie taten.

Wenn du einen Menschen so tief liebst und es endet, ist das Gefühl des gebrochenen Herzens eines der schmerzhaftesten Gefühle, die wir als Menschen erfahren können. Die andere Person hat gelernt, uns wirklich, wahrhaftig, tief gehend zu sehen. Sie hat uns von unserer besten Seite zu sehen bekommen und von unserer schlechtesten. Die ultimative Bewertung unseres Wertes scheint durch ihre Bestätigung Gültigkeit zu erlangen, da sie der einzige Mensch zu sein scheint, der uns wirklich kennt. Die Wahrheit ist jedoch, dass nichts weiter von der Wahrheit entfernt sein kann.

Sieh, wenn du dich in jemanden verliebst, gelangst du in einen veränderten Zustand, in dem die Person dein idealer Partner wird. Wenn du dies tust, werden deine Macken akzeptabel und oft „süß“, aber es ist nicht dein Wert als Mensch, der in Frage steht, wenn jemand mit dir Schluss macht.

Dich in jemanden zu verlieben kann deine Beurteilung seiner guten und schlechten Seiten beeinflussen. Jemanden nicht mehr zu lieben kann ebenfalls deine Beurteilung seiner guten und schlechten Seiten beeinflussen. Der Prozess des dich Verliebens ist, wenn du die guten Dinge über den anderen in deinem Kopf intensivierst und dich von den schlechten Seiten dissoziierst. Aufzuhören, jemanden zu lieben, ist das genaue Gegenteil. Es geschieht, wenn du die schlechten Dinge intensivierst und dich selbst von den guten Seiten dissoziierst.

Sobald du verstehst, dass die Zurückweisung durch einen Menschen, oder seine Entscheidung, sich zu trennen, in Wirklichkeit ein Spiegel dessen ist, welche innere Chemie bei ihm momentan aktiviert ist, kannst du viel von dem Schmerz loslassen, den so ein Ereignis mit sich bringt. Du wirst nicht zurückgewiesen wegen dem, wie du bist, oder wie sie sind, es ist ihre verzerrte Art, dich zu sehen. Aus welchem Grund auch immer, sie sind nicht mehr verliebt und sie sehen dich nicht länger auf die gleiche Art, wie sie es bisher taten. Auch wenn Menschen sich in denselben Menschen noch einmal verlieben können, gibt es keinen Grund zu erwarten, dass dies passiert, da es ein Leben zu leben gibt und da draußen eine Menge mehr Menschen kennenzulernen sind.

Oftmals, wenn zwei Menschen sich trennen als Folge davon, weil sie aufgehört haben, sich zu lieben, ist das keine Beurteilung des Wertes oder der Attraktivität oder Tugend eines Menschen. Stattdessen ist es eher ein Spiegel des veränderten Gemütszustandes des Menschen, der aufgehört hat zu lieben. Es ist entscheidend, dies zu akzeptieren. Menschen werden manchmal sagen, dass sie sich niemals von ihrem Ex angezogen fühlten. Die Wahrheit ist, dass sie es die meiste Zeit über waren, aber als sie durch diesen Wendepunkt gingen und aufgehört haben zu lieben, fanden sie den Ex nicht länger attraktiv. Aus dieser Perspektive haben sie, um mit sich stimmig zu bleiben, lieber ihre Meinung darüber verändert, was gewesen war.

Du wirst immer völlig andere Erinnerungen an Beziehungen haben als die andere Person, aus dem einfachen Grund, weil es ein psychologisches Gesetz - bekannt als der „Beurteilungseffekt der verspäteten Einsicht" - gibt. Wir verändern unsere Meinung darüber, wie wir uns gefühlt haben oder wie wir ein Ereignis erlebt haben, basierend auf dem, was wir lernen, nachdem wir das Erlebnis gehabt haben. Viele Menschen versuchen sich davon zu überzeugen, dass es keine Liebe war, trotz der Tatsache, dass sie sich während der Beziehung oftmals dazu bekannt haben. Aber wie konnte das gewesen sein? Die Art, wie sie empfinden, ist so anders als die Art, wie sie empfanden, und es ist schwer zu glauben, dass sie jemals so empfunden haben.

Ich hatte einen Klienten, der reinkam und sagte, dass er nie in seinem Leben eine gute Erfahrung hatte. Er behauptete, dass es nie einen Augenblick gab, in dem er sich glücklich fühlte. Nachdem ich das bei ihm in Frage stellte, erkundigte ich mich nach ein paar Ereignissen in seinem Leben und er erwiderte: „Ja, damals ‚schienen' sie gut zu sein, aber jetzt, im Rückblick auf sie, erkenne ich, dass ich mich nicht wirklich glücklich gefühlt habe." Dies ist ein Beispiel dafür, wie Menschen ihre Erfahrungen verzerren, wenn sie auf sie zurückblicken. Der Schlüssel liegt darin, zu reflektieren, wie sich die Erfahrung für dich anfühlte und zu akzeptieren, dass sie für dich wahr gewesen war.

Nun, wenn du erkennst, dass, wie du dachtest, es war, nicht war, wie es war, und wie sie dachten, wie es war, nicht war, wie es war - dann kannst du Freiheit erlangen. Du kannst die Freiheit erreichen, denn du kannst erkennen, dass es Zeiten gab, in denen du sie geliebt hast und sie dich geliebt haben, und jetzt seid ihr beide anders und empfindet anders, als ihr es damals tatet - wenn das für dich besser funktioniert.

Ich sprach kürzlich mit einer Freundin und wir tauschten uns über alte Erinnerungen aus vergangenen Beziehungen aus. Was mich überraschte, war, dass sie sich niemals besonders schlecht fühlte, wenn sie sich an die Zeiten zurückerinnerte, als sie in der Beziehung war. Das machte mich neugierig, da die meisten Leute dazu tendieren, wieder todunglücklich zu sein, wenn sie sich an eine Beziehung erinnern. Was ich entdeckte, war, dass es ein wunderbares Geheimnis gab, das sie nutzte, um glücklich über die Erfahrung und positiv zu bleiben. Wenn sie über die guten und schlechten Zeiten nachdachte, dachte sie immer zum Schluss an die guten Zeiten, dementsprechend war sie immer glücklich, wenn sie aufhörte, über die Beziehungen nachzudenken. Wenn du dich also nostalgisch an vergangene Zeiten erinnerst, erinnere dich ganz zum Schluss an die besten Zeiten und es wird viel leichter und besser sein, sie gedanklich durchzugehen.

Auf diese Weise wird es nie ein Verlangen geben, deine Erinnerungen an irgendjemanden oder irgendetwas zu verwischen. Ich ging durch meine Phase, zornig und wütend auf meine Ex-Freundin zu sein, aber es half nicht. Sie hatte nicht die Absicht gehabt, mir wehzutun, sie litt selbst und verhielt sich, als ob sie wüsste, wodurch sie sich so fühlte, und das machte mich betroffen. Trennungen sind niemals leicht und oft kann es sein, dass aufgrund der negativen Gefühle des Schmerzes verletzende Worte fallen. Oft sagen die Leute Dinge, die sie nicht meinen. Wir sind alle nur Menschen.

Es ist wichtig, dass du anfängst, das Gute zusammen mit dem Schlechten zu akzeptieren und dich an das Gute nach dem Schlechten zu erinnern, und zu wissen, dass die Einzigartigkeit der besonderen Augenblicke im Leben es wert sind und kein Schmerz diese Augenblicke je trüben kann. Weiterzugehen beinhaltet, zu akzeptieren, dass der Mensch damals richtig für dich war und du richtig für ihn, aber damals ist nicht heute. Heute ist der Zeitpunkt, dahin zurückzukehren, die nächste potenzielle Liebe deines Lebens zu erwarten.

Es gibt keine Buchhaltung für Angelegenheiten des Herzens. Viele von uns verbringen unser Leben damit, die Idee der „wahren Liebe“ zu lieben, und wenn wir spüren, dass wir sie endlich haben, nimmt sie uns bei der Hand und führt uns auf Berge und in Täler starker Emotionen. Wir machen aus dem, den wir treffen, oft „den

Einen", einfach weil wir nach echter Liebe schmachten. Das Gefühl der Liebe kann auch zu stark werden und kann manchmal wie ein Bedürfnis erscheinen. Oft ist es das Schlimmste, was du in frühen Stadien einer Beziehung machen kannst, dieses Bedürfnis zu äußern.

Im schmerzvollen Zustand des Taxifahrers war sein Brief ein Versuch, mitzuteilen, wie schlecht er sich fühlte und wie seine Frau sein Leben zerstört hatte. Ich unterhielt mich mit ihm darüber, was Sinnvolles zu tun wäre, anstatt dessen, wonach ihm war. Der Zustand von verletzt sein, Verrat und Herabwürdigung, in dem er war, beeinflusste sein Urteilsvermögen und er sah nicht, dass, indem er sie wissen ließ, wie verletzt er war, ihn das in eine Position der Schwäche brachte und ihn erbärmlich erscheinen ließ.

Wenn wir uns wütend fühlen, lassen wir oft diese Wut in unsere Beziehungen rein. Wenn wir uns frustriert fühlen, kann es sein, dass wir diesen Frust an anderen auslassen. Wenn wir uns bedürftig fühlen, offenbaren wir dies gegenüber anderen. Warum? Es gibt viele Gründe, aber sie sind überhaupt nicht relevant. Was relevant ist, ist die Tatsache, dass es dies ist, was wir tun, und wir damit unsere Beziehungen zerstören können - wir es aber auch umkehren können. Es geht darum, deine Gefühle von deinen Handlungen zu trennen und deine Handlungen an der Frage auszurichten: „Was ist das Nützlichste, das jetzt zu tun ist?" Das muss getan werden, egal, was du in dem Augenblick empfindest.

Du musst erkennen, dass deine Gefühle deine Gedanken verzerren, und der biochemische Sturm in deinem Kopf wird wie ein Sturm andauern, aber er wird auch wie ein Sturm enden. Während er abläuft, musst du einfach so klug wie möglich sein. Wenn du das dann bist, wenn es ein Ende hat, wirst du frei sein und bereit, wunderbar weiterzugehen. Der Taxifahrer lächelte. Ich wusste, dass mein Gedanke bei ihm angekommen war.

Oft, wenn du mit jemandem Schluss machst oder jemanden verlierst, hast du so viele Fragen, bei denen du ein tiefes Bedürfnis nach Antworten verspürst. Ich hatte Fragen. Warum hatte sie plötzlich ihre Meinung geändert? Wann kam bei ihr der Wendepunkt? Was löste bei ihr den Wendepunkt aus? Hatte ich etwas getan, wovon ich nichts wusste? Gab es jemand anderen? Hatte sie mich überhaupt gemocht? Bezahlte ich für ihre früheren Verletzungen? Warum sagte sie so viele Dinge, die mir wehtaten? Warum? Warum? Warum?

Die Antworten bekam ich nie. Eines Tages unterhielt ich mich mit einem Freund und er meinte, dass es manchmal keine perfekten Antworten gibt, wenigstens keine, die ich je bekommen würde. Manchmal verändern sich Menschen einfach und verhalten sich anders. Du wirst nicht immer herausfinden können, warum. Also schrieb ich jede Frage, die ich hatte, nieder und ließ sie stehen. Ich entschied, dass ich die Antworten wissen würde, wenn ich starb. Das war's. Was ich zu der Zeit nicht erkannte, war, dass es einen Zeitpunkt geben würde, an dem es mich nicht mehr interessierte. Es würde einen Punkt geben, an dem ich mich an die guten Seiten dieses Menschen erinnerte und an die Verbindung der Liebe, die wir einmal hatten, und dafür einfach dankbar sein.

Für mich ist es wichtig, anzuerkennen, dass solche Trennungen Wachstum und Kraft ermöglichen. Das Herz heilt sich selbst jeden Tag. Das Herz zerbricht nie wirklich, es fühlt sich nur so an. Was passiert, ist, dass die Liebe, die du empfindest, durch einen Wirrwarr von Verlust, Wut, Reue und anderen hässlichen Gefühlen ersetzt wird. Es ist nicht so, dass du deinen Lebenssinn verlierst, selbst wenn es sich so anfühlt. Es ist so, dass diese Gefühle für eine Zeit deine Energie abziehen. Wenn du lernen kannst, dich selbst mehr zu lieben und dich wahrlich großartig zu fühlen, wird dich das nicht davor schützen, den Schmerz eines gebrochenen Herzens zu erleben, aber es wird sicherstellen, dass du besser wieder daraus zurückkommst. Es gibt Menschen, die Liebeskummer ihren Lebensgeist brechen lassen. Sie werden zynisch und erklären es für unmöglich, sich jemals wieder so tief auf jemanden einzulassen. Entscheidend ist, dass du dich entschließt, dies nie passieren zu lassen. Du musst die Überzeugung und den Glauben behalten, dass der ideale Partner für dich immer noch da draußen ist, wer auch immer es sein mag.

Ich schaute mir kürzlich den Film „Vergiss mein nicht" an. Ein brillanter Film, hob er doch eine faszinierende, moralische Frage hervor: Wenn du einen Menschen aus deinem Gedächtnis löschen könntest, würdest du es tun? Ich dachte darüber nach, wie das wäre, wenn ich meine Ex-Freundin aus meinem Gedächtnis entfernen würde. Sie niemals getroffen zu haben, sie niemals gekannt zu haben, mich nie an sie zu erinnern. Ich hätte den Schmerz nicht gekannt, das gebrochene Herz und die traurigen Gedanken, nicht länger mit ihr zusammen zu sein, nicht gehabt. Gleichzeitig stellte ich fest, dass, trotz des Schmerzes, die Erinnerungen an die guten Zeiten das Schlechte bei Weitem wettmachten. Ich stimmte mit Tennyson überein, als er ausrief: „Es ist besser, geliebt und verloren zu haben, als überhaupt niemals geliebt zu haben."

Es ging nicht darum, zu vergessen, es ging darum, den Schmerz gehen und die Wunden heilen zu lassen. Verletzungen sind unausweichlich, wenn eine Beziehung endet. Manchmal kann es ziemlich schlimm sein. Dies trifft für alle engen Beziehungen zu. Ich glaube jedoch, dass es da draußen für jeden wen gibt. Wir finden nicht immer diesen Menschen, aber wenn etwas schief läuft, ist es wichtig, dass wir so schnell und so vollständig wie möglich darüber hinwegkommen, indem wir in die Welt hinausgehen und erkennen, dass das Klischee von „noch mehr Hechte im Teich" viel Wahrheit in sich birgt. Wie Richard zu mir gesagt hatte: „Wenn dich deine Freundin verlässt, scheint es, als ob dein Leben vorbei und das das Ende der Welt ist, aber wenn du 25 Jahre weitersehen könntest, könnten sich einige Leute noch nicht mal mehr an den Namen des Mädchens erinnern."

Wenn wir das verstehen können, durch die Tränen, die Wut und den Schmerz hindurch, befähigt es uns, uns für die Möglichkeit zu öffnen, dass es einmal mehr Hoffnung gibt. Ein gebrochenes Herz ist ein schrecklicher, schrecklicher Winter im Leben und nach dem Winter folgt schließlich immer irgendwann der Frühling. Wenn wir das erst einmal wissen, können wir mit den Zähnen knirschen und unser Bestes tun, um zu lernen und durch diese schwere Zeit besser zu werden.

Wenn eine Beziehung endet, kann es oft solche schlechten Gefühle geben, die mit dem Ex-Partner assoziiert werden. Die Menschen, die wir lieben, können uns verletzen, wenn wir es zulassen, und wenn Menschen sich sehr nahe sind, können Worte massiv verletzen. Selbst die Besten von uns können sich im Kern getroffen fühlen, wenn wir von jemandem angegriffen werden, den wir lieben. Es ist oft besser, jeden Kontakt mit ihnen abzubrechen und weiterzugehen.

Manchmal jedoch kann es funktionieren, mit jemandem, in den du verliebt warst, wieder Kontakt aufzunehmen. Veränderung ist unvermeidlich. Alles, was wir tun können, ist, die Veränderung so gut wir können zu steuern. Eine Verbindung kann stark bleiben, wenn auch anders - Herzen heilen.

Dieses Mädchen hatte mein Leben aus einem Grund betreten, aber egal, wie sehr ich dachte, dass sie „die Eine“ sei, sie war es nicht, und ich musste das akzeptieren. Nun, wenn du erkennst, dass dieser Mensch zu dem Zeitpunkt, als du mit ihm zusammen warst, der Richtige für dich war und du richtig für ihn, erlangst du die Freiheit, zu erkennen, dass es Zeit ist, weiterzugehen. Vielleicht wird der nächste Mensch, mit dem du dich verbindest, „der Eine“ sein, nach dem du gesucht hast, um mit ihm dein Leben zu verbringen, und vielleicht wird es einfach jemand sein, der für dich der Richtige für eine Zeit ist.

Egal wie es kommt, manchmal funktioniert es einfach nicht und die einzige Sache, deren du dir sicher sein kannst, ist, dass es Menschen in deinem Leben geben wird, die du liebst und von denen du geliebt wirst. Du kannst aus jeder Beziehung lernen. Obwohl du nicht immer dafür sorgen kannst, dass alles klappt, egal wie stark du es versuchst, kannst du aus jeder Beziehung lernen und das nächste Mal besser darin sein, eine Beziehung zu führen.

Wesentlich ist, dass du verstehst, dass du niemals jemanden „brauchst“. Du kannst glücklich überleben, ganz für dich selbst. Ich wusste dies, bevor mein Herz brach, aber erst nach dieser Erfahrung fing ich an, es wirklich tief zu spüren. Herzensleid braucht Zeit zu heilen und es ist wichtig, dass du dir erlaubst, daran zu wachsen, so viel wie möglich. Egal wie schmerzhaft es sein kann, die Macht der Liebe im Leben kann dir helfen, das Leiden schließlich zu überwinden.

Alles, was du brauchst, ist Liebe

⌘

Bill Hicks, der bekannte amerikanische Comedian und Philosoph, sagte einmal, dass wir zwei Möglichkeiten haben. Wir haben die Möglichkeit, die Welt durch die Augen der Angst und durch die Augen der Liebe zu sehen. Als ich begann, alles, was Richard gesagt hatte und alles in meinem eigenen Leben, zu reflektieren, fing ich an, die Dinge auf eine Art und Weise zu verstehen, die ich vorher nicht gekannt hatte.

Schau, jeder muss mit harten Zeiten umgehen. Diese Zeiten bewirken, dass wir unseren wahren Charakter offenbaren. Die meisten von uns haben Liebeskummer, Einsamkeit und Verletzungen in Beziehungen erlebt. Der Schlüssel liegt darin, dich selbst davon abzuhalten, deine Zukunft von diesen harten Zeiten negativ beeinflussen zu lassen. Die Welt ist voll von Gut und Böse, Glück und Trauer, abhängig davon, für welche Perspektive wir uns entscheiden. Wenn du dich erinnern kannst, was wirklich wichtig ist - Verbindungen mit Menschen einzugehen und sie dafür zu lieben, wer sie sind - kannst du Erlösung von der Bitterkeit finden, die so viele Menschen auffrisst.

Dies gilt nicht nur für romantische Beziehungen. Verletzungen können durch Familienmitglieder oder Freunde geheilt werden, aber wir müssen erst unsere Sturheit ablegen. Sturheit kommt wahrem Glück oft in die Quere. Wenn wir mit anderen Menschen Verbindungen knüpfen und wir lernen einige kennen, deren Gegenwart wir lieben, ist es unbedingt erforderlich, dass wir solche Gelegenheiten ergreifen und uns selbst und anderen vergeben. Mit Vergeben meine ich, dass wir vergessen und ihnen gegenüber keine schlechten Gefühle hegen. Wir können uns der Handlungen erinnern und aus ihnen lernen, sie aber nicht unsere Gedanken dominieren lassen.

Wir bekommen nur eine kurze Zeit auf diesem Planeten und viele von uns verschwenden so viel davon, indem sie sie in Sturheit und mit dem Hegen von Wut und Feindbildern verbringen. In der Zeit, in der wir dies tun, leiden die von uns geliebten Menschen wie wir, während wir unsere eigene fehlerhafte Natur als menschliche Wesen vergessen.

Ein Freund von mir erzählte mir einmal ein sehr rührendes Zitat: „Bitte teile mit mir, aber versuche nicht, mich anzugreifen oder zu verurteilen wegen der Wunden, die ich trage. Und ich werde mein Bestes versuchen, dies für dich zu tun. Vergib mir, wenn du kannst, und ich gelobe, zu versuchen dir zu vergeben.“ Ich begann zu verstehen, wie wertvoll genau dies war. Egal was Menschen sagen oder tun oder was du selbst gesagt und getan hast, die Vergangenheit ist die Vergangenheit. Lerne daraus, aber lass es nie dein Leben dominieren. Uns allen wird wehgetan. Dadurch, dass wir wieder aufstehen, während wir in die Zukunft blicken, wachsen wir und werden stärker als wir uns überhaupt vorstellen können. Egal, worum es geht!

Wir haben alle emotionale Verletzungen und oft bringen wir diese Verletzungen in jede Beziehung, die wir haben, mit. Manchmal behandeln wir Leute schlecht, weil wir unsere Verletzungen an ihnen auslassen. Es ist wichtig, dass wir dies erkennen und es stoppen - und auch akzeptieren, dass Leute das manchmal mit uns machen werden. Wie Richard erklärte, ist es manchmal notwendig, dich selbst von Leuten in deinem Leben zu lösen. Wenn sie es dir einfach machen, dich schlecht zu fühlen, und dich einige Male im Stich gelassen haben, dann sind das gute Gründe, dies zu tun. Es gibt mehr als genug Menschen da draußen, die gut und es wert sind.

Wir haben Ecken und Kanten in unseren Beziehungen mit Menschen, und wenn etwas nicht funktioniert, funktioniert es nicht. Notwendig ist, dass du verstehst, dass es niemals einfach sie sind, du bist es auch. Nicht auf eine schlechte Art. Du hast vielleicht nicht viel falsch gemacht, aber es bedeutet, dass du nicht für sie gemacht bist, weil sie einen Wendepunkt in ihrem Kopf erreicht haben, wo sie aus heiterem Himmel, oder über die Zeit, verändert haben, wie sie empfinden. An diesem Punkt werden deine Fehler und Macken nicht mehr von ihnen toleriert.

Wie Richard sagte, ist es wichtig, dass du „erkennst, dass die Zeit, die du mit ihnen verbracht hast, keine Lüge war, sondern dass sie sich einfach verändert haben". Egal, was in Hektik gesagt wird, die Zeit, die ihr zusammen verbracht habt, ist wertvoll und wirklich und wahr. Diese Zeit existierte und du existiertest und sie existierten und für einige Augenblicke ist es wahrscheinlich, dass sie dich angehimmelt haben und du sie angehimmelt hast, und für einige Augenblicke hattet ihr diese Art von Liebe zwischen euch. Wenn sie ausgedrückt haben, wie sehr sie dich lieben, ist es höchst wahrscheinlich für sie damals wirklich so gewesen. Sie taten es - damals. Niemand kann dir das jemals wegnehmen.

Der Schlüssel liegt darin, das Bestmögliche aus jeder Beziehung zu machen, indem du sie genießt, während du sie hast. Der Trick besteht darin, dir selbst zu erlauben, die „Beziehung" zu den anderen Menschen vollkommen zu erleben. Du musst ihnen nicht andauernd sagen, wie wundervoll alles ist, sondern stattdessen einfach die Zeit mit ihnen zu einer wertvollen Zeit machen. Viel zu oft erlauben Menschen der Angst vor Zurückweisung, Verlegenheit und Linkheit ihren Beziehungen in die Quere zu kommen.

In Irland warten wir auf den Alkohol, damit er seine Pflicht tut und Hemmungen wegfegt, sodass wir Menschen sagen können, wie wir wirklich empfinden, aber es ist nie wirklich das Gleiche. Ich fühle mich sehr glücklich, denn ich kann sagen, was ich sagen will, ohne die Hilfe von Alkohol. Ich tue es, weil ich bereit bin, das Risiko auf mich zu nehmen. Ich habe meiner Mutter und meinem Vater gesagt, wie ich empfinde. Ich habe meiner Mutter gesagt, wie sehr ich sie liebe und anbete, mehr als das Leben selbst, und dass sie mir weiter Leben spendet, auch jetzt noch, so viele Jahre, nachdem sie mich geboren hat. Ich habe meinem Vater gesagt, dass er mein Idol und

Held ist und dass ich ihn liebe und zu ihm mehr aufblicke, als er jemals wissen wird. Ich habe meiner Familie und meinen Freunden gesagt, wie sehr ich sie liebe. Jetzt sage ich es ihnen schwarz auf weiß. Ich sage es ihnen in Worten, die für die Ewigkeit gemacht sind.

Mir wurde einmal gesagt, dass Beziehungen eine heilende Umgebung sein können oder emotionale Folterkammern. Ich glaube, sie können auch Umgebungen sein, die uns nicht nur heilen, sondern uns auch verbessern. Diejenigen, die wir lieben und die uns lieben, sind unsere Seelenverwandten, egal wie lange oder kurz es währt. Falls wir nach dem Tode immer wiedergeboren werden, dann glaube ich, dass sie in jeder Lebenszeit in irgendeiner Form bei uns waren. Es gibt nur ein paar Seelenverwandte, die wir haben, und es ist wichtig, wertzuschätzen und dich dankbar zu fühlen, dass du einige der deinigen getroffen hast, und dich der Tatsache zu erfreuen, dass du sie liebst und sie dich lieben. Dass du für wenigstens einen Moment Liebe erlebt hast.

Wenn du das große Glück hast, einen Menschen gefunden zu haben, mit dem du dich für dein Leben zusammen siehst, wisse ihn zu schätzen. Vermeide den allgemeinen Fehler, den so viele machen, indem du ihn als selbstverständlich nimmst. Es gibt so viele Menschen, die niemanden gefunden haben, den sie lieben oder von dem sie geliebt werden, oder sie haben es, aber es hat nicht funktioniert. Lass jeden Moment, den du mit deinen Geliebten verbringst, einzigartig und wundervoll sein. Drücke von Zeit zu Zeit aus, wie du empfindest.

Erinnere dich selbst immer daran, dass das, was wirklich wichtig ist, nicht die kleinen Dinge sind, über die wir zanken, sondern die Tatsache, dass du eines Tages ein Auge auf diesen Menschen geworfen hast und er auf dich, und dass da ein magischer Blitz war. Lass den Gedanken an diese Magie ihn dir immer näher bringen, sodass du erleben kannst, wie es ist, wahre Intimität zu genießen und zu feiern. Es ist auch gut daran zu denken, dass es, wie Richard darlegte, gute und schlechte Zeiten geben wird und es wirklich wichtig ist, die schlechten Zeiten zu überstehen, indem du erkennst, warum du überhaupt erst mit diesem Menschen zusammengekommen bist. Vertrautheit mit einem Seelenverwandten aufzubauen ist solch eine wundervolle Erfahrung und es ist absolut wichtig, so oft du nur kannst für seinen Wert dankbar zu sein, indem du das Bestmögliche daraus machst.

Wenn du Single bist, ist es wichtig, auch damit glücklich zu sein. Wir können die Zukunft nicht vorhersagen. Ich habe bereits so viele wahrlich besondere Menschen kennengelernt und ich bin sicher, dass ich noch mehr treffen werde. Dieser „besondere Mensch" wird meinen Weg kreuzen, oder soviel ich weiß, hat er es vielleicht bereits getan und wir haben nur noch keine Verbindung aufgebaut. Egal, alles, was du tun kannst, ist so glücklich zu sein wie möglich und der zu sein, der du sein willst, und dich so gut zu fühlen, wie du dich fühlen willst, und sicherzustellen, dass, welche besonderen Menschen auch in dein Leben treten mögen, du sie so glücklich machst wie möglich. Das Leben bringt Unvorhersehbarkeiten mit sich. Das ist die Art, wie ich die Dinge mag. Wer auch immer sie ist, ich werde sie finden, und wenn nicht, bin ich zu etwas anderem bestimmt.

Menschen fragen sich manchmal, ob ich den ganzen Geist der Liebe zerstöre, indem ich versuche, sie zu erklären. Ich denke jedoch, das Gegenteil ist der Fall, denn Liebe auf diese Art und Weise zu verstehen hilft uns, mehr zu lieben und weniger Schmerzen zu erleiden. Einige Menschen geben sich mit jemandem zufrieden, der sie nicht gut behandelt, und werden schließlich die meiste Zeit ihres Lebens mit Überleben verbringen. Einige Menschen richten sich mit jemandem ein, der reich oder attraktiv ist, mit dem sie aber wenig verbindet oder für den sie keine tiefen Gefühle haben. Einige Menschen weigern sich, sich zufriedenzugeben, und behalten die Hoffnung, dass ihr Schicksal ihnen ihre Liebe bringen wird.

Ich kenne so viele Menschen da draußen, die in ihrer romantischen Beziehung nicht befriedigt sind, die es aber waren und jetzt davor zurückschrecken, wieder auf sich gestellt zu sein. Die traurige Wahrheit ist, dass sie nicht frei sind. Sie sind in ihren eigenen Ängsten gefangen. Es gibt großartige Beziehungen da draußen, aber wir müssen unsere Messlatte höher legen und nach ihnen suchen. Jeder Mensch muss seine eigene Wahl treffen und damit leben.

Wenn du an den Punkt gelangen kannst, wo es dich nicht kümmert, Single zu sein, dann bist du im perfekten Zustand für eine Beziehung. Das ist eine der verrückten Paradoxien des Lebens. Freiheit zu lieben hat damit zu tun, Menschen in deinem Leben willkommen zu heißen und die Menschen in deinem Leben zu lieben. Es geht darum, zu erkennen, dass es alles damit zu tun hat, ob „die Chemie stimmt" und dass der Zauber der Liebe alle Grenzen überwinden und uns befreien kann - in Richtung eines Lebens in vollkommener Freude und Glückseligkeit.

Aufzuwachen neben der Liebe deines Lebens und dich deswegen wunderbar zu fühlen oder alleine aufzuwachen, dich aber genial zu fühlen wegen der vielen Menschen, die du in deinem Leben hast, die für dich da sind und dich lieb haben. Zu erkennen, wie viele Menschen auf der Welt existieren und wie viele potenzielle Freunde es da draußen gibt. Wertvolle Zeit mit deiner Familie und deinen Freunden zu verbringen und jeden möglichen Moment mit ihnen zu genießen. Das heißt, die Kunst, Freiheit zu lieben, zu kennen.

Das Leben besteht einfach aus vielen Augenblicken, die vorübergehen. Was für schlimme Zeiten und Trennungen du auch durchgemacht hast, ich glaube immer, dass die Dinge sich zum Besten hin entwickeln. Das Märchen ist, dass du eines Tages jemanden triffst und es macht „Klick". Wie Richard sagte:

„Plötzlich öffnest du deine Augen und du schaust dich um und in all dem Chaos im Universum wirst du jemanden anschauen und du wirst merken, dass ihr einander anschaut und alles andere ist im Chaos."

Erst dann wirst du wirklich zurückblicken und erkennen, dass alle schweren Erfahrungen und alles Herzensleid, dass du erfahren hast, nur für eine Zeit lang da waren, damit dieser Augenblick für dich auf die bestmögliche Weise passieren konnte, und dass sie dir einfach Lehren waren. Jeder ist hier, um uns etwas beizubringen und uns eine Erfahrung mitzugeben. Menschen werden in dein Leben treten und daraus verschwinden, und verlässt dich ein Mensch, musst du die Lehre daraus und die Wachstumserfahrung akzeptieren, die er dir gab. Wenn du lernen kannst, dich selbst und andere gut zu behandeln und dir und anderen ein gutes Gefühl zu geben, dann wirst du feststellen, dass das Leben dir Gelegenheiten bietet, und es kann gut sein, dass das Märchen wahr wird. Es ist ein Märchen, an das es wert ist zu glauben, und wenn du so viel Glück hast, es zu erleben, ist es so wichtig, dass du jeden einzelnen Moment zählen lässt, den du mit dem anderen Menschen hast.

So, wie es Menschen in deinem Leben gibt, die dir auf die Nerven gehen, gibt es Menschen in deinem Leben da draußen, die wie Engel sind. Einige Zeit, nachdem mir jemand das Herz gebrochen hatte, traf ich ein anderes Mädchen. Sie war wie ein wunderschöner Engel und durch die Zeit, die ich mit ihr verbrachte, erkannte ich, dass ich nicht alle Antworten haben musste. Ich brauchte nur so gut zu leben wie ich konnte, so vollkommen wie ich konnte. Sie zeigte mir, was reine Liebe ist: einen Menschen dafür zu lieben, wer er ist und nicht aus irgendeiner Abhängigkeit von Liebe. Wenn du dich öffnest, wirst du jemanden finden, den du lieben kannst und der dich dafür, wie du bist, wirklich lieben wird. Seitdem sind wir beide weitergegangen, aber es ging uns so viel besser durch die Erfahrung, zusammen gewesen zu sein.

Nicht alles wird funktionieren, weil das Leben oft nicht fair ist, aber wir müssen alles, was möglich ist, aus jedem Augenblick herausholen. Wir müssen Dankbarkeit verspüren, dass es Engel in unserem Leben gibt, die sich um uns sorgen, und für die Zeit, die wir mit denen haben, die uns Lächeln schenken, Freude und ein warmes Gefühl von Liebe.

Die Medien suggerieren, dass es viele Menschen gibt, denen wir nicht trauen können oder die nur an sich denken. Ihre Beschreibung von Menschen ist wenig schmeichelhaft. Sie liegen wahrscheinlich ziemlich oft richtig. Es gibt viele Menschen, die selbstsüchtig und negativ sind in dem, was sie sagen und tun. Es gibt viele Menschen, die wir kennen, die uns in der Vergangenheit schrecklich wehgetan haben, und es gibt viele, die dies in der Zukunft tun werden. Es gibt jedoch auch viele Menschen, die fair sind, ehrenhaft, mitfühlend und liebend. Es wird nicht immer so gut ausgedrückt, aber wenn du wirklich tief in die meisten Menschen blickst, wirst du ein mächtiges Gefühl der Liebe finden. Es kommt zum Vorschein, wenn sie ein Kind oder ein Baby vor sich haben. Es kommt an die Oberfläche im Geist von Weihnachten und anderen besonderen Anlässen. Es kommt zur Verwirklichung, wenn Tragödien oder Krisen geschehen. Das Paradoxe ist, dass Beweisen für das Böse in der Welt immer Beweise für das Gute folgen.

Wir müssen einen Weg finden, Schmerz, Herzensleid, Verletzung und Bedauern loszulassen, und uns stattdessen erlauben, den Zauber des Lebens zu lieben. Tief hinter der Maske der Gesellschaft existieren viele gute Menschen, und wenn wir die sozialen Ketten der Angst durchbrechen können, werden wir durch die Augen der Liebe blicken und verstehen, wieso Liebe wirklich alles ist, was wir brauchen.

Während ich auf meinem Bett saß, die Bänder durchhörend, begann alles, was Richard in Bezug auf Beziehungen und Herzensleid gesagt hatte, einen Sinn zu bekommen. Eine Träne rollte über meine Wange, während ich über all die Menschen in meinem Leben nachdachte, die ich so sehr liebte. Ich dachte über meine Ex nach, meine Familie, meine Freunde und all die Engel in meinem Leben. Ich fing an, ein großartiges Gefühl der Freude und Ehrfurcht zu verspüren, was für ein Glück ich wahrlich hatte. Ich spürte ein wundervolles Mitgefühl für jeden. Ich fühlte mich frei von der Bitterkeit, Wut, Verletzung, Eifersucht und Schmerz, die ich so lange gespürt hatte. Ich sah alles anders. Ich war bereit, mein Leben wirklich wundervoll zu gestalten. Ich lächelte und schloss meine Augen und fiel in einen tiefen Schlaf voll bezaubernder und wundervoller Träume. Ich würde morgen nach Hause fahren.

Übungen und Aufgaben

1. Schreib alle Menschen auf, die du kennst, und schätze eure Beziehung ein.

o Vermerke, mit wem du Kontakt haben/aufnehmen musst und wann.

o Stelle dann fest, wann du alle anderen auf der Liste kontaktierst und wie oft.

o Setze einen regelmäßigen Zeitpunkt fest, um jede Person zu kontaktieren. Mit einigen brauchst du vielleicht nur einmal pro Jahr in Kontakt zu treten, mit anderen einmal pro Woche.

o Mache es zur Gewohnheit, ihnen eine Nachricht zukommen zu lassen.

2. Finde von allen den Geburtstag heraus und mach einen Aktionsplan, um sie zu kontaktieren.

3. Indem du nach einer Beziehung suchst, was für eine Art von Mensch suchst du und was für eine Art von Mensch musst du sein, um ihn zu bekommen?

4. Lerne wenigstens eine neue Person kennen, jedes Mal, wenn du ausgehst. Unterhalte dich einfach.

5. Mache einigen Menschen Komplimente, ohne irgendetwas im Gegenzug zu erwarten.

6. Übe verschiedene Stimmlagen, Akzente, Sprechrhythmen, Gesten und Gesichtsausdrücke.

7. Übe, alle fünf Sinne zu benutzen, um deine Geschichten und Erlebnisse zu beschreiben.

8. Tue spontan etwas Nettes für Freunde und geliebte Menschen.

9. Erinnere dich an die schönsten Erlebnisse, die du mit geliebten Menschen hattest.

10. Rufe dir die Lehren ins Gedächtnis, die du von jedem Menschen in deinem Leben gelernt hast.

11. Schreibe deine Fragen, Gefühle und Gedanken über Dinge auf und beschreibe die nützlichste Art und Weise, wie du über sie denken kannst.

12. Lass Bitterkeit und negative Gefühle gegenüber anderen los.

Zufällige Exkurse 5:

Trance-Ende

⌘

Ich bin oft gebeten worden, Menschen zu helfen, zu lernen, wie sie in einen veränderten Zustand gehen können. Ich bin in so vielen veränderten Zuständen gewesen, seit ich anfing, NLP zu lernen. Viele meiner Trancen und die veränderten Zustände, die ich bei Menschen erzeuge, sind stark von Richard beeinflusst. Um also Menschen zu helfen, in veränderte Zustände zu gehen, nutze ich das Gelernte und das Wissen, das ich auf einer tiefen Ebene integriert habe.

Einer der einfachsten Wege, dies zu tun, ist, einen Zeitpunkt zu finden, zu dem du für dich alleine sein kannst, einfach schlicht entspannen kannst, während du sitzt oder liegst. Wenn du einmal an einem Ort bist, an dem du angenehm entspannt bist, ist es gewöhnlich hilfreich, wenn du einfach deine Augen schließt. Dann kannst du anfangen, bestimmte Dinge zu tun, die dir helfen werden, wirklich zu entspannen.

Offensichtlich wäre es unsinnig, deine Augen zu schließen, während du dieses Buch liest. Stattdessen kannst du deine Augen offen halten und dich einfach selbst in einen entspannten Zustand lesen. Schau, während du liest, bist du nicht allein, da dein Bewusstsein die Worte des Autors lebendig hält. Ein großes Problem, das Leute haben, ist, dass sie sich einsam fühlen. Es ist erstaunlich, wenn du an die Millionen von Menschen denkst, die da draußen sind und auf jemanden warten, die sich durch ihr Zögern davon abhalten lassen. Was wundervoll ist, ist die Tatsache, dass, wenn du aufhörst, zu zögern, Angst zu haben, zu viel darüber nachzudenken und alles so ernst zu nehmen, du gute Gefühle in dir erzeugen kannst und einfach damit loslegst. Genauso, wie du einfach in einen angenehmen Geisteszustand gleiten kannst, während du dich entspannst.

Zuerst kannst du anfangen, die Geräusche um dich herum wahrzunehmen. Zum Beispiel hier und jetzt kannst du Geräusche hören, die dich umgeben, deren du dir nicht bewusst warst, bis du diese Worte gelesen und verstanden hast, dass - gerade das Geräusch deiner inneren Stimme, wie sie diese Worte liest, ein Geräusch ist - welches nicht das Gleiche ist wie die Geräusche draußen - aber du kannst es trotzdem hören, wie du die Geräusche hören kannst, die du benennen kannst - und diejenigen, denen du keinen Namen gegeben hast - und du kannst dich erinnern, dass es nicht immer möglich ist, deiner Erfahrung einen Namen oder eine Bezeichnung zu geben - besonders, weil es deine Erfahrung ist - und diese Bezeichnung wird dir eine andere Erfahrung geben als jemand anderem - egal, wie ähnlich deine Erfahrung erscheint -

Also mit diesem im Bewusstsein - kannst du deinem Körper erlauben - zu bemerken - mit jedem tiefen Atemzug - den du nimmst, merkst du - wie einfach es ist zu entspannen - dein Fokus kann anfangen - sich der verschiedenen Teile deines Körpers gewahr zu werden - zum Beispiel - wie entspannt dein Kopf ist - angenehm entspannend - während du dieses Buch liest - und deine Augen - während sie jeden Buchstaben so schnell und mühelos aufnehmen - und wie gut jedes Wort neue Bedeutung mit sich bringt - sodass, während dein Körper hier ruht - deine Vorstellungskraft von den Seiten geführt wird - ob sie dich nun nach Indien bringen - oder Irland - Amerika - oder irgendwohin - überallhin - dein Geist reist, während dein Körper angenehm tief ruht -

Währenddessen - während du dir erlaubst, einfach wegzugleiten und die wundervolle Erfahrung des Tagträumens in einem veränderten Zustand zu genießen - kannst du merken, wie du noch stärker entspannt und gelassen wirst. Es ist wie, als du jung warst - und fasziniert von der Welt - und du hattest so viele Fragen - und alles war möglich - und alles machte so viel Spaß - und du machtest Abenteuer aus Steinen auf der Straße - du lerntest viele verschiedene Dinge - und du tatest dies so, so einfach - so schnell - so tief gehend - so genussvoll - du lerntest durch Erfahren - durch Aufsaugen - durch Integrieren - durch Geschichten - Geschichten von Abenteuern - Geschichten erzählt aus Märchen - Märchen über die Struktur der Magie - Geschichten über Frösche, aus denen Prinzen wurden - Prinzessinnen, die sich verwandelten - Schweine, die anfingen ihr Gehirn zur Veränderung zu benutzen - sodass Häuser nicht zum Einstürzen gebracht wurden - Geschichten, die Magie in Aktion zeigten - wenn du zur Abwechslung Zeit zur Veränderung hattest - Abenteuer von Jedermann und jedem, von dem du träumen konntest - mit weit entfernten Ländern - die näher waren, als du dachtest - und Traumländern, die dich fesselten - auf die entzückendsten Arten -

Jetzt kannst du erkennen - durch deine echten Augen, die die Dinge deutlich sehen - dass die echten Lügen, die dich zurückgehalten haben - die Ketten der einschränkenden Überzeugungen waren - negative Arten zu denken und zu fühlen - und dein Unbewusstes - welches nah genug ist zu hören und zu reagieren - weiß, dass das Erlernte und Verstandene - welches du hier empfangen hast - anfangen wird, sich selbst zu integrieren - in dein Leben - sodass du merken wirst, wie du - all die positiven Nachrichten aufnimmst - bewusst und unbewusst - die du hier durch unsere Ideen erhalten hast - und du wirst entdecken, wie wundervoll - die Welt wirklich ist - während du deine gewohnten Wege zu denken veränderst - und zu fühlen und zu erkennen - wie viel Spaß es gibt, den du haben kannst - in der Welt und zu fragen - wie viel Spaß du aushalten kannst -

In deinem Kopf - während du dich in diesen Zustand hinein entspannst - tief - kannst du einfach genießen - wie es sich anfühlt, lebendig zu sein und zu wissen - während das Universum sich dreht und kreist - und die Welt sich darin dreht und kreist - mit all diesem Kreisen, das vor sich geht - fühlt es sich an, als ob wir einfach stillstehen - hier und jetzt - weil wir sind - während die Welt sich dreht - und die Zeit vergeht - jeder Stern soweit weg zu sein scheint - und doch scheint jeder Stern - während die Dunkelheit hereinbricht - und wir greifen nach den Sternen - doch durch Millionen von Meilen

- durch Raum in Zeit - die Welt vor Millionen von Jahren - als wir alle unseren Ursprung hatten - kamen wir aus einem Augenblick - und viele Augenblicke vergingen - viele Augenblicke gingen weiter - und wir können die Sterne sehen, die existieren - viele Millionen Jahre in der Zukunft - nachsinnend darüber, wie - wie Richard mir einmal erklärte - wir alle aus Sternenstaub gemacht sind - Sternenstaub, aus welchem wir bestehen - und wenn wir dies erkennen, können wir unser Potenzial erkennen - tief drinnen - den Zauber, der in jedem von uns existiert -

Du kannst erkennen - dass das, was du dachtest, was richtig sei - vielleicht nicht das ist - und was du dachtest, nicht richtig war - vielleicht übrig ist - als eine bessere Idee zu erwägen - denn je mehr du versuchst dich davon abzuhalten - davon, die Tatsache zu verhindern, dass - was es war, über das du nachgedacht hast - als du dich schlecht gefühlt hast - deine Erinnerung zu vergessen - desto mehr wirst du erfreut sein zu verstehen - dass du gerade vergisst, dich zu erinnern - schlechte Gefühle - und dich erinnerst dich zu erinnern - gute Gefühle - sodass du dich erinnern kannst, nicht zu vergessen - dich zu erinnern, wie wundervoll - das Leben sein kann, wenn du nicht - tust, was nicht gut für dich ist - und wenn du stattdessen - dich an die einfache Botschaft erinnerst - dass mein Freund - der indische Guru zu mir sagte - es läuft alles auf den Punkt hinaus - zu entscheiden - „Sei immer glückselig."

Denn, bevor du weiter genießt - wissend, das dies etwas ist - das du bereits genießen kannst zu tun - kannst du anfangen zu beginnen dir zu erlauben - zu erkennen, dass, ob alles unmittelbar klar wird - oder ob du alles in ein paar Augenblicken verstehst - du dich in jedem Fall darin entspannen kannst, zu wissen, dass die erste Sache, die du wundervoll erleben wirst - während du mehr positive Gefühle entwickelst - die Empfindung von Verständnis und du dir vermehrt bewusst wirst - wie schnell und einfach du dich dabei wiederfindest - das angenehme Fließen zu lieben - der besten Gefühle - die in jeden Teil von dir strömen, während - glücklicherweise - dies einfach ein natürlicher - und offensichtlicher Teil des Existierens ist - und des unbewussten Annehmens von Ideen - die natürlich dein Denken verändern.

Wenn du dies einmal tust, dann, wenn du dir erlaubst, zum vollen Bewusstsein zurückzukehren, kannst du das spüren, was Richard als „ein unerklärliches Gefühl von Wohlempfinden“ beschreibt. Beim Trance-Ende geht es darum, eine Verbindung mit einem veränderten Zustand zu schaffen, in welchem du dich selbst als echter Teil des Universums fühlen und du beginnen kannst, Entspannung, Meditation zu üben, dir selbst erlaubend, einfach in einen Zustand des Tagträumens und des inneren Friedens zu gleiten.

Teil 6

Die Kunst spiritueller Freiheit

Befreie die Welt

⌘

Drei Monate später war ich wieder zurück bei Richard. Dieses Mal waren wir an einem wunderschönen Ort namens Puerto Vallarta, ein Seebad in Mexiko. Richard hatte mir erzählt, wie wunderschön er war. Ich musste dort hinkommen. Er beschrieb es wie das Paradies und, um fair zu sein, er war ziemlich nahe an der Wahrheit. Wir setzten uns an einen Tisch in der leeren Hotelbar. Es war etwa 15:30 Uhr an einem Donnerstagnachmittag. Richard hatte in den vorhergehenden paar Tagen einen Kurs gegeben, aber dies war ein freier Tag.

Die wunderbaren Gerüche des Essens, das zu Mittag serviert worden war, strömten immer noch aus der Küche. Im Hintergrund lief sehr sanfte Musik und wir konnten die Stimmen der Menschen hören, die am nahen Strand spielten und schwimmen gingen. Der Himmel war tiefblau und die Sonne schien mit starker Intensität hernieder. Wir saßen im Schatten hinter der Außenmauer und blickten über die Veranda auf den wunderschönen Ozean.

Seit unserem letzten Gespräch waren wirklich tief greifende Veränderungen bei mir passiert. Ich fühlte mich nie mehr wirklich allein und ich war endlich vollkommen über meine Ex-Freundin hinweg. Ich hatte erkannt, wie sehr selbst gescheiterte Beziehungen potenzielle Wachstumserfahrungen waren. Ich traf mich mit anderen Leuten, aber ich war sorgenfrei in Bezug auf alles. Ich hatte so viele Freunde getroffen, die ich so lange nicht gesehen hatte. Ich ging viel aus und hatte wirklich Freude daran. Mein Zustand war fortwährend grundlos gut und als Folge davon merkte ich, genau wie Richard gesagt hatte, dass sich Menschen mehr und mehr von mir angezogen fühlten.

Ich fühlte mich die meiste Zeit erstaunlich gut und ich empfand mich so nah daran, wovon ich glaubte, wie Freiheit sich wirklich anfühlte. Meine Erfahrungen auf meiner Weltreise ergaben schließlich so viel Sinn. Ich hatte jedoch immer noch ein paar weitere Fragen, die ich Richard stellen wollte. Allen Existenzen auf der Erde liegt die Motivation zugrunde, zu leben. Menschen brauchen einen Sinn zum Existieren, einen Zweck zum Leben. Ich wollte durch Richard in Erfahrung bringen, wie wichtig Spiritualität wirklich ist und was seine Perspektive war, ein spirituell erfülltes Leben zu führen. Wie könnte sich individuelle Freiheit auf weltweite Freiheit ausdehnen und wie könnten wir Sklaverei, Ignoranz, Angst und Hass auf diesem Planeten erkennen und beenden? Ich wusste, eine große Frage, aber ich war sicher, dass ich einige wunderbare Einsichten erlangen würde, die mir wenigstens helfen könnten, meinen eigenen Beitrag zur Welt zu leisten. Das wenigste, was ich lernen würde, waren bessere Wege, um spiritueller zu werden.

Fenster zur Spiritualität

⌘

Ich erinnerte mich an meine Erlebnisse Monate zuvor. Während meiner Reisen durch die Welt, von Indien und Nepal nach Tibet und Thailand, von Italien und Irland in die USA und nach Mexiko, war ich mit vielen verschiedenen Perspektiven auf Religion und Spiritualität in Berührung gekommen. Ich hatte verschiedene berühmte Gurus kennengelernt und mich mit Menschen aller Arten von Religionen angefreundet. Ich erinnerte mich an ein Seminar mit dem Dalai Lama, zu dem ich gegangen war. All diese Abenteuer hatten mir eine andere Perspektive auf Spiritualität und Religionen gegeben. Ich war als guter katholischer Junge in einem Vorort von Dublin aufgewachsen, aber jetzt hatte ich so viel mehr über die Glaubensrichtungen mitbekommen, die weltweit existieren.

Vielleicht eine der wichtigsten Dimensionen im Leben vieler Menschen ist ihre Spiritualität. Mit Spiritualität meine ich die Überzeugungen eines Menschen über das Universum, ob ein höheres Wesen mit Namen Gott existiert oder nicht, und wenn ja, welche Form es annimmt. Ich spreche davon, wie Menschen glauben, dass sie in das Universum hineinpassen und warum sie im Grunde hier sind. Es geht um ihre Verbindung mit anderen Menschen und wie diese Verbindung die Welt um sie herum beeinflusst. Ich erzählte Richard und Paula ausführlich von meinen Erfahrungen. Sie waren schließlich der Hauptgrund gewesen, weswegen ich in Länder wie Indien gefahren war. Die Geschichten, die sie aus ihrer Zeit dort mit mir teilten, fesselten mich. Jetzt wollte ich mehr über Richards Sichtweise auf Spiritualität wissen.

OF: *Richard, ich möchte mit dir über Spiritualität reden. Wie können Menschen spiritueller werden?*

RB: *Nun, ich denke, der Irrtum ist, dass Menschen, die ein bisschen Yoga machen, glauben, sie seien spiritueller als andere Leute. Jeder lebt in der Welt, die spirituell ist. Genaugenommen leben wir nicht in der Welt oder auf der Welt, wir sind die Welt. Wir sind das gleiche Zeug, aus dem alles Übrige des Universums gemacht ist, deswegen ist es unvermeidlich. Je mehr du dich mental isolierst und kleine winzige Loops laufen lässt, die dich denken lassen, dass es nur dies ist und es nur das ist, es nur diesen Gott gibt und es nur den Gott gibt, und es nur Patriotismus gibt und all diese Dinge, die dich abkoppeln, desto mehr gehst du am Sinn der Sache vorbei.*

Menschen verbringen so viel mehr Zeit drinnen, als sie es je getan haben, sodass sie nicht merken, dass wir nicht „in" der Natur sind, wir „sind" die Natur, und dass Menschen rausgehen müssen und in den Himmel schauen. Statt über ihn als den Ort zu denken, wo Flugzeuge herumschwirren, fang an zu erkennen, dass seit Anbeginn der Zeit Menschen hinaufgeblickt und zu den Sternen geschaut haben. Je mehr wir darüber lernen, wie gewaltig das Universum ist, je öfter wir durch das Hubbleteleskop blicken und die Geburt von Galaxien sehen, desto mehr nehmen wir wahr, dass sie genau wie die Geburt eines Kindes aussehen. Ich meine, das ist absolut hypnotisierend. Die Menschen können anfangen, sich darüber klar zu werden.

Ich denke, dass Religion entweder gut oder schlecht für Leute sein kann, und sie ist gut für Menschen, wenn es sie öffnet, sodass sie sich fühlen, als ob sie ein Teil von einem größeren Ganzen von Dingen sind, welches die Natur ist. Wenn ich Natur sage, rede ich über den großen Maßstab. Ich spreche über das große U, das Universum. Wie ich es verstehe, je mehr die Menschen in Kontakt mit ihrer eigenen Naturkraft kommen, desto mehr werden sie aus kleinen Denkmustern herauskommen und anfangen, alles stärker zu empfinden. Sie werden Liebe tiefer empfinden. Sie werden Neugierde bis zu dem Punkt verspüren, an dem sie mehr Dinge tun werden.

Warum ich unter anderem Dinge aus Indien, Nepal und Tibet mitbrachte und in Südamerika herumreiste und mit amerikanischen Indianern Zeit verbrachte und im Schneidersitz saß, bis meine Knie sich anfühlten, als ob sie abfallen würden, geschah nur aus einem Grunde: damit ich die gleichen Ergebnisse wie sie erzielen konnte. Ich tat dies, um sicherzustellen, dass Menschen, anstatt sich therapieren zu lassen, Veränderungen in ihrem Leben heute machen. Menschen mussten früher dasitzen und darauf warten, dass der Garten wächst, damit sie zu essen hatten, aber das Leben der Leute heute ist voller denn je, sie sind den ganzen Tag von morgens bis abends beschäftigt. Sie haben Glück, wenn sie eine Stunde bei ihren Kindern sein können.

Sie müssen fähig sein, ihren Zustand schneller verändern zu können und nicht durch viele Jahre Meditation. Sie müssen jetzt dahin kommen können. Sie müssen die gleichen Dinge bekommen können, die sie auf Reisen nach Tibet in Ritualen bekommen würden, und sie müssen sie heute bekommen können. Ich denke, es ist gewaltig, wenn wir das Kauderwelsch drum herum weglassen und erkennen, dass all diese großen Schamanen und alle großen religiösen Führer einfach die Menschen in Kontakt mit den Kräften der Natur bringen und in Kontakt mit der Macht des Glaubens.

Es war offensichtlich, dass Richard viel von den diversen Religionen und spirituellen Führern gelernt hatte, die er getroffen hatte. Ich stimmte mit seinem Gedanken überein, dass wir mehr in Kontakt mit der Natur kommen müssen und als erstes verstehen, dass wir bereits ein Teil von ihr sind. Viel zu oft lässt die geschäftige Arbeitswelt uns in einem unnatürlichen Kreislauf gefangen sein, in dem wir durch die Technologie immer mehr Arbeit haben. Mit Verbesserungen in dem, was wir tun können, haben wir schrittweise mehr Dinge geschaffen, die wir tun müssen. Mit jeder neuen Entwicklung haben wir weniger Zeit und werden weiter von der natürlichen Welt weggeführt. Wir nehmen unser Leben als selbstverständlich und machen den Fehler, nicht genug Zeit übrig zu lassen, um einfach in der Welt zu sein.

Es ist so wichtig, anzufangen, zu unseren Wurzeln zurückzukehren und einmal mehr die gewaltige Faszination des Universums schätzen zu lernen. Es ist unbedingt erforderlich, zu erkennen, dass die Welt solch ein Wunder ist und dass sich so viele Wunder jeden Tag in ihr ereignen. Es ist notwendig zu verstehen, wie unsere Überzeugungen, sollten wir sie zu ernst nehmen, uns davon abhalten, spirituelle Freude zu erfahren.

Was wir schlussfolgern können, ist, dass Spiritualität von einem Punkt gesehen werden muss, der uns in die Lage versetzt zu verstehen, dass es unwichtig ist, welcher Religion wir angehören oder welche Rituale wir durchführen. Es kommt eher durch unsere Intention und unsere Bemühungen, uns Zeit zu nehmen, um Dankbarkeit und Wertschätzung für die Welt zu empfinden, damit wir enger in Kontakt mit dem kommen, der wir wirklich sind.

***OF:** Mit all den verschiedenen religiösen Führern da draußen, welche Anregungen hast du, deinen eigenen Sinn für Spiritualität zu verbessern?*

***RB:** Mit großer Vorsicht. Diese Menschen sind für viele Jahrhunderte großartige Hypnotiseure gewesen. Die meisten dieser Kulten sind sehr gut darin, Leute dazu zu bekommen, Anhänger zu werden, und der beste Weg, da rauszukommen, ist, deine eigene Beziehung mit deinen eigenen Gottheiten aufzubauen, bevor du anfängst, und sicherzustellen, dass du dir selbst deine eigenen post-hypnotischen Suggestionen gibst. In diesem Leben wirst du ein Anführer werden, nicht ein Anhänger, sodass du, wenn du dorthin gehst, dorthin gehst, um herauszufinden, was sie tun, und nicht, um ihnen zu folgen. Trink keinen der Tees. Schlucke nichts. Trink nichts, denn einige dieser Kulte setzen Leute unter Drogen. Größere Religionen brauchen das nicht zu tun, aber sie indoktrinieren Menschen immer noch. Das ist Teil des ganzen Konzepts der Religionen.*

Gurus haben Anhänger. Menschen haben mich gefragt: „Bist du ein Guru?“ Ich bin es nicht, denn ich bin nicht so gesellig. Ich will nicht, dass Menschen mir folgen. Ich will keine Kommune und ich will keine riesigen Gruppen von Anhängern. Ich will Menschen beibringen, ihr eigenes Leben zu führen und ihre eigenen Dinge zu tun und daher kann ich mich nicht über die Tatsache beschweren, dass es Menschen gibt, die meine Arbeit genommen haben und andere Dinge tun, und ich denke, das ist gut.

Einige Leute arbeiten in der Bildung, einige Leute in der Architektur. Es gibt jede Menge Wissenschaftler, die meine Arbeit als Grundlage benutzen, um Schwierigkeiten in der Wissenschaft zu überwinden. Denn das gleiche Meta-Modell, das Menschen hilft, ihr Verständnis für ihr persönliches Leben zu erweitern, funktioniert mit Problemen in der Wissenschaft und in der Wirtschaft. Die Probleme sind die gleichen, denn diese Schwierigkeiten existieren nicht ohne die Anwesenheit von Menschen. Sie existieren nicht im Universum als Gesamtheit. Sie existieren in unserer Wahrnehmung und in unserem Verständnis davon, wie man das Universum handhabt.

Unser Glaube an die Dinge ist es, der sie real macht, und wenn wir einmal herausfinden, wie wir unsere Überzeugung verändern, werden wir Dinge im Universum finden, und wir werden herausfinden, dass das Universum eine grenzenlose Kraft hat. Anstatt uns Sorgen darüber zu machen, dass uns die Energie ausgeht, wird es Energie in den kleinen Teilen von dunklem Licht geben. Die Physiker glauben nun, dass alle Gesetze der Thermodynamik absolut falsch sind - ich habe Jahre dafür gekämpft, das zu beweisen. Es fing mit dem Gesetz der Entropie an: dass alles zufälliger, verteilter wird, und ich dachte: „Warum erscheinen all die Toaster auf Planet Erde?"

Es muss eine Kraft geben, die sie nicht einbeziehen, und diese Kraft ist, natürlich, Bewusstsein. Je mehr wir Bewusstsein als eine lebende Spezies entwickeln, desto mehr werden wir fähig sein, unser Schicksal und das Schicksal von allem im Universum, mit was auch immer sonst noch Bewusstsein hat, zu bestimmen, denn ich habe das Gefühl, dass Bewusstsein um einiges weiter verbreitet ist, als die meisten Leute sich je vorstellen werden.

Die Leute fragen: „Glaubst du an UFOs?", und ich sage: „Nein, denn ich glaube, dass wir sie recht gut identifiziert haben." Sie sind jetzt nur noch FOs. [Anm. d. Übers.: UFO: unidentifiziertes Flugobjekt.] Was mich betrifft, ich mache mir keine Sorgen über Raumfahrer von anderen Planeten. Ich mache mir Sorgen um den Planeten Erde. Die Suche nach intelligentem Leben auf diesem Planeten ist immer noch im Gange und das Schöne an der Sache ist, dass die Evolution noch nicht am Ende ist. Ich glaube nicht, dass Evolution auf die Art funktioniert, wie Menschen tendieren zu glauben, dass sie es tut. Ich denke, alles macht viel schnellere Fortschritte, und dass unser Bewusstsein die Genetik beeinflusst, genauso wie wir den Gang dessen, wie sich das physikalische Universum verändert, beeinflussen können, durch unsere Fähigkeit auf es einzuwirken. Wenn wir in den Weltraum gehen und Dinge tun, werden wir entdecken, dass über den Raum zu gehen die langsame Art ist, dass es einen Weg gibt, durch ihn hindurchzugehen. Dies ist kein Problem mit dem Universum. Es ist ein Problem damit, wie wir das Universum wahrnehmen, und wenn wir das Universum anders wahrnehmen, wird Trans-Teleportation eine Leichtigkeit sein.

Der Gedanke, dass unsere Wahrnehmungen des Universums am meisten für unsere Beschränkungen verantwortlich sind, war für mich zuerst schwierig zu verarbeiten. Dann, als ich anfing einige der größten Errungenschaften und Entdeckungen in den Wissenschaften zu untersuchen und zu studieren, merkte ich, dass es eine Veränderung der Wahrnehmung oder ein „Paradigmenwechsel" war, der den Entdecker befähigte, diese Ergebnisse zu erreichen. Je mehr wir über das Universum lernen, desto mehr erkennen wir, wie falsch wir lagen, und wir erlangen fortwährend neue Einsichten und Erkenntnisse darüber, wie es funktioniert. Gerade wenn wir glauben, dass wir alles wissen, finden wir heraus, dass wir tatsächlich sehr wenig wissen.

Dies erinnerte mich daran, dass wir, je mehr wir lernen und je mehr wir neue Denkweisen über die gleichen Dinge entwickeln, desto intelligenter werden. Unterschiedliche Sichtweisen auf die Welt zu erlangen ist nicht nur nützlich, weil sie uns mehr Wahlmöglichkeiten geben, sie sind auch nützlich, weil sie uns klüger machen. Wenn du Dinge auf eine andere Art und Weise sehen kannst, kannst du sie besser verstehen und es hilft dir, Probleme zu überwinden, die einmal unlösbar schienen.

Immer wieder wiederholten sich Richards Worte in meinem Kopf:

„Probleme ... existieren nicht
ohne die Anwesenheit von Menschen, sie existieren nicht
im Universum als Gesamtheit. Sie existieren
in unseren Wahrnehmungen und Verständnissen dessen,
wie man das Universum handhabt. -
Unser Glaube an die Dinge ist es, was sie real macht.“

Ich begann, was ich immer schon unbewusst gewusst hatte, zu verstehen. Im Fall eines jeden Klienten, mit dem ich erfolgreich arbeitete, hatte ich ihnen geholfen, sich um ihre Probleme zu kümmern, die in der Art und Weise existierten, wie sie dachten. Probleme existierten nicht in ihrem Leben, denn es geht nur, dass etwas ein Problem wird, wenn es als Problem repräsentiert wird. Andernfalls ist es einfach nur ein Ereignis oder eine Erfahrung. Wenn du Menschen helfen kannst, ihre Überzeugungen zu verändern und ihre Welt nützlicher wahrzunehmen, sind die Probleme erledigt und du bekommst die Freiheit des inneren Friedens.

Ich fing an, mir verschiedene spirituelle Sichtweisen ins Gedächtnis zu rufen, die ich kennengelernt hatte, und stellte fest: Sie betonten alle die Rolle einer höheren Daseinsform - sei es Gott oder Buddha, Allah oder Krishna, Jehova oder Jesus, Shiva oder das Universum oder die Natur selbst. Diese höhere Daseinsform muss respektiert werden und ihr muss für gute Dinge gedankt werden.

Wenn wir lernen, dies zu tun und unser Universum für all das Wundervolle darin wertzuschätzen, können wir eine glückliche, spirituelle Existenz leben, ohne endloses Leiden und sich wiederholende Rituale.

Je mehr wir über das Universum lernen, desto mehr merken wir, wie wenig wir wirklich darüber wissen. Was so entscheidend ist, ist, dass wir uns erlauben, diesen Zustand des „Nichtwissens" zu tolerieren. Andernfalls werden wir uns in einem Glaubenssystem wiederfinden, das uns beschränkt und uns Grenzen setzt. Die beste spirituelle Perspektive zu haben ist, wenn du die beste spirituelle Perspektive für dich hast. Wir sind alle einzigartig und deshalb ist es unbedingt erforderlich, dass wir unsere eigenen Wege, das Universum zu erleben, genießen und zu schätzen wissen, dass andere Menschen anders sind.

Es liegt eine riesige Befreiung in all dem. Wenn du deine eigene und die Perspektive anderer zu schätzen weißt, kannst du entdecken, wie du dich stark zentriert und spirituell zufrieden fühlst. Du kannst auf diese Art empfinden, weil du erkannt hast, dass die „Wahrheit" ist, dass es keine Wahrheit gibt, es gibt nur Sichtweisen. Viele Schriftsteller beschreiben uns als spirituelle Wesen, die eine menschliche Erfahrung haben. Wenn dies für dich besser passt als die Alternativen, dann glaube daran. Ich persönlich mag den Gedanken, dass wir spirituell und menschlich sind, emotional und rational, intelligent und freundlich, alles zur gleichen Zeit. Es hängt davon ab, durch welche Realität oder Sichtweise du dich entscheidest, die Welt wahrzunehmen. Die Sichtweise, die ich gewählt habe, befähigt mich, das volle Potenzial und unendliche Wissen zu umarmen, das in mir existiert, und mich an dem Gedanken zu erfreuen, dass ich jeden Tag weiter mehr über mich lernen werde.

Der Dalai Lama sagt, dass der wichtigste Teil der Religion ist, freundlich und mitfühlend gegenüber unseren Mitmenschen zu sein. Mitfühlen ist für ihn wirklich das Zentrum der Menschlichkeit. An wen auch immer oder was auch immer wir glauben, wir müssen zu einem Punkt kommen, wo wir jedermanns einzigartiges Recht akzeptieren, an ihre eigenen Ideen zu glauben. Ich begann, über die Vorurteile nachzudenken, die in der Welt existieren.

OF: *Wie ist es mit all den Vorurteilen in der Welt?*

RB: *Ich denke, es ist wichtig, die Vorurteile auf diesem Planeten zu überwinden. Ich habe Freunde jeder Rasse, jeder Hautfarbe und jeder Religion. Ich bin der jüdische Kerl, der die Braut auf einer muslimischen Hochzeit führte. Es gibt keine Grenzen, mit wem ich Zeit verbringe, aber ich bin dennoch an Orten gewesen, wo die Leute mich wegen meiner Religion hassten, und ich praktiziere noch nicht einmal das Judentum. Ich bin als einer geboren worden. Da kann ich nichts dran machen.*

Es ist nicht so, als ob es auf meiner Stirn eingebrannt sei oder so, aber weißt du, nur aus der Tatsache heraus, dass die Leute es wissen, ergibt sich ein so großer Unterschied für sie. Es gibt Leute, die Inder und Pakistaner hassen, und solche, die die Mexikaner hassen und sie Wetbacks und Wabs [Schimpfwörter für Mexikaner, Anm. d. Übers.] nennen, aber weißt du, wir alle haben rotes Blut in unseren Adern. Es sind nur 3 Prozent Unterschied zwischen uns und den Schimpansen.

Wir sind zu 95 Prozent identisch mit Eichhörnchen, zum Kuckuck noch mal. Der Unterschied zwischen uns Menschen liegt also hauptsächlich darin, wie wir leben und wie wir uns verhalten. Es ist verrückt, an all die Menschen zu denken, die ich auf diesem Planeten getroffen habe. Die meisten Menschen werden nur 40.000 Leute treffen. Andererseits habe ich zu Millionen und Abermillionen von Menschen gesprochen - und ich habe niemals das Gleiche gesagt. Ich habe Leuten auch zugehört und ich habe die großartigen Köpfe des letzten Jahrhunderts kennengelernt. Ich habe Fritz Pearls kennengelernt, Virginia Satir, Maslow und Moshe Feldenkrais und die Top-Physiker auf der Erde. All diese Menschen waren wirkliche Schöpfer, sie alle lebten spirituell auf ihre eigene Weise. Virginia redete über Spiritualität auf eine andere Weise als Maslow und der tat es auf eine andere Art als Moshe Feldenkrais, aber sie alle waren großartige Heiler. Jeder von ihnen kannte und glaubte an Menschen und fand Heilung, wo niemand anders es konnte.

Wenn dic Wahrheit für uns ans Licht kommt, wenn das jemals passiert, könnten wir wie das Mädchen sein, das die Kekse des Mannes, neben dem sie im Flughafen saß, für ihre hielt. Dann würden all die Kriege, Streitereien, Diskussionen und Unstimmigkeiten auf einem großen Fehler basieren. Stattdessen müssen wir akzeptieren, dass wir uns über nichts zu sicher sein können. Wir können nur glauben oder nicht glauben. Wenn Leute glauben, dass sie spirituelle oder menschliche Wesen sind, akzeptiere ich das und sie haben nicht Unrecht. Es ist wie beim Eis, manchmal magst du die eine Sorte von Eis und manchmal magst du eine andere. Verschiedene Leute mögen verschiedene Eissorten. Gibt es eine wirklich wahre Eissorte? Nein, nicht, soweit wir wissen. Warum wählen wir dann nicht stattdessen die leckerste? Warum wählen wir dann nicht spirituelle Freude?

***OF:** Religion ist also wie Eiscreme.*

Platzte ich heraus. Ich hatte vergessen, dass ich all diese Dinge in meinem Kopf gedacht hatte. Richard lächelte und blickte mich an, als ob ich 20 Köpfe hätte.

***RB:** Was ist? Owen, komm zurück zur Erde. Komm zurück zum Planeten Erde. Es ist jetzt sicher.*

***OF:** Ich meine insofern, wie du wählen kannst, welche Eissorte du magst, und die Wahl anderer Menschen in Bezug auf Eis auch respektierst.*

Richard lachte.

***RB:** Ja, Owen, es ist genau wie bei Eiscreme.*

Die Freiheit, zu wachsen

⌘

Es war ein weiterer harter Tag. Die Hitze und Luftfeuchtigkeit waren extrem. Ich hatte den ganzen Morgen damit verbracht, Lebensläufe abzugeben und Bewerbungsformulare auszufüllen. An diesem Abend ging ich um 17 Uhr zur Arbeit und wurde um 19 Uhr nach Hause geschickt, da ich meine Quote nicht geschafft hatte. Es war im Tele-Marketing, ein raues Geschäft in New York. Ich schaffte nie meine Quote, bis ich mich vom Skript löste. Eines Tages fing ich an, es einfach aus dem Stegreif zu machen, und innerhalb von zwei Tagen hatte ich den Firmenrekord für die beste Punktezahl gebrochen. Das hielt nicht lange an. Mir wurde vorgeschrieben, mich wieder an das Skript zu halten. Es gab keinen Platz für Flexibilität, egal wie erfolgreich ich war. An diesem Tag fuhr ich nach der Arbeit das World Trade Center hinauf und bestellte mir einen Drink. Es war Juli. Ich lebte in New York City.

Es stellte sich heraus, dass ich die meiste Zeit dort allein lebte. Ich schaffte es, eine Wohnung draußen in Brooklyn zu bekommen. Ich traf mich mit einem meiner Freunde. Wir hatten eine großartige Nacht in der Stadt. Wir sangen Karaoke in der damals höchsten Bar der Welt, in der obersten Etage des World Trade Center. Ich frage mich oft, mit wie vielen Menschen ich in dieser Nacht Zeit verbracht habe, die an dem tragischen Tag im Jahr 2001 dort waren. Es ist so traurig.

In dieser Nacht nahm ich ziemlich spät die U-Bahn nach Hause. Als ich durch die leer gefegten Straßen im Herzen Brooklyns nach Hause ging, fing mein Herz an, schneller zu schlagen. Ich hörte die

Klänge der neuesten Rap-Sänger, die von einem kleinen Spielplatz schallten, den ich bald überqueren würde. Da war ein Auto, in welchem die Musik lief, und 12 oder 13 verschiedene Jungs etwa in meinem Alter, alle um das Auto herumlungernd. Ich konnte nicht umkehren, da ich nirgendwo anders entlanggehen konnte. Ich ging weiter.

Sieh, ich war der einzige weiße Kerl in der Gegend, soweit ich das beurteilen konnte. In all den Geschäften ringsum und jedes Mal, wenn ich einen Bus bestieg, sah ich selten, wenn überhaupt, einen anderen Weißen. Nicht, dass es mich störte. Zum größten Teil behandelten mich die Leute aus der Nachbarschaft weit aus besser als einige der Weißen, die ich in Manhattan traf. Als ich die Straße entlangging, bekam ich jedoch immer mehr Angst. Ich hatte all diese Filme gesehen. Für mich als einfacher irischer Junge war New York ein kultureller Schock. Ich habe mich zu Hause in Dublin immer sicher gefühlt und ich konnte auf mich selbst aufpassen, aber dies war nicht Dublin. Ich fing an, mich an Bilder aus dem Film „Boys in the Hood“ zu erinnern. Ich betrat den Spielplatz und versuchte, jeden Augenkontakt zu vermeiden. Sie drehten sich alle um und ich konnte spüren, wie sie mich anstarrten, als ich vorbeiging. Dann rief einer von ihnen nach mir.

Richards Summen brachte mich zurück in unser Gespräch. Ich stellte ihm meine nächste Frage.

***OF:** Eines der faszinierendsten Vorkommnisse, von denen ich feststellte, dass sie in meinem Leben passierten, war die Geschwindigkeit, mit der ich wuchs, emotional, mental und spirituell. Jedes Jahr brachte so viele Herausforderungen, so viele Ereignisse und so viele Erfahrungen. Ich merkte, wie ich mit den schwierigsten Dingen umging und aus ihnen als andere Person hervorging. Als Teenager war ich niedergeschlagen und dennoch wuchs ich schnell auf. Wie können wir Teenagern helfen, emotional schneller zu wachsen und sich in Bezug auf das Leben besser zu fühlen?*

***RB:** Teenager sind nicht bereit, glücklich zu sein, bis sie erwachsen werden und ihre Hormone auf der Reihe haben. Teenager müssen durch Chaos gehen. Ich glaube, das ist genetisch bestimmt, um Menschen aus dem Haus zu bekommen und raus in ihr eigenes Leben. Ich glaube, die Schwierigkeit mit Teenagern ist, dass sie keine genügend langen Zeitlinien haben. Sie sind noch nicht lange genug am Leben, um weit genug in die Zukunft zu blicken, sodass sie nicht glauben, dass Dinge ihnen Schaden zufügen können. „Selbst wenn ich ein Heroinabhängiger werde, wo wäre der Unterschied? Interessiert sowieso niemanden." Sie denken nicht darüber nach, 50 Jahre zu leben!*

Als wir 15 waren, dachte keiner von uns, dass wir je 50 Jahre alt würden. Das funktioniert einfach nicht. Du musst dein Leben ausdehnen und auf die Menschen um dich herum schauen und wahrnehmen, wer wirklich glücklich ist und wer nicht. Ist der Kerl, der heroinabhängig in der Gosse hängt, glücklich? Sie sagen dir vielleicht: „Mann, das ist der beste Kick, den du jemals kriegen wirst." - aber es sind die besten zehn Sekunden, die den Rest deines Lebens ruinieren. Also, große Auswahl, willst du ein ganzes Leben oder zehn gute Sekunden?

Du musst diese Entscheidung treffen. Du musst eine gut geeignete Entscheidungsstrategie haben, die sagt: „Schau, ich werde die Dinge tun, die ich tun muss." Die Leute sagen, du musst zur Uni gehen. Nein, musst du nicht - aber es ist eine gute Idee. Obwohl ich zur Uni gegangen bin und ich all diese Dinge gelernt habe, die ich nie brauchte, war zur Uni zu gehen eine gute Idee für mich, weil ich an einen anderen Ort zog. Ich traf andere Leute. Ich lernte etwas über Dinge, über die ich nie etwas gelernt hätte. Vieles von dem, was ich an der Hochschule gelernt habe, interessiert mich nicht und ich werde es nie brauchen, aber ich habe mich daran gewöhnt, etwas aus keinem anderen Grund zu lernen, als um darüber Bescheid zu wissen, und ich denke, das ist gut. Deswegen glaube ich, dass es für junge Leute wichtig ist, in andere Gegenden zu gehen. Ich habe meine Kinder immer in fremde Länder mitgenommen und das war mit das Beste, was ihnen passiert ist, da sie Leute aus anderen Kulturen kennengelernt haben. Sie sahen Dinge, die sie niemals gesehen hätten, und selbst wenn du nicht reich bist, denke ich, dass es wichtig ist, dass du in ein Auto springst und du in welches Land auch immer oder welche Region auch immer reist oder welche Stadtgrenzen auch immer überquerst und in Restaurants gehst, die fremdländische Speisen anbieten, wenn es das ist, was nötig ist.

Wenn du nicht nach Indien fahren kannst, geh in ein indisches Restaurant, aber iss dort nicht einfach zu Abend. Rede mit den Leuten aus Indien. Wenn du in ein mexikanisches Restaurant gehst, sprich mit den Leuten aus Mexiko. Frage sie, wie es dort ist. Lerne die Kinder kennen. Höre ihrer Sprache zu. Weißt du, Leute haben Angst vor Moslems und sie wissen nichts über sie. Verbring etwas Zeit mit ihnen. Sie haben sehr strikte Regeln darüber, was es heißt, ein Moslem zu sein - und die beinhalten nicht, Menschen umzubringen. Moslems sind gewaltlose Leute und doch werden sie als gewaltsam dargestellt. Sie haben einige Rituale, an denen ich nie teilnehmen würde, und Überzeugungen, die ich nicht teile, aber sie sind sehr, sehr ethisch und haben sehr strikte Regeln. Der Koran ist sehr, sehr genau in Bezug auf das Verletzen von Menschen und das Beschädigen von Besitztümern, selbst in Kriegszeiten.

Es wurde mir klar, dass wahre Freiheit nicht nur damit zu tun hatte, die Freiheit zu haben, fähig zu sein, sich gut zu fühlen und intelligent zu denken. Es hatte auch mit der Freiheit zu tun, Freude daran zu haben, durch verschiedene Erfahrungen zu wachsen. Wir müssen anfangen, für Unterschiede dankbar zu sein und so viel lernen, wie wir können, indem wir so viele Erfahrungen sammeln wie möglich. Erfahrung, gut und schlecht, ist wahrlich der beste Lehrer. Während wir auf diesem Planeten existieren, müssen wir hinausgehen und uns mehr mit dem Leben verbinden, mit Orten, mit Menschen.

Wenn wir dies tun, wie Richard erklärte, entdecken wir, dass wir bei denjenigen, die wir fürchteten, keinen Grund hatten, uns vor ihnen zu fürchten. Wir erkennen die universelle Gemeinsamkeit zwischen allen menschlichen Wesen. Wir erlernen genauere Wahrnehmungen der Welt und wir wachsen mehr spirituell, emotional und mental.

Ich wuchs so viel in den vier Monaten, die ich in New York erlebte. Als ich an den Jungs auf dem kleinen Spielplatz vorbeiging, hörte ich einen von ihnen nach mir rufen: „Hey, was geht ab, weißer Junge? Wirst du der nächste Neo sein? Ist das die Matrix?“ Ich drehte mich nervös um und blickte zu dem Gesicht, von dem ich glaubte, dass die Worte stammten. „Ja, sicherlich. Ich denke, das ist sie.“, grinste ich zurück. Er grinste zu mir zurück, während die anderen anfingen zu lachen. „Verflucht, Junge, du musst auf dich aufpassen um diese Nachtzeit. Nix als in der Birne kranke Gangster hängen hier rum, Junge.“ Ich nickte und grinste und ging weiter. Ich schaffte es nach Hause. Ich fand in der nächsten Woche heraus, dass dieser spezielle „Gängster“ in meinem Wohnblock lebte, als ich im Fahrstuhl in ihn reinlief. Sein Name war Troy. Wir wurden Freunde. Erfahrungen wie meine Zeit in New York halfen mir, massiv zu wachsen. Dabei begann ich mehr darüber zu erfahren, wer ich bin. Ich merkte, dass „wer ich war“ sich von Tag zu Tag veränderte. Ich entschied, dass ich Richard danach fragen würde.

Wie du dich selbst findest?

⌘

Im Laufe meiner Reisen durch Indien fing ich an zu erkennen, dass die große Mehrheit der Leute aus dem Westen, die dorthin reisten, dies mit einem Hauptziel im Kopf taten: Sie reisten von Tempel zu Tempel und von Guru zu Guru in dem Bemühen, „sich selbst zu finden". Dies erschien mir immer eigenartig, aber ich hatte eine ziemliche Anzahl von Klienten, die es nicht schafften, zu wissen „wer sie sind", und sich nach etwas Selbst-Erkenntnis sehnten. Ich schätze, das war eine ähnliche Erfahrung.

Ich redete mit Richard über diejenigen, die ich getroffen hatte, die versuchten, sich selbst zu finden.

OF: *Als ich in Indien war, traf ich viele Menschen, die dort auf der Suche nach sich selbst umherreisten. Hast du irgendeinen Rat für Menschen, die sich im Leben verloren fühlen und sich selbst finden wollen?*

RB: *Ich hatte einen Freund, der das tat. Er sagte mir, er suche nach sich selbst und sei auf dem Weg nach Indien, und ich versuchte ihm zu erklären, dass er genau hier war, aber er hörte nicht auf mich und war für drei Jahre weg.*

Was die Leute verstehen müssen ist, dass es nicht so ist, dass sie herausfinden werden, wer sie sind. Es ist so, dass du werden wirst, wer du bist. Wenn es negative Seiten an dir gibt, musst du lernen, sie abzulegen, und etwas anderes tun. Es geht darum, neue entscheiden-

de Denkgewohnheiten zu entwickeln und wie das geht, ist das, was die meisten Religionen dir beibringen. Dies trifft besonders auf diejenigen zu, die von Natur aus spiritueller sind.

Einige von ihnen sind natürlich einfach wirklich gute Marketingpläne. Ich komme aus den Staaten. Religion hat dort fast nichts mit Spiritualität zu tun, außer einer kleinen Heilung durch den Glauben hier und da. Du bringst vor 100.000 Leuten in einem Stadion einen Menschen auf die Bühne und es ist um einiges einfacher, eine religiöse Heilung durchzuführen, weil die Leute in solch einem veränderten Zustand sind, weil sie in einer Situation sind, die sie noch nie zuvor erlebt haben. Nun, wenn du nach Indien gehst, bist du in einer Situation, in der du noch nie gewesen bist und Leute werden dadurch hochgradig beeinflusst, dass sie an solchen Orten sind. Meines Erachtens kannst du Menschen stark beeinflussen, wenn du hineingehst und dramatische, innere Zustände erzeugst und merkst, dass es bestimmte, einfache Regeln gibt.

All das Singen in allen Religionen scheint sich auf Vokale zu konzentrieren. Deswegen gibt es einen Unterschied zwischen Vokalen und Konsonanten. In Hebräischen ist Vibration das Wort für Buchstabe. Zu sagen, dass etwas vibriert, und zu sagen, dass es ein Buchstabe ist, ist genau das Gleiche. Fähig zu sein, den inneren Ton und die Schwingung deiner inneren Stimmen zu verändern, deine eigenen Gehirnwellenmuster zu verändern, sodass sie anders schwingen, bedeutet, dass du anders sehen und hören und fühlen und handeln wirst.

Der Grund, weswegen ich mich in den 30 Jahren, die ich bisher gearbeitet habe, so sehr auf Hypnose fokussiere, ist nicht bloß, weil Leute sich entspannen müssen. Sie müssen mehr tun, als sich entspannen. Sie müssen in Zustände gehen können, in denen sie gewaltige Energie haben, sich aber weiterhin extrem angenehm fühlen, und mit ihrer Umgebung auf eine Art schwingen, in welcher sie Dinge erledigt bekommen. Manifestieren ist für mich die wichtigste Sache, die Menschen tun. Psychologie brachte so wenig, als ich dazukam, denn sie manifestierte keine Ergebnisse. Sie sperrte Menschen weg, steckte ihre Probleme in Schubladen und war ihnen gegenüber kritisch, aber sie schaffte es nicht, dass ihre Ängste verschwanden. Sie gab ihnen kein Gefühl von Erfolg. Sie gab ihnen nicht das Gefühl, dass sie Dinge in ihrem Leben tun konnten, das Gefühl, dass sie die Kontrolle hatten.

Nun, du kannst deine Kontrolle an einen Guru abgeben und ihn dein Leben richten lassen und du wirst deinen Frieden haben, solange wie der Ashram genug Geld für dich hat, um zu überleben, aber für mich ist das etwas wirklich anderes als die wahren spirituellen Führer, welche all die sind, die nicht in jemand anderes Ashram gehen. Sie sind diejenigen, die ihren eigenen bauen, und sei es, dass du nur dein Haus mit deinen Kindern und deinen Verwandten und deinen Nachbarn zu deinem Ashram machst. Für mich ist es das, was Leute tun müssen.

Sie müssen ihr Leben zum Tempel machen. Sie müssen ihr Leben die Kirche sein lassen, sodass sie anfangen, gemäß den Prinzipien zu leben, die sie schwingen lassen, sodass sie das Gefühl haben, sie tun das Richtige. Sie müssen ihren eigenen moralischen Kodex haben und diese Sache mit den Leuten, die Selbstmordattentäter werden, damit sie ein gutes Nachleben haben können, ist ein zu großes Glücksspiel für all diejenigen von uns, die eine Nahtod- oder Nachtod-Erfahrung hatten.

Wir berichten nicht alle die gleichen Sachen und der beste Weg, dich wirklich über dich selbst gut und spirituell zu fühlen, ist, die Dinge zu tun, die es dir ermöglichen werden, in Harmonie zu leben. Eine der Sachen ist, einen Sinn für Abenteuer zu haben. Probier ein bisschen Yoga. Probier ein bisschen Singen. Probier eine kleine Trance. Geh und verbring Zeit mit Leuten, die andere Dinge tun. Was mich angeht, ich bin kein Anhänger, ich mag es nicht, Kulten beizutreten und Dingen beizutreten, denn ich glaube, dass du genug von kleinen Dosen dieser Sachen bekommen kannst, um etwas Eigenes daraus zu machen.

OF: *Also meide dann die Gurus?*

RB: *Ja. Wie ich sagte, sie haben mich mal in der Zeitung als Guru bezeichnet und ich bin fuchsteufelswild geworden und habe ihnen gesagt, dass ich nicht gesellig genug bin, um ein Guru zu sein. Ich will nicht, dass mir Leute folgen. Es macht mir nichts aus, wenn sie mich von Zeit zu Zeit besuchen, aber ich bin nicht die Art von Kerl, der tausend Leute Tag und Nacht um mich herum haben will. Ich will keine Anhänger. Ich will Anführer hervorbringen und ich habe solche Dinge von Leuten gehört, die sagen, wie sie Anführer hervorbringen wollen, und eine Menge Menschen, die aus ihren Seminaren kommen, warten verzweifelt auf den nächsten Feuerlauf, anstatt eher darüber nachzudenken, wie sie die Ängste in ihrem eigenen Leben verändern können.*

Ich möchte gerne sehen, dass Menschen verallgemeinern, und dies ist es, warum ich möchte, dass sie die Ängste überwinden, die sie tatsächlich haben, denn nicht viele von uns finden ein Feuer in unserem Garten, das wir überqueren müssen. Ich möchte, dass sie die schwerste Sache in ihrem Leben finden, und lasse sie sie besiegen, sodass sie erkennen, dass sie, wenn sie das bereits schaffen, so viel mehr tun können. Ich sage ihnen im Voraus: „Schau, ob es eine Höhenangst ist, falls es eine Angst vor dem ist, dann denk: ‚Was kannst du noch tun, wenn du dies schon einmal erledigt hast?'“

Ich habe gerade einen Workshop über Persönlichkeitsveränderung gemacht und es gab da diesen netten Mann in der Gruppe, ein großer Kerl mit riesigen Muskeln, der offensichtlich sehr viel Kraftsport machte. Er sah aus, als ob er Stahlkugeln in seiner Hand zerdrücken könnte. Seine Muskeln glänzten und als ich die Leute fragte, was sie wollten, und ich sie ihre kleinen Aufsätze einreichen ließ, stand auf seinem Zettel nur „Höhenangst“. Ich schaute ihn also an und sagte: „Du willst also eine Höhenangst? Das ist ziemlich einfach. Ich werde dich mit nach oben nehmen müssen und dich zu Tode erschrecken.“ Er sagte: „Das wird nicht nötig sein, ich habe bereits Höhenangst.“ Ich fuhr fort: „Gut, was ist es, das du willst?

Willst du direkt am Sims stehen und dich wohlfühlen und herunterfallen? Was willst du tatsächlich?“

Die meisten Menschen sind so beschäftigt damit, Dinge zu vermeiden, dass sie nicht darüber nachdenken, was ihnen helfen wird. Er sagte: „Gut, ich möchte diese Angst überwinden, denn dann werde ich glauben, dass ich alles in meinem Leben meistern kann.“ Ich sagte: „Nun, das ist der beste Grund, um alles zu tun“, und so benutzte ich die Techniken, die wir verwenden. Ich ließ ihn seine Angst nehmen und sie in die andere Richtung kreisen lassen. Ich weiß genug über Ängste, dass die meisten Menschen, die Höhenangst haben, auch eine kurze Motivationsstrategie haben.

Sie sehen sich selbst aus dem Bett aufstehen und sie stehen auf, sodass sie nahe an der Kante eines Gebäudedachs gehen und sich selbst hinunterfallen sehen, und sie haben das Gefühl, als ob sie es tun werden. Für eine Menge Leute, die Höhenangst haben, ist dies sehr, sehr typisch. Daher machte ich es so, dass, wenn er nahe an einer Kante ging, er sich anders fühlte. Ich sagte: „Sobald du der Kante nahe kommst, sieh dich, wie du einen halben Meter zurücktrittst und ein angenehmes Gefühl verspürst“, und plötzlich hatte er es. Es war nicht so, dass etwas mit ihm nicht stimmte. Es ist nur so, dass Menschen nicht wirklich stoppen und darüber nachdenken, was sie mit ihrem Gehirn machen.

Natürlich, wenn du dich selbst von einem Gebäude fallen siehst und empfindest, als ob du fällst, wirst du Angst haben, aber uns wurde nicht beigebracht, unsere Gehirne so zu benutzen, als wenn sie des spirituellen Ereignisses der Manifestation imstande wären, denn in dem Moment, als er das merkte und er etwas Neues in seinem Kopf machte, ging er den Akt des Erschaffens ein und das ist der spirituellste Akt, den es gibt.

Jede Religion auf der Erde hat eine Geschichte über den Anfang des Universums. Alles von diesem Etwas entstand aus Nichts und das ist das größte Wunder von allen. Wenn du also das Rätselhafte in den

Köpfen der Menschen nimmst und sie dazu bekommst, den Akt der Schaffung einzugehen, um einen neuen Gedanken zu kreieren, um ein neues Gefühl zu kreieren, das niemand jemals gehabt hat. Dies ist für mich die spirituellste Sache von allen, denn sobald sie es einmal gemacht haben und sobald sie verstanden haben, wie es gemacht wird, können sie jedes schlechte Gefühl nehmen und es in die entgegengesetzte Richtung drehen. Sie können jede Reihe von Bildern wegnehmen, die dir ein schlechtes Gefühl geben, und Bilder machen, die dir ein gutes Gefühl geben. Sie können anfangen, die Welt auf eine andere Art zu sehen.

Als ich anfing, darüber nachzudenken, was „sich selbst finden" wirklich bedeutet, begann ich zu verstehen, dass das gleiche Konzept voraussetzt, dass sich Menschen verirrt haben. Ich fing an nachzusinnen, ob sie sich tatsächlich wirklich „verirrt" hatten oder nicht, oder ob es sich nur so anfühlte. Was bald offensichtlich wurde, war, dass es nicht darum ging, dass sie sich verirrt hatten. Wie Richard betonte, hatte es mehr damit zu tun, dass Leute wurden, wer sie waren. Wenn sich jemand verirrt fühlt, liegt es einfach daran, dass er auf so viele verschiedene Arten handelt und denkt und empfindet.

Als Menschen haben wir ein Bedürfnis nach Beständigkeit. Daher sind unsere Gefühle, Gedanken, Handlungs- und Verhaltensweisen in verschiedenen Situationen unterschiedlich und wir empfinden es als schwerer, uns selbst zu definieren. In der modernen Welt, in der Flexibilität zu einer notwendigen Fertigkeit wird und wir mit riesigen Informationsmengen bombardiert werden, wird es zunehmend herausfordernder, zu wissen, wer wir wirklich sind.

Wie wir außerdem gerade in den Fortschritten der Quantenphysik feststellen, sobald wir zu wissen glauben, was „wirklich vor sich geht", merken wir, dass wir vielleicht falsch liegen. Unsere Wahrnehmung von uns selbst ist nicht anders. Folglich verändert sich die Art, wie wir über uns selbst denken und fühlen oder uns selbst sehen, andauernd. Es gibt also keinen wirklichen Weg, herauszufinden, wer wir wirklich sind, denn die subjektive Natur des Denkens hindert uns daran.

Alles, was wir stattdessen tun können, ist zu versuchen, uns nicht als starre Einheit zu verstehen, sondern als eine Kreatur mit Potenzial. Wenn wir uns auf alles so fokussieren können, wie wir es absolut am besten werden können - können wir ein Selbst finden, das stimmig und beständig ist. Schau, wenn wir über uns selbst als brillante Ichs denken können, die nicht immer auf diese Art denken, fühlen, handeln oder sich verhalten, können wir einen neuen Weg finden, uns selbst zu finden.

Wir können erkennen, dass, wann immer wir am besten denken, fühlen, handeln und uns verhalten, wir unserem echten Selbst näherkommen. Wann immer wir das nicht tun, machen wir schlicht Fehler, aus denen wir lernen können. Manchmal ist es wichtig für uns, uns in unserer Erfahrung zu verlieren, sodass wir uns auf das fokussieren können, was wir tun, anstatt auf uns, wie wir es tun. Auf diese Art können wir jeden Augenblick vollkommener genießen und ihn es wert sein lassen.

OF: *Wie steht es mit Beten, Richard? Was denkst du über die Macht von Gebeten?*

RB: *Nun, Gebet ist die Bezeichnung eines meditativen Zustandes. Einige Leute glauben, dass Gebete nur dazu benutzt werden, Gott um Dinge zu bitten. Ich kenne Menschen in den Staaten, die um Parkplätze beten. Was mich angeht, mir scheint, dass das allmächtige Wesen - wenn du glaubst, dass es nur eines im gesamten Universum gibt - wahrscheinlich keine Zeit hat, eine Pause zu machen und über Parkplätze nachzudenken.*

Für mich sind Gottheiten keine Bitt-Annahmestelle. Ich denke, dass wirklich spirituelle Leute in kraftvolle Zustände gehen. Als ich den Mullah auf dieser muslimischen Hochzeit diese Dienste vollziehen sah, ging er in einen tiefen, veränderten Zustand. Der Mann hatte eine Energie, von der du spüren konntest, dass sie auf jeden im Raum viel stärkere Wirkung zeigte, auch wenn jeder im Raum jeden anderen in gewissem Grade beeinflusste.

Gregory Bateson sagte einmal, dass er auf den Kaminsims blickte und sagte: „In gewissem Sinne kennt dieser Kaminsims mich und ein Billionstel des Bewusstseins von mir kennt ihn und alles beeinflusst alles." Was mich betrifft, ich glaube, dass alles auf seine eigene Art lebendig ist, einschließlich Ideen, und dass du Ideen Leben geben können musst und, nenn es spirituell oder nicht, das wird alles um dich herum auf eine Art beeinflussen, wo die Leute mehr Kontrolle bekommen. Das operative Wort für mich ist Freiheit. Freiheit ist alles und Liebe alles Weitere.

Untersuchungen haben gezeigt, dass, egal was für eine Art von Gebet aus welcher Art von Religion ausgeübt wird, das Gebet immer eine Auswirkung auf Dinge wie Heilen hat. Dies scheint wahr zu sein, egal, ob die Leute wussten, dass für sie gebetet wurde. In diesen Untersuchungen merkten diejenigen, die nicht wussten, dass für sie gebetet wurde, trotzdem, dass ihnen vom Gebet mehr geholfen wurde, als in den Kontrollgruppen, die jede erdenkliche Erklärung durch die Verwendung des Placeboeffektes ersetzten. Was Richard erklärte, war, dass Gebete dich befähigen, in einen veränderten Zustand zu treten, in dem du Zugang zu einer universellen Energie bekommst. Christen nennen sie Gott, Schamanen nennen sie Natur, Hindus nennen sie Shiva, Moslems nennen sie Allah. Wer auch immer, das Prinzip ist das Gleiche.

Es geht darum, wie Richard sagt, die Dinge zu tun, die uns helfen in veränderte Zustände zu gehen, und spirituelle Übungen zu machen, die uns befähigen, die Zuversicht zu entwickeln, Ängste umzudrehen, und uns über die Unterschiede zu freuen, die in der Welt existieren, und von ihnen zu lernen. Es geht darum, deinen eigenen einzigartigen Zugang zu Dingen zu finden und von verschiedenen Religionen zu lernen, was immer auch dir hilft, dich besser zu fühlen und mehr mit dem in Verbindung zu kommen, was wirklich wichtig ist. Das heißt, einen Schritt weiter hin zu spiritueller Erleuchtung zu machen. Andernfalls verlassen wir uns auf die Gurus. Ich hatte einige Erfahrungen mit Gurus, während ich in Indien war, und ich glaubte nicht, dass dies die nützlichste Option war.

Die Anziehung von Gurus

⌘

Es war an einem Sonntagmorgen, etwa 4 Uhr früh. Ich schlief noch halb. Ich musste aufstehen. Am Tag zuvor hatte ich ein ganztägiges Seminar über NLP und Glücklichsein und dann ein Abendseminar über NLP-Anwendungen im Business gehalten. Ich war ziemlich müde und hatte nur ein paar Stunden Schlaf bekommen. In etwa sechs Stunden sollte ich ein NLP-Seminar für Fortgeschrittene vor über 200 Leuten halten. Der Fahrer kam pünktlich und machte sich mit mir auf den Weg zu einem Ashram, der etwa eine Autostunde entfernt lag.

Wie immer nahm der Verkehr auf der Straße zu, als der Tag anbrach. Der Guru, den ich bald erleben sollte, war sehr beliebt. Ich war ihm gegenüber unvoreingenommen, aber ich wusste, dass ich meine Ansichten für mich behalten sollte. Wenn Menschen Gurus folgen, bringt das oft Rigidität, Fanatismus und Dummheit mit sich. Ich betrat den Ashram und entdeckte Tausende von Leuten, die alle in der gleichen Farbe angezogen waren. Mich überkam ein unheimliches Gefühl, als ich meinen Platz einnahm. Ich erhielt einen besonderen VIP-Ausweis von einer der Frauen, die zu einem der Seminare kam, die ich unterrichtete.

Ich saß im Lotussitz auf dem Boden, mit meinen Beinen unter mir verschränkt. Ich fühlte mich wirklich unwohl und extrem müde. Während ich stundenlang in der gleichen Position wartete, bemerkte ich überall um mich herum Tausende Menschen, die alle Gebet für Gebet wiederholten. Ich war der Einzige, der anders gekleidet war.

Ich hatte ein braunes Hemd und Sandalen und eine grüne Hose an. Ich war auch der einzige Nicht-Inder, den ich in der näheren Umgebung sehen konnte. Ich hob mich von allen anderen deutlich ab. Es waren Menschen jeden Alters, die zu der Statue auf der Bühne vorne beteten.

Ziemlich kurz darauf kam er schließlich. Er kam auf einer Bahre, die von zwei Anhängern auf jeder Seite getragen wurde. Er stieg ab und fing an, lächelnd die Reihen langsam auf- und abzuschreiten, wobei er die Menschen segnete und winkte. Er nahm viele Umschläge von den Menschen auf beiden Seiten entgegen. Ich fragte mich, ob Briefe oder Spenden darin waren. Er setzte seinen Gang fort, bis er schließlich bei dem Mann vor mir anhielt. Nach ein paar kurzen Worten bewegte er sich weiter und ich traf seinen Blick.

Dieser Guru war etwa einen halben Meter entfernt und wir fingen an, einander anzustarren. Es war nicht meine Absicht, ich war einfach müde und merkte, wie ich ihn mit einem leeren Gesichtsausdruck direkt anschaute. Während wir weiter starrten, fiel Stille über die Gruppe. Sein Ausdruck veränderte sich von Liebe und Frieden zu dem, was Ärger und Abscheu zu sein schienen. Nicht ein Wort wurde gewechselt. Die Sekunden tickten dahin, jede scheinbar länger, aber ich wandte mein Gesicht nicht ab. Ich bin mir nicht sicher, warum, aber wir machten damit weiter.

Ich bin mir selbst jetzt noch nicht sicher, was ihn halten und mich anschauen ließ. Vielleicht war ich der erste Mensch, dem er seit längerer Zeit begegnete, der nicht fand, dass er ein höheres Wesen als die anderen war. Ich beabsichtigte nicht, ihm „böse“ Blicke zuzuwerfen, ich sah ihn einfach nicht als einen Gott.

Während ich in Indien war, wurde ich einigen anderen recht bekannten Gurus vorgestellt. Ich traf den spirituellen Lehrer Sri Sri Ravishankar, der hinter einer der populärsten Formen von Yoga heute auf der Welt steht. Wir kamen ziemlich gut miteinander aus und wir unterhielten uns für eine Weile über NLP und Yoga. Ich empfing von ihm eine schöne Energie. Ähnlich lernte ich einen Guru kennen, den Richard getroffen hatte, als er in Indien war, und es war ebenfalls großartig, sich mit ihm zu unterhalten. Wir tauschten Geschichten aus und redeten über verschiedene Sichtweisen auf das Leben. Ich lernte so viel von ihnen.

Das Beste war, als ich einem jungen Guru namens Sri Nighyananda Swamigal vorgestellt wurde. Er war entdeckt worden, als er einem prominenten Geschäftsmann half, Krebs zu überwinden. Diese Heilkunde wurde bald Allgemeinwissen. Er war der schnellste „aufstrebende" Guru in Indien und hatte die Unterstützung einiger bekannter Geschäftsleute. Er war etwa in meinem Alter und wir entdeckten, als wir uns kennenlernten, dass wir viel gemeinsam hatten. Er hatte von NLP gehört und wir sprachen über die Ähnlichkeiten in unseren Ansätzen. Uns beiden ging es darum, Menschen zu helfen, ihre Gedanken von Negativem zu befreien und sich darauf zu fokussieren, in glücklichere Zustände zu gehen. Einmal fiel ein riesiges Portrait von ihm plötzlich in die Richtung, wo er saß. Ich bekam es noch im gleichen Moment zu fassen, mich selbst mit meiner Blitzesschnelle überraschend. Ohne gezuckt zu haben, drehte er sich um, lächelte und sagte: „Ich danke dir. Ich sehe, dass NLP dir blitzschnelle Reflexe verleiht."

Wir unterhielten uns über eine Stunde und er fing an, irgendeine Energiearbeit mit mir zu machen. Ich hatte Energiearbeit zuvor erlebt, aber niemals auch nur nahezu so kraftvoll wie diese. Während unseres Gesprächs bat ich ihn, seine Hauptphilosophie in einem Satz zusammenzufassen und er erwiderte: „Sei immer glückerfüllt." Er schaute mich an, als er dies sagte, und ich konnte eine bemerkenswerte Energie spüren, die sich aus seinen Augen in meine übertrug. Ich begann das zu bekommen, was Richard immer ein „unerklärliches Gefühl des Wohlbefindens" nannte. Ich fing an, Dinge um einiges einfacher zu sehen und alles, was Richard mir über kraftvolle, positive, glückliche Zustände beigebracht hatte, bekam wieder einmal Sinn.

Einige der Geheimnisse, die ich von diesen Gurus lernte, haben eine riesige Veränderung in meinem Leben bewirkt. Ich traf andere auf meinen Reisen, einschließlich einer Anzahl Heiliger, als ich durch den Himalaja wanderte. Was am meisten mein Interesse weckte, war, dass jeder Guru, den ich traf, eine hohe Meinung von den anderen hatte. Sie schienen alle begriffen zu haben, dass es so wichtig war, den Sinn anderer Menschen für Spiritualität wertzuschätzen. Ich stellte fest, dass die meisten dieser indischen Gurus und tibetischen Lamas einfach gute Lehrer waren und dass die „Abhängigkeit" von ihnen eine schlechte Sache war.

Leider verlassen sich Menschen oft auf Gurus, damit sie ihnen helfen, spirituelle Erleuchtung zu erlangen. Die Gurus werden nicht nur „Lehrer", sondern auch „Gott". Dies traf besonders in Indien zu. Ich gab mich nicht der Illusion hin, dass die Religionen, die wir zu Hause hatten, viel anders waren.

Auch wir haben solche Vorstellungen, wie zum Beispiel die päpstliche Unfehlbarkeit. Mir wurde klar, dass es in jeder Religion jemanden zu geben schien, der ein Anführer war, und unglücklicherweise verließen sich alle vollkommen darauf, dass dieser Führer eine gute Person sei, ähnlich wie in totalitären Regimen. Da ich meine Diplomarbeit über den „Guru-Faktor" schrieb, war ich auch neugierig auf Richards Gedanken über sie.

OF: *Warum, glaubst du, gibt es so viele Menschen, die sich von Gurus in Indien angezogen fühlen?*

RB: *Nun, in Indien ist eine Bildung zu bekommen das Wichtigste, was du tun kannst. In Indien ist es deutlich anders. Es ist nicht wie bei den Hare-Krishna-Leuten in den Vereinigten Staaten, wo sie versuchen, Weihrauch am Flughafen zu verkaufen. Sie versuchen, Menschen Prinzipien beizubringen, nach denen sie leben und Freiheit haben können. Armut ist die größte Hürde auf der Erde. Wenn Menschen in Armut leben, ist es sehr schwer für sie, Freiheit zu haben, und wenn sie zu jemandem gehen und ihm zuhören können, der ihnen beibringt, wie sie es überwinden, Dinge zu wollen, die sie nie haben werden, und sich trotzdem gut zu fühlen, dann ist das klasse.*

Das Faszinierendste an Indien ist, dass die Leute in elender Armut leben und kein niedriges Selbstwertgefühl haben. Das hat mich beeindruckt. Ich besuchte Häuser von Menschen, die keine Elektrizi-

tät hatten. Sie hatten schmutzige Böden. Sie hatten keine Möbel. Sie hatten ein paar Stühle, die sie aus dem Verhau nahmen. Sie rollten Matten aus. Sie arbeiteten 20 Stunden am Tag und sie hatten trotzdem kein niedriges Selbstwertgefühl. Sie waren stolz darauf, wo sie lebten. Sie wussten, dass da, wo ich herkam, ich eine Menge mehr Geld hatte und eine berühmte Person war, die daherkam, aber gleichzeitig wollten sie, dass ihre Kinder mich sprechen hörten, selbst wenn sie nicht die gleiche Sprache sprachen, sagten sie sich, dass die Schwingungen durchdringen würden.

Ich weiß, dass, als du dort warst, Menschen auf dich zukamen und dich baten, ihre Kinder zu segnen, sie zu segnen, und was sie wirklich wollen, ist ein bisschen von der Flamme, die um jeden von uns herum brennt. Genauso, wie einige Menschen dich anwidern, wenn du neben ihnen stehst, wollen die Menschen diejenigen fühlen, die große Fähigkeiten als Lehrer haben.

In Indien bringen sie ihnen bei, wie sie ein kleines bisschen dieser Flamme für sich nehmen können. Es gibt spirituelle Führer, vor denen ich Schlangen tausender Menschen gesehen habe und sie treten vor und jeder von ihnen nimmt ein bisschen von seiner Flamme und er segnet sie und sie gehen von dannen. Das tun sie den ganzen Tag lang. Einige von ihnen murmeln noch nicht einmal ein Wort, aber sie sind in solch einem guten Zustand, dass sie wissen, wie sie den Zustand mit anderen teilen können.

Einer der Jungs, die ich traf, schaute mich an, als ich auf ihn zuging, und ging in solch einen angenehmen Zustand, dass er mich geradewegs mit sich zog und es fühlte sich wunderbar an. Ich lernte in Indien, wie man das mit Menschen macht und du kannst sie mitnehmen. So kann ich Menschen anschauen und sie gehen in eine Trance. Ich kann wütende Menschen glücklich machen. Es ist die wichtigste Sache, die ich gelernt habe. Echte Spiritualität bedeutet zu erkennen, dass, wenn du echte Freude ausstrahlst, die Menschen um dich herum anfangen werden, das Gleiche zu tun.

Wieder hallten Richards Worte in meinem Kopf nach:

„Echte Spiritualität bedeutet zu erkennen,
dass, wenn du echte Freude ausstrahlst,
die Menschen um dich herum anfangen werden,
das Gleiche zu tun.“

Ich begann zu verstehen, dass es alles wieder darauf hinauslief, sich gut zu fühlen und dies mit denjenigen um mich herum zu teilen. Es war schwierig zu glauben, dass dieses einfache Prinzip das war, worauf alles wieder zurückkam, aber ich hatte nichtsdestotrotz ein weiteres Beispiel und ich begann mich zu fragen, wie es sein würde, wenn mein Fokus sich auf dieses einfache Prinzip verlagern würde.

Wahre Freude - Richard lachend

Ich interessierte mich auch dafür, was Richard in Bezug auf dieses „Feuer" oder diese „Energie" erzählt hatte. Einige Inder waren tatsächlich zu mir gekommen und hatten mich gebeten, ihre Kinder zu segnen. Ich war zurückhaltend, versetzte mich aber in einen kraftvollen, meditativen, positiven Zustand und segnete sie mit meinen besten Gedanken, als ich meine Hand auf ihren Kopf und den Daumen auf ihre Stirn legte. Ich wollte mehr über dieses Feuer wissen.

OF: *Meinst du mit Feuer Energie oder Charisma?*

RB: *Nun, Charisma kann auch da sein, wenn Menschen um Menschen herum sind, denn die meisten Leute versuchen, anderen nachzueifern. Die Werbeagenturen wissen das. 80 Prozent der Bevölkerung versucht, so zu sein wie jemand anders, weil wir durch das Imitieren von Erwachsenen lernen. Unser ganzes Leben machen wir Dinge nach, um sie zu lernen. Manchmal schießt das übers Ziel hinaus. Leute sehen einige dieser Gurus an und sagen: „Wenn ich so wäre wie er, dann wäre ich glücklich. Wenn ich genauso wie soundso wäre, dann wäre ich glücklich."*

Es überrascht mich nicht, dass junge Leute in diese Sachen hineingeraten. Sie folgen diesen Leuten. Sie hängen am jedem Wort, aber sie sind nicht wie sie. Sie hören auf das, was sie sagen und sie sind folgsam. Sie eifern ihnen nicht wirklich nach. Das Problem ist, dass, wenn sie aufhören zu werden wie der Mensch, der sie glauben diese Person ist, und dann anfangen zu tun, was sie ihnen sagen, tun sie nicht das, was Menschen am besten tun, nämlich lernen.

OF: *Bei diesem Punkt mit dem Nacheifern habe ich das Gefühl, dass es für die Menschen wichtig ist, sich daran zu erinnern, dass, um Menschen Dinge beizubringen, die sie glücklicher und besser machen sollen, es nicht darum geht, selbst perfekt zu sein. Es geht darum, wie der Dalai Lama sagt, dass spirituell nicht bedeutet, ein Buddhist oder Christ oder was auch immer zu sein, es geht darum, gut zu sein und Menschen gut zu behandeln und gut zu leben. Er ist wahrlich weise.*

Richard stimmte von ganzem Herzen zu.

RB: *Ja, er ist wahrlich ein wunderbarer Mann.*

OF: *Viele dieser anderen Gurus oder Sprecher scheinen ein Bild zu repräsentieren und dieses Bild wird benutzt, um Menschen zu inspirieren. Es gibt also immer noch das Problem, dass Leute ihnen nacheifern wollen. Sie inspirieren andere auf eine sinnvolle Art und Weise, aber oft leben diese Gurus nicht das, was sie predigen, was ein Problem ist, meine ich.*

Richard stimmte wieder zu.

RB: *Einige Menschen sind zu beschäftigt, um selbst glücklich zu sein. Das passiert einer Menge Menschen, sie reden viel darüber, aber sie setzen es nicht wirklich um. Ich bin seit so vielen Jahren verheiratet und eine Menge Leute reden über Beziehungen, aber sie können es nicht einfach tun. Wenn du eine Beziehung mit dem falschen Menschen hast, dann musst du in der Tat den richtigen Menschen finden - aber es gibt einige Leute, die stattdessen in Elend leben.*

Es gibt einige Menschen, die Jobs haben, die sie absolut hassen, aber sie glauben nicht, dass sie ihr Leben verändern können und etwas anfangen, das sie lieber tun würden. Ich habe mehrere Hunderttausend dieser Menschen gesehen, wie sie ihr Leben im Laufe der Jahre in so viele Richtungen verändert haben, dass jede Faser meiner Seele an Wunder glaubt. Ich habe Menschen gesehen, die tödliche Krankheiten überwunden haben. Ich habe Menschen gesehen, die von Prestigejobs, wo sie Firmen leiteten, gewechselt haben und Schulhausmeister geworden sind und zum ersten Mal in ihrem Leben glücklich waren.

Es war wirklich wahr. Worüber Richard sprach, war so wichtig. In modernen Gesellschaften verrichten viele Leute Arbeiten, die ihnen eine Menge Status verleihen, aber wenig Freude bereiten. Er betonte die Wichtigkeit, entsprechend dem zu handeln, was man sagt (walk what you talk) und das eigene Leben zu genießen. So viele Leute reden darüber, aber entscheidend ist, es zu tun. Was wichtig ist, ist, dass Menschen anfangen, an sich selbst und ihre Fähigkeit zu glauben, ihr Leben zum Guten zu wenden.

Ich erkannte etwas in Bezug auf den Guru, den ich anstarrte, während er meinen Blick hielt und sein Gesichtsausdruck schlechter wurde. Dies zusammen mit den negativen Schwingungen, die ich von ihm empfing, gleichzeitig waren da Tausende um mich herum, die ihn anbeteten. Er drehte sich schließlich um und ging zur anderen Seite der Menge und ich bemerkte viele negative Blicke, die von den weiß gekleideten Anhängern in meine Richtung gingen. Sie sahen, wie er mich missbilligte und sie gaben mir ebenfalls eine intensive Missbilligung dafür, „keinen Respekt gezeigt" zu haben. Sie verehrten ihn und waren deswegen glücklich. Das ließ mich nachdenken. Er gibt vielen viel Freude und wird von ihnen als Gott betrachtet. Wenn sie doch nur erkennen könnten, dass der echte Geist von Gott in ihnen existiert und in ihrer Verbindung mit dem Universum. Dann wurde mir plötzlich klar, dass das nur meine Wahrnehmung war.

Die nützlichste Art, über all das zu denken, scheint die Erkenntnis zu sein, dass wir für die Erfahrungen in unserem Leben verantwortlich sind. Noch einmal, nicht um uns die Schuld für die schlechten zu geben, sondern wir sind die Quelle. Dies befähigt uns, die Art zu steuern, wie wir mit allem umgehen. Mit dieser Kontrolle können wir unser Leben zu einem Himmelreich machen. Wir müssen die Kraft des spirituellen Geistes in uns selbst halten. Wir müssen die Verantwortung für unser Leben selbst übernehmen und uns mit dem Universum verbinden. Wir müssen die Besitzer unserer eigenen Erleuchtung sein. Robert Anton Wilson äußerte den Gedanken, dass wir alle unsere eigenen Päpste sind. Wirklich, es geht darum, dass du dein eigenes Gefühl für Spiritualität hast, das für dich richtig ist, nicht wegen dem, was jemand dir sagt, sondern wegen dem, was du selbst dafür empfindest. Wenn wir einmal merken, wie wir spirituell mit der Welt Kontakt aufnehmen, können wir unseren Blick darauf richten, eine positive Wirkung auf sie zu erzielen. Ich dachte einmal, das wäre unmöglich. Es gab so viele Probleme in der Welt. Richard erklärte mir jedoch bald, dass, während es keinen Sinn hat, sich mit der ganzen Welt zu beschäftigen, ich die Welt annehmen könne.

Sich in der modernen Welt hilflos fühlen

⌘

Es wurde ziemlich offensichtlich, dass Richard glaubte, dass ein einzelner Mensch eine Veränderung in der Welt bewirken könnte. Meine Gedanken wanderten zurück zu den Orten voll Armut in Indien. Es war mir sehr nahe gegangen. Ich schaute mich um und der Anblick von Tausenden von Menschen, die ich in kleinen Zelten seitlich der Straße leben sah, brach mir das Herz. Ich empfand solch ein Gefühl der Hilflosigkeit bei all den Kindern, die bettelnd zu mir kamen. Ich fragte mich, was Richard darüber zu sagen hatte.

***OF:** Richard, als ich durch die Straßen in Indien ging und ich die Straße entlang durch Hüttendörfer marschierte, fühlte ich mich so hilflos, weil ich den Leuten, die dort lebten, überhaupt nicht helfen konnte. So viel Armut und so viel Krankheit. Wie können wir mit diesem Gefühl der Hilflosigkeit umgehen?*

***RB:** Nun, behalte Folgendes im Hinterkopf. Wenn ein Kind genug Kraft hat, um an deinem Hemd zu zerren, ist es nicht am Verhungern. Zunächst einmal ist eine Menge davon Schwindel. Wenn du nach Indien gehst, lernst du, dass dort, wo die wirklich Bedürftigen sind, außerhalb der Tempel ist. Du gehst in den Außenbereich der Tempel, und wenn du ihnen Geld gibst, werden sie losgehen und Essen kaufen. Sie werden es einteilen und sie werden es miteinander teilen. Die anderen Leute auf der Straße, die um Geld betteln, machen das professionell. Sie machen das als Arbeit und du darfst dich nicht von Dingen täuschen lassen. Du musst die Dinge so sehen, wie sie wirklich sind.*

Wenn du Armut sehen willst, geh nach Afrika. Ich meine, Indien ist arm im Vergleich zu dem, wo wir leben, aber diese Kinder haben genug Kraft, um die Straße runterzurennen. Es gibt Orte, wo das nicht der Fall ist. Du musst immer daran denken, dass du nur eine Person nach der anderen etwas verändern kannst. Du kannst Meinungen durch die Medien verändern, aber wenn es darauf hinausläuft, Menschen zu verändern, muss sich immer noch jeder einzelne Mensch verändern. Sie müssen sich selbst herausfordern und mehrere Freunde anderer Rassen, Hautfarben und Glaubensrichtungen finden.

Ein Christ, der ein guter Christ sein will, sollte einen moslemischen Freund finden und nicht versuchen, ihn davon zu bekehren, ein Moslem zu sein, sondern über seine Religion und sie zu respektieren lernen. Ich denke, dass dies eine der schlimmsten Sachen ist, die passieren. Jeder versucht, jeden anderen zu seinen Vorstellungen zu bekehren. Es ist wie, wenn ich dich nicht überzeugen kann, dann habe ich Unrecht. Dieses Universum ist riesig genug für mehr Ideen, als wir je auf diesem Planeten generieren können, und meiner Meinung nach ist für Menschen die wirkliche Herausforderung, zu erkennen, dass das, was sie wirklich tun müssen, ist, den Unterschied anzuerkennen und einfach zu sagen: „Es ist anders." Nicht, um es ändern zu müssen, nicht um ihm beizutreten, einfach zu wissen, was es ist.

Du fragst die meisten Leute und sie werden zustimmen. Als ich in Irland war, gab es nicht viele jüdische Menschen dort und es war wirklich lustig, weil Leute mir Fragen stellten. Sie waren sehr verwirrt. Ein Kerl stellte mir eine Frage. Er war 30 Jahre alt und er fragte: „Ist es wahr, dass Juden nicht an Jesus glauben?", und ich sagte: „Nun, wir warten immer noch auf den Messias, weißt du, wir haben von ihm gehört, aber wir kaufen ihm das nicht ab." Es gibt bestimmte Dinge, die passieren sollten, wenn der Messias kommt, und sie passierten nicht, als Jesus kam, sodass wir ziemlich genau daraus schlossen, dass er es nicht war. Es bedeutet aber nicht, dass er nicht an ihn glauben sollte. Ich meine, sie bringen nicht einmal Lehrern genug über andere Religionen bei, um ihnen gegenüber respektvoll zu sein.

Sie fragten mich, wie ich Weihnachten feiern könne, und ich sagte: „Nun, wir feiern kein Weihnachten." Wir haben an dem Tag frei, weil alle anderen freihaben, und ich nehme gerne jeden freien Tag. Ich mag das. In Irland und in Großbritannien haben sie Ferien, die sie Bankferien nennen. Als ich zum ersten Mal davon hörte, fragte ich: „Nun, was genau feiert das?", denn in den Staaten suchen wir für alles eine Entschuldigung. „Es ist der Geburtstag von Abraham Lincoln." Auch wenn wir es herumgeschoben haben: „Es ist der Tag, an dem der Krieg vorbei war." Wir haben immer eine Entschuldigung: „Es ist der Tag, an dem die Gewerkschaften legalisiert wurden."

***OF:** Nun, die Art, wie sich die Führer der Welt momentan benehmen, scheint es bei der Menge an Kriegen, die angefangen werden, dass bald jeder Tag frei sein wird!*

***RB:** Nun, ja, ich sehe nicht, dass diese Führer es schaffen irgendeinen Krieg zu beenden. Sie sind wirklich gut darin, sie anzufangen, muss ich zugeben. Sie machen wirklich die Sauereien weg, die die Leute vor ihnen hinterlassen haben. Die Leute auf dem Planeten haben es versucht. Ich meine die „Autonomie der Nationen" ist eine nette Idee, aber wir sollten Nationen nicht erlauben, absolute Unmenschlichkeit zu praktizieren, und der Grund, warum wir wissen, dass einige dieser Länder all diese scheußlichen Waffen haben, ist, dass wir die Quittungen aus ihrem Verkauf haben.*

Das ist kein Scherz. Woher wir wissen, dass die Iraker Bomben hatten, kommt daher, weil wir sie ihnen alle verkauft haben und die Deutschen haben ihnen chemische Kriegsfabrik-Einrichtungen verkauft und wir müssen international aufhören, Landminen zu produzieren, und damit aufhören, Wege zu kreieren, einander umzubringen. Natürlich, weißt du, ist es wie ein Haufen von Teenagern, die in afrikanischen Ländern umherlaufen und einander abschlachten und sich selbst Rebellen nennen.

Ich meine, Verzeihung, aber bis wir Menschen bessere Wege geben, zu leben, ist das das, was sie tun werden. Ich persönlich glaube, dass es dem Irak am Ende besser gehen wird. Es wird 20 Jahre brauchen, aber in 20 Jahren wird jedes Kind in dem Land eine bessere Chance haben. Jedes Kind in Afghanistan geht zur Schule und das war vorher nicht der Fall. Gleichzeitig bin ich gegen das Bombardieren von Menschen aus der Luft und ähnliche Sachen, denn, wenn ich der Präsident wäre, würde ich Tötungen legalisieren und ein hohes Kopfgeld auf diese Leute aussetzen und sie alle umbringen und das Risiko auf mich nehmen, dass sie jemanden anheuern, um mich zu töten.

Deswegen haben wir in den Staaten ein Gesetz verabschiedet, das vorschreibt, dass es nicht erlaubt ist, die Staatschefs umzubringen. Es wurde verabschiedet, damit andere Leute aufhören würden, unsere Präsidenten umzubringen. Heiliger Vater, Ronald Reagan wurde angeschossen und er merkte es nicht einmal. Nun, das bedeutet, nicht wirklich gut mit deinen Gefühlen in Kontakt zu sein. Was mich betrifft, ich denke, dass es sehr wichtig ist, dass Leute erkennen, dass es schreckliche Dinge überall in diesem Land gibt.

Ich meine, in den Staaten, als ich in psychiatrische Krankenhäuser ging, war ich absolut entsetzt. Die Leute wurden schlimmer behandelt als in Gefängnissen. Sie gaben ihnen Elektroschockbehandlungen und entsetzliche Dinge. Es ist so einfach, immun zu werden, und ich glaube, dass die Hollywood-Leute besser aus den Pötten kommen und etwas tun. Meiner Meinung nach sollten die Medien besser aufhören, sich auf all das Zeug in L.A. zu konzentrieren. Das Erste, wo sie wegen Nachrichten hingehen, ist da, wo mit irgendeinem Gewehr geschossen wurde. Es spielt keine Rolle, was passiert. Es gibt wunderbare Dinge, die passieren, aber die Nachrichten werden aus dem gemacht, was gute Quoten bringt, und sie haben es geschafft, dass Leute fast erwarten, dass überall Morde passieren.

Weißt du, wenn sie einen Bericht in den Nachrichten bringen, ist die erste Sache, von der sie dir berichten, wie viele Leute heute im Irak getötet wurden. Sie erzählen dir nicht, wie viele Schulen eröffnet wurden. Sie sagen dir nicht, wie viele Leute befreit wurden, die wegen ihrer politischen Ideen im Gefängnis eingesperrt waren. Sie sagen dir nicht, wie viele Leute diesen Monat nicht in einem Massengrab in Bosnien beerdigt worden sind.

So viele Menschen kommen in Kriegen auf der ganzen Erde um. Lass mich es sehr vereinfacht ausdrücken. Sie sterben, weil es viele Menschen gibt, die sich vor anderen Leuten fürchten, die anders sind als sie. Wir haben eine Welt entwickelt, in der Unterschiede gefährlich erscheinen und Gleichheit notwendig erscheint. So entwickeln wir Waffen, die diejenigen vernichten, die nicht wie wir sind, oder um uns vor jenen zu „schützen", die nicht so sind wie wir. In unserer zivilisierten Welt sind wir einfach besser darin geworden, Menschen umzubringen. Unsere evolutionären Kräfte suggerieren, dass nur die Stärksten überleben. Meine Frage ist, warum wir nicht alle stark sein können und einander helfen zu überleben. Wettbewerb um Kooperation. Wieder höre ich das Geschrei über „sinnlosen Idealismus", aber ich glaube an die Möglichkeit, aus der Welt einen besseren Platz zu machen.

Ich habe viele intelligente Sozialkommentatoren gehört, von Journalisten über Kabarettisten, Akademikern bis hin zu Buchautoren, die die Ursachen der Weltprobleme diskutieren. Ich habe gehört, dass dem politischen System die Schuld gegeben wird, den Medien oder Politikern. Ich habe gehört, dass den Umweltbedingungen auf dem Planeten die Schuld geben wird oder der menschlichen Spezies als Ganzem.

Mich hat immer die Sinnlosigkeit verblüfft, über Dinge zu klagen und Schuld zuzuweisen. Sicherlich zielt es darauf ab, Menschen sich des Problems bewusst werden zu lassen und dann zu versuchen, es zu lösen. Schuldzuweisungen und Klagen erreichen manchmal dieses Ziel, aber oft tun sie es nicht. Ich glaube, dass wir stattdessen intelligente Verständnisse davon entwickeln müssen, wie die Dinge sind und wie wir sie haben möchten. Auf diese Art können wir für die Probleme, die existieren, am besten neue Lösungen kreieren. Statt uns darauf zu fokussieren, wer die Schuld hat und warum Dinge nicht funktionieren, müssen wir uns auf das fokussieren, was wir tun und wie Dinge funktionieren können. Unser Fokus bestimmt unsere Ergebnisse. Dies können wir verändern.

Wie Richard jedoch sagt, geht es darum, Menschen zu verändern, indem du zuerst langsam mit dir selbst anfängst. Es geht darum, Menschen dazu zu bekommen, die Unterschiede zwischen sich schätzen zu lernen und zu respektieren, und anzufangen, die Medien dahin zu bekommen, sich auf die positiven, guten Dinge zu konzentrieren und nicht nur auf die schlechten. Es ist eine alte Weisheit, dass du immer mehr von dem bekommst, worauf du im Leben deinen Fokus legst. Während sich die Welt also auf all die Tragödien konzentriert, wundern wir uns, warum mehr davon zu passieren scheinen. Wir müssen unsere Augen für das Gute in der Welt öffnen. Dann werden wir vielleicht eines Tages aufwachen und anfangen, diese einfachen Dinge zu begreifen. Natürlich werden wir unsere eigenen Tragödien im Leben erleiden und es gibt keine schnellen Lösungen für sie. Ich hoffte jedoch, etwas von Richards Rat in Bezug auf sie zu bekommen.

Über den Schmerz des Todes: Die schweren Dinge im Leben

⌘

Die schwerste und härteste Erfahrung im Leben ist ohne Zweifel, jemanden zu verlieren, den du liebst. Um jemanden zu trauern, den du von ganzem Herzen geliebt hast, ist wahrlich das quälendste Ereignis, dem wir je gegenüberstehen können. Leider werden wir alle damit konfrontiert. Ich machte diese Situation zum Gesprächsthema mit Richard.

OF: *Richard, hast du irgendwelche Worte des Rates für Leute, die durch den Prozess des Trauerns gehen? Was können sie tun?*

RB: *Mach mit deinem Leben weiter - so schnell du kannst. Je schneller du vom Dich-schlecht-fühlen zum Weitermachen kommst, desto eher hörst du auf, in die Vergangenheit zu blicken, und fängst an, in die Zukunft zu schauen, desto eher wirst du etwas Gutes ans Laufen kriegen. Ich meine, sicherlich, es ist schwer, über den Tod von jemandem hinwegzukommen, den du 30 Jahre lang geliebt hast, aber die Wahrheit ist, dass du nie darüber hinwegkommen wirst, also machst du besser mit deinem Leben weiter und akzeptierst es als Tatsache.*

Einige Dinge sind einfach Tatsachen. Weißt du, mir sind einige schreckliche Dinge passiert und sie sind einfach Tatsachen. Ich wünschte, sie wären mir nicht passiert, aber ich kann in die eine Hand wünschen und in die andere scheißen, und wenn ich mir eine knalle, rat mal, welche kleben bleibt. Ich habe das jahrelang meinen

Klienten gesagt und sie interpretierten es gewöhnlich als Metapher und ich sagte dann üblicherweise: „Schau, wir können das in echt tun, denn ich tue es mit dir verbal. Du tust es mit dir selbst physisch." Weißt du, du nimmst Scheiße und schlägst dir selbst damit jeden Tag ins Gesicht und wunderst dich, warum dir dein Leben stinkt.

Ich meine, wenn dein Kind stirbt, wirst du dich schlecht fühlen. Ich habe gerade kürzlich mit einer Frau gearbeitet, deren 16 Jahre alter Sohn gestorben war. Okay, dann fühlst du dich schlecht, aber es war jetzt drei Jahre her gewesen und jeden Augenblick jeden Tages fühlte sie sich schlecht. Das ist zu viel. Es gibt einen Punkt, an dem ihre Bilder sich hätten umdrehen sollen und sie diese Tatsache angenommen haben sollte, denn ich fragte sie: „Wäre es dir lieber, er hätte nie gelebt? Hättest du lieber diese 16 Jahre oder wäre es dir lieber, er hätte nie existiert?"

Sie antwortete: „Nun, er war das Wichtigste in meinem Leben." Und ich sagte: „Gut. Das muss sich nicht ändern, aber was du ändern musst, ist, dass du siehst, was du in jeder guten Erinnerung sahst, und dann bei der schlechten Erinnerung an die Stunde, als er stirbt, musst du dich selbst darin sehen und sie in die Ferne schieben, sodass du für die Zeit, die du mit ihm hattest, dankbar sein kannst."

Alle Menschen auf diesem Planeten werden akzeptieren müssen, dass die Leute, die sie kennen, sterben, und du musst dich entscheiden, ob du besser dran bist mit den guten Zeiten, die du mit ihnen hattest, oder ob du dich im Schrank einschließt und nie wieder jemanden kennenlernst. Ich weiß, es hört sich lächerlich an, aber das liegt daran, weil es das ist.

Ich habe immer gesagt, dass es nie irgendwelche NLP-Techniken geben wird, die drei Dinge im Leben sofort erfolgreich behandeln werden. Diese drei Dinge sind: mit ernsten Krankheiten, dem Ende einer Beziehung und dem Tod eines geliebten Menschen fertig werden. Obwohl ich mit Leuten gearbeitet und Menschen gesehen habe, die ernsthafte Krankheiten überwanden, indem sie NLP und Hypnose benutzten, sprach ich davon, mit diesen Krankheiten umzugehen, wenn die Menschen, die du liebst, leiden. Wie Richard sagte, es geht nicht darum, über den Verlust eines Menschen hinwegzukommen, der gestorben ist. Es geht darum, dankbar für die Zeit zu sein, die du mit dem Menschen hattest, dich an die besten Erlebnisse, die ihr geteilt habt, zu erinnern, und dich zu fragen, was sie wollten, wie du dich jetzt fühlst?

Meine persönliche Überzeugung ist, dass die geliebten Menschen in meinem Leben, die gestorben sind, irgendwo da draußen auf mich warten. Sie sind da, um mir Rat zu geben, wenn ich ihn brauche, und mir zuzuhören, wenn ich jemanden brauche, mit dem ich reden kann. Ich persönlich mag die Idee von so etwas wie einem Himmel. Das ist nur mein persönlicher Glaube, und ich denke, dass der Schlüssel für die Menschen darin liegt, sich selbst zu erlauben an das zu glauben, was auch immer für ein Leben nach diesem ihnen das tröstlichste Gefühl gibt.

Viele Leute nehmen sich nicht die Zeit, diejenigen in ihrem Leben, die sie lieben oder geliebt haben, wissen zu lassen, wie sie für sie empfinden oder empfunden haben. Bald werden wir alle in einem Grab liegen und draußen in der Stratosphäre sein und unsere Gelegenheiten werden an uns vorbeigegangen sein. Wenn wir am Leben sind, und bei unseren geliebten Menschen, ist dies die Chance, die wir bekommen, und dennoch verschwenden wir viel Zeit damit, klinisch auf die Welt zu reagieren, als ob wir in ihrem Zentrum stehen, streiten über lächerliche Dinge und werden ärgerlich wegen nichts. Währenddessen läuft die Uhr. Daran müssen wir uns immer erinnern. Wir müssen daran denken, dass unsere Zeit begrenzt ist, und in der Zeit, die wir haben, müssen wir jede Gelegenheit ergreifen, um unsere Liebe zu zeigen, welche Form sie auch annimmt. Wir müssen die Bitterkeit schwinden lassen und an ihrer Stelle Mitgefühl und all die Liebe zeigen, die wir aufbringen können.

Wenn wir einen geliebten Menschen verlieren, kann das Leben grausam sein. Wenn wir einen Freund verlieren, kann das Leben schrecklich sein. Der Tod nimmt unsere Freunde und wirklich geliebten Menschen von uns, aber, wie Morrie Schwartz einmal sagte: „Der Tod beendet ein Leben, nicht eine Beziehung." Im Laufe der letzten Jahre sind ein paar meiner Verwandten und Freunde dahingeschieden. Ich denke immer noch jeden Tag an sie. Ich stelle ihnen Fragen. Sie sind immer noch so wundervoll und nah für mich, wie sie es immer waren.

Eine sehr gute Freundin von mir starb vor einiger Zeit aus dem Nichts heraus. Ihr Ehemann und Seelenverwandter, auch ein lieber Freund, erzählte über sie und wie sehr sie sie vermissten. Er beschrieb, wie wichtig es ist, an jedem einzelnen Augenblick Freude zu haben, den wir bekommen, denn in jedem Moment könntest du genauso auf die gleiche Weise beraubt werden, wie er es erlebte. Jeder Teil von mir brach in Tränen aus und mein Herz war tiefer getroffen und tiefer berührt, als ich es jemals erlebt hatte. Ich kann es nicht erklären, aber seit diesem Tag ist mein Leben tiefgreifend anders.

Jeden Morgen wache ich auf und ich fokussiere mich darauf, jede Sekunde zählen zu lassen. Ich habe schließlich die Erleuchtung erhalten, die ich brauchte - die Erleuchtung, zu erkennen, dass das Leben viel kürzer ist, als wir uns vorstellen, und dass wir es, in diesem Lidschlag, etwas Wert sein lassen müssen. Es gibt so viel zu tun. So viel Menschen zu lieben. So viele gute Augenblicke zu haben. So viele Augenblicke wertzuschätzen. Und wir können dies tun - oder unser Leben verschwenden. Es ist unsere Wahl und wir müssen uns entscheiden.

Wir können Trauer nicht verschwinden lassen. Die Zeit wird schließlich alle Wunden heilen, aber während sie ihre Arbeit tut, müssen wir uns darauf konzentrieren, weiterzumachen und Dinge zu tun, die unser Leben und das Leben derjenigen geliebten Menschen, die wir noch haben, besser machen. Ich habe aus meinen Erfahrungen und von Richard eine extrem wichtige Lehre über Trauer gelernt - jeden Augenblick zählen zu lassen, du hast bei Weitem nicht so viel Zeit, wie du glaubst.

In jeder Sekunde können deine geliebten Menschen von dir genommen werden. Viel zu oft verbringen wir unsere Zeit mit ihnen, indem wir über dumme kleine Dinge streiten, anstatt aneinander und in jedem Augenblick Freude zu haben. Nimm jede Sekunde und sei dankbar dafür. Die Zeit wird vorbeigehen und Dinge werden sich ändern. Während du so etwas Schönes in deinem Leben hast, ist es entscheidend, sich die Zeit zu nehmen, um wirklich dafür dankbar zu sein und jede Sekunde voll zu leben.

Wir wissen niemals, was im Leben hinter der nächsten Ecke wartet. Es ist wichtig, dafür bereit zu sein, was immer unseres Weges kommt. Ich war dabei, mehr darüber zu lernen, wie man dies erfolgreicher tut.

Wie man mit Veränderungen in der Welt umgeht

⌘

Als ich den Everest wieder hinabstieg, gab mein Knöchel nach. Es war qualvoll, als mein Wanderstiefel gegen mein Schienbein stieß. Ich versuchte weiterzugehen, aber ich schaffte nicht einmal ein paar Schritte. Es war immer noch ein weiter Weg zu marschieren, bis wir zurück am Flughafen waren, von wo wir einen Flug nach Kathmandu bekommen konnten und ich wusste, ich hatte ein Problem. Ich war besorgt, doch ich konzentrierte mich auf das, was ich tun musste. Chabbi schien ebenso unsicher zu sein und, so viel er mir auch half, so konnten wir den restlichen Weg nicht hinabsteigen.

Das Leben ist so. Du wirst nie wissen, was für Herausforderungen sich dir stellen werden. Da dramatische Veränderungen uns andauernd beeinflussen, kam mir der Gedanke, dass ein Teil des Schlüssels, in der modernen Welt zentriert zu bleiben, ist, die Fähigkeit zu erlangen, erfolgreich mit Veränderung umzugehen.

Ich wollte Richard um Rat fragen, wie man mit Veränderungen fertig wird.

OF: *Ich habe kürzlich Robert Anton Wilson gelesen und er erörtert den Gedanken, dass sich die Erinnerung an unsere Überzeugungen und Wirklichkeiten von Zeit zu Zeit verändert. Wie denkst du über dieses Konzept, dass wir uns nie einer Sache sicher sein können, weil sich alles mit der Zeit ändert?*

***RB:** Nun, Robert ist ein Mann mit starken Überzeugungen und sehr starker Moral. Ebenso ist er wahrscheinlich der klügste Mensch, den ich je in meinem Leben getroffen habe. Wovon er sprach, ist das Heisenbergsche Unschärfe-Prinzip. Selbst die Gesetze der Physik ändern sich. Es war einmal so, dass, wenn du Strom durch einen Draht schicktest, er einen Teil von sich als Wärme abgab, und sie haben absolut an diese Formel geglaubt, aber es stellte sich heraus, dass, wenn du eine bestimmte Temperatur erreichst, die Formeln sich ändern, sodass es mehr Variablen gibt. Die Leute glauben immer: „Es gibt drei Variablen." „Es gibt fünf Variablen." Und doch gibt es eine unbegrenzte Anzahl von Variablen.*

Unser Universum verändert sich also andauernd in jedem Augenblick und wir können nicht alles darüber gleichzeitig verstehen. Stattdessen werden wir, abhängig davon, auf was wir unsere „Antennen ausrichten", nur einen Teil von ihm durch unser eigenes Nervensystem erleben. So, wie sich die Zunahme der verfügbaren Informationen in der Welt vergrößert und sich jedes Jahr verdoppelt, empfinden es viele Menschen als Herausforderung, mit solch schnellen Veränderungen konfrontiert zu sein. Wenn die Welt sich so dramatisch schnell verändert, kann es oft schwer sein, die Zukunft vorherzusagen und vorherzusagen, wie du diese Zukunft am erfolgreichsten anpackst. Während einmal eine Karriere über ein ganzes Arbeitsleben ging, haben die meisten Leute jetzt verschiedene Karrieren im Laufe ihres Lebens.

***OF:** Mit dem also im Hinterkopf, wie können wir am besten und auf die effektivste Art mit Veränderungen umgehen?*

***RB:** Die meisten spirituellen Lehrer bringen dir eine Sache bei, welche ist, keine negativen Gefühle zu haben, sondern sie zu verändern. Sei es, dass du Stunden der Meditation brauchst oder ob du es durch Yoga-Positionen oder was auch immer machst. Es läuft alles auf die gleiche Sache hinaus: zu lernen, Gefühle als eine Reaktion zu nehmen und Dinge mit ihnen zu tun. Selbst Dianetiker und Scientolo-*

gen reden davon, fähig zu sein, es so hinzukriegen, dass deine unmittelbare Reaktion auf Dinge etwas ist, das du verändern kannst.

Nun, mein Ansatz ist, Gefühle sich rückwärts drehen zu lassen. Wenn du Gefühle hast, die du nicht magst, lässt du sie in deinem Körper rückwärts laufen und gehst zurück in die Situation, sodass du nicht einschränkst, in welchen Situationen und mit welchen Leuten du sein kannst. Anstatt dein Universum durch deine schlechten Gefühle zu begrenzen, lernst du, es einfach so zu machen, dass die Gefühle sich entspannen, weil du verstehen musst, dass dies einfach biochemische Reaktionen in uns sind.

Dies sind keine realen Sachen, und wenn du lernst, die chemischen Reaktionen in deinem Körper zu verändern, sodass du Leute um dich haben kannst, werden die Dinge anders sein, als sie es waren. Der Grund, weswegen weiße Herrenmenschen so bescheuert sind, liegt darin, dass sie keine Zeit mit schwarzen Menschen verbringen. Sie haben sich nicht mit ihnen zusammengesetzt und gemeinsam zu Abend gegessen. Sie können es nicht. Deswegen dreht ihr innerer Zustand durch, aber trotzdem, wenn sie lernen könnten, die Gefühle zu nehmen und sie rückwärts drehen zu lassen und sich zu entspannen und sich hinzusetzen und Leute kennenzulernen, dann würden sie nicht länger hassen.

Hass basiert auf Unkenntnis, Unkenntnis basiert auf Angst und die Angst basiert auf schlechten chemischen Reaktionen in deinem Körper. Für mich ist es also ein viel einfacheres Phänomen als das, was die meisten Leute glauben. Darum sind meine Seminare so ganzheitlich im Vergleich zu denen der meisten Leute. Wenn du zu einem Seminar gehst, das ich halte, sind dort Menschen jeder Rasse, Farbe, Religion und jedes Glaubens, die über Witze über alles und jedes lachen. Die meisten Witze, die ich erzähle, sind nicht über Religion, sie sind über mich, denn ich glaube, wenn du nicht deine eigenen schlimmsten Teile nehmen kannst und es so hinbiegst, dass du über sie lachen kannst, wirst du ihnen ausgeliefert sein.

Wenn du Höhenangst hast und wenn du nicht weißt, wie du das hinbekommst, solltest du dir einen Profi suchen, der weiß wie. Ich habe hunderttausend Leute trainiert. Tatsächlich habe ich mittlerweile wahrscheinlich eine Menge mehr als das trainiert, aber in jedem Land auf der Erde gibt es Menschen, die fähig sein sollten, dir beizubringen, wie du Angst loswirst. Wenn nicht, kauf ein Exemplar von „Neue Wege zur Kurzzeittherapie". Du wirst ein gebrauchtes Exemplar kaufen müssen, denn das Buch ist momentan vergriffen [Anm. d. Übers.: Dies betrifft z. Zt. die englische Originalausgabe, nicht die deutsche.], aber ich werde es schließlich wieder in Druck geben.

Wenn nicht, besorg dir Bücher wie „Veränderung subjektiven Erlebens". Du brauchst noch nicht einmal meine Bücher. Meine Sachen wurden geklaut und von so vielen Leuten beschrieben und der Grund, aus dem ich diese Techniken entwickelt habe, ist der, dass sie die gleichen Dinge tun, die spirituelle Führer tun. Sie bringen dir bei, wie du die spirituellste Sache von allen tun kannst: Das ist, eine Sache in eine andere zu verwandeln. Das Universum ist in einem konstanten Zustand der Bewegung. Energie wandelt sich von einer Form in eine andere. Du verbrennst Holz und es verwandelt sich in Gas. Mit dem Bewusstsein ist es das Gleiche - seine Elemente gibt es alle in der einen oder anderen Form, aber sie verändern sich.

Wir sind nur ein Teil des Bewusstseins. Wir haben kein getrenntes Bewusstsein und unser Bewusstsein beeinflusst die Menschen um uns herum, und ob wir etwas sagen oder nicht, die Schwingungen sind da. Lernen, in einem guten Zustand zu sein, ist eine Verantwortung. Selbst in einem Land mit all dem Chaos und der Armut wie Indien sind die Menschen viel entspannter. Ich glaube, wir müssen es tun und zivilisiert werden. Als sie Gandhi nach westlicher Zivilisation gefragt haben, sagte er: „Ich denke, es ist eine wunderbare Idee. Ich denke, Sie sollten es ausprobieren."

Es ist unsere Verantwortung, unsere eigene Antwortfähigkeit zu nutzen. Viel von diesem Buch beschäftigt sich mit der Wichtigkeit, in einen guten Zustand zu gehen und deinen Zustand zu managen, egal was passiert. Angesichts der Veränderung, wenn du lernen kannst, dich anzupassen und deinen eigenen positiven Zustand neu auszurichten und nützlich auf das zu reagieren, was passiert, wirst du merken, wie du mit allem auf eine wunderbare Art umgehst. Wenn du dich einfach auf deinen Zustand fokussieren kannst, dann, wenn das Unerwartete auftaucht, wirst du in einer Position sein, mit dem allen brillant umzugehen.

Ich zog den schmerzenden Schuh aus und dafür einen meiner weißen Sportschuhe an, die ich vorsichtig in meiner Provianttasche verstaut hatte. Ich hinkte weiter den größten und bekanntesten Berg der Welt hinunter. Während ich dies tat, fiel ich ein paar Mal hin, aber ich schaffte es. Der Weg hinunter ging nicht immer bergab. Es gab viele Auf und Abs und ich wusste, dass auf jedes Gefälle höchst wahrscheinlich auch eine Klettertour folgte. Schließlich schafften wir es nach unten. Ich erinnere mich an meinen Weg nach unten, als die Sherpas, die entlang des Weges lebten, an uns vorbeigingen und über meine komischen Schuhe lachten und kicherten. Lustig. Es spielt keine Rolle, ob es im Herzen der Stadt Dublin ist, wenn man an einer Gruppe von Teenagern vorbeikommt, oder in den Bergen von Ost-Nepal, die Leute werden das Missgeschick einer anderen Person immer noch belustigend finden.

Wie ich dir sagte, erscheint mir das Leben oft chaotisch. Ich erlebe gewöhnlich ein Abenteuer nach dem nächsten. Einige der Erfahrungen, die ich auf dem Berg und auf dieser Reise machte, habe ich nie jemandem erzählt, aber sie haben dazu gedient, mein Leben für immer zu verändern. Das Leben ist voll von Synchronizitäten und Zufällen. Alles in allem habe ich es jedoch immer geschafft, erfolgreich mit Dingen umzugehen, denn ich habe gelernt, wie ich die Dinge in meinem Rhythmus angehen kann. Der Trick besteht darin, deinen Zustand und dein Gehirn effektiv zu steuern. Egal was passiert, du kannst immer eine Lösung finden. Das Leben in deinem Rhythmus anzugehen bedeutet, auf Unwägbarkeit vorbereitet zu sein und es zu genießen. Das ist es, was das Leben so interessant macht, so wundervoll. In diesem Zustand wusste ich, dass es auch möglich war, die Welt zu verändern.

Wie man die Welt verändert

⌘

Ich hatte eine letzte Frage.

OF: *Wie können wir dann die Augenblicke in dieser Welt spezieller und wundervoller machen? Wie können wir die Welt auf eine positive Art verändern?*

RB: *Werde Fernsehproduzent. Wenn du Kontrolle über die Medien hast, kannst du eine große Anzahl von Menschen beeinflussen. „All in the Family" [Anm. d. Übers.: amerikanische TV-Serie] tat wahrscheinlich mehr für das Ende des Rassismus als alles andere. All die Märsche, all die anderen Sachen halfen, aber, weißt du, Archie Bonker, der sich als Rassist selbst zum Blödmann machte, ließ weniger Menschen schwarze Leute schlecht behandeln, als alles andere, und ich meine kategorisch, über das ganze Land hinweg, denn ich bin in den Vereinigten Staaten aufgewachsen. Als ich klein war, musste ich in Hotels übernachten, wo sie keine Reservierungen vornahmen, weil es eine schwarze Person sein könnte, die ihre Stimme verstellt.*

Ich erinnere mich daran, wie sie über solche Sachen geredet haben. Ich erinnere mich, wie meine Mutter ein Hotel verließ, in dem wir übernachten sollten, denn als sie herausfand, dass sie keine schwarzen Leute dort übernachten ließen, war sie äußerst erbost darüber. Es ist lustig, dass jüdische Leute eine Menge mehr über Rassismus wissen als andere Leute. Wir waren ihm länger ausgesetzt, aber ich hätte nicht geglaubt, dass sich die Dinge in meiner Lebenszeit so sehr verändern würden, wie sie es getan haben.

Ich hätte nie gedacht, dass Schulen so integriert sein würden, wie sie es sind. Einige Schulen sind integrierter als andere, aber, weißt du, die ganzen Grenzen in der Welt fallen. Diese ganze Sache mit Europa finde ich wirklich interessant. Das wird alles verändern, denn genauso, wie New Orleans anders ist als Kalifornien, ist es trotzdem Teil des gleichen Landes. Sie sind immer noch auf der gleichen Seite und jetzt will Europa es ihnen gleichtun.

Was ich denke, was wirklich interessant sein wird, ist, dass, wenn diese EU weiter wächst, es bald alles ein Planet sein wird. Ich denke, jeder weiß ultimativ, dass das passieren wird. Ich denke, es ist in jedem Science Fiktion Film, und wenn das passiert, werden wir die Grenzen loswerden, weil sie keinen Zweck mehr erfüllen. Das basiert auf dem Mangelmodell.

Leute fragen mich nach den verschiedenen NLP-Seminaren da draußen. Die Leute müssen sich vom Mangel wegbewegen. Anstatt zu sagen, dass wir einen Kuchen haben und wir ihn aufteilen müssen, ist das, was wir wirklich tun müssen, mehr Kuchen zu schaffen. Jeder sollte wirklich 25 Practitioner absolvieren. Ich meine, ich bin Abertausende von Stunden Bandaufnahmen von jedem, den ich finden konnte, durchgegangen und einige Leute waren besser als andere und so waren sie diejenigen, auf die ich mich konzentrierte. Einige Menschen unterrichten Menschen besser als andere. Ich denke, je breiter die Vielfalt an Informationen ist, der du ausgesetzt bist, und je mehr du machst, desto besser ist es. Statt zu versuchen, alles als das Gleiche zu kategorisieren, versuch herauszufinden, was einzigartig ist und hol dir das Extra-Stück.

Es wäre eine sehr gefährliche Idee, mir die Kontrolle über eine Medienfirma zu geben, denn ich würde sie definitiv dazu gebrauchen, um Leute auf eine positive Art zu beeinflussen. Ich würde sie so beeinflussen, dass Leute sich nicht mehr schlecht fühlen könnten. Ich würde mit Kindern anfangen, sodass wir Kindern beibringen, nicht so viel Angst zu haben, sondern neugierig zu sein und den Unterschied zwischen Dingen zu schätzen, sodass sie, wenn sie eine andere Religion sehen, nicht das Gefühl haben, als ob sie ein Teil davon werden müssten oder dass sie sie hassen müssten. Dies ist eines der Probleme mit Menschen. Sie erkennen nicht, dass es nichts gibt, was du tun „musst".

Wenn es etwas vollkommen anderes ist, kannst du sagen: „Oh, gut, das ist interessant", und es untersuchen, aber du musst es nicht von ganzem Herzen akzeptieren. Du musst kein Hindu werden, um dir Hindutempel anzuschauen. Als ich in Indien war, ging ich in eine Menge dieser Hindutempel, und als ich herauskam, waren da Tausende von Leuten, die reingingen.

Die Sache, die mich am meisten fasziniert hat, ist, dass diese Inder zu mir und meiner Frau kamen und uns dafür dankten, dass wir ihren Tempel besuchten, denn es war nicht ihre Reaktion darauf, dass wir ihn als Touristen betrachteten. Sie waren einfach überrascht, dass wir fünf Stunden lang bergauf in die Berge marschierten, wo die meisten weißen Leute niemals hinkamen, es sei denn, sie wurden Anhänger der Gurus. Wir kamen einfach, um hallo zu sagen, weil wir es zu schätzen wussten. Es waren wunderschöne Tempel. Sie waren wunderbare Menschen. Ich könnte nicht so leben, aber ich weiß trotzdem die Tatsache zu schätzen, dass andere das können.

Dabei ist es so einfach. Heute sind eine Menge Leute wütend auf Moslems. Ich denke, es sind die moslemischen Lehrer, auf die wir wütend sein sollten. Es steht nichts im Koran, das auch in die Nähe von dem Schrecklichen kommt, was gelehrt wird. Der Koran sagt deutlich: „Du verletzt keine unschuldigen Menschen und du zerstörst keine Sachen." Du sollst diese Dinge nicht tun, weißt du, aber es ist möglich, alles zu rechtfertigen, besonders für religiöse Fanatiker. Ob sie christliche Fanatiker sind, NLP-Fanatiker, EST-Fanatiker [Anm. d. Übers.: Elektro-Schock-Therapie] - sie sind trotzdem das Gleiche. Sie sagen: „Wenn du nicht mit mir übereinstimmst, bist du schlecht." Sie wissen keine Unterschiede zu schätzen. Es ist die gleiche Art der Dinge, die du in jeder Oberschule gesehen hast, nur in größerem Maßstab. Leute versuchen eine Stufe höher zu stehen, weil sie denken, dass, wenn sie andere Menschen unterdrücken, sie sich besser fühlten, aber es funktioniert nicht auf diese Weise. Sie müssen es immer öfter tun. Ich denke, Frieden kommt, wenn du McDonald's in Moskau baust. Dann ist es für die USA um einiges weniger wahrscheinlich, dass sie Moskau nuklear beschießen, da wir alle unsere Investitionen dort haben. Wenn wir eine Menge Politiker hätten, die in Moskau leben: Amerikanische Politiker, lass uns dort jede Menge Botschaften haben, jede Menge Missionen und wir werden sehr wahrscheinlich dort keine Bombe abwerfen.

Ich finde, das größte Problem ist das, wenn Menschen sich selbst isolieren und ignorant sind, denn Ignoranz führt zu Angst, Angst zu Wut und Wut zu Gewalt, welche zu mehr Ignoranz führt. Dieser Kreislauf ist ein Teil von dem, was sich fortpflanzt. Die Tatsache, dass die moslemische Gesellschaft und der Westen den Kontakt zueinander dermaßen abgebrochen haben, ist lächerlich. Ich glaube nicht, dass ihr Regierungen haben solltet, die von Religionen gesteuert werden. Ich denke, dass das eine schlechte Sache ist, ich denke, es sollte immer Freiheit für alles geben.

Um die Welt zu verändern, schlug Richard die Idee von Bildung und Integration vor. Um Menschen über verschiedene Religionen, Ideologien, Glaubensrichtungen und Sichtweisen zu unterrichten. Um sie aus jeder Art Herkunft zu integrieren. Freiheit liegt in der Lücke zwischen Fanatismus und Apathie. Sie liegt in der Idee von Toleranz und Akzeptanz. Um die Welt zu bilden und zu integrieren, müssen wir diese Ideen in der Welt verbreiten. Die Medien bieten uns eine Möglichkeit, dies zu tun.

Der Schlüssel zu all dem ist, dass du mit dir selbst zuerst anfängst. Wenn wir anfangen, uns selbst zu verändern und uns selbst glücklicher, produktiver, besser und effektiver zu machen, können wir auch die Welt besser machen. Wenn wir anfangen, wohlhabender und reicher zu werden, gesünder und trainierter, entspannter und selbstbewusster, können wir auch die Welt reicher machen und mit mehr Frieden erfüllen. Wenn du deinem eigenen Leben eine positive Wendung gibst, kannst du auch der Welt eine positive Wendung geben. Es fängt mit einer Person nach der anderen an. Es fängt mit dir an. So, wie du Fortschritte machst, werden diejenigen um dich herum von der Energie und dem „Feuer", das existiert, angesteckt und du wirst entdecken, wie wunderbar es sein kann, den Prozess der Veränderung über den ganzen Planeten zu initiieren.

Wir müssen akzeptieren, dass Veränderung immer möglich ist, denn sie passiert andauernd, und dass wir sie beeinflussen können. Wir müssen erkennen, dass die Welt zu verändern bedeutet, niemals aufzugeben, egal was geschieht. Wir müssen lernen, wie wir unsere Gefühle verändern und die Gefühle der Menschen, die wir kennen, sodass sie anfangen können, sich besser zu fühlen, glücklicher und cleverer zu sein, und das Leben für jeden wundervoll wird.

Es geht darum, das Innere deines Kopfes zu reinigen, sodass deine Gedanken nützlicher sind und sodass du gute Dinge und gute Ideen manifestierst. Die Welt zu verändern ist nur möglich, wenn du weißt, dass du es kannst. Das Ausüben von Praktiken wie Meditation, Selbst-Hypnose, Yoga oder Gebeten hilft dir, deinen Kopf klarzukriegen und ihn auf gute Sachen zu kanalisieren. Ich erinnere mich daran, wie ich von einem meiner Freunde, Michael Connolly, in seinem Unterricht unten in Waterford Yoga gelernt habe. Abgesehen davon, dass es bei ihm Spaß machte, erklärte Michael, wieso es einfach ein weiterer Weg war, in die nützlichsten veränderten Zustände zu gehen. Aus diesen Zuständen heraus kannst du eine glücklichere Welt besser in die Tat umsetzen.

Im Moment ist es großartig, dass Berühmtheiten wie Bono oder Bob Geldolf ihren Einfluss und ihren Status als Berühmtheit benutzen und um Hilfe für die Dritte Welt werben. Ich erinnere mich daran, auf einem Konzert von U2 gewesen zu sein, als Bono den Plan beschrieb, „Armut Geschichte werden zu lassen". Es ist wundervoll zu sehen, wie jemand sich für so eine große Sache einsetzt. Nun, obwohl wir nicht die gleichen Gelegenheiten haben, um solch eine Wirkung zu erzielen, können wir uns an solchen Strömungen beteiligen und tun, was auch immer wir tun können, um die Qualität der Welt für jeden Menschen darauf zu verbessern. Der beste Weg, andere zu beeinflussen, ist durch dein eigenes Handeln, und wenn du gut handelst, wirst du gutes Handeln inspirieren.

OF: *Richard. Vielen, vielen Dank. Es fühlt sich an, als ob ich eine Lösung für die Probleme der Welt habe.*

In seiner üblichen, buchstäblichen Art stellte Richard das für mich richtig.

RB: *Ich wusste nicht, dass die Welt Probleme hat - der Bock dreht sich einfach mit 40.000 km pro Stunde um sich herum und herum und herum und niemand fliegt davon, außer hin und wieder einmal.*

Ich lächelte. Ich schaute zum Fenster hinaus auf den tiefblauen Ozean und sah das glitzernde Licht, das wunderschön auf dem Wasser lag. Richard schaute ebenfalls nach draußen. Dann trat Stille ein und in dieser Stille erkannte ich etwas: Wir saßen in einem Hotel im Paradies und das echte Paradies war nicht die liebenswerte Welt da draußen, es bestand aus der Weisheit, deine eigene persönliche Freiheit zu wählen.

Übungen und Aufgaben

1. Schreib alle Vorteile der Wiedergeburt als eine Erklärung dafür auf, wohin wir nach dem Tod gehen, und alle Vorteile des Himmels als das, wohin wir nach dem Tode gehen. Vergleiche die Zwei.

   Du kannst auch einbeziehen, was immer deine eigene Sichtweise ist und Argumente für alle drei finden.

2. Beschreibe eine spirituelle Erfahrung, die du hattest und wie sie dich beeinflusst hat.

3. Lerne so viel wie möglich über all die verschiedenen Religionen.

4. Reise hin und unterhalten dich mit Menschen aus so vielen anderen Ländern, wie du kannst.

5. Wenn du Gott wärest und du solltest deinem menschlichen Ich einen Grund für seine Existenz geben, welche Bedeutung würdest du dir geben?

6. Leiste jeden Tag auf irgendeine Weise einen Beitrag zum Wohlergehen der Welt.

7. Sei dir deiner Handlungen bewusst und versuche, immer das Richtige aus den richtigen Gründen zu tun.

Zufällige Exkurse 6:

Eine spirituelle Erfahrung

⌘

Die Leute fragen mich immer, was die spirituellste Erfahrung war, die ich je gehabt habe. Ich denke an all die faszinierenden Tempel zurück, die ich in Tibet besuchte. Ich denke an das Seminar, zu dem ich ging, mit dem faszinierenden Dalai Lama. Ich denke über die verehrten Gurus und Lamas nach, die ich kennenlernte und von denen ich in den Tempeln gesegnet wurde. Ich denke an einige der Hochzeiten, auf denen ich gewesen bin, wo sich zwei Seelen miteinander für immer verbunden haben. Es gibt so viele spirituelle Erlebnisse, bei denen ich eine echte Verbindung mit Gott gespürt habe - eine ragt aber aus allen anderen hervor.

Die Hitze während des Tages war kaum auszuhalten. Ich stand da mit 80.000 Menschen, die ich nicht kannte. Wir waren alle aus dem gleichen Grund hier. Der sanfte Wind fing an zu wehen, als es auf 8 Uhr abends zuging. Wir waren von weither gekommen und es sollte bald beginnen. Soweit ich sehen konnte, erfüllte jeden von uns eine freudige Erregung. Wir alle trugen unsere Farben, bereit, unsere Unterstützung zu geben. Wir waren bereit für die Hymnen, die wir zusammen singen würden, viele Tausende von uns. Ich war dort mit einem Freund. Wir sahen uns an. Wir waren im Himmel.

Der Ort hieß Sevilla. Das Stadion hieß El Estadio Olympico. Es war ein warmer Mai-Abend 2003. Es war ein wunderschöner, sonniger Tag in Spanien. Das schottische Fußball-Team Celtic Glasgow spielte gegen den FC Porto im UEFA-Cup-Finale. Nun, ich weiß, dass einige, die das lesen, sich angewidert fühlen von dem Gedanken, dass Fußball eine spirituelle Erfahrung ist, aber bitte lies weiter. Lass es mich erklären.

Die Stunden vor dem Spiel waren wie echter Karneval gewesen. Die 75.000 Celtic-Fans, die für das Spiel rübergekommen waren, füllten die Stadt von Sevilla und nahmen sie in ihre Hand. Jede Bar war mit grün und weiß (den Celtic-Farben) zum Bersten gefüllt, soweit das Auge reichte. An dem Tag hatten mein Freund Ruairi und ich ein paar Bier getrunken und trafen viele Fans, die aus Schottland und Irland zum Spiel angereist waren. Viele hatten keine Karten, aber das spielte keine Rolle. Sie waren hier, um ihre Unterstützung zu zeigen.

Wir mischten uns unter die Porto-Fans, wünschten ihnen Glück und fanden trotz der Sprachbarriere viele Freunde unter ihnen. Jeder war ekstatisch und voll Freude. Die Polizei dort schien einfach die Feierlichkeiten zu genießen, da es keinen Ärger gab, einfach nur viele Leute, die in den Straßen sangen und tanzten. Das war okay für die Polizei. An diesem Tag hatten wir alle singend und durchnässt in dem Wasserfall auf dem Hauptplatz gesessen und die Statue mit Schals und Hüten dekoriert. Es war wunderbar.

Am Abend erreichten wir das Stadion, und als das Spiel kurz bevorstand, fingen die Lieder an. An einem Punkt hielten wir alle zusammen mit jedem der 50.000 Celtic-Fans im Stadion unsere Schals hoch, als wir im Einklang sangen. Es war absolut atemberaubend. Als ich die Stadionränge betrachtete, war da überall grün, weiß und orange. Es war ein einprägsamer Anblick, einer, den ich nie vergessen werde.

Es war das aufregendste Erlebnis, an das ich mich jemals erinnern kann. Unser Gegner, FC Porto, traf zuerst. Es war nervenzerreißend, aber die Tatsache gab uns Trost, dass noch viel Spielzeit übrig war. Dann, gleich nach der Halbzeit, erzielte unser eigener Held Henrik Larson einen Treffer, indem er überirdisch spielte. Minuten später stockten unsere Herzen wieder, als sie wieder ein Tor machten. Dann landete Henrik, wie ein Uhrwerk, einen fantastischen Treffer und es war wieder ausgeglichen. Die Emotionen von allen gingen durch. Ihre Tore fühlten sich wie Dornen im Herzen an, unsere Tore wie riesige Freude, Entzücken und Erleichterung, alles zusammen in einem. Jedes Mal, wenn wir trafen, verloren wir alle komplett die Kontrolle und gingen dazu über, einander zu küssen und in den Armen zu liegen.

Das Spiel ging in die Nachspielzeit und in den quälenden, verrinnenden Minuten zerdrückte uns die Tragödie. Nach Chancen auf beiden Seiten traf Porto und eine Minute später war das Spiel vorbei. Wir waren am Boden zerstört. Die Monate der Hoffnung und zu sehen, wie unser Team gegen alle Wahrscheinlichkeiten ihr Recht erkämpft hatte, zum ersten Mal seit über 30 Jahren im europäischen Finale zu sein - und wir verloren. Als ich jedoch auf die 11 grünweißen Hemden auf dem Platz blickte und realisierte, wie sehr sie ihr Bestes dafür gegeben hatten, begann ich, im ganzen Körper ein tiefes Gefühl des Stolzes zu spüren. Sie alle saßen und lagen deprimiert auf dem Gras, untröstlich mit gebrochenem Herzen.

Sevilla: der Anblick, bei dem mir warm ums Herz wurde

In diesem Moment passierte etwas Faszinierendes. Ich stand mit jedem anderen der 50.000 Celtic-Anhänger im Stadion auf. Es war, als ob wir eine paranormale Verbindung hätten. Wir begannen für sie zu singen: „Wir sind Celtic-Anhänger, durch und durch treu, über alles, wir werden euch folgen." In diesen leidvollsten Momenten waren so viele Menschen von den Herzen unserer Helden inspiriert. Ich habe mich nie stolzer als Mensch gefühlt. Alles, was du sehen konntest, war ein Stadion mit grünweißen Schals, die alle stolz in die Luft gestreckt wurden. Alles, was du hören konntest, waren die Tausende von uns, die wir mit unserem Gesang dem Team Anerkennung zollten, während der Siegesschrei des anderen Teams wie in der Versenkung darin unterging. Ich kann nicht wirklich die überwältigenden Gefühle beschreiben, die ich an diesem Abend spürte, aber selbst jetzt lässt der Gedanke mir die Schauer den Rücken rauf- und runterlaufen.

So viel Krieg, Kämpfe, Ignoranz und Hass existieren in dieser Welt. Selbst im Fußball können sich Menschen von ihrer schlechtesten Seite zeigen. In genau diesem Augenblick verspürte ich jedoch ein wunderbares Gefühl von Liebe für all meine Mitmenschen. Es hatte in diesem Augenblick nichts mit Fußball zu tun. Es ging nicht um das Finale. Es ging nicht darum, gewonnen oder verloren zu haben, oder auch nur teilgenommen zu haben. Es war ein Gefühl von absoluter Liebe und Stolz auf die menschliche Spezies. Als ich mir das Herz raussang, liefen mir Schauer über den Rücken. Ich habe mich nie näher bei Gott gefühlt.

Schau, die Menschen erkennen nicht, dass es nicht darum geht, wie viele Gebete du sprichst. (Ich garantiere dir, dass zufälligerweise bei diesem Spiel mehr Gebete gesprochen wurden als in irgendeiner Ansammlung irgendwo anders auf dem Planeten!) Es geht nicht darum, bei anderen als heiliger anzukommen als sie. Es geht nicht darum, rigiden Regeln und Prozeduren zu folgen und zu versuchen, jemand anders von der gleichen Sache zu überzeugen oder dazu zu zwingen. Es geht um etwas weit Befreienderes als das.

Ich hörte kürzlich eine Sendung im Radio, wo Leute anriefen und von Augenblicken in ihrem Leben berichteten, als sie vor Freude geweint haben. Die meisten der Kerle, die anriefen, gaben zu, Freudentränen wegen eines Fußballspiels vergossen zu haben. Wie kann ein Spiel, wo 22 Jungs rumlaufen, um ein kleines, ledernes, rundes Objekt auf einem Platz herumzukicken, solch intensive Emotion bei denjenigen hervorrufen, die sie normalerweise nicht zeigen? Vielleicht, weil Fußball auf eine Art für viele eine spirituelle Erfahrung ist.

Ich erinnere mich an Menschen, die in dieser Sendung anriefen und ein Mann erinnerte sich an ein Fußballspiel bei der Weltmeisterschaft im Sommer 2002, als Irland gegen Spanien spielte und Robbie Keane den Strafstoß in der letzten Minute verwandelte, nachdem wir so hart gekämpft hatten und es verdienten. Er beschrieb, wie er in dem Moment geweint hatte, und während er es beschrieb, erinnerte ich mich lebhaft daran und Schauer liefen mir über den Rücken und mir kamen die Tränen. So intensiv und doch ohne die restriktiven moralischen Vorschriften der meisten Religionen. Für viele ist Fußball eine Religion und er vermittelt einem sicherlich viele Erfahrungen der Freude und des Leids. Der Gott im Spiel ist in Augenblicken, wie ich ihn an dem Tag in Sevilla erlebte. Liebe für Menschen.

Für mich besteht Spiritualität aus fünf Dingen.

o Es geht darum, dass du glücklich mit dir selbst bist und deinem Platz in der Welt.

o Es geht darum, andere zu lieben, sie gut zu behandeln und die richtigen Dinge aus den richtigen Gründen zu tun.

o Es geht darum, dankbar für alles zu sein, was du hast, alles, was du getan hast, und für all die Menschen in deinem Leben.

o Es geht darum, zu üben, veränderte Zustände durch Rituale, Gebete und Übungen einzugehen, die es dir ermöglichen, dich mit einer größeren Macht als dir selbst zu verbinden, um die Welt zu einem besseren Platz zu machen.

o Es geht darum, andere in ihren Überzeugungen und deren Ausübung zu respektieren und zu akzeptieren und die Art, wie sie sich von dir unterscheiden, wertzuschätzen.

Wenn du merkst, dass du selbst glücklicher bist, und entdeckst, dass du keinen Guru in der Außenwelt brauchst, der dich zur Erleuchtung führt, kannst du dich darauf fokussieren, dich auf das zu verlegen, was du hast und was du aus allem lernen kannst. Du kannst anfangen, viele verschiedene Dinge zu probieren und kraftvolle Wege entdecken, auf denen du mit dir selbst auf einer tieferen Ebene in Verbindung kommen kannst.

In spirituellen Momenten scheint es manchmal unmöglich, zu beschreiben, wie wir uns voll Freude und Glückseligkeit fühlen.

Alles, was wir tun können, ist, diese Augenblicke zu erleben und uns an unsere Erlebnisse in ihnen zu erinnern, sodass sie unsere Fähigkeit erweitern, uns besser zu fühlen als jemals zuvor.

In diesem Stadion hatte ich an dem Tag einen Augenblick der Erleuchtung, worum es bei wahrer Freude wirklich ging. Ich erlebte absolute Liebe für die menschliche Spezies ohne irgendwelche Bedenken. Ich spürte es in diesem Augenblick zusammen mit so vielen anderen. Ob du glaubst, dass Gott Buddha, Jesus, Allah, Shiva oder wer auch immer ist, egal, du kannst ein spirituell erleuchtetes Leben führen, wenn du einmal akzeptiert hast, dass es in Ordnung ist, sich von anderen zu unterscheiden. Das Gefühl von absoluter Liebe für deine Mitmenschen ist eine der spirituellsten Aktivitäten, die du eingehen kannst. Und an einem Sommerabend in Sevilla fühlte ich mich näher bei Gott und Himmel, als ich je gewesen bin. Ich verstand, wie sich ein spirituelles Erlebnis anfühlte.

Schlussfolgerung

⌘

Ab und zu kann ein Augenblick dich einfach packen und dir eine unausweichliche Wahrheit zeigen.

Alles, was wir im Leben haben, sind Augenblicke.

Wir können alle frei sein in diesen Augenblicken.

Wir können alle lieben in diesen Augenblicken.

Es ist einfach eine Wahl.

Zwischen Angst und Stärke.

Zwischen Kapitulation und Entschlossenheit.

Zwischen den Ketten der Freien und der Freiheit der Liebe.

Es geht darum, jeden einzelnen Augenblick zählen zu lassen.

Nur dann können Freiheit und Liebe wieder eins sein.

Die Quelle menschlicher Freude

⌘

Es war eine der größten Geschichten aller Zeiten. Sie waren frei und sie waren glücklich. Sie brauchten keinen Grund dafür. Das Leben war einfach wundervoll. Sie hatten alles, was sie brauchten, und sie machten ihr Leben wundervoll. In den meisten Augenblicken des Tages wurden sie von ihren Lehrern hervorragend behandelt und ermutigt. Sie wurden fortwährend gelobt und ihnen wurde gesagt, dass sie wirklich gute Menschen sind.

Sie waren frei von allen Ängsten und machten sich um überhaupt nichts Sorgen. Sie waren Helden von Geburt an und sie bekamen so viele unterstützende Nachrichten, dass sie sehr sicher und sehr sicher ihrer selbst und dessen, was sie tun konnten, wurden. Sie bauten Beziehungen mit denen um sie herum auf und fanden fantastische neue Freunde. Niemand konnte ihre Knöpfe drücken. Sie waren einfach glücklich. Einige wollten ein verrücktes Leben führen. Einige machten damit weiter, jeden normalen Augenblick zu genießen. Jeder war in einem bestimmten Ausmaß frei. Einige freier als andere.

Sie wurden andauernd durch das bestätigt und lernten aus dem, was sie taten. Man gab ihnen jedes Mal, wenn sie einen Fehler machten, ein gutes Gefühl, denn sie wussten, dass sie lernten. Sie wurden inspiriert, alles anzugehen, was sie jemals wollten. Sie wurden jeden Tag hoffnungsvoller. Sie waren auf sich und aufeinander stolz und sie brachten dies zum Ausdruck. In der Zwischenzeit machten ihre Lehrer die Dinge besser und sie fragten sich, wie viel besser das Leben sein konnte? Sie waren auf der Höhe von allem, was sie taten und tun mussten. Sie liebten das Leben und verbrachten Zeit miteinander.

Sie hatten oft Momente, die hart waren, aber sie wussten, dass sie über sie hinwegkommen würden und dadurch bessere Menschen wurden. Tief drin wussten sie, dass sie aus diesen Momenten Wertvolles lernen mussten. Des ungeachtet waren sie glücklich. Ihre Gesundheit verbesserte sich durch die gute Behandlung und die Disziplinen, die sie ausübten. Sie schliefen jede Nacht tief und fest. Ihr Leben hatte eine wundervolle Bedeutung. Sie gingen umher, sich wirklich glücklich, entspannt, selbstbewusst, zentriert fühlend und klar im Kopf in Bezug auf alles. Sie genossen ihre Freiheit.

Wer waren sie also? Wer waren ihre Lehrer?

Sie waren die menschliche Spezies. Ihre Lehrer waren ihre Köpfe.

In diesem Buch hast du gewohnheitsmäßige Arten und Weisen kennengelernt, zu denken, zu fühlen und dich zu verhalten. Viele dieser Gewohnheiten können dich befreien, um Glück, Liebe, Selbstbewusstsein, Motivation, Mut, Stärke und Freude zu erleben. Diese wiederum werden deine Gesundheit, deine Beziehungen und dein Leben beeinflussen.

Die Quelle menschlicher Freude liegt in dir. Es war immer so und es wird immer so sein. Es liegt in der Art, wie du dein Gehirn steuerst, und in der Art, wie du deine Gedankengänge kontrollierst. Es liegt in der Art, wie du kraftvolle positive Zustände in dir und anderen erzeugst. Es liegt in deiner Fähigkeit, die Art zu kontrollieren, wie du dich selbst, dein Leben und deine Probleme empfindest. Es liegt in deiner Fähigkeit, Verbindungen zu anderen Menschen aufzubauen und liebevoll zu ihnen zu sein. Es liegt in deiner Fähigkeit, spirituell erleuchtet zu werden und liebend in Bezug auf das Universum und all die Vielfalt, die in ihm existiert.

Diese fünf Fähigkeiten repräsentieren die fünf Ebenen von Freiheit, die, wenn du sie einmal erreicht hast, dich befähigen werden, ein mit Freude erfülltes Leben zu führen und zu erfahren. Achte darauf, die Ketten der Freien sind nie weit entfernt. Sie lauern immer irgendwo, hinter vielen Ecken in der Zukunft. Was erforderlich ist, ist, dass du dir dessen bewusst bist und dass du sicherstellst, dass, wenn solche Ketten wieder auftauchen, du frei in jedem Sinne des Wortes bleiben wirst. Es erfordert Disziplin, es erfordert Mühe, es erfordert Entschlossenheit. Indem du dich diesen drei Qualitäten verpflichtest, ist die Belohnung jedoch wundervoll.

Aber denke daran, dass du deiner Augenblicke jederzeit beraubt werden kannst. Je mehr Zeit du in den Ketten der Freien verbringst, desto länger wirst du eingesperrt in Reue, Angst, Traurigkeit, Wut, Apathie, desto mehr wirst du dich selbst berauben. Nimm diesen Augenblick jetzt. Lass ihn zählen. Lass ihn wirklich zählen. Pack dein Leben am Schopf und lasse es zählen. Lass es sich lohnen. Nimm deine Träume und mach sie wahr. Nimm dir deine Freiheit. Sie ist gleich da. Werde frei. Frei von all der Negativität. Frei von all den schlechten Gefühlen und Gewohnheiten. Werde frei, die Ideen zu nutzen, die du gelernt hast, und setz sie in deinem Leben um.

Lebe frei. Lern aus den Lektionen des Lebens. Bau Kontakte mit so vielen Menschen auf, wie du kannst. Erlebe die wahren Hochs und geh mit den wahren Tiefs des Lebens um. Wandere frei in einer Welt der Liebe herum. An einem Punkt in der Vergangenheit kamst du auf diese Welt. An einem Punkt in der Zukunft wirst du sterben. Während du hier bist, gib ihm Sinn. Lebe. Lebe wirklich. Entrinn den Ketten von Kummer und Angst. Sage Lebewohl zu deinen Wärtern und gib dir selbst ein wunderbares Leben voll wahren Glücks, wahrer Freiheit und wahrer Liebe. Sie sind alle da draußen für dich, egal, wie die Dinge von Zeit zu Zeit erscheinen. Sie sind da draußen und sie sind für dich bestimmt. Als Mensch bist du zu faszinierenden Leistungen fähig. Dein Gehirn ist das größte Wunder von allen und kann Wunder vollbringen, wenn du es gut benutzt. Denk immer daran.

Die Dinge, die du hier gelernt hast, sind nur der Anfang.
Das wahre Labor ist, wenn du abreist.

Richard Bandler

Zu dem Zeitpunkt, als ich am 5. Juli 2003 auf der Bühne in Indien stand, hatte ich bereits einige meiner Gespräche mit Richard aufgenommen. Ich hatte so viele Sachen gelernt, aber als ich meine Weltreise erlebte, fing ich an zu verstehen, wovon Richard wirklich sprach. Diese ganze Sache über Veränderung und Glück, gute Beziehungen zu haben und spirituell erleuchteter zu werden - all das war so viel einfacher, als ich wirklich glaubte.

Ich versuchte, der Menschenmenge, die gekommen war, um mich zu sehen, alles zu vermitteln, was ich konnte, um sicherzustellen, dass sie - wie ein Herr, der über 1500 Kilometer gereist war, um mich zu sehen - Ideen bekommen würden, die ihr Leben verändern konnten. Ich sprach aus der Tiefe meines Herzens. Danach kamen Hunderte von Leuten zu mir und dankten mir vielmals. Sie dankten mir für all die Seminare, die ich in Indien kostenlos hielt, und all das Gute, was ich tat. Ich lächelte und wurde mit ihnen fotografiert. Ich gab ihnen und ihren Kindern die Segnung, um die sie baten. Ich drehte mich zu meiner Gruppe von Freunden um, die sich um mich kümmerten, Jan, Van, Dan, Sajani und so viel andere, die mich mit offenen Armen willkommen hießen. Ich lächelte. Ich dachte an zuhause und ich merkte, wie einzigartig das Leben wirklich ist und wie wundervoll das Universum sein kann. Ich fragte mich, wieso ich so lange gebraucht hatte, das wirklich zu sehen.

Schau, das war ein Höhepunkt in meinem Leben, aber ich erkannte, dass es so viele Höhepunkte gab. Ich kam von der Beobachtung Richards auf der Bühne, was mich stark inspirierte, dazu, mit ihm und Brian nur ein paar Jahre später zusammen zu trainieren. Ich bin von der Sichtweise ausgegangen, dass die Dinge niemals mehr so sein werden, wie sie waren, sondern sich immer ändern, und solange ich bereit bin, kann ich sie beeinflussen. Ich habe mein Leben zum Guten gewendet und ich bin mit schweren Zeiten fertig geworden und es werden noch mehr davon kommen, aber sie alle werden Lektionen sein, durch sie alle werde ich wachsen. Ich werde lieben und Menschen verlieren. Ich werde Entscheidungen treffen und wählen. Vielleicht wird das Leben materiellen Reichtum bringen, vielleicht auch nicht. Vielleicht wird das Leben meine Liebe zu mir bringen, wer auch immer sie ist. Vielleicht wird das Leben mir erlauben, Kontakte mit Millionen von Menschen aufzubauen. Vielleicht nicht. Ich weiß nicht, wie viel Zeit ich auf diesem Planeten übrig habe, aber wie lang sie auch ist, ich weiß, dass ich sie zählen lassen werde. Ich weiß mit Sicherheit, dass ich gut leben werde.

Richard hat mir geholfen wahrzunehmen, dass das Leben in Wirklichkeit aus Augenblicken besteht und den Augenblicken zwischen den Augenblicken. Das ist es, was dem Leben den Atem gibt. Es geht darum, sicherzustellen, dass du jeden Augenblick als heilig und einzigartig behandelst. Es geht darum, wenig von dem Kostbaren auf schlechte Gefühle und Streit zu verschwenden und umso mehr darin zu investieren, Freude und Liebe, Freiheit und Seligkeit zu erleben. Ich bin den Weg gegangen vom deprimiert sein zum das Leben zu lieben, vom angstvoll sein zum mich an Abenteuern zu erfreuen und das Leben vollends zu leben, vom meiner selbst unsicher sein zum den Menschen zu finden und der zu werden, der ich sein möchte, jeden Tag immer mehr. Du kannst das auch alles tun. Es ist möglich. Ich habe das bewiesen. Und wie ein Freund von mir einmal sagte: „Du kannst nicht gegen Erfahrung argumentieren."

Von all den Dingen, die ich getan habe, den Orten, an denen ich gewesen bin, den Ergebnissen, die ich erreicht habe, schulde ich eine Menge meinem Freund und Mentor Dr. Richard Bandler. Sein Genius befähigt mich, die Weisheit zu haben, Veränderung zu bewirken. Ich hatte immer Mitgefühl. Er hat mir eine Mission gegeben, auf die ich dieses Mitgefühl fokussieren kann. Es gibt keinen besseren Menschen, der uns in den Himmel auf Erden führt. Diese bessere Welt ist möglich, wenn wir etwas aus seinen Worten lernen können und seinen Ideen erlauben, Freiheit und Liebe in unserem eigenen Leben zu manifestieren. Ich bin sehr stolz, die Gelegenheit gehabt zu haben, ihm zu helfen, seine Begabung mit der Welt zu teilen.

Ich erinnere mich an mein letztes Gespräch mit Richard zu diesem Buch. Es ging um das Verändern der Welt. Er hatte den ganzen Tag Seminar gehabt und war sichtlich müde, doch wenn es darum ging, mit mir zu teilen, was in seinem Kopf vorging, redete er in einem unaufhörlich schnellen Tempo. Von Geschichte zu Geschichte springend brachte er auf seine eigene einzigartige Weise zum Ausdruck, wie wir die Welt verändern können, und - nicht zum ersten Mal wusste ich die Tatsache zu schätzen, dass ich zwei Schritte von einem außerordentlichen Menschen entfernt saß.

Ich dachte daran, dass der Augenblick der Erleuchtung in dem Boot auf Fiji veränderte, wie ich über mein Leben dachte. Ich erinnere mich daran, schließlich an dem größeren Boot anzukommen und an Bord zu gehen, nur um die nächsten Stunden damit zu verbringen, krank zu sein. Mein Herz raste die nächsten paar Stunden und ich begab mich auf den Weg nach Hause. Ich wusste es zu dem Zeitpunkt nicht, aber ich sollte schließlich zurückkehren zu schlechten Nachrichten und einem gebrochenen Herzen durch das Ende meiner Beziehung. Mein Leben jedoch veränderte sich weiter, wie es das immer tut, und ich lerne weiter, wie ich es immer tue. Das Leben ist unvorhersagbar und einmal mehr gab ich meinem Leben eine positive Wende. Egal was passiert, du kannst dies immer tun. Wenn du das weißt, kann kein noch so großer Schmerz, kein noch so großer Herzkummer und kein noch so großes Leid dich brechen. Du kannst mit allem fertig werden.

Einmal in meinem Leben war ich wirklich unglücklich mit allem, aber ich fand die Stärke, mir ein Versprechen zu geben. Mein Versprechen war zu leben, wirklich zu leben und herauszufinden, wie wundervoll das Leben sein kann. Ich bin immer noch dabei, es herauszufinden, aber ich hatte keine Vorstellung, dass es so gut sein könnte. Durch die Philosophien, Einstellungen, Ideen und Anregungen, die in diesem Buch zusammengetragen sind, habe ich entdeckt, dass das Leben wunderschön sein kann. Ich habe mich nie freier gefühlt als heute.

Das Hauptgeheimnis in all meinen Erfahrungen und Gesprächen mit Richard war, dass alle schlechten Gefühle von schlechter Neurochemie herrühren, und wenn du dies erkennen kannst, dann kannst du, anstatt der Welt die Schuld zu geben und dich wegen deiner Umstände schlecht zu fühlen, dich daran erinnern, dass es nur wegen deiner Gehirnchemie ist und du kannst deine Gehirnchemie verändern, indem du die Art, wie du denkst, veränderst.

Als ich aus meinem Wohnungsfenster schaute, während der Sturm die Welt schmückte, erkannte ich, wie viel Schönheit es selbst in der dunkelsten Witterung gibt. Ich verstand auf einmal, dass ich nichts daran ändern konnte, es einfach nur erleben und da sein lassen konnte. Während ich den feuchten Wind in meinem Gesicht spürte, genoss ich es einfach: das Wunder, lebendig zu sein, und lächelte heiter.

Dies kann das Buch sein, das deinem Leben eine positive Wendung gibt. Wirst du es dies tun lassen? Es zeigt dir, wie du glücklicher sein kannst. Es erklärt, wie du klüger sein kannst. Es gibt dir einen Weg, wie du freier sein kannst. Es bringt dir bei, wie du mehr Liebe geben und empfangen kannst. Es ist ein Buch der Wahrheit über echte Lügen, die, wie wir erkennen können, nicht länger eine Rolle spielen. Es enthält nur Worte, aber Worte können Magie in sich tragen. Worte sind Ideen. Ideen schaffen Realitäten. Entscheide dich, deine eigene Realität zu schaffen. Du hast diese Wahl.

Was wirst du mit dieser Wahlmöglichkeit machen? Viele Leute, die ich kenne, finden sich ab. Sie finden sich mit Beziehungen ab, sie finden sich mit unglücklichen Jobs ab. Sie finden sich mit ungesunden Lebensweisen ab. Sie finden sich mit Traurigkeit, Elend, Schmerz und Angst ab. Wirst du dich damit abfinden? Oder wirst du handeln? Wirst du in Aktion treten und dich entscheiden, diesen Tag zu leben, als ob es der wichtigste Tag in deinem Leben ist? Diese Woche die wichtigste Woche? Dieses Jahr das wichtigste Jahr? HANDLE. Wir haben hier nur eine kurze Zeit. Lass sie zählen.

Wähle zu lächeln. Wähle zu lachen. Wähle, eine Beziehung zu finden. Wähle zu umarmen. Wähle glücklich zu sein. Wähle, nie aufzugeben. Wähle, Ziele zu setzen. Wähle, an dich zu glauben. Wähle, an das zu glauben, was nützlich ist. Wähle, dich auf gute Dinge und gute Gedanken zu fokussieren. Wähle, mit den harten Zeiten und schwierigen Menschen mit Anstand umzugehen. Wähle, Kontakt mit dem Universum aufzubauen. Wähle, die Übungen in diesem Buch zu machen. Wähle, frei zu leben. Wähle zu lieben. Mögest du diese Entscheidungen jetzt treffen und mögest du ein wundervolles Leben und eine faszinierende Zukunft voll von Liebe und Glück entdecken.

Während ich Richard dankte, frage ich ihn nach seinen Hoffnungen für die Zukunft.

RB: *Wie ich die Zukunft gerne hätte? Ich hätte gerne Frieden auf Erden und Wohlwollen für alle Menschen sowie für das Karma, dass es ein bisschen schneller des Weges kommt und endlich wieder einmal freies Fernsehen zu haben!*

Ich lächelte, drückte die Stopp-Taste am Rekorder und nahm das Band zum letzten Mal heraus. Ich hatte von einem der größten Genies unserer Ära über persönliche Freiheit gelernt. Es waren einige aufregende Jahre gewesen. Gleichzeitig konnte ich mir nicht helfen, aber ich empfand, dass meine Abenteuer in persönlicher Freiheit gerade erst begonnen hatten.

Das Ende dieses Buches ...

... der Beginn deiner Freiheit?

Begriffeverzeichnis

Nachfolgend eine Liste einiger der Hauptprozesse, die sich auf NLP beziehen und in diesem Buch besprochen werden.

Ankern
Der Prozess, eine innere Reaktion mit einem äußeren Auslöser zu assoziieren, sodass die Reaktion wieder zugänglich gemacht wird.

Auditiv
Bezieht sich auf den Hörsinn.

Bewusstsein
Der Teil deines Geistes, der arbeitet, wenn du wachsam und bewusst bist. Es ist deine kritische Abteilung und deine Quelle für Vernunft und Logik. Es scheint den ganzen Tag andauernd zu laufen, während du wach bist, und es fokussiert immer auf bestimmte Gedanken.
Es wird hauptsächlich durch die automatischen Prozesse des Unbewussten kontrolliert.

Design Human Engineering
Eine Technologie und ein evolutionäres Werkzeug von Dr. Bandler in den späten 1980er - frühen 1990er Jahren entwickelt, das sich darauf konzentriert, von unserem Gehirn intensiveren Gebrauch zu machen, um mehr zu tun, als vorher möglich war.

Gustatorisch
Bezieht sich auf den Geschmackssinn.

Hypnose
Eine Anwendung des NLP wie auch ein eigenständiges Feld. Hypnose ist der Prozess, eine Person in einen Zustand zu führen, in dem sie direkteren Zugang zu ihrem Unbewussten haben, in welchem sie sich massiv verändern können, willentlich durch den Gebrauch von Suggestionen.

Kalibrierung
Der Prozess, die unbewussten, non-verbalen Reaktionen einer anderen Person lesen zu lernen, indem man das Verhalten des anderen und die Beziehung zwischen seinem Verhalten und seiner inneren Reaktion beobachtet.

Kinästhetisch
Bezieht sich auf Körperempfindungen.

Kongruenz
Wenn die Überzeugungen, Zustände und Verhaltensweisen eines Menschen alle vollkommen darauf ausgerichtet sind, ein gewünschtes Ergebnis sicherzustellen.

Kriterien
Die Werte, die eine Person als Basis benutzt, um Entscheidungen zu treffen.

Meta-Modell
Ein Modell, entwickelt von Richard Bandler und John Grinder, das Fragen anregt, die Menschen befähigen, Information zu spezifizieren, Information klarzustellen und das Weltmodell einer Person zu öffnen und zu bereichern.

Meta-Programm
Ein erlernter Prozess, um Informationen und internale Strategien zu sortieren und zu organisieren.

Metapher
Geschichten und Analogien.

Milton-Modell
Ein Modell, entwickelt von Richard Bandler und John Grinder, von den Mustern hypnotischer Techniken, die von Milton H. Erickson, dem klinischen Hypnotherapeuten, und anderen Meistern der Überzeugung benutzt wurden.

Neuro-hypnotisches Repattern
Eine Technologie, die den hypnotischen Prozess benutzt, um Menschen auf der Ebene kortikaler Wege zu restrukturieren.

Neurolinguistisches Programmieren (NLP)
Eine Einstellung, Methodologie und Technologie, die Menschen beibringt, wie sich die Qualität ihres Lebens verbessert. Es ist ein Bildungswerkzeug, welches Menschen beibringt, wie sie mit sich selbst und anderen effektiver kommunizieren können. Es wurde dazu entwickelt, Menschen zu helfen, persönliche Freiheit in der Art und Weise zu haben, wie sie denken, fühlen und sich verhalten.

Rapport
Die Existenz von Vertrauen und Harmonie in einer Beziehung.

Repräsentationssysteme
Die fünf Systeme, durch die wir Informationen aus der Welt aufnehmen. Durch diese Systeme (unsere fünf Sinne) schaffen wir eine Repräsentation der Informationen, die wir aufnehmen.

State => s. Zustand

Strategie
Ein Set von mentalen Schritten und Verhaltensmustern, um ein Ergebnis zu erreichen.

Submodalitäten
Die sensorischen Qualitäten der Repräsentationen, die wir durch unsere Repräsentationssysteme erzeugen.

Trance
Ein Zustand, der gewöhnlich als Resultat der Hypnose erlebt wird. Es ist auch ein Bewusstseinszustand, der durch den Fokus auf Gedanken charakterisiert ist. Wir leben in vielen verschiedenen Trancen, abhängig davon, wovon unser Bewusstsein in jedem Moment absorbiert ist (Fernsehen, Auto fahren, Essen usw.).

Unbewusste Installation
Der Prozess des Installierens von Fertigkeiten, Ideen und Vorschlägen in einer Person durch die Kommunikation mit ihrem Unbewussten.

Unbewusstes
Der Teil deines Geistes, der immer arbeitet. Das Unbewusste ist das, was deine Träume produziert und deine Körperfunktionen reguliert, wie zum Beispiel deinen Herzschlag, deine Atmung und gewohnte Verhaltensmuster. Es beinhaltet all deine Erinnerungen, Wahrnehmungen und dein Wissen. Es steuert die automatischen Denk- und Verhaltensprogramme und ist daher der beste Ort, um Veränderungen dauerhaft zu manifestieren.

Verhalten
Die spezifischen Handlungen, die wir ergreifen.

Visuell
Bezieht sich auf den Sinneskanal des Sehens.

Wohlgeformte Ergebnisse
Ziele, die nach wohlgeformten Bedingungen gesetzt sind. Diese Bedingungen sind, dass die Ziele positiv, spezifisch, sinnlich erfahrbar, ökologisch und durch den Einzelnen selbst erreichbar sein müssen.

Zustand
Die gesamten laufenden mentalen, emotionalen und physischen Umstände einer Person zu einem bestimmten Zeitpunkt.

Empfohlene Ressourcen

Bücher

Bandler, Richard & John Grinder, *The Structure of Magic* (Meta Publications, 1975). Deutsch: *Metasprache* (Junfermann, 1981).
Bandler, Richard & John Grinder, *The Structure of Magic Volume 2* (Meta Publications, 1975). Deutsch: *Kommunikation und Veränderung* (Junfermann, 1982).
Bandler, Richard & John Grinder, *Patterns of the Hypnotic Techniques of Milton H Erickson Volume 1* (Meta Publications, 1975). Deutsch: *Patterns* (Junfermann, 1996).
Bandler, Richard, Judith Delozier & John Grinder, *Patterns of the Hypnotic Techniques of Milton H Erickson Volume 2* (Meta Publications, 1977).
Bandler, Richard & John Grinder, *Trance-formations* (Real People Press, 1980). Deutsch: *Therapie in Trance* (Klett-Cotta, 1984).
Bandler, Richard & John Grinder, *Frogs Into Princes* (Real People Press, 1979). Deutsch: *Neue Wege zur Kurzzeittherapie* (Junfermann, 1981).
Bandler, Richard & John LaValle, *Persuasion Engineering* (Meta Publications, 1996). Deutsch: *Schatzkammer* (Junfermann, 1998).
Bandler, Richard & Will McDonald, *An Insiders' Guide to Submodalities* (Meta Publications, 1989). Deutsch: *Der feine Unterschied* (Junfermann, 1990).
Bandler, Richard, *Get the Life You Want* (Health Communication Inc., 2008). Demnächst bei Bookmark NLP auf Deutsch (2009).
Bandler, Richard, *Magic in Action* (Meta Publications, 1985). Deutsch: *Bitte verändern Sie sich jetzt ...* (Junfermann, 1991).
Bandler, Richard, *Richard Bandler's Guide to Trance-Formation* (Health Communication Inc., 2008).
Bandler, Richard, *The Adventures of Anybody* (Meta Publications, 1993). Deutsch: *Die Abenteuer von Jedermann* (Bookmark NLP, 2001).
Bandler, Richard, *Time for a Change* (Meta Publications, 1993). Deutsch: *Time for a Change* (Junfermann, 1995).
Bandler, Richard, *Using Your Brain for a Change* (Real People Press, 1985). Deutsch: *Veränderung subjektiven Erlebens* (Junfermann, 1987).
Farrelly, Frank & Jeffrey Brandsma, *Provocative Therapy* (Meta Publications, 1974). Deutsch: *Provokative Therapie* (Springer, 1986).
Guerrero, Gabriel, *Deep Transformation* (Transformation Profunda) (Khaos, 2002). Demnächst auf Deutsch: *Transformation Profunda* (Bookmark NLP).
Guerrero, Gabriel, *Design Your Destiny* (Disenando tu Destino) (Khaos, 2004).
McKenna, Paul, *Change your Life in Seven Days* (Bantam, 2005).

Wilson, Robert Anton, *Prometheus Rising* (New Falcon Press, 1983). Deutsch: *Der Neue Prometheus* (Rowohlt, 2002).
Wilson, Robert Anton, *Quantum Psychology* (New Falcon Press, 1990).

Noch nicht veröffentlicht:
Fitzpatrick, Owen, *The Charisma Code.* Demnächst bei Bookmark NLP auf Deutsch.
Fitzpatrick, Owen, *The Kingdom of Happiness.* Demnächst bei Bookmark NLP auf Deutsch.

DVD- und CD-Produkte

(alle folgenden Produkte sind auch erhältlich über www.bookmark-nlp.de)

Bandler, Richard, Experimental Hypnosis (DVD).
Bandler, Richard, Persuasion Engineering (DVD).
Bandler, Richard, The Art and Science of Nested Loops (DVD).
Bandler, Richard, DHE 2000 (CD).
Bandler, Richard, Personal Enhancement Series (CD).
LaValle, John, NLP Practitioner Set (CD).

Diese und viele weitere DVDs und CDs, sowohl Trancen als auch aus Richards Seminaren, sind erhältlich im NLP-Store. Richard wird von vielen als der beste Hypnotiseur in der Welt angesehen, seine DVDs und CDs sind unschätzbar. Erhältlich bei www.nlpstore.com

Thirty Years of NLP: How to Live a Happy Life (DVD set)
und andere Produkte von Richard Bandler
Erhältlich bei Matrix Essential Training Alliance
www.meta-nlp.co.uk; email: enquiries@meta-nlp.co.uk
tel +44 (0)1749 871126; fax +44 (0)1749 870714
Fitzpatrick, Owen, *Love in Your Life* (Hypnose-CD).
Colbert, Brian, *The Rest of Your Life* (Hypnose-CD).
Colbert, Brian, *Trancetripping* (und andere Hypnose-CDs, www.shootfromthehyp.com).
Erhältlich bei www.nlp.ie.

Websites

http://www.richardbandler.com
http://www.nlp.ie
http://www.owenfitzpatrick.com
http://www.freedomiseverything.com
http://www.mysteriouspublications.com
http://www.NLPInstitutes.com
http://www.NLPTrainers.com
http://www.NLPLinks.com
http://www.purenlp.com
http://www.paulmckenna.com
http://www.neuroing.com
http://www.meta-nlp.co.uk
http://www.rawilson.com
http://www.lifevision.se

Trainingsempfehlung

Dr. Richard Bandler

Ob du NLP, DHE, NHR, Hypnose, Schamanische Zustände oder andere aufregende Seminare mit Richard lernst, du wirst ein wahres Genie bei der Arbeit erleben. Urkomisch, faszinierend und als einer der kreativsten Menschen auf der Welt, führt Richard seinen Unterricht wie eine Kunstform auf höchster Stufe aus. Du hast vielleicht von ihm gehört und über ihn gelesen, aber nur, indem du bei ihm im Training bist, kannst du ein wirklich gutes Beispiel für einen Meister bei der Arbeit erleben. Wenn du wie die meisten Menschen bist, die ihn gesehen haben, wird es dein Leben verändern. Jeder, der daran interessiert ist, wie er mehr persönliche Freiheit haben kann, und sich dafür interessiert, NLP von dem kreativen Genie Dr. Richard Bandler zu lernen, schaue sich www.richardbandler.com zu Seminarinformationen für England, Schottland, Amerika, Mexiko und Europa an.

Irish Institute of NLP

Owen Fitzpatrick und Brian Colbert gründeten 2001 gemeinsam das Irish Institute of NLP. Brian Colbert ist einer der Top-Trainer, die es gibt, Licensed Master Trainer of NLP. Seine „Shoot from the Hyp"-Hypnose-CDs gehören zu den Verkaufsschlagern auf dem Hypnotherapie- und Selbstentwicklungsmarkt, und dies aus gutem Grund.

Owen und Brian sind bekannt für ihre außerordentliche Fähigkeit, nahtlos und urkomisch zusammenzuarbeiten. Ihr einzigartiger Trainingsstil offenbart ihre tiefe Freundschaft und ihr sich ergänzendes Können und sie sind bekannt für ihre berüchtigten und meisterhaften DOPPELINDUKTIONEN. Seit sie das Institut gegründet haben, geben sie NLP-Seminare in Irland und Schottland. Sie bieten regelmäßig NLP-Abende, Lebensverbesserungswochenenden, Seminare zur Kunst der Ausstrahlung, NLP-Practitioner-, NLP-Business-Practitioner-, NLP-Master-Practitioner- und NLP-Coaching-Ausbildungen an. Sie trainieren gemeinsam und veranstalten Seminare mit Gästen, wie zum Beispiel Richard Bandler und John LaValle. Sie machen auch Unternehmensberatung und geben innerbetriebliche Trainings in der Wirtschaft in den Bereichen Kommunikation, Verkauf, Motivation, Stressmanagement, Kreativität und Anwendung des NLP im Business.

Um NLP in Irland oder Schottland zu lernen oder um dein Leben oder Geschäft zu verbessern, besuche die Website.

Irish Institute of NLP
84 Sundrive Road
Kimmage
Dublin 12
Irland
Tel: +353-1-490 2923
Website: www.nlp.ie
Email: info@nlp.ie

The Society of Neuro-Linguistic Programming™
Richard Bandler Licensing Agreement

The Society of Neuro-Linguistic Programming™ is set up for the purpose of exerting quality control over those training programs, services and materials claiming to represent the model of Neuro-Linguistic Programming™ (NLP™). The seal below indicates Society Certification and is usually advertised by Society approved trainers. When you purchase NLP™ products and seminars, ask to see this seal. This is your guarantee of quality.

It is common experience for many people when they are introduced to NLP™ and first begin to learn the technology, to be cautious and concerned with the possible uses and misuses.

As a protection for you and for those around you, the Society of NLP™ now requires participants to sign a licensing agreement which guarantees that those certified in this technology will use it with the highest integrity. It is also a way to insure that all the trainings you attend are of the highest quality and that your trainers are updated and current with the constant evolution of the field of Neuro-Linguistic Programming™ and Design Human Engineering™, etc.

For a list of recommendations, go to:
http://www.NLPInstitutes.com - http://www.NLPTrainers.com
http://www.NLPLinks.com.

The Society of NLP
NLP™ Seminars Group International
PO Box 424 - Hopatcong, NJ 07843 - USA
Tel: +1 (973) 770 3600
Website: www.purenlp.com

Für Ruth

Danksagungen

Für ihre Arbeit an dieser Buchübersetzung möchte ich Ruth Frerker, Petra Lehner und Herrn Norbert Heil danken sowie meinen Eltern Hannelore und Karl-Heinz Böhm für ihre finanzielle Unterstützung. Ohne sie alle hätte ich dieses Buch nicht publizieren können.

Desweiteren möchte ich all den Menschen danken, die mein Leben so wundervoll machen:
Uli, Thorsten, Silke, Natalie, Enzo, Ruth, Meinolf, Yvonne, Bernhard, Anna, Biggi, Margit, Lucie, Gabi, Ralf, Marion, Katharina, Chris, René, Momo, Jörn, John, Helmut, Christl, Ellen, Able, Blue, Taube, Ratz, Felix, Emmi, Pünktchen, Toni, Owen, Brian, Theresa, Cian, Dillon, Kathleen, John, Kate, Hugh, Neal, Derek, Joy, Don, Laura, Brownie (may his spirits fly!), Ron, Dom, Jan, Roy, Anders, Julie,M Barbara, Wilfried, Yvonne, Fritz, Martina, Luisa, Simone, Tom, Claudia, Björn, Christine, Jürgen, Petra, Frauke, Katrin, Anke, Conny, Sabine, Monika, Jörg, Frank, Harald, Birgit, Teresa, Birgid, Dietmar, Cornelia, Ellen, Rini, Dietger, Kees, Jan-Willem, Thies, Jörn, Anita, Tom, Steffi, Torsten, Britt, Matt, Jens, Fio, Volker, Mea, Jürgen, Holger, Jens, Marita,

Frank, Jeannette, Achim, Bernd, Ulrike, Daniela, Ilka, Michael, Petra, Jörg, Ortwin, Steffi, Cora, Harry, Bianca, Martina, Clarissa, Karl, Nandana, Richard, Robert, Roman, Johann, Birgit, Anna, Herbert, Ralf, Cornelia, Insa, Matthias, Megha, Ueli, Karin, Ralf, Chris, André, Detlef, Dirk, Tatjana, Jürgen, Barbara, Georg, Barbara, Martin, Sandra, Johann, Ulrike, Niels, Sabine, Anna, Petra, Frau Guder, Frau Dane, Diana, Frau Niemann-Geiger,
Frau Kärcher, Frau Hegel, Frau Greiner, Frau Gaßler,
Frau Rheindorf, Frau Braun, Herrn Loesdau, Frau Jarray,
Herrn Geßler, Herrn Kotlowski und der Belegschaft von Julius Franken in Herringen, den Damen und Köchen des Restaurants Am Ententeich in Soest, Herrn Flessenkämper, Herrn Richwien, Herrn Hellmich, Herrn Pioskowik, nochmals
meinen Eltern, meiner verstorbenen Oma, meinen Schwestern Ulrike und Jana, meinem Schwager Thomas, meinen Nichten Susanne, Marie und Luise und meinem Neffen Stephan,
meinen Tanten und Onkels, meinen Cousins und Cousinen,
meiner Gastfamilie Mom, Pap, Chuck und Cathy

sowie Paula, Glenda und insbesondere Richard für seinen Rat und manch schnelle Veränderung.

Uwe Böhm
November 2008